교회의 품위와 질서: 개혁파 교회질서

(The Decency and Order of the Church: Reformed Church Order)

송영목(편역)

목차

추천사_ 김하연 목사(대구삼승교회) · 4

황성표 목사(부산 늘빛교회) · 6

김희정 목사(울산 동해교회) · 8

이성호 교수(고신대 신대원) · 10

임모세 목사(남울산장로교회) · 11

배성빈 변호사(전 해군사관학교 법학교수) · 12

편역자 서문_ 송영목 교수(고신대학교) · 14

서론_ 왜 교회질서인가? · 17

1부 성경이 말하는 교회질서

성경과 교회질서 · 57

마태복음에 나타난 교회의 의로움 · 83

2부 신학으로 읽는 교회질서

개혁파 교회질서의 신학적 기초 · 113

개혁파 교회질서를 어떻게 이해할 것인가? · 145

오늘날 개혁파 교회질서의 모습 · 169

3부 개혁주의 전통 속 교회질서

아브라함 카이퍼와 교회질서의 신학 · 185

4부 교회 공동체를 세우는 질서

교회의 머리이신 그리스도·225

장로회 정치와 교회의 질서·233

교회질서와 목회적 돌봄·252

교회질서와 신앙고백·274

선교적 교회와 새로운 교회질서·284

선교적 집사직·302

5부 예배와 성례 안의 질서

교회질서와 예배·331

교회질서와 세례·358

6부 권징, 회복을 위한 질서

성찬과 권징의 의미·391

권징과 영적 성장을 위한 새로운 기회·418

7부 오늘과 내일의 교회질서

교회질서는 오늘날에도 유효한가?·441

에큐메니칼 교회질서는 대안이 될 수 있는가?·458

부록_ 칼빈의 제네바 학교질서(1559)와 기독교 학교질서·478

김하연 목사

대구삼승교회, 고신총회 헌법위원회 서기, Ph.D.

송영목 교수께서『교회의 품위와 질서: 개혁파 교회질서』를 출간하게
됨을 참으로 기쁘게 생각합니다. 교회질서 또는 교회정치와 권징 등에
관한 부분이 지상교회에서 너무나 중요하고 실제적으로 적용되어야 하
는 것은 누구나 알지만 의외로 정확한 정치원리와 권징의 절차에 관하여
무관심한 것은 아이러니하다고 하겠습니다. 올바른 교회질서를 시행하
지 않음으로 인하여 부차적인 문제가 일어나는 경우가 얼마나 많은지 모
릅니다. 지상교회가 거룩성을 유지하기 위해서 반드시 바른 정치와 바른
권징의 시행이 필수적입니다. 그리고 이러한 것은 철저히 성경적인 원리
에 의해서 준용되어야 하는 부분이기도 합니다. 그런 면에서 성경학자인
송영목 교수께서 이 부분에 대한 보석 같은 글을 정리하여 주신 것은 큰
의미가 있다고 하겠습니다.

각 분야의 전문가들의 19편 논문을 소개하는 형식으로 된 이 책은 비

록 교회질서와 권징의 세부적인 각론 부분을 다루지는 않습니다. 그러나 여러 각도에서 교회의 질서와 권징의 성경적 근거와 방법 그리고 목적을 개론적으로 정확하게 제시해 주고 있습니다. 교회는 그리스도로부터 얻은 열쇠 권한을 칼빈의 말처럼 "품위 있고 질서 있게" 사용하여 교회의 머리이신 예수님을 바로 섬기고 나갈 수 있도록 해야 합니다.

편역된 이 책의 진미는 송영목 교수 자신이 정리하여 쓰신 제일 앞부분의 "교회질서란 무엇인가" 부분입니다. 전체 연구들의 정리이자 성경신학자의 예리한 관점으로 교회질서에 대한 성경적 기초를 잘 기술해 놓았습니다. 혹시 500페이지를 다 읽으실 시간이 없는 분이라도 이 부분은 꼭 읽기를 추천합니다. 이 책은 흔하지 않은 주제를 다룬 귀한 책입니다. 주님의 교회를 바로 세우고자 하는 모든 목회자와 노회의 행정가들은 필수적으로 이 책을 읽어야 합니다.

황성표 목사

늘빛교회, 고신총회 법제부 부장, Ph.D.

바울은 "모든 것을 품위 있게 하고 질서 있게 하라"(고전 14:40)라고 말합니다. 그 말은 하나님의 교회를 어떻게 세워갈 것인가에 관한 것입니다. 하지만 현재 목회 현장인 지상교회는 우리가 생각하는 것보다 더 몸살을 앓고 있다고 해도 과언이 아닙니다. 하나님께서 세우신 교회는 삼위 하나님의 질서 아래 세워져 가야 하지만 그렇지 못하고 인간의 주장과 논리만 앞서고 있습니다. 이에 대한 적절한 대안이 없는 실정은 누구나 인식하고 있는 것도 사실입니다. 이런 관점에서 송영목 교수의 『교회의 품위와 질서: 개혁파 교회질서』는 시기적절하게 목회 현장인 지상교회에 큰 영향을 줄 수 있는 귀중한 책으로 생각됩니다.

이 책을 보면 교회질서에 대한 서론으로부터 시작하여 교회질서를 세우기 위해 여러 학자의 논문들을 통해 '우리가 어떻게 교회질서를 세워갈 것인가!'를 깊이 생각하도록 도전을 줍니다. 특별히 "개혁파 교회질서는 성령님의 조명과 도움, 그리고 하나님 말씀의 원칙을 마땅히 따라야 한다. 교회질서를 다듬고 적용할 때, 시대의 변화를 잘 고려해야 한다" 라는 설명은 우리 교회가 세워나가야 할 교회법의 목표를 잘 설명하는 것 같습니다. 끝으로 "교회가 항상 개혁되어야 하듯이, 교회의 법도 항상 개혁되어야 한다"라는 말처럼 앞으로 지상교회에 큰 과제를 던져 주고 있는 책으로 많은 이들이 읽으므로 시들어가는 한국교회 현장에 불쏘시개의 역할을 하는 귀한 책이 되기를 기도하고 소망합니다.

김회정 목사

울산 동해교회, Ph.D.

교회질서는 성경과 신앙고백을 보호하는 울타리이자 그 내용을 교회의 현장 속에 적용하고 실천하기 위한 수단입니다. 그러므로 교회질서는 교회가 그리스도의 몸으로서 그 정체성을 유지하고 질서 속에서 하나님의 뜻을 이루어 나갈 수 있도록 돕습니다. 그러나 안타깝게도 한국 장로교회 안에서는 교회질서에 대한 관심이 상대적으로 부족한 것이 현실입니다. 이러한 상황에서 신약학자임에도 교회질서라는 낯선 분야에 관심을 기울이고 귀한 책을 편찬해 주신 저자의 수고는 참으로 귀하고 감사한 일입니다.

이 책은 특히 남아공의 개혁교회들, 그 중에서도 주로 대한예수교장로회 고신교단과 자매교회 관계에 있는 '남아공 개혁교회'(GKSA)의 교회질서에 관한 글들을 폭넓게 소개합니다. 이를 통해 동일한 개혁 신앙을 고백하면서도 장로교회와는 다른 역사적·사회적 맥락 속에서 자신들의 전통을 형성해 온 개혁교회들이 교회질서를 어떻게 이해하고, 왜 그것을 중요하게 여기며, 구체적으로 어떤 방식으로 교회 안에서 적용하고 실천하고 있는지를 배울 수 있는 소중한 기회를 제공합니다. 이 책을 통해 교회질서의 의미가 새롭게 인식되고, 성경과 신앙고백 위에서 건강하고 질서 있게 교회를 세워가기 위한 노력에 큰 도움이 되기를 기대하며 추천합니다.

이성호 교수

고신대 신대원, Ph.D.

정말 오랫동안 기다려왔던 책입니다. 이 책은 책의 제목과 같이 교회
정치의 본질이라고 할 수 있는 "품위와 질서"(고전 14:40)를 체계적으로
정리하여 우리에게 제시합니다. 교회를 견실하게 세우기 위해서는 바른
복음의 선포도 중요하지만 그 복음을 "품위 있고 질서 있게" 실천하는
것도 중요합니다. 아쉽게도 바른 교회를 세우려는 여러 시도는 한국교회
에서 계속 있었지만 교회를 아름답게 만드는 그런 시도는 사실상 없었다
고 해도 과언이 아닙니다. 아니 아예 무관심했다는 것이 정확한 표현일
것입니다. 이제는 교회의 성장뿐만 아니라 교회의 아름다움에 대해서도
관심을 가질 때가 됐습니다. 앞으로 상당 기간 동안 이 책은 품위 있고
질서 있는 교회를 세우려는 모든 신실한 목회자들에게 가장 권위 있는
참고서가 되리라 확신합니다. 이 책의 출판을 계기로 한국 신학자나 목
회자들에 의해서도 이와 같은 탁월한 책이 계속 출간되기를 소망합니다.

임모세 목사

남울산장로교회, Ph.D.

교단 교회들의 일치와 올바른 교회 건설의 필수항목에는 개혁신학만이 전부가 아닙니다. 개혁신학에 근거한 교회법의 제정과 실행이 없이는 불가능합니다. 그러나 한국교회에서 개혁신학 교육이 활발하고 이미 관련 서적도 많지만 교회법 관련 강의가 부족할뿐더러 교회법 관련 서적은 항목별 설명에만 그치는 실정입니다. 교회법 전체의 근간이 되는 신학이나 역사적 뿌리를 조망하기 어려웠습니다. 이런 상황에서 『교회의 품위와 질서: 개혁파 교회질서』 한국어판 출판은 고무적입니다. 이제 한국 교회는 개별적 법 항목 분석을 넘어설 수 있는 교재를 얻었습니다. 교회법을 연구해야 할 책임이 있는 목사에서부터 관심이 있는 성도에 이르기까지 이 책을 통해 교회법의 기저가 되는 신학(혹은 철학)과 관련 어휘의 역사적 발전과 함의에 이르기까지 교회법을 깊이 있게 이해할 수 있을 것입니다. 또한 바로 헌법책으로 들어가기보다 항상 이 책을 곁에 두고 신학적 관점을 통해서 교회법을 보는 문화가 정착되기를 소망해 봅니다.

배성빈 변호사

전 해군사관학교 법학교수, 군종사관후보생 선발시험위원

고린도전서 14장 33절은 하나님을 "질서의 하나님, 평화의 하나님"이라 밝힙니다. 이는 질서가 필요악이 아니라 공동체의 평화를 위한 하나님의 선하신 뜻임을 보여줍니다. 그리고 그 질서를 세우는 중요한 도구가 바로 법입니다. 그러나 오늘날 교회가 이 같은 질서를 온전히 구현하고 있는지 의문입니다. 혹자는 권징은 무력하며 노회나 총회의 치리는 교회의 현실적 상황과 동떨어진 먼 이야기일 뿐이라고 말합니다. 세례와 성찬조차 개인의 선택 문제처럼 여겨지는 등 교회의 기존 질서가 생략해도 될 전통이나 시대적 관습에 불과한 것은 아닌지 묻게 되는 형국입니다. 이러한 교회질서의 혼란은 단지 교회 내부 문제로만 그치지 않습니다. 교회 분쟁이 세속법원의 판단 대상이 되고, 교회와 세속법의 충돌이 반복되는 현실은 교회질서가 제 기능을 다하지 못하고 있음을 보여줍니다. 그럼에도 교회질서를 배우고 가르치는 자리는 쉽게 보이지 않습니다. 이대로 교회는 질서를 세우는 일을 내려놓아야 하는 것일까요? 이러한 상황 속에서 개혁주의 신학을 오랫동안 연구해 온 송영목 교수님이 남아공 개혁주의 교회법 신학자들의 연구를 우리 현실에 맞게 편역한 이 책은 특별한 의미를 가집니다.

이 책은 개혁주의에 입각한 성경적 교회질서의 주요 논의와 근거를 제시하며, 교회 내부 질서뿐 아니라 교회와 세속법의 관계까지 다룹니다. 무엇보다 개혁주의 교회질서를 이해하기 위해 반드시 필요한 양질의 외국 문헌을 직접 탐독해야만 했던 부담을 크게 덜어줍니다. 신학 논문이라고 해서 지레 겁먹거나 두려워하지 않아도 됩니다. 관심 있는 장부터 천천히 읽어가다 보면 이 책이 제시하는 교회질서의 논의에 자연스럽게 들어가게 될 것입니다. 이 책은 교회질서의 다양한 각론적 문제들에 접근하기 전에 알아야 할 총론적 성격의 책으로서 신학자·목회자는 물론 교회법을 신학적으로 이해하고자 하는 법률가에게도 특별히 추천합니다.

한국 장로교의 신학에서 '교회질서'(교회법, 교회정치)는 마치 '서자'(庶子)와 같습니다. 교회질서 전공자들의 수는 성경신학이나 조직신학 전공자들과 견줄 수 없이 적고, 그래서인지 개혁주의 교회질서에 관한 서론 책조차 찾아보기 어렵습니다. 이전의 신학교에 개설된 교회질서 과목은 탄탄한 이론보다는 강사의 경험에서 나오는 내용이 주를 이룬 것 같습니다. 이런 한국 개신교의 신학 지형과 사뭇 다르게, 국내 천주교의 교회법 전공자들은 매우 많습니다.

서유럽의 몇몇 국가에서 볼 수 있는 것처럼, 남아프리카공화국의 개혁파 신학 역시 교회질서를 깊이 연구해 온 강점을 가지고 있습니다. 교회질서학은 성경신학, 교회사, 조직신학, 신조학, 공공선교-실천신학을 아우르기에 '신학의 결정판'이라 불릴 자격이 있습니다.

이 책은 교회질서에 관한 서론적 논의로 시작하여, 주로 남아공 개혁파 교회질서를 전공한 교수들의 소논문 19편을 번역하여 소개합니다. 순서대로 소개하면, 첫째, 교회질서의 성경적 근거를 찾습니다. 둘째, 교회질서가 신학 분과로서 무엇을 기초로 삼으며 적합한가를 연구하고, 교회질서를 어떻게 해석해야 하며, 현 상황은 어떤가를 탐구합니다. 셋째, 교회질서 전문가인 아브라함 카이퍼의 주장을 분석합니다. 넷째, 교회질서와 교회론을 연결하여, 교회의 머리이신 그리스도를 살피고, 장로회 정치 제도 안에서 갈등을 관리하는 원칙을 설명하며, 교회질서가 목회적 돌봄과 신앙고백과 선교적 교회, 그리고 선교적 집사직에 어떻게 적용될 수 있는지 연구합니다. 다섯째, 교회질서가 예배와 세례를 어떻게 규정하는가를 살핍니다. 여섯째, 교회질서와 권징은 어떻게 연계되어야 하는가를 성찬과 영적 성장 관점에서 탐구합니다. 마지막 일곱째, 개혁파 교회질서에 관한 연구가 다소 정체되고 있는 상황에서 교회질서가 현대 교회에도 여전히 유효한지 점검하고, 에큐메니칼 교회질서의 가능성과 한계를 살핍니다. 부록에서는 칼빈의 제네바 학교질서가 오늘날 기독교 학교질서에 어떤 의의와 적용점을 제시하는지 소개합니다.

성경해석은 신앙고백서와 교회질서를 해설하는 토대입니다. 진작 이 세 해석을 통합하는 연구가 '신학의 블루 오션'이어야 했는데, 여전히 간헐천처럼 느껴집니다. 본서의 일부 내용은 성경 해석학과 선교적 교회론 그리고 기독교 교육과 연결됩니다. 개혁파 교회질서가 탄탄한 간학제적 연구에 닻을 내리고, 연구 결과물이 교회와 여러 회의에 적용되어 실천된다면, 교회가 그리스도의 몸으로서 지금보다 더 아름다운 모습으로 돛을 달고 항해할 것입니다.

예배는 '교회의 얼굴'이라 불립니다. 그런데 요즘처럼 설교가 위기에 빠진 때가 있었을까요? 또한 성경을 노래하는 공동체가 되지 못함으로써, 세대 간의 일치와 계승에 있어 어려움과 혼란을 겪는 교회도 적지 않습니다. 그리스도인이 먼저 공적 예전에서 품위와 질서를 배워 익힌다면, 세상에 선교사로 파송되어서도 예배적 삶을 아름답게 살아낼 수 있습니다.

무엇보다 번역 및 출판을 허락해 주신 소논문들의 남아공 저자들과 학술지 편집장들께 감사드립니다. 출간을 위해 수고해 주신 고신언론사 사장님과 직원들께 감사드립니다. 그리고 추천사를 써주신 고신 총회 헌법위원회 서기 김하연 목사님, 고신 총회 법제부 부장 황성표 목사님, 고신대 신대원에서 교회정치를 가르치시는 이성호 교수님, 교회법 전공자인 김회정 박사님과 임모세 목사님, 그리고 고신대 신학과에서 만학의 열정을 불태우는 배성빈 변호사님께 감사드립니다. 이 책을 통해 교회가 하나님 말씀으로 계속 개혁해 가고, 품위와 질서가 세워짐으로써 삼위 하나님께서 영광을 받으시기 소망합니다.

고신대학교에서

편역자 송영목 교수

왜 교회질서인가?[1]

들어가면서

한국에서 장로교의 첫 독노회는 1907년 9월 17일에 설립되었다. 그때 헌법인 12신경과 총 4조 14항으로 구성된 교회정치가 채택되었다. 1912년 9월에 장로교 총회가 설립되었고, 1922년 9월에 잘 갖추어진 헌법을 채택했다(12신경, 웨스트민스터 소교리문답, 교회정치, 교회권징, 예배지침).[2]

교회질서(church order/kerkorde)는 '교회법'(church law/kerkreg) 혹은 '교회정치'(church polity/kerkregering) 등으로 불린다.[3] 국내에

---

1   이 글의 기초 본문은 남아공 노쓰-웨스트대학교(포첸스트룸)의 교회질서 교수 헤르할더스 판 델 린드(Gerhardus P. L. van der Linde, d. 2001)의 "Introduction to Church Polity: Study Guide," in A. l. R. du Plooy (ed), *Reformed Church Polity: Essays and Topics* (Potchefstroom: Faculty of Theology, Nd), 1-17인데, 이를 요약하면서 인용한다.

2   성희찬, 『한국장로교회 헌법 개정 역사』(서울: 생명의 양식, 2021), 14-15, 29.

3   임경근은 교회질서와 관련된 여러 용어를 설명한다. '교회헌법'(church constitution)은 교회법의 변하지 않는 근본 원리를 강조한다. '교회정치'(church Polity)는 법에 따라서 혹은 필요하면 법을 만들어 질서를 바로잡는 역할을 강조한다. '교회행정'(church government)은 교회의 기능을 함축하는데, 이것은 '교회경영'(church management)과 크게 다르지 않지만, 교회에 적용하기에는 좀 어색하다. '교회규정'(church regulation)은 구체적 내규와 개 교회의 정관이 이에 해당한다. 독일어 '키르헨레흐츠'(Kirchenrechts)와 화

'한국교회법학회'(2013)를 비롯하여, '한국교회법연구소',[4] '한국교회법연구원',[5] '기독법학회'(CLF), '부산지방변호사회 교회법연구회', '한국천주교주교회의 교회법위원회' 등이 활동 중이다. 하지만 교회질서는 신학 분과들 중에서 연구가 매우 미진하고 전공자도 부족하다. 교회질서의 세부 연구 분야들 사이에도 균형이 부족하다. "개신교계의 국내 연구는 주로 교회 분쟁을 어떻게 해결할 것인가 하는 실용적인 측면에 초점이 맞추어

란어 '케르크레흐트'(kerkrecht)와 아프리칸스어 '케르크레흐'(kerkreg)를 영어로 직역하면 'church-right'이다. 여기서 게르만어 '레흐트'(recht)는 라틴어 '유스'(ius, 법)의 번역으로 '공의'와 '옳음'을 가리킨다. 그러나 이 용어도 성경적 본래의 교회법의 의미를 충분히 담지 못한다. '교회치리'(church discipline)는 16세기에 많이 사용되었으며, 특히 스코틀랜드 교회가 주로 사용했다. 영어의 'discipline'은 '훈련', '질서', '징계'라는 의미인데, 이 단어는 교회법이 내포하고 있는 내용을 모두 포함하고 있어 적절한 용어일 수 있다. 남아공, 미국, 네덜란드 등의 개혁교회, 그리고 WCC에서는 '교회법' 대신 '교회질서'(church order, kerkorde)라는 용어를 선호한다(Jansen, Bronkhorst, De Gier, Hovius). 참고. 임경근, "교회법이란 무엇인가?" (http://reformedjr.com/board02/24743, 2025년 7월 1일 접속); L. M. Örsy, 『신학과 교회법: 입법과 해석을 위한 새로운 지평』, *Theology Canon Law: New Horizons for Legislation and Interpretation*, 이경상 역 (서울: 가톨릭대학교출판부, 2006), 193. 천주교에서는 교회법을 '카논'(canon, 교회의 전승과 기준의 기초가 된 규율)에서 유래한 '카논법'(canon law)이라 흔히 부른다. 황규학, 『교회법이란 무엇인가?』(서울: 에클레시안, 2007), 36; S. Haering, W. Rees, and H. S. Ausgabe (ed), *Handbuch des Katholischen Kirchenrechts* (Regensburg: Friedrich Pustet Verlag, 2015).

4 www.churchlaw.co.kr. 참고로 국내 가톨릭대학교는 '교회법대학원'을 운영하고 있다. 미국 가톨릭대학교는 저널 *The Jurist: Studies in Church Law and Ministry*를 출간 중이다. 그리고 한국법학회의 학술지 『법학연구』도 교회법 논문을 게재한다. 도르트 교회질서 (1619)와 비교하면 천주교 헌법은 30배 이상이 길다. 천주교의 '새로운 법'(ius novum)의 발전은 풍부한 교황 교령집, 즉 보편적 타당성을 주장하며 법적 문제를 명확히 하는 교황의 서한인 '에피톨레 교령집'(epistolae decretales)을 통해 이루어졌다. G. Drossbach, "Die Entwicklung des Kirchenrechts als Raumübergreifendes Kommunikationsmodell im 12," *Jahrhundert* (2008), 43.

5 http://churchlaw21.net. 참고로 네덜란드의 경우, 유트레흐트신학대학교 교회질서 교수인 데트머 데덴스(Detmer Deddens)의 이름을 딴 '데덴스 교회법 센터'(Deddens Kerkrecht Centrum)가 있다(https://kerkrecht.nl/). 그리고 미국 에모리대학교에 '법과 종교 연구센터'(Center for the Study of Law and Religion)가 있고, 세인트존스 로스쿨은 '법과 종교 센터'(Center for Law and Religion)를 설치하고 가톨릭 법사상을 전문적으로 다루는 학술지(*Journal of Catholic Legal Studies*)를 발간하고 있다. 민중신학의 영향을 받은 연세대 김삼용은 '법과 성서와 역사 연구소'를 설립했다.

져 있는 것으로 보인다. 특히 교단헌법-교회정관-일반사회법 간의 관계를 어떻게 볼 것인지, 교회 분쟁에 일반사회 법정의 개입을 어느 정도 허용할 것인지에 연구의 초점이 맞추어져 있는 것을 볼 수 있다."[6] 더구나 세속화된 교단의 정치에 혐오를 느끼는 목사와 장로가 적지 않다. 교회질서는 성경이 밝히는 교회가 누구인가에서 시작한다.[7] 개혁파 신학자 푸치우스(Gisbertus Voetius, 1589-1676)는 교회법을 '가시적 교회의 다스림에 대한 거룩한 학문'이라고 정의했다.[8] 교회질서가 개혁신학과 교회에 중요함에도, 이 분과에 관한 연구는 여전히 주목받지 못하고 있다.[9] 교회질서의 기초가 무엇인지 살핀 후, '교회' 그리고 '정의' 개념을 차례로

---

6   김대인, "우리나라 기독법학의 연구동향과 과제," (제1회 기독 법학 여름 캠프: 기독법학의 과거, 현재, 미래 발제 논문, 한동대학교, 2025년 7월 18-19일), 31. 그리고 허순길,『개혁교회 질서 해설』(광주: 셈페르 레포르만다, 2017); 강민,『아 라스코: 개혁주의 교회법의 토대를 놓다』(서울: 익투스, 2019), 206-212, 250도 참고하라.

7   레오 코프만(L. J. Koffeman, b. 1948)에 따르면, 특정 교회법 전통에 참여하고 그 안에서 살아간다는 사실은 유용하지만, 비판적-신학적 특이성을 막는 데 사용될 수는 없다. 그래서 그는 칼빈과 도르트 교회질서가 개혁파 교회법 전통에서 중요한 역할을 한다고 무비판적이거나 무조건적으로 의존하면서 현재의 질서 규범으로 삼을 수는 없다고 본다. 참고. B. J. van Wyk, "Die Verband tussen Ekklesiologie en Kerkreg: 'N Hervormde Perspektief," *HTS Teologiese Studies* 73/1 (2017), 3. 참고로 코프만은 캄펀신학교(Oud-estraat)에서 1974년에 박사학위를 취득한 후, 네덜란드 개혁교회(GKN)에서 목회하다가 1997년부터 모교에 교수로 부임했고, 2007년부터 남아공 스텔렌보쉬대학교에서 가르쳤고, 2013년부터는 프레토리아대학교에서 교수했다.

8   참고. 김재윤, "개혁 교회법이 한국교회에 가지는 의의: 엠던총회(1571)에서 아브라함 카이퍼까지, 지역교회의 보편성을 중심으로,"『한국개혁신학』35 (2012), 8-46.

9   도르트 교회질서(1619)에 따르면, 교회의 작은 회의(당회)와 큰 회의(노회, 대회[넓은 지역 노회], 총회)는 가치와 권위에 있어 동등하다. 회의의 결정은 성경의 권위에 달려 있지, 어떤 조직 자체에 있지는 않다. 목사를 비롯하여 직분자들은 교회의 머리이신 예수님에게 순종하기보다 조직에 더 복종하거나 조직의 지도자로서 단맛을 누리려 해서는 안 된다. 이런 직분자들은 기업 경영자가 아니라 자녀를 돌보는 부모에 더 가깝다. 남아공에서 교회 회의와 조직의 위계적 요소와 구조적 세속화와 인본주의는 교회질서의 연구에 쇠퇴를 초래했다. C. J. Smit, "The Decline of Reformed Church Polity in South Africa," *In die Skriflig* 52/3 (2018), 6-7, 9.

탐구해 보자.

1. 교회질서의 기초

교회질서는 성령님께서 영감하신 성경과 연결되어 있기 때문에, 성령님의 역사와 분리된 법 모음으로 볼 수 없다.[10] 성경에 근거한 교회질서는 결코 성령님과 분리될 수 없다.[11] 교회질서는 항상 성령님께서 인도하시는 수단을 통해 성경으로 나아가는 움직임 속에 존재한다(기독교강요 4.10.30).[12] 성령님께서 성경을 통해 역사하시기 때문에, 하나님의 말씀

---

[10] 남아공 화란개혁교회(NGK 혹은 DRC, since 1652)의 교회질서(NGKO-62)는 '오직 성경'(Sola Scriptura)에 대한 친화성을 강력하게 나타내고, 교회법 학자들은 그것을 자랑스러워한다. 그런데 이 교단의 2015년 교회질서(NGKO-2015)의 전신인 NGKO-1962에 비성경적 출처가 나타나고 성경 증거 구절이 불분명한 경우도 있었다. 고전 14:40은 NGKO-1962에서 제2조에만 인용되어 유일한 성경 본문일 정도로 성경적 근거는 부족했다. 화란개혁교회 총회는 고전 14장의 맥락을 고려하여, 고전 14:40을 공적 예배뿐 아니라 교회 생활과도 연관지었다. 참고로 이 구절은 이 교단의 2019년 교회질서 제1장 제3조에 나타나는데, 최근 교회질서에도 성경 본문을 증거 구절로 활용하는 경우는 거의 없다. P. J. Strauss, "What are the Consequences of *Sola Scriptura* for a Reformed Polity?: With Reference to the Dutch Reformed Church Order of 1962," *HTS Teologiese Studies* 77/4 (2021), 7, 9; General Task Team Legal Affairs of the General Synod, *The Church Order of the Dutch Reformed Church: Articles, Regulations, Policy, Related/Clarifying Resolutions as Determined by the General Synod in October 2019* (Np: 2019).

[11] 17세기 이래의 합리주의는 종교개혁이 확립한 교회와 신학계 안에서 성경과 성령님의 조화로운 역사와 성령론적 교회론을 약화시켰고 세속화를 초래했다. '합리적'은 초월성을 무시하는 '이성주의'와 다르다. C. J. Smit, "Teologie en Kerkreg: Wat word van die Heilige Gees in Ons Teologie en in die Kerkreg?" *In die Skriflig* 58/1 (2024), 1-7.

[12] '개혁파 교회질서의 아버지'라 불리는 칼빈(1509-1564)은 남아공 개혁교회들의 교회법 구축에 영향을 미쳤다. 칼빈은 도르트회의(1618-1619)에도 영향을 미쳤는데, 남아공 개혁교회(GKSA, since 1859)와 캐나다 개혁교회(Canadian Reformed Church) 등은 도르트 교회질서를 교회법으로 수용하고 있다. 종교개혁의 목양과 교회 개념에 따라 1804년 이전 남아공 케이프 지역교회들의 형편을 살펴보면, 교회질서, 실제 교회, 예전, 교리, 그리고 교회정치에 칼빈이 영향을 미친 네덜란드 신앙고백 제27-32항이 적용된다. 드 미스트(De Mist)가 1804년 8월 21일 이래로 체계화시킨 남아공 개혁교회 질서는 목사, 장로, 집사

에 기초한 교회질서는 전적으로 성령님의 역사이다. 교회질서는 성령님과 성경에서 독립해서는 안 된다. 성경은 교회질서의 존재, 목적, 기능의 원천이며, 따라서 교회질서는 '영적 질서'이다(고전 14:33, 40). 교회에는 머리이신 예수 그리스도께서 말씀으로 주신 특정한 질서가 적용된다. 성경은 완벽한 교회질서를 명시하지 않는다. 성경은 교회질서와 교회질서의 원칙이 도출되는 근거이다. 교회질서와 성경은 서로 모순 관계에 있지 않다. 교회질서는 교회 조직과 교회정치를 위해 성경적 원리를 공식화하고 적용하는 데 필수이다. 교회질서가 성경에 기반을 두고 연결되어 있는 한, 교회질서는 분명히 성령님의 사역이므로, 성경을 대체하는 인간의 규칙이 아니다.[13]

2. 교회론과 교회질서

1) 교회론 개요

하나님의 구원계시가 발전해 가는 역사에서 '교회'는 기독론적 용어를 넘어서서, 삼위일체 하나님께서 협력하셔서 빚은 작품이다(참고. 고전 1:2-3; 벧전 1:2).

의 직무 구분을 따르는데, 이는 전형적인 칼빈주의의 특징이다(기독교강요 4.3.7-16). 1824년 11월 2일에 케이프 지역에서 남아공 개혁교회 제1차 총회가 열렸으며, 19세기 중반까지 네덜란드의 개혁교회는 남아공 개혁교회에 큰 영향을 미쳤다. B. Spoelstra, "Die Invloed van Calvyn op die Geldende Kerkordes in Suid-Afrika 1652-1983," *In die Skriflig* 18/72 (1984), 32-33, 39-43.

13   이 단락은 C. J. Smit, "Die Kerkorde en die Heilige Skrif: 'N Contradictio in Terminis?" *In die Skriflig* 17/67 (1983), 40-41에서 요약.

2) 교회 개념의 필요성

건전한 교회질서는 교회의 순수한 성경적 개념에 기초한다. 천주교는 교회를 하나의 가시적이고 위계적인 구원의 기관으로 파악한다. 루터교는 세속 권력가에 의해 지배되는 영역과 국가 교회를 지지한다. 결사체주의(협력주의, collegialism)는 교회를 개인의 자발적 연합으로 이해한다. 독립주의는 교구(敎區)가 서로 독립적으로 존재하면서, 교구의 주권을 그리스도를 의지하는 것 위에다 둔다. 장로교는 노회 정치의 길을 연다.[14] 교회를 은사 공동체로서 보는 입장은 재세례파와 관련있다. 오늘날 저항 공동체와 같은 대안적 공동체로서 교회론이 제시되기도 한다.

3) 교회의 기원

성경은 교회론의 출발점이다(롬 11:36). 교회는 주님 안에서 기원하기에 '주님에게 속한 모임'(kyriake)이라 불린다. 하이델베르크 교리문답 제21주일은 교회의 시작을 영원 전에 있었던 구원으로의 예정으로 본다. 창세 이후로 아버지 하나님께서 교회를 모으시고 보호하시고 유지하시는데, 이를 위해 복음과 성령님을 사용하신다. 창세 이후로 하나님께서는 아담과 아브라함의 씨를 교회로 부르고 계신다(갈 3; 엡 1).

4) 하나님 나라에서 교회로

---

14 한국에서 적지 않은 은퇴 목사는 이른바 '은목교회'에 출석한다. 은퇴 목사와 사모로 구성되는 은목교회는 특수하기에 일반교회라 보기 어렵다. 장로회 목사는 노회 소속이지만, 마땅히 개 교회에도 소속되어야 한다. 그러므로 은퇴 목사도 개 교회에 소속되어 성도로서 신앙을 잘 유지하고 계속 배우고 교제해야 한다. 은퇴 목사가 교회당 안팎에서 교인으로서의 임무를 질서 있고도 덕스럽게 감당한다면 직분의 변질과 교회의 손실을 예방하는데 도움을 줄 것이다.

복음서에 '하나님 나라'(βασιλεία)는 110회 나타나지만, 명사 '교회'(ἐκκλησία)는 3회만 언급된다. 신약성경에 오순절 성령강림 이후로 '교회'는 107회나 나타난다. 하나님 나라는 하나님의 주권적 통치가 미치는 영역을 가리킨다. 천국과 교회를 잘못 나누는 경향은 몬타누스주의, 노바티아누스주의, 도나투스주의, 재세례파, 그리고 위계적 결사체주의(협력주의, collegialism)에 나타난다. 이들은 천국은 영적 특성을 가지고, 교회는 사람의 뜻을 의존한다고 주장한다. 천국과 교회를 동일시 하는 견해는 천주교 방식인데, 천국은 위계적이며 성례전적 구원의 기구이다. 그렇다면 천국과 교회의 올바른 관계는 무엇인가? 천국은 예수님의 존재와 사역 안에 성취되었고, 최후 심판의 날에 완성될 것이다. 그리스도와 그분의 도래는 구약의 참 이스라엘 백성의 연속선에 있는 새로운 공동체를 동반했다. 그리스도의 사역과 선포는 하나님 나라 안에 백성을 불러 모아 교회를 형성했다(마 16:18). 다시 말해, 교회는 천국 선포의 직접적인 결과이다. 교회는 사람들이 주님의 주권을 고백하는 영역인데, 왕과 주이신 그리스도에게 순종하려는 공동체이다. 교회는 천국의 실현이며 천국이 성장하는 도구이다. 이런 의미에서 천국을 고백하는 것은 교회를 고백하는 것이다.

남아공 개혁교회(GKSA)는 여전히 도르트 교회질서(1618)를 따르고 있다.[15] 이와 달리, 남아공 화란개혁교회(NGK)의 교회질서(2019) "4.6.

15 남아공 개혁교회(GKSA)의 교회질서는 간략한 서문에서 레덜스부르흐(Redders-burg) 총회(1862)가 1619년 도르트 교회질서를 교회정치에 채택했다고 명시한다. 네덜란드의 개혁교회는 1571년 엠덴 총회와 1574년과 1578년의 도르트 총회 결정들을 '교회질서'라 부르지 않고, '정식 결정문'(판정된 결의, 헌장)을 포함하고 있다고 본다. 그 후 1581년 미델부르흐 총회와 1586년 도르트 총회는 교회질서를 정립했으며, 이 둘은 1619년 도르트 교회질서의 전신이 되었다. 참고. 교회정치를 간학제 방식으로 연구해야 한다고 주장하는

선교(missio Dei)"는 최근에 계속 논의 중인 선교적 교회를 반영하여 아래와 같이 공표한다.[16]

제53조

53.1. 삼위일체 하나님, 곧 성부, 성자, 성령의 선교는 세상에 생명과 충만함을 주며, 교회는 하나님의 선교를 위해 봉사한다.

53.2. 아버지 하나님은 말씀과 성령님을 통해 자신에게로 회중을 모으신다. 이 회중을 통해

• 하나님은 자신의 말씀이 선포되게 하시고,

• 모든 민족의 성도가 교제하도록 하시고,

• 도움이 필요한 세상에 사역을 베푸시고,

• 창조와 생명을 보호하라는 당신의 명령이 가시적으로 표현되게 하시고,

• 당신의 정의와 화해가 선포된다. 이렇게 하여 하나님은 당신의 나라가 임하게 하신다.

53.3. 선교적 교회는 복음을 모르거나 복음에서 소외된 사람들에게 다방면으로 복음을 전파한다.

53.4. 모든 회중은 선교적 교회이며, 회중의 모든 구성원은 선교사이다.

L. van den Broeke, "The Composition of Reformed Church Orders: A Theological, Reformed and Juridical Perspective," *In die Skriflig* 52/2 (2018), 8, 12.

16   General Task Team Legal Affairs of the General Synod, *The Church Order of the Dutch Reformed Church: Articles, Regulations, Policy, Related/Clarifying Resolutions as Determined by the General Synod in October 2019.*

다른 신학 분과처럼 교회질서에서도 전통을 맹목적으로 고수하지 않고 그것을 현대화하려는 시도는 값지다. "전통은 죽은 자의 살아있는 신앙이고, 전통주의는 살아있는 자의 죽은 신앙이다."

5) 하나님의 계시 역사의 개념이자 기독론적 개념인 '에클레시아'

교회는 예수 그리스도의 유기적인 몸이다(고전 12; 엡 1:22-23; 4:15-16; 골 1:18). 구약의 참 이스라엘 백성 즉 야웨의 회중(קָהָל)의 연속선상에 신약 교회가 있다(시 22:23; 행 7:38). 신약시대에 하나님의 회중은 '성도', '부름받은 이들' 그리고 '선택받은 이들'과 같이 구약 성도의 이름을 부여받는다(고전 1:2). 신약 '에클레시아'는 아담 이래로 구약의 참 이스라엘을 계승한다(마 16:18).

6) 신약성경의 '에클레시아'의 의미와 용례 그리고 우주적 교회와 지역교회의 관계

신약성경에서 명사 '에클레시아'는 우주적 의미로 약 16회 나타나고, 지역적 의미로는 약 91회나 등장하지만, 국가적 의미는 없다(참고. 행 9:31의 단수형 에클레시아). 지역교회는 우주적 교회의 특정 지역에 위치하는 공동체인데, 직분자의 지도를 받으며, 말씀과 성령님으로써 세워진다(참고. 네덜란드 신앙고백 제28조의 "하나님께서 교회를 세우시는 곳마다"). 지역교회는 그리스도의 몸이 현시되는 중요한 한 가지 방편이므로, 지역교회들은 서로 관계를 맺으며 의존해야 한다. 교회는 단수형 '하나님 (혹은 그리스도)의 교회'(고전 11:16)와 복수형 '이방인 교회들'(롬 16:4), '유대의 교회들' 등으로 표현된다(살전 2:14).

7) 신앙의 대상인 교회

네덜란드 신앙고백 제27조와 사도신경은 "교회를 믿는다"라고 고백한다. 이런 고백은 교회가 주로 비가시적이며, 신앙의 대상으로서 독특하다는 것을 의미한다. 하나님께서 부르신 사람들은 하나의 가시적 공동체 즉 그리스도의 몸을 이룬다. 교회는 신자들의 모임이다.

8) 교회의 본질적 특성: 통일성, 거룩성, 보편성 그리고 사도성

교회를 꾸미는 선물이자 의무는 네 가지이다. 한 분 머리이신 예수님의 나라에 들어가는 '통일성'은 한 분 성령님의 전으로도 표현된다. 교회는 통일성 가운데 다양성이 있다. 교회는 다양한 국가와 민족과 언어를 배경으로 한다. 교회는 동일한 교리와 직분과 권징과 사랑의 교제 안에서 하나가 되어야 한다. '거룩성'은 세상에 속하지 않은 성도 즉 에클레시아를 가리킨다(고전 14:33; 벧전 1:3). '보편성'은 세상 안에서 교회의 경계선이 없다는 뜻이다(마 28:19). 그리스도는 교회를 통해 온 세상에 충만하게 뻗어가신다. '사도성'은 예수 그리스도의 사도를 기초로 삼아 그 위에 교회가 설립되고 그리스도와 연합한다는 사실을 강조한다. 또한 사도성은 교회가 사도로부터 물려받은 역사적 교리의 연속성도 강조한다.

9) 참 교회의 표지들

네덜란드 신앙고백서 제29조는 참 교회의 세 가지 표지로 순수한 설교, 성례 그리고 권징을 든다.

10) 요약

교회의 기원과 속성은 성경에서 찾아야 한다. 개혁주의 신앙고백서들은 이런 교회론을 잘 요약하고 설명한다.

3. 정의(justice)와 교회질서

1) 정의에 대한 서론

성부는 예수님 안에서 은혜와 주권을 나타내 보이신다(참고. 하이델베르크 교리문답 제48문답). 천국과 정의는 맞물린다(마 6:33). 교회는 하나님의 통치가 말씀과 성령님으로 이루어지고, 정의(justice)와 칭의(righteousness)가 적용되는 영역이다. 건전한 교회질서는 순수한 교회는 물론이거니와 순수한 정의 개념에 기반을 둔다.

2) 정의의 기본 개념

"누가 정의를 결정하는가?"라는 질문의 해답은 교회정치의 형태를 결정한다.

① 천주교 관점

하나님은 최고 권위자이시지만, 유일한 권위자는 아니다. 교황은 그리스도의 대리인이다. 하나님의 법은 두 요소를 가진다. 첫째, 하나님의 긍정적 정의 즉 성경 및 그것과 동등한 위치에 있는 교회의 전통이다. 둘째, 자연적 정의란 인간은 본래 정의를 자연스럽게 느낀다는 이론에 근거한다. 천주교는 하나님의 법과 더불어 교회의 법을 강조하면서, 교회가 신적 정의를 해석하고 형성할 권한을 받았다고 본다. 교회법이나 규정은 교황의 칙령, 투표, 회의 결정, 교회가 수용하는 공통법, 교회가 수용하는 통치 규정, 교황과 황제/정부가 합의한 정교협약(Concordats)

등에 의해 만들어진다. 이런 체계는 '정경법'(canon law)이라 불리는데, 로마 가톨릭의 법이 불만족스러울 때 만들어진다. AD 12-14세기에 교회법대전(statue of law, Corpus Iuris Canonici)이 제정되었는데, 천주교는 이 자료를 정의를 결정하는 근거로 본다. 1918년에는 이 표현을 'Codex Iuris Canonici'라고 개명했다.[17]

② 루터교 관점

마틴 루터는 천주교의 교회법대전(Corpus Iuris Canonici)을 거부하고 하나님의 말씀으로 돌아갔다. 루터의 '두 왕국 이론'에 따르면, 교회는 주로 신자의 영적 공동체로서 말씀과 성령님의 인도를 받는다. 국가는 세속 공동체를 가시적으로 다스린다. 하나님은 교회와 국가라는 두 영역을 수단으로 삼아, 두 가지 방식으로 다스리신다. 영적 왕국인 교회는 성경과 성령님의 다스림을 받는다. 성령님은 세속법과 기구를 통해 통치하시지 않는다. 세속 왕국은 정부와 국가인데, 하나님께서 법과 같은 세속적 방식으로 다스리신다. 교회는 하나님의 내적 통치를 위해 필요하고, 정부는 외적 통치를 위해 필요하다. 세속 정부는 교회의 외적 행동에 대한 법적 판결을 내린다. 교회의 법적 행위는 국가를 향해 책임을 져야 한다.[18]

③ 에라스투스 관점

---

17   참고.『교회법전: 라틴어-한국어 대역<수정판>』, *Codex Iuris Canonici*, 한국천주교 주교회의 교회법위원회 역 (서울: 한국천주교중앙협의회, 2004).
18   교회는 교회법을 추구하면서, 세상의 이웃과 함께 살아가기에 세상의 법 특히 국가법을 존중해야 한다. 김병근,『교회와 법률』(서울: 박영사, 2022), 17.

하이델베르크대학교 의학교수였던 에라스투스(1524-1583)는 루터의 두 왕국론에 큰 영향을 받았다. 그에 따르면, 정부는 모든 공동체와 교회의 모든 부분을 다스리고, 교회를 향해 올바른 것을 결정하는 권세를 가지고 있다. 결과적으로 성경은 교회정치의 최종 권위자가 될 수 없다.

④ 결사체주의(협력주의, collegiastic) 관점

'콜레기알리즘'(collegialism)이라는 명칭은 결사체(단체, 법인)를 의미하는 라틴어 '콜레기움'(collegium)에서 유래했다. 1736년에 할레대학교 교회법 교수 유스트 해닝 부머(Just Henning Boehmer, d. 1749)가 처음 사용한 용어가 바로 '결사체주의'(협력주의)이다. 드 미스트(De Mist, 1804)는 이 관점을 남아공에 도입했는데, 그것은 개혁교회에게 위협이 되었다.[19] 결사체주의는 계몽주의 시대의 교회, 교회법, 그리고 교회와 국가의 관계에 대한 관점을 요약하기 위해 고안되었다.[20] 이 관점은 이신론(deism), 자연법, 계몽주의, 루터 그리고 에라스투스의 영향을 종합적으로 받은 견해인데, 정부가 정의를 결정짓는다고 본다. 라틴어 'collegis licita'는 법으로 허용된 결사체를 가리킨다. 로마제국에서 콘스탄틴 황제 이후로 교회는 합법적 결사체가 되었다. 교회는 개인의 자유로운 연합 즉 결사체이며, 모든 교구는 총회의 법적 권위 아래 있다. 권위는 개인 구성원들의 사회 계약에 근거한다. 교회 직분자들은 다수 회중의 결정을 수행할 뿐이다.[21] 그리고 사람의 모임인 결사체(총회)는 정의를 결정

---

19   A. L. du Plooy, "Kollegialisme," *In die Skriflig* 23/3 (1989), 2, 8.
20   Du Plooy, "Kollegialisme," 3.
21   결사체주의(협력주의)에 따르면, "가시적 교회는 비가시적 교회와 분리되며, 양심적

하는 최고 권위자이다.

　결사체주의에 따르면, 권위 개념과 직분 개념 또한 본질적으로 인간으로부터, 인간을 위해 결정되었기에 철저히 인본주의를 지향한다. 이와 달리, 종교개혁 당시 개신교 교회법의 경우 예수 그리스도의 권위와 교회 및 직분과 교회의 머리이신 그리스도와의 연관성이 중요했다.[22] 참고로 한국 장로교에서 직분의 위계화는 일정 부분 계층화된 결사체주의의 영향으로 보인다.[23]

인 개인들의 자유 의지를 통해 상호 합의의 길을 따라 생겨난다. 교회는 지역적으로, 지방적으로, 그리고 국가적으로 조직될 수 있으며, 따라서 회중들은 한 나무의 가지처럼 교회라는 거대한 전체 안에서 나누어진다. 교회는 하나님의 기관이 아니라 사람들의 모임이다. 신앙과 세례가 회원 자격을 결정하는 것이 아니라, 입양의 관습에 따른 개인의 자발적인 결정이 중요하다. 하나님 나라와 교회, 그리고 구약 시대 하나님의 백성과 신약의 교회 사이의 유대는 단절되었다." Du Plooy, "Kollegialisme," 7.

22　Du Plooy, "Kollegialisme," 9.

23　김회정에 따르면, 한국 장로교의 수직적 위계질서라는 문제는 유교의 영향이 아니라 스코틀랜드 장로교와 미국 장로교의 영향 때문이다. 그의 주장을 들어보자. "스코틀랜드에서는 장로교가 도입되면서 목사에 관한 모든 사안이 점차 노회에 위임되었다. 이는 목사가 다른 직책보다 높은 지위를 가졌기 때문이 아니라, 목사직의 기능이 중요시되었기 때문이다. 따라서 목사는 지역교회가 아닌 노회의 상임 회원이며, 노회가 목사를 다스린다는 것이 점차 제도화되었다. 이는 미국 장로교회를 통해 한국 장로교에 도입되었다. 미국 구교파 내에서의 논쟁에서 미국장로교(PCUSA)를 대표하는 찰스 하지(Charles Hodge, 1879)는 장로교를 '교구 감독제'로 정의했다. 그는 장로교 제도에 근거하여 목사를 노회에서 지역교회로 파견된 일종의 감독으로 보았다. 특히 미국 장로교 역사에서 회중주의의 영향으로 장로를 교인들의 대표로 규정하는 개념이 등장했고, 이러한 영향은 초기 장로교(PCK)의 교회정치 형성에 반영되었다. 따라서 초기 장로교의 정치 형태(1907, 1922)에서는 목사와 장로를 모두 장로로 규정했지만, 필자는 초기 장로교의 교회정치에 목회자의 권위에 대한 위계적 개념이 자리 잡았다고 평가한다." H. Kim, "Presbyterianism and Hierarchical Characteristics of Polity of the Presbyterian Church in Korea in the Period 1884-1922," (Ph.D. Thesis, North-West University, 2024), 139. 칼빈은 1559년 파리에서 열린 프랑스 최초의 개혁파 총회에 갈리아 신앙고백서(Confessio Gallicana)로 알려지게 될 교회의 청사진을 제시했다. 그의 26번째 논문에 담긴 핵심 사상, 즉 그리스도께서 교회의 머리이시며 목자이시라는 내용은 초기 고백서, 예를 들어, 제1 스위스 신앙고백서(Confessio Helvetica Prior, 1536) 제18항에서도 찾아볼 수 있다. 목회자들이 서로에 대한 권위나 권력을 갖지 않는다는 결론은 거기에 명시적으로 언급되어 있지는 않지만, 암묵적으로 존재한다. 그리고 교회 회의에서 의장은 한 사람이 독차지할 수 없었고 목회자들이 순환하면서

⑤ 회중교회적 관점

예수 그리스도께서 지역교회보다 약간 더 큰 개념인 교구(敎區)에게 자신의 권한을 주셨다는 독립적 관점이다. 따라서 각 교구는 완전한 주권을 가진다. 총회는 권면을 하는 기능만 가진다. 그리고 목사는 교회정치에 책임을 지지만 교구에 종속된다.

⑥ 칼빈

천주교의 '두 칼 이론'은 교황이 교회와 정부를 다스린다는 뜻이다(참고. 눅 22:38). 이에 반해, 칼빈은 말씀과 성령께서 교회와 세상을 다스린다고 보았다. 칼빈은 교회질서를 '칙령'(ordinance), '조항'(articles), '강령'(act)이라 종종 불렀다.[24] 칼빈이 볼 때, 하나님께서 세상을 다스리시지만, 세상과 교회는 특별한 관계 안에 있다. 교회 직분자의 임무는 그리스도를 섬기는 것인데, 그리스도는 지역교회나 교회 회의(예. 노회) 안에서 선포된다. 교회는 사역(ministerium)의 능력 안에 법을 가르치고 다스리며 형성하는 권세(potestas)를 가지고 있다. 칼빈에게 말씀의 권위는 교회에서 유일한 권위이다. 다시 말해, 하나님은 자신의 말씀과 성령을 통해 올바른 것을 스스로 결정하시고, 교회로 하여금 선포하도록 하신다.

참고로 칼빈은 '박사'를 교회의 직분자로 인정했다. 도르트 교회질서

맡았다. 그리고 네덜란드의 개신교회(2004)는 '교회질서 VI-1항'에서 반위계주의 원칙을 고수한다. K-W. de Jong, "Een Verkennend Onderzoek naar de Receptie van Een Anti-Hiërarchisch Beginsel in Nederlandse Kerkorden van het Gereformeerde Type," *In die Skriflig* 52/2 (2018), 1-2, 4, 7.

24   황규학, 『교회법이란 무엇인가?』, 39.

제2조와 제18조의 '박사'라는 직분과 관련하여, 실제로 중세와 종교개혁 시대에 신학박사(doctores theologiae)는 탁월하고 존경받는 봉사를 했다. 신학박사나 신학 교수의 봉사는 하나님의 말씀을 위한 사역이다. 신학 교수가 말씀의 사역자로서 수행하는 봉사는 신약교회에서 발견되는 내용 및 관행과 상충되지 않는다(엡 4:11). 건전하고 순수한 교리, 진리, 그리고 거짓 교사와 이단에 맞서 진리를 수호하는 것에 대한 반복적인 강조가 이를 증명한다(딤후 2:2).[25]

⑦ 요약

하나님의 말씀은 정의를 결정하는 유일한 결정자이다. 그러므로 성경은 교회질서를 위한 실제 자료와 같다. 신앙고백서는 교회질서의 부차적 자료이다. 교회질서의 기원과 같은 교회 역사 안에 보여지는 성령님의 조명 사역도 중요하다. 그러므로 교황이나 성문법(statutory law), 결사체(협력)의 통치, 독립적인 교구, 그리고 다수 성도의 의지는 정의를 결정할 수 없다.

3) 구약과 신약에 나타난 '정의'와 '칭의'

① 구약성경

히브리어 두 명사 '체데크'(צֶדֶק)와 '체다카'(צְדָקָה)의 어원은 올바름과 정상을 뜻한다. 히브리어 명사 '미셔파트'(מִשְׁפָּט)의 어원은 통치, 규정

---

25 남아공 개혁교회(GKSA) 교회질서에서 '박사' 직분은 가끔 빠지기도 했는데, 교사로서 목사와 중복되기 때문이다(엡 4:11). A. l. R. du Plooy, "Calvyn se Vierde Diens, die Doktore-Amp, en Artikel 18 van die Kerkorde van Dordrecht 1618 en 1619: 'N Kritiese Refleksie," *In die Skriflig* 48/2 (2014), 10.

을 집행함, 그리고 재판을 의미한다. 미셔파트는 법적 규정이나 확립된 통치 혹은 하나님의 정의를 가리킨다. '미셔파트'는 법적 규범의 맥락에 나타나고, '체데크'는 법적 규범에 상응하는 하나님의 내적 의로움의 맥락에 언급된다.[26] '체다카'는 법적 규범에 상응하는 하나님의 구체적이고 의로운 행동을 가리킨다. 이 단어들은 하나님의 언약과 하나님의 특성과 행위와 밀접하다. 체다카와 체데크는 하나님의 눈에 올바른 것을 하나님과 동료 언약 백성을 향해 행하는 것을 가리킨다. 하나님은 칭의와 정의를 사용하셔서 타락으로 손상된 것을 회복하신다. 하나님의 백성이 하나님과 동료와 올바른 관계 안에 산다면, 웰빙과 평화와 질서를 회복하게 된다. 새 하늘과 새 땅에서 칭의와 정의는 완성될 것이다(사 65-66).

② 신약성경

그리스어 형용사 '디카이오스'(δίκαιος)와 명사 '디카이오쉬네'(δικαιοσύνη)는 히브리어 '체데크'와 '체다카'에 상응한다. 이 단어는 정의와 하나님의 견지에서 올바른 행위를 가리킨다. 성부의 눈에 올바른 것을 다 행하신 분은 의로우신 예수님이시다. 예수님은 성도의 의가 되신다(고전 1:30). 예수님은 성부 하나님과 사람들을 향한 올바른 관계를

---

26 "성경의 법(biblical Law)을 중시하되, 이것을 해석하고 현대사회에 적용하는 과정에서는 매우 신중할 필요가 있다. 미국의 역사를 보면 성경에 기반한 법사상을 펼치려고 했던 시도들 중에서 '백인중심, 반이민주의, 인종주의'로 흐른 경우가 있음을 보게 된다. 이는 성경의 법에 대한 잘못된 해석이 어떠한 결과를 낳는지를 잘 보여준다. 물론 성경의 법 자체는 깊이 있게 연구될 필요가 있다. 우선 성경의 법의 배경이 되는 유대주의에 대해서도 이해가 필요하며, 특히 성경의 언약 사상과 이의 세속법적 함의(사회계약론, 가족법 등)에 대한 연구가 깊이 이루어질 필요가 있다. 궁극적으로 성경의 법의 핵심은 '사랑'의 계명이라는 점을 인식하고, 성경의 법에 나타난 원리를 현대사회에 적용함에 있어서는 좌와 우를 뛰어넘어 인간상호간, 인간과 자연간의 '관계'의 회복에 초점을 맞추는 것이 필요하다." 김대인, "미국의 기독법학연구 동향에 대한 고찰," 『법학논집』 26/4 (2022), 32.

회복하셨다. 성도는 예수님 안에서 의로운 천국을 기대하게 된다.[27]

3) 요약

하나님의 '정의'는 주님의 뜻이며, 그분의 눈에 선한 것이다. 하나님의 '칭의'는 하나님께서 행하시기 원하는 바인데, 그것은 주님의 뜻에 일치한다. 하나님의 칭의는 그분의 정의에 대한 표현이다. 칭의는 교회의 유익과 불신자의 응징으로 나타난다. 하나님은 정의를 통하여 자기 백성이 자신과 이웃과 어떤 관계 속에 행동할지를 결정하신다. 하나님은 법과 말씀을 통해서 정의를 이루신다. 하나님의 정의와 칭의는 성도의 전체 삶의 영역에 나타난다. 교회는 사회의 모든 영역에 적용될 행동의 규칙을 성경에서 배워야 한다.[28]

4) 정의의 기원

---

27   교회질서는 '교회와 정의'라는 주제는 물론이거니와 예수님께서 구약의 법을 성취하셔서 사적 및 공공 영역에도 적용하게 하신 사실도 반드시 살펴야 한다. "예수님의 나라는 주로 규칙의 적용이 아니라 마음의 변화에 관한 것이다. 그러한 마음의 변화와 그에 수반되는 기독교적 덕목은 삶의 모든 영역에 영향을 미쳐야 한다. 정부 지도부에 참여하는 그리스도인들이 가정과 교회에는 한 마음을, 사무실과 법정에는 다른 마음을 가져야 하는가? 그렇다고 해서 예수님의 가르침이 율법에 미치는 의미를 파악하는 것이 쉽다는 것은 아니다. 우리는 이것이 율법에 관심이 있는 제자들에게 예수님께서 제시하시는 도전이라고 생각한다. 예수님은 제자들이 이웃을 사랑해야 하는 상황에 제한을 두지 않으셨다. 법, 정부, 그리고 정치는 사람들의 삶을 개선할 수 있는 수단이다(또한 사람들의 삶에 큰 해를 끼칠 수 있는 수단이기도 함). 억압적인 정부 아래에서 고통받는 사람들과 그들을 보호해 줄 정부가 없어서 고통받는 사람들을 전 세계적으로 살펴보면, 좋은 정부가 사람들의 삶에서 얼마나 중요한지 알 수 있다. 법과 정부라는 도구를 사용하여 그들을 보호하지 않는 것은 사랑이 부족한 것이다." R. F. Cochran Jr., "Jesus and the Mosaic Law: Agape Love as the Foundation and Objective of Law," *Touro Law Review* 35/1 (2020), 44.

28   이 글의 기초 본문의 저자인 판 덜 린드(Van der Linde)는 '정의'와 '칭의'를 교차적으로 사용하기도 한다.

① 근본주의

정의의 유일하고 근본적인 원천은 하나님이시다. 정의는 성경에서 알수 있고, 성령님은 성도에게 조명하셔서 정의를 알게 하신다. 타락한 인간에게 정의에 대한 인식은 일부 남아 있다. 정의의 기원은 자연에서 찾을 수 없다.

② 기타 이론들

법철학자들은 자연법을 BC 600-AD 1800년까지 강조해 왔다. 아리스토텔레스는 자연을 정의의 원천이라고 믿었다. 플라톤은 인간의 영혼은 초월적이고 형이상학적이며 실존적인 사고의 세상과 연결되고 기억된다고 보았다. 그는 정의를 사고의 세계와 자연에서 찾았다. 자연법이 우월하고 이상적인 정의라면, 자연법과 유사한 것을 인간이 만드는 것은 필요하지 않다.

실증주의는 AD 1900년 이후에 시작되었는데, 정의의 개념을 결정하는 인간적 요소를 절대화한다. 즉 정의의 기원은 인간의 주권적 의지이다. 실증주의에 따르면, 권위 있는 사람이나 기관은 법칙을 제정할 수 있다. 그리고 모든 것은 다수의 유익과 행복을 위해 존재해야 한다. 경제가 정의보다 우선한다.

5) 정의의 본질

정의의 본질은 하나님의 본질, 예수님 안에서 성부 하나님의 창조와 새 창조의 완전함, 하나님의 사역 대상과 열매 등과 접맥되어야 한다. 정의의 독특한 특성은 유일하고 탁월한 권위에 관한 질문에 집중한다. 정의는 누가 정의를 주장하고 선언할 수 있는가를 전제한다. 정의가 무시된다면, 정의의 권위자는 불의한 자들을 징벌할 것이다.

① 몇 가지 이론

노이만(F. Neumann)은 정의를 안전과 보호에서 찾기에, 정의는 단순히 통치의 도구가 아니다. 그는 국가와 개인 그리고 사람들 간의 안전과 평화를 만들어내는데 기여하는 정의를 강조한다. 두 플레시(L. M. du Plessis)는 정의의 핵심을 직무의 안전 즉 인간 지위의 보호에서 찾는다. 도예베르트(H. Dooyeweerd)는 정의의 핵심을 징벌에 두는데, 이익의 조화는 보장되어야 한다. 필요하면 정의가 개입하여 법적 질서와 조화를 보호해야 한다. 스미트(C. J. Smit)는 정의의 핵심을 '회복'으로 보는데, 요점은 옳지 않은 것의 바른 회복이다.

② 고려 사항

정의는 하나님과 그분이 자기 백성과 받으신 언약에 기초한다. 하나님은 인간을 참되고 의롭게 창조하셨다(하이델베르크 교리문답 제3주일). 하나님의 뜻은 그분의 법과 말씀인데, 그것은 올바른 바를 계시한다. 하나님은 자기 백성에게 순종을 요구하시고, 때로는 심판도 경고하신다(하이델베르크 교리문답 제4주일; 신 27:26; 갈 3:10). 하나님 아버지는 자신의 뜻, 율법, 복음 안에 예수 그리스도만 '칭의'를 성취하신다고 알리셨다. 성부는 예수님을 우리를 대신하여 저주하셔서 우리에게 칭의를 전가하신다. 우리는 그리스도 안에서 성부와 화해하고, 불의는 그리스도를 통하여 징계를 받았고 해결되었다. 주님은 재림 때에 불의를 완전히 심판하시고 의도 완전히 회복하신다. 예수님 안에서 징벌적 정의는 회복과 화해를 도출한다. 예수님 안에서 신자에게 하나님의 정의와 칭의는 구원과 화해를 이루지만, 불신자들에게는 영벌이 임할 것이다.

6) 결론

예수님 안에 나타난 성부 하나님의 사랑은 정의와 칭의를 세상에 펼쳐 보이신다. 하나님의 정의는 우리의 관계와 행동을 지배하기에, 우리는 새 하늘과 새 땅을 소망하면서 조화와 사랑 안에서 살아야 한다(벧후 3:12). 신자는 모든 영역에서 하나님의 정의와 법을 실천해야 한다. 그리스도인은 성령님을 따라 정의와 칭의의 영역 안에서 산다. 그렇지 않은 자들은 하나님의 징벌과 진노를 당한다.

4. 교회질서

1) 교회와 정의

교회질서는 교회와 정의의 올바른 관계 위에 세워져야 한다.[29]

① 양극단 관점

독일 루터파 법학자 루돌프 좀(Rudolph Sohm, d. 1917)과 폰 하르낙(C. G. A. von Harnack, d. 1930) 그리고 은사주의자들은 양극단(bipolar) 관점을 지지한다. 좀의 출발점은 교회질서가 교회의 본질과

---

29 예수회 교회법 학자 외르시(Örsy)는 AD 1세기 말에 발생하기 시작한 교회법학의 성격을 다음과 같이 제시한다. (1) 본질적으로 교회의 학문이다. (2) 교회의 정황은 유권적인 해석을 위한 핵심적인 해석의 요소이다. (3) 사랑의 질서 즉 사랑의 최소한도이다. Örsy, 『신학과 교회법: 입법과 해석을 위한 새로운 지평』, 188-93.

충돌한다는 가정이다.[30] 그가 볼 때, 정의는 세속적이지만 교회는 영적이다. 교회는 사랑으로 결합한 모임이고 법은 일종의 폭력인 강제를 요구한다.[31] 교회법을 거부한 좀은 교회의 가시적이고 기구적인 특성을 간과한다. 그리고 좀은 정의가 하나님에게서 나오지 않고, 타락한 인간에게서 기원하기에 오류가 있고 세속적이라고 편향되게 이해한다. 하르낙은 정의가 사람에게서 나온다고 보기에, 정의는 기구적 교회가 아니라 은사적 교회를 원하시는 하나님의 뜻에 반하면서 발전했다. 하르낙은 교회질서가 순전히 인간적이고, 건전한 행정을 위해 존재할 뿐이라고 본다.

② 엄밀한 구분

위계주의(位階主義)와 에라스투스주의는 정의가 교회에 불가피하다고 본다. 그러나 정의를 국가의 과업이라고 본다. 그리고 교회와 정의는 두 개의 구분된 실재이다. 외적이고 가시적 측면에 관한한 교회는 정의를 위해 정부를 의존한다. 교회는 비가시적 차원에서 하나님 말씀의 다스림을 받는다.

③ 화해를 위한 노력

독일 신학계는 루터의 두 왕국론에 기대어 교회정치의 영역적 체계를 지지한다. 20세기 독일 신학자들은 가시적 교회와 비가시적 교회의 경계를 허무는 극단적 양태를 보이기도 했다. 교회질서와 세속적 정의 간의 이원론적 긴장을 완화하려는 시도도 있었다. 한스 리어만(Hans Lier-

---

30   참고. Örsy, 『신학과 교회법: 입법과 해석을 위한 새로운 지평』, 191.
31   참고. Örsy, 『신학과 교회법: 입법과 해석을 위한 새로운 지평』, 257.

mann, d. 1976)은 일반법을 교회질서에 적용하려 했는데, 그럴 경우 교회는 일반법의 지배를 받게 된다. 아스무센(H. Asmussen)은 교회질서를 신앙고백의 내재적 부분으로 만들었다. 쉴라이히(K. Schlaich)는 교회 정의를 법적 정의와 분리하여, 교회의 법적 규범은 교회의 모든 실천에 적용되어야 한다고 보았다.

헥켈(J. Heckel)은 교회질서를 '사랑의 정의'라고 보았다(예. 그리스도의 법은 자비의 법). 이 경우 교회의 정의는 사랑의 영적 법을 표현한다.

볼프(E. Wolf)는 교회질서를 고백적 법이라고 보았기에, 그것은 신앙고백과 동떨어져서 존재할 수 없다. 따라서 교회질서는 신앙고백의 표현이다.

루터파의 복음주의 전통을 따르는 한스 돔부아(H. Dombois, d. 1997)는 교회질서를 '은혜의 법'이라고 본다. 그리고 교회질서의 기둥들은 설교, 세례, 성찬, 천국 열쇠들의 권세에 관한 그리스도의 4중 지시이다. 설교와 성례와 권징이 이루어지는 곳에 교회질서가 확립된다. 이 주장은 하나님의 은혜가 인간 세상 역사에 나타난다는 전형적인 실증주의의 한 예이다.

④ 성경적 관점

교회와 정의는 하나님에게서 나오므로 서로 연결되어 있다. 교회는 하나님의 칭의와 정의에 의존하는 독특한 공동체이다. 교회는 정의가 회복된 언약공동체이다. 그러므로 교회는 정의로운 왕의 다스림을 받는다. 교회는 머리이신 그리스도의 정의를 성경에서 배워야 한다. 교회는 정의를 배우기 위해 국가나 사람을 의존할 수 없다. 그리스도 안에서 성부의 정의는 사랑과 은혜의 법이 되었지만, 불신자는 응보적 정의와 형벌을 받는다. 정의가 사라진 교회는 참 교회가 아니다. 따라서 정의는 교회의 본질이다.

2) 교회질서

교회는 하나님의 법을 배우고 실천해야 한다. 교회법의 기초와 권위는 교황이나 교권을 쥔 사람이 아니라, 예수 그리스도와 성경이다.[32] 교회질서는 세상 속의 교회를 향한 하나님의 정의가 구체화되는 것을 성경으로 결정하는 과제를 수행하는 신학이다.[33] 정의를 규정하는 것은 교회질서가 아니라 성경이다. 교회정치는 성경의 빛 아래 교회의 질서를 위해 학문적으로 섬겨야 한다. 교회질서는 규범과 같은 하나님의 정의를 연구하고 적용한다. 성령님의 인도 없이는 교회질서를 시행할 수 없다. 요약하면, 교회질서는 가시적이고 기구적인 교회를 위한 하나님의 정의를 연구하고 형성한다. 이 때 교회질서는 말씀과 신앙고백의 빛 아래 성령님

---

32 A. Wenz, "Die Begründung des Kirchenrechts," *Lutherische Beiträge* 13/3 (2008), 183.

33 참고로 예수회 교회법 학자 외르시(Örsy)는 교회법 해석의 규칙을 다음과 같이 제시한다. (1) 모든 법 규범은 역사적 산물이다. (2) 법 규범은 문학 양식과 문맥에 좌우된다. (3) 법의 의미를 이해하기 위해서는 그 법의 이론적(신학, 철학, 법) 토대를 알아야 한다. (4) 입법자는 그가 속한 문화적 맥락을 벗어날 수 없다. (5) 교회의 사명이 열방의 빛이 되어야 하는 것처럼, 교회법은 모든 사람에게 교회의 지혜(정의와 자비)를 보여주어야 한다. (6) 보편법은 보편교회를 위한 것이다. (7) 기독교 공동체 안의 모든 법은 인간의 존엄성을 지지하기 위한 것이다. (8) 교회법은 기독교적 가치들(믿음, 덕, 사랑 등)을 지지하기 위해 만든 것이다. (9) 기독교 공동체 안에서의 법은 형식적으로 변질되지 말아야 하는데, 가치를 지지하는 것을 목표로 한다. (10) 모든 규범은 자체의 권위를 가진다. (11) 규범의 의미는 체계 전체의 맥락에서 이해해야 한다. (12) 의미들은 멈추어진 것이 아니라 움직이는 세계의 일부이다. (13) 어떤 규범의 해석적 의미는 나머지 부분보다 더 오래 남는다. (14) 법은 의사 전달이다. 법의 메시지를 파악하기 위해 입법자가 속한 세계를 잘 알아야 한다. (15) 법은 현시대의 문제에 대한 변증법적 대답이 될 수 있다. Örsy, 『신학과 교회법: 입법과 해석을 위한 새로운 지평』, 112-19.

의 인도를 따른다. 교회질서의 목적은 역사적이고 현대적인 '정의가 실제로 나타나는 것'(ius constitutum)인데, 그것은 '이상적 정의'(ius constituendum)에 비추어 검증되어야 한다.[34]

5. 교회질서와 성례 그리고 권징[35]

1) 세례

세례는 예수 그리스도 안에서 새롭고 거룩해진 삶에 대한 하나님의 약속의 표이다. 이 삶 속에서 성도는 죄에 대해 점점 더 죽고 경건하고 흠 없는 삶을 살아야 한다(하이델베르크 교리문답 제26주일 제70문답). 그러나 세례를 받았지만 하나님의 약속을 거부하고 세례를 멸시하는 자들

---

34 로마에서 '정의'(justum)에서 유래한 명사 'jus'는 선과 형평과 정의를 의미했는데 권리를 포함하는 법을 뜻했다. 정의는 개인의 권리를 의미하기도 했는데, 근대를 거치면서, 법은 개인의 권리를 강조했다. 황규학, 『교회법이란 무엇인가?』, 32.

35 개혁파 교회법을 교회의 원칙, 교회의 역사, 교의(예전, 직분, 회의, 권징), 그리고 실천으로 나누어 설명한 책은 H. J. Selderhuis (ed), *Handboek Gereformeerd Kerkrecht* (Amsterdam: Groen, 2019)이다. 참고로 성례는 목사가 집례한다. "헤이그 총회(1586) 이전에 네덜란드 개혁파 전국 총회와 도르트 지역 총회는 교회 직분에 대한 명확한 정의를 내리지 않았으며, 이로 인해 기능이 중복되었다. 어떤 경우에는 집사가 예전적 책임을 지기도 했다. 그러나 미델부르흐 총회(1608)는 세 가지 교회 직분을 정의하고 확립하는 데 앞장섰다. 목사는 말씀 전파, 성례 집전, 권징 집행의 임무를 맡았다. 장로는 권징의 문제에 있어 목회자들과 협력해야 했다. 집사는 가난한 이들의 필요를 돌볼 책임이 있었다. 중요한 것은 이 총회가 집사에게 부여되었던 모든 예전적 의무를 폐지했다는 사실이다. 동시에 네덜란드 개혁교회는 특정 교회에서 사역을 시작하려는 사람들에게 '합법적 청빙'을 요구했다. … 헤이그 총회가 제정한 말씀의 목사와 장로, 집사의 안수 및 위임식의 의미를 16세기 개혁파의 맥락에서, 특히 안수에 주목하여 다음과 같이 설명할 수 있다. 네덜란드 방식에는 일곱 가지 예전 구성 요소가 있다. 순서대로 나열하면 다음과 같다. (1) 선출자 소개 및 회중의 선거 승인 발표, (2) 설명, (3) 선출자에게 주는 세 가지 질문, (4) 부름(votum), (5) 안수, (6) 권고, (7) 폐회 기도." 참고. M. Lim, "Dutch Reformed Ordination and Installation: The Dutch Reformed Forms for the Ordination and Installation of Ministers of the Word and for the Ordination of Elders and Deacons in the Context of the Sixteenth Century," (Ph.D. Thesis, Utrecht Theological University, 2023), 194-95.

은 구원을 받지 못할 것이다. 사도 바울은 고린도전서 10:1-13에서 구름과 바다에서 세례를 받은 이들, 즉 출애굽한 이스라엘 백성 모두가 구원받은 것은 아니라고 강조한다. 따라서 그리스도의 구속 통치에 대한 하나님의 약속을 믿음으로 받아들이고 인정하지 않는 곳에서는 참된 구원이 이루어지지 않는다. 세례에서 하나님의 약속을 멸시하는 세례를 받은 자들에게는 권징을 통해 하나님의 심판이 선포되어야 한다. 반대로, 권징은 세례를 받은 사람에게만 시행될 수 있다. 따라서 세례는 권징의 기초가 된다.[36]

세례에 관한 교회질서에 요약된 교회법의 원칙과 조항은 세례의 확실성과 연속성을 확립하는 목적을 가지고 있다. 그러나 특히 언약 자녀에게 주신 하나님의 은혜로운 권리를 세례로써 가시적으로 표현하여 언약 자녀의 신앙을 강화하려는 목적도 나타난다. 세례는 하나님의 말씀에 따라 이루어지기 때문에 세례받은 사람은 세례를 통해 진리에 대한 확신을 갖게 된다. 교회질서의 임무는 오직 진리를 보존하고 진리에 대한 확신을 영속시키는 것이다. 따라서 세례받은 사람은 하나님의 언약에 근거하여 겸손하게 자신의 자녀됨을 주장할 수 있다. 그리고 은혜 언약 안에서 자신이 상속받은 아버지 하나님의 약속 안에서 평생 기뻐할 수 있다. 그는 이 세상에서 아버지 하나님의 가족으로서 지위를 가지고 있다는 확신을 가지고 살 수 있다. 그리고 세례 교인은 아버지의 거처로서 자신의 자리를 가지고 있다는 것을 알고 죽을 수 있다.[37]

36   C. J. Smit, "Die Doop in die Gereformeerde Kerkorde," *In die Skriflig* 23/2 (1989), 71.

37   Smit, "Die Doop in die Gereformeerde Kerkorde," 72.

세례의 네 요소는 물, 세례에 관한 성경적 예식 해설, 세례의 의미를 믿음으로 받아들여 화해와 은혜 언약 안으로 인쳐짐, 그리고 세례를 받는 사람에게 성령님께서 은혜를 인치시고 보증하심이다(엡 1:14).[38] 남아공 개혁교회(GKSA) 2018년 총회에서 제정된 새로운 세례 및 성찬식 양식은 문자 그대로 삼위일체 하나님의 구속 사역을 교회 언어로 강조한다. 이것은 확고한 언약 관점에서 지속적 개혁을 시사하는 새로운 개념이 담긴 새로운 교회 언어이다. 언약의 '자녀' 세례를 위한 새로운 양식은 세 가지 주요 부분으로 구성된다. 그것은 바로 하이델베르크 교리문답의 세 가지 구성 요소인 '죄, 구속, 그리고 감사'이다. 이 형식에 따르면, 세례는 성부, 성자, 성령의 이름으로 거행된다. 삼위일체 하나님은 각각 하나님의 은혜 언약을 인침으로써 각자의 역할을 맡으신다. 성부는 은혜 언약을 인치시고, 성자는 그리스도의 몸과 연합하기 위해 자신의 피를 통해 죄를 씻어 주심으로 인치시고, 성령님은 성도 안에 거하시고 그리스도의 지체로서 우리를 거룩하게 하시도록 인치신다. 남아공 개혁교회 질서(GKSA-Kerkorde)는 한편으로는 16-17세기의 네덜란드 개혁파 전통의 교리적으로 정당화되고 일관된 세례관을 고수하는 동시에, 다른 한편으로는 21세기에 들어와서 언어 및 개념적으로 다듬어 개혁을 추진하고 있다.[39]

---

38   P. J. Strauss, "Kerkorde en Doop: Toegespits op Twee Gereformeerde Kerkordes," *In die Skriflig* 53/1 (2019), 3.

39   Strauss, "Kerkorde en Doop," 8-9.

2) 성찬

세례받지 않은 사람에게 성찬 참여를 허용하지 않는 '닫힌 성찬'은 1568년 베젤(Wesel)총회에 기반을 두고 있다. 회중 내에서의 닫힌 성찬은 교회론적 그리고 교리적으로 정당화되었다. 그리고 당회가 성찬을 받을 의향이 있는 사람들에게 요구되는 신앙과 생활 방식에 대한 '자연스러운' 심사를 실시함으로써 교회사적으로 입증되었다.[40]

도르트 교회질서 제61조는 '열린 성찬'을 반대한다. 성찬과 교회 생활을 거룩하고 성경적으로 유지하기 위한 노력의 일환으로, 도르트-개혁파 교회는 사람들이 성찬에 참여하기 전에 그들의 교리와 삶에 대한 고찰이 선행되어야 한다고 결정했다. 이러한 고찰은 고린도전서 11:28에 명시된 자기 성찰을 통해 촉진된다. 이와 유사한 고찰을 위해, 세례받은 교인과 교회에 아직 입교(신앙고백)하지 않은 사람들은 사전에 교회 또는 기독교 교리 교육을 받아야 했다.[41]

남아공 개혁교회(GKSA)에서는 동일한 신앙고백을 하는 비개혁교회 교인을 당회의 심사를 거치게 하고, 필요한 경우 신앙고백이나 삼위일체에 대한 개인적인 결단, 그리고 종교적 견해에 대한 추가 교육을 실시한다. 이런 심사는 또한 교인의 생활양식을 평가한다. 결과가 긍정적이면 성찬에 참여하게 허용된다.[42]

---

40   P. J. Strauss, "Toelating tot die Nagmaal: 'N Gereformeerd-Kerkordelike Perspektief," *In die Skriflig* 53/1 (2019), 8.

41   Strauss, "Toelating tot die Nagmaal," 3.

42   Strauss, "Toelating tot die Nagmaal," 5.

3) 권징

권징이 영적 성격을 가지고 있는 네 가지 이유는 다음과 같다. 첫째, 신앙을 고백하는 신자들과 세례받은 자녀들로 구성된 신앙공동체인 교회는 성령님의 검이자 기독교 신앙의 실천 방식인 하나님의 말씀을 통해 확신을 가지고 사역한다(엡 6:17). 교회의 권징은 국가 기관에 의한 처벌의 강압적 성격과 다르다. 둘째, 권징의 목적은 하나님의 영광, 회중이나 교회의 구원, 그리고 죄인의 보존이다(NGKO, 2013:16). 셋째, 교회 자체가 영적이고 믿음과 사랑의 기관이기 때문이다. 따라서 정직, 사랑, 인내, 관용, 냉정함이나 성급함 없는 결단력, 그리고 기독교 신앙의 핵심 원칙의 실행은 모두 권징에서 중요한 역할을 한다. 넷째, 교회법에 따른 행위는 관습법상 준사법적 행위이므로, 집행은 공정하고 정의로워야 한다. 그러므로 신앙의 맥락에서 법과 정의를 경험하는 것은 영적인 경험이다. 교회 권징을 실행하는 사람들이 그 목적을 영적 행위로 믿고, 성령님의 인도를 따른다면, 거기에 영적 힘이 있다.[43]

---

[43]   P. J. Strauss, "Die Geestelike Aard van die Kerklike Tug soos in Gereformeerde Kerkordes," *Stellenbosch Theological Journal* 3/1 (2017), 387-88. 참고로 "칼빈이 권징을 교회의 표지로 적극적으로 언급하지는 않았지만, 적어도 칼빈에게 있어서는 말씀과 성례 다음으로 중요한 교회의 본질이었으며, 나아가 천국의 문을 여는 열쇠였고, 하나님이 교회에 주신 권위였다. 그래서 권징이 없는 교회는 말씀과 성례가 보호를 받지 못하고 세속에 흔들릴 수밖에 없다고 주장을 하였다. 칼빈에게 있어서 권징은 공동체의 질서를 유지하는 장치이며, 나아가 죄악된 세상으로부터 교회를 보호하는 방패요, 성도를 죄악으로 보호하는 하나님이 교회에 주신 복의 권위였다. 그래서 칼빈은 제네바에서 권징을 위하여 직제를 편성하였고, 치리회를 만들어 시찰과 심방을 통하여 권징을 성실하게 시행하였다. …권징의 성실한 시행을 위하여 개혁교회는 목사와 장로들로 치리회를 구성하고 권징을 시행하였다. 특이한 것은 평신도를 치리회의 주체로 세웠다는 것이며, 직분 간에 계급을 두지 않았다는 것이다. 하지만 그리스도로부터 권위를 부여받은 목사와 평신도의 대표로 선출된 장로는 구분을 하고 있다. … 화란 신학자들의 경우는 권징을 분명한 교회의 표지로 보기보다 칼빈의 주장을 대체로 수용하는 편이었고, 미국의 보수주의 신학자들의 경우에는 스코틀랜드와 청교도의 영향을 받아 권징을 교회의 표지로 여기는 경향이 있다." 윤은수, "개혁

푸시우스는 살인, 간통, 신성모독, 절도, 위증과 같은 대역죄로 인해 징벌을 받은 사람이 교회 직분자로 복직하는 것은 불가능하다고 주장했다. 칼빈의 교회법(Ordonnances Ecclesiastique, 1541) 제25-26조를 반영한 도르트 교회질서(1619) 제80조는 직무 정지 및 해임 사유에 해당하는 죄는 거짓 교리 또는 이단, 공개적인 분열, 공개적인 신성모독, 성직매매, 불성실한 예배, 타인의 예배 방해, 위증, 간통, 음행, 절도, 폭력, 상습적인 만취, 싸움, 부당한 이익 추구, 그리고 교회와 세상에서 불명예스럽게 만드는 기타 범죄이다. 그렇다면 징계를 받은 목사는 말씀의 사역자로 복귀할 수 있는가? 가족의 생계를 책임지는 목사의 이익도 고려해야 하지만, 주님의 명예와 사명은 개인이나 가족의 이익보다 우선한다. 말씀 사역자의 직분 회복은 가볍게 여겨져서는 안 된다. 해당 노회가 하나님의 영광, 교회의 복지, 그리고 해당 목사의 준수를 바탕으로, 해임 사유와 직분 적합성 요건을 고려하여 철저한 조사가 필요하다. 이 조사를 통해 후보자가 해임 사유를 초래한 자신의 잘못에 대해 진심으로 회개했는지 여부를 판단하거나 검증해야 한다. 징계를 초래한 범죄, 교인 자격의 회복, 그리고 직분의 회복과 관련된 모든 문제와 마찬가지로, 말씀 사역자를 직분에 복귀시킬 때에도 '과거 죄의 걸림돌'을 조사하고 평가해야 한다. 그러나 개혁교회에서 이런 중요한 문제가 직분 복귀를 불가능하게 만들어서는 안 된다.[44]

노쓰-웨스트대 교회사 교수 폴스터(J. M. Vorster)에 따르면, 남아공

신학에 나타난 '권징'에 대한 대한 역사적 고찰," (박사논문, 계명대학교, 2009), 152-54.

44　P. J. Strauss, "Ampsherstel as 'n Bedienaar van die Woord: 'N Gereformeerd-Kerkregtelike Benadering," *Stellenbosch Theological Journal* 5/3 (2019), 582, 584, 592.

개혁교회(GKSA)는 여성 목사 임직의 근거를 찾도록 성경을 책임감 있게 해석하도록 도와야 한다. 소위 '공동 합의'를 무시한다는 이유로 이런 시도를 삼가거나 단순히 교단에서 추방하는 것은 장로회 정치의 기본 원칙에 부합하지 않으며, 세속 권위의 지배로 향하는 문을 열어주는 것이다.[45] 폴스터의 위의 주장에는 여성 목사를 지지하는 선입견이 반영되어 있다. 그리고 폴스터는 여성 목사를 금지한 교단 총회의 결정인 '공동 합의'(gemeen akkoord)를 세속적 개념이라고 폄하하고, 신앙의 양심을 억누른다고 비판한다.

4) 시찰회의 교회 방문

권징은 심방과 시찰(視察)을 통해 적절히 시행된다(행 9:32; 15:41; 16:4; 고전 4:19). 개혁교회의 회의는 당회, 노회(classis), 대회(regional synod), 그리고 총회(general synod)로 확대된다(참고. 도르트 교회질서 제41, 44조). 명사 '클라시스'(classis)는 그리스어 '클라시스'(κλάσις) 또는 '클레시스'(klésis)에서 유래했으며, 그리스어 동사형은 '칼레오'(καλέω)이다.[46] 문자 그대로는 "함께 불러 모이다"는 의미이다. 후기 라

---

45   남아공 개혁교회(GKSA)는 2009년 총회에서 여성 목사를 금지했다. 이런 총회 결정은 '공동 합의'(gemeen akkoord)인데, 이를 어기고 계속 이의를 제기한 목회자들이 있다. J. M. Vorster, "Die Begrippe 'Gemeen Akoord' en Buite Kerkverband Plaas' in Kerkregtelike Perspektief," *In die Skriflig* 58/1 (2024), 1-2, 8. 참고로 대체로 노쓰-웨스트대 신학 교수들은 여성 목사를 찬성하지만, 그 교단 목회자들의 다수는 반대하고 있는 듯하다. 참고. W. C. Vergeer, "Anomalieë in die Gereformeerde Standpunt oor die Rol van die Vrou in die Kerk," *In die Skriflig* 36/4 (2002), 687.

46   개혁교회 정치에서 'classis'는 이웃 교회들의 모임 즉 '노회'를 가리킨다. 다시 말해, 노회는 'classis'를 임명한다. 참고. 김희정, "건강한 장로교회의 원리와 적용," (고신대 개혁주의학술원 제20회 신진학자포럼, 대구 산성교회당, 2025년 7월 1일), 20-21. 장로교인에게 개혁교회의 'classis'는 지교회 당회(church council, consistory)보다 더 확대된 '시찰회'

틴어에서는 이 단어가 '코르푸스'(corpus) 또는 '콜레기움'(collegium; 동등한 구성원들의 모임 또는 기관)이라는 의미도 지닌다. 클라시스는 네덜란드 개혁파 전통에서는 이웃 교회나 회중들의 모임을 지칭하는 데 사용되었으며, 프랑스 개혁교회에서는 목사들의 모임을 지칭하는 데 사용했다. 1568년 베젤 총회 이후, 네덜란드 개혁교회는 대의원들을 통해 이웃 교회나 회중들의 모임을 지칭하는 용어로 이 단어를 사용해 왔다.[47]

도르트 교회질서 제44조에 따르면, 노회 시찰회원의 지역교회 심방은 예배 회집이 잘 이루어지는지, 목사, 당회원, 교사가 자신의 직분을 충실히 준수하고 수행하는지, 교회의 권징이 실행되는가를 살핀다. 이러한 직분자들은 순수한 교리를 유지함, 모든 면에서 교회질서에 충실함, 말과 행동으로 회중 특히 청소년의 위로와 안정에 기여함, 구제 시행, 그리고 회중과 학교를 세우는 데 있어 형제애적 훈계와 조언과 실천함의 여부를 살피기 위하여 심방한다.[48] 그리고 지역교회가 견고하게 서서 적절히 운영되도록 시찰회의 도움이 필요한 부분이 있는지도 살핀다. 성희찬은 시찰의 중요성을 아래와 같이 강조한다.

정기시찰이 거의 사라지면서 교회에 발생할 수 있는 어려움과

처럼 느껴진다.

47   P. J. Strauss, "Die Klassis en Kerkvisitasie in Drie Kerkordes," *In die Skriflig* 51/1 (2017), 2. "1537년 5월 13-14일 양일에 스위스 로잔에서 열린 노회는 스위스 남서부 지역인 보(Vaud)의 교회들을 여섯 개의 작은 단위로 나누었는데, 이때 이 작은 단위를 가리킬 때 사용한 용어가 바로 'classis'(노회)이다. 그리고 노회는 한 명의 수석 목사와 이를 돕는 네 명을 선출하여 무엇보다 노회 관내에 있는 목사들을 감독하는 일을 맡았다." 성희찬, "시찰 없이는 노회는 없다: 노회의 시찰 직무에 관해," (http://reformedjr.com/board05_04/599333. 2025년 7월 3일 접속), 7.

48   Strauss, "Die Klassis en Kerkvisitasie in Drie Kerkordes," 4-6.

죄를 예방하지 못하고, 큰일이 터지고 나서야 비로소 이를 수습하기 위해 공정한 재판 절차를 통해 시시비비를 가리는 것이 아니라, 오랫동안 재판권을 겸한 전권위원회를 파송하여 무리하게 일을 처리하여 후유증을 남긴 일이 많았다. 예방을 위한 정기시찰이 사라지고 시벌을 위한 특별시찰이 그 자리를 대신한 것이다. 조선예수교장로회가 우리에게 물려 준 시찰 시 질문 예시를 보면 개체교회의 당회록(행정록 포함)과 기타 모든 명부(교인명부, 세례명부, 결혼명부, 실종교인명부 등)를 검사하는 것도 정기시찰을 통해 시행한 항목이었다. 오늘날 교단의 규모가 커지면서 '감사'가 산하 기관에서 재정과 행정의 측면에서 이루어지지만, 정작 교단에 속한 개체교회들의 영적 형편은 감사를 하지 못하고 있는 것은 잘못되어도 한참 잘못되었다고 말할 수 있다.[49]

5) 요약

세례, 닫힌 성찬, 회복적 권징, 그리고 노회 시찰원들이 지교회를 심방하는 활동 모두가 교회질서의 원칙을 따라 성경적으로 적용될 때 열매를 맺게 될 것이다.

---

49 성희찬, "시찰 없이는 노회는 없다: 노회의 시찰 직무에 관해," 30. "고신 교회의 1992년 헌법 개정 시에는 조선예수교장로회(1922년)부터 <교회정치>에 부록으로 수록되어 온 <시찰 위원 특별심방시 문답例>를 아예 삭제해 버렸다. 거기에는 목사에 대한 문답, 장로에 대한 문답, 당회에 대한 문답, 제직회에 대한 문답 등이 들어 있어서 교회 시찰 시 참고하도록 하였다. …종교개혁 당시 교회는 한편으로는 회중주의 혹은 독립주의 정치 원리에서 보는 것처럼 지역교회의 완전한 자율을 강조하지 않았다. 또 로마 천주교회의 감독정치 혹은 교직제도의 정치 원리도 따를 수는 없었다. 바로 이 두 극단적인 정치 원리 사이에서 개혁교회는 성경과 복음을 바탕으로 하여 장로회 정치 원리를 따르게 된다. 이 원리가 가장 잘 드러난 것이 바로 시찰회이다. 즉 중세교회의 '감독' 대신에 온 것이 바로 시찰회이다." 성희찬, "시찰 없이는 노회는 없다: 노회의 시찰 직무에 관해," 1, 4.

나오면서

교회질서는 성경적 교회론과 회복적 정의에 기초한다. 이신칭의의 은혜를 입은 신자의 모임인 교회는 정의를 구현해야 한다. 개혁파 교회질서는 성령님의 조명과 도움, 그리고 하나님 말씀의 원칙을 마땅히 따라야 한다. 교회질서를 다듬고 적용할 때, 시대의 변화를 잘 고려해야 한다.[50]

교회질서에서 볼 때, 교회는 '법 공동체'이다. 건강한 교회법은 신자가 이루어가는 구원에 도움을 준다. 그러나 죄성을 가진 의인은 교회법을 아전인수식으로 이용하려는 유혹을 받기 마련이다. 더욱이 교회법이 매우 이상적이라면, 그것을 준수하기란 더 어렵다. 교회가 항상 개혁되어야 하듯이, 교회의 "법도 항상 개혁되어야 한다"(ius semper reformandum).[51]

---

50 "섬세한 교회정치 제도는 개혁교회를 반대와 분열로부터 보호하지 않는다. 개혁교회는 과거에 분열을 경험했고 앞으로도 분열을 겪을 것이다. 하지만 바로 이러한 교회 제도 덕분에 수 세기 동안 수많은 국가와 문화에서 다양한 개혁교회는 놀라울 정도로 회복력을 유지할 수 있었다. 오늘날 우리가 오래된 교회질서를 복구하고 새로운 질서를 형성하고자 노력하는 가운데, 시간에 따라 검증된 통찰력과 제도를 간과해서는 안 된다." J. Witte Jr., "The Catholic Origins and Calvinist Orientation of Dutch Church Law," *Calvin Theological Journal* 28 (1993), 351.

51 Örsy,『신학과 교회법: 입법과 해석을 위한 새로운 지평』, 28; 프라이부르크대학교 교회법 교수 C. G. Fürst, "Vom Wesen des Kirchenrechts," *Internationale Katholische Zeitschrift Communio* 6/6 (1977), 504. 참고로 목회자와 노동법의 관계를 살펴보자. "목회자와 교회의 다른 직원들과의 고용 관계는 매우 중요한 문제이다. 교회는 항상 교회 구성원들과 가장 공정하고 정의로운 고용 관계를 맺기 위해 노력해야 한다. 따라서 교회 내 고용 관계에 심도 있는 주의를 기울이는 것이 필수적이지만, 동시에 교회의 본질을 충분히 고려해야 한다. 이러한 노력에는 신학자와 노동 전문가 모두의 의견과 전문 지식이 필요하며, 이들은 서로 협력하고 보완해야 한다. 궁극적으로 그들의 노력의 결과는 교회의 교회질서와 고용 관계 관리 지침에 반영되어야 한다. 올리비에가 다음과 같이 올바르게 기술한 것은 타당하다. 가능한 접근법은 목회자와 관련 교회 조직 간의 관계에 관련 노동법 원칙을 자발적으로 통합하거나 도입하는 것이다. 단, 그 관계의 기반은 노동법의 영역 밖에 있다. 이는 교회와 교회 직분자들, 특히 목회자들이 노동법의 틀 안에서 오랜 세월 발전해 온 기본적인

참고문헌

강 민. 『아라스코: 개혁주의 교회법의 토대를 놓다』. 서울: 익투스, 2019.

『교회법전: 라틴어-한국어 대역<수정판>』. *Codex Iuris Canonici*. 한국천주교 주교회의 교회 법위원회 역. 서울: 한국천주교중앙협의회, 2004.

김대인. "미국의 기독법학연구 동향에 대한 고찰." 『법학논집』 26/4 (2022): 1-46.

_____. "우리나라 기독법학의 연구동향과 과제." 제1회 기독 법학 여름 캠프: 기독 법학의 과거, 현재, 미래 발제 논문. 한동대학교. 2025년 7월 18-19일: 15-69.

김병근. 『교회와 법률』. 서울: 박영사, 2022.

김재윤. "개혁 교회법이 한국교회에 가지는 의의: 엠던총회(1571)에서 아브라함 카 이퍼까지, 지역교회의 보편성을 중심으로." 『한국개혁신학』 35 (2012): 8-46.

김회정. "건강한 장로교회의 원리와 적용." 고신대 개혁주의학술원 제20회 신진학 자포럼. 대구 산성교회당, 2025년 7월 1일: 1-32.

성희찬. "시찰 없이는 노회는 없다: 노회의 시찰 직무에 관해." http://reformedjr. com/board05_04/599333. 2025년 7월 3일 접속: 3-38.

_____. 『한국장로교회 헌법 개정 역사』. 서울: 생명의 양식, 2021.

윤은수. "개혁신학에 나타난 '권징'에 대한 대한 역사적 고찰." 박사논문. 계명대학 교, 2009.

임경근. "교회법이란 무엇인가?" http://reformedjr.com/board02/24/43. 2025년 7 월 1일 접속.

허순길. 『개혁교회 질서 해설』. 광주: 셈페르 레포르만다, 2017.

황규학. 『교회법이란 무엇인가?』. 서울: 에클레시안, 2007

Barmash, P. (ed.). *The Oxford Handbook of Biblical Law*. Oxford: Oxford University Press, 2019.

형평성 원칙에 의지할 수 있다는 장점이 있다. 이는 교회가 노동자에 대한 공정한 대우를 구성하는 것에 대해 널리 받아들여지는 규범에 민감하다는 견해에 기여할 것이다(Olivier 2002:539)." P. Coertzen, "Kerkorde of Arbeidswet: Die Posisie van Predikante en An- der Persone wat in die NG Kerk Werk," *NGTT* 44/3-4 (2003), 256.

Cochran Jr., R. F. "Jesus and the Mosaic Law: Agape Love as the Foundation and Objective of Law." *Touro Law Review* 35/1 (2020): 23-57.

Cochran Jr., R. F. et als. 『그리스도와 법』. *Christian Perspectives on Legal Thought.* 이일 역. 서울: IVP, 2015.

Coertzen, P. *Church and Order: A Reformed Perspective.* Leuven: Peeters, 1998.

_____. *Decently and in Order: A Theological Reflection on the Order for, and the Order in, the Church.* Leuven: Peeters, 2004.

_____. "Kerkorde of Arbeidswet: Die Posisie van Predikante en Ander Persone wat in die NG Kerk Werk." *NGTT* 44/3-4 (2003): 248-57.

De Jong, K-W. "Een Verkennend Onderzoek naar de Receptie van Een Anti-Hiërarchisch Beginsel in Nederlandse Kerkorden van het Gereformeerde Type." *In die Skriflig* 52/2 (2018): 1-9.

Drossbach, G. "Die Entwicklung des Kirchenrechts als Raumübergreifendes Kommunikationsmodell im 12." *Jahrhundert* (2008): 41-61.

Du Plooy, A. L. "Calvyn se Vierde Diens, die Doktore-Amp, en Artikel 18 van die Kerkorde van Dordrecht 1618 en 1619: 'N Kritiese Refleksie." *In die Skriflig* 48/2 (2014): 1-11.

_____. "Kollegialisme." *In die Skriflig* 23/3 (1989): 2-11.

Fürst, C. G. "Vom Wesen des Kirchenrechts." *Internationale Katholische Zeitschrift Communio* 6/6 (1977): 496-506.

General Task Team Legal Affairs of the General Synod. *The Church Order of the Dutch Reformed Church: Articles, Regulations, Policy, Related/Clarifying Resolutions as Determined by the General Synod in October 2019.* No Place: 2019.

Kim, H. "Presbyterianism and Hierarchical Characteristics of Polity of the Presbyterian Church in Korea in the Period 1884-1922." Ph.D. Thesis. North-West University, 2024.

Koffeman, L. J. *In Order to Serve: An Ecumenical Introduction to Church Polity.* Münster: Lit Verlag, 2014.

Lim, M. "Dutch Reformed Ordination and Installation: The Dutch Reformed

Forms for the Ordination and Installation of Ministers of the Word and for the Ordination of Elders and Deacons in the Context of the Sixteenth Century." Ph.D. Thesis. Utrecht Theological University, 2023.

Örsy, L. M.『신학과 교회법: 입법과 해석을 위한 새로운 지평』. *Theology and Canon Law: New Horizons for Legislation and Interpretation.* 이경상 역. 서울: 가톨릭대 학교출판부, 2006.

Selderhuis, H. J. (ed). *Handboek Gereformeerd Kerkrecht.* Amsterdam: Groen, 2019.

Smit, C. J. "Die Doop in die Gereformeerde Kerkorde." *In die Skriflig* 23/2 (1989): 59-73.

_____. "Die Kerkorde en die Heilige Skrif: 'N Contradictio in Terminis?" *In die Skriflig* 17/67 (1983): 35-41.

_____. "Teologie en Kerkreg: Wat word van die Heilige Gees in Ons Teologie en in die Kerkreg?" *In die Skriflig* 58/1 (2024): 1-8.

_____. "The Decline of Reformed Church Polity in South Africa." *In die Skriflig* 52/3 (2018): 1-10.

Spoelstra, B. "Die Invloed van Calvyn op die Geldende Kerkordes in Suid-Afrika 1652-1983." *In die Skriflig* 18/72 (1984): 29-46.

Strauss, P. J. "Ampsherstel as 'n Bedienaar van die Woord: 'N Gereformeerd -Kerkregtelike Benadering." *Stellenbosch Theological Journal* 5/3 (2019): 577-94.

_____. "Die Geestelike Aard van die Kerklike Tug soos in Gereformeerde Kerkordes." *Stellenbosch Theological Journal* 3/1 (2017): 375-89.

_____. "Die Klassis en Kerkvisitasie in Drie Kerkordes." *In die Skriflig* 51/1 (2017): 1-8.

_____. "Kerkorde en Doop: Toegespits op Twee Gereformeerde Kerkordes." *In die Skriflig* 53/1 (2019): 1-10.

_____. "Toelating tot die Nagmaal: 'N Gereformeerd-Kerkordelike Perspektief." *In die Skriflig* 53/1 (2019): 1-9.

_____. "What are the Consequences of *Sola Scriptura* for a Reformed Poli-

ty?: With Reference to the Dutch Reformed Church Order of 1962."
HTS Teologiese Studies 77/4 (2021): 1-10.

Van den Broeke, L. "The Composition of Reformed Church Orders: A Theological, Reformed and Juridical Perspective." *In die Skriflig* 52/2 (2018): 1-9.

Van der Linde, G. P. L. "Introduction to Church Polity: Study Guide." In *Reformed Church Polity: Essays and Topics*. Edited by A. I. R. du Plooy. Potchefstroom: Faculty of Theology, Nd: 1-17.

Van Wyk, B. J. "Die Verband tussen Ekklesiologie en Kerkreg: 'N Hervormde Perspektief." *HTS Teologiese Studies* 73/1 (2017): 1-8.

Vergeer, W. C. "Anomalieë in die Gereformeerde Standpunt oor die Rol van die Vrou in die Kerk." *In die Skriflig* 36/4 (2002): 661-89.

Vorster, J. M. "Die Begrippe 'Gemeen Akoord' en Buite Kerkverband Plaas' in Kerkregtelike Perspektief." *In die Skriflig* 58/1 (2024): 1-9.

Wenz, A. "Die Begründung des Kirchenrechts." *Lutherische Beiträge* 13/3 (2008): 176-91.

Witte Jr., J. "The Catholic Origins and Calvinist Orientation of Dutch Church Law," *Calvin Theological Journal* 28 (1993): 328-51.

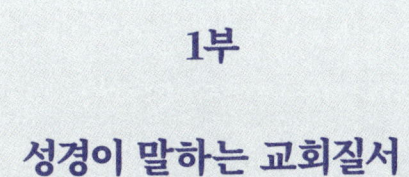

1부

성경이 말하는 교회질서

1부

성경이 말하는
교회질서

성경과 교회질서[52]

1. 성경의 꾸준한 부름

몇 가지 예외를 제외한다면,[53] 개혁파 교회질서는 16세기에 성경에서 도출된 결론, 즉 하나님의 교회질서에 관한 정확한 해석에 대해 계속해서 논쟁을 벌여 왔다.[54] 그런데 16세기의 이런 결론은 지난 수 세기 동안 성경학 분야에서 일어난 주요 변화와 특히 남아공 화란개혁교회(NGK 혹은 DRC)에서 지난 40년 동안 반영된 변화에 비추어 오늘날 많은 신학자와 목회자들에 의해 의문시되고 있다(Celliers, 2003:iii; Deist, 1994:iii, 261-313; 참고. Banks, 1980; Brown, 1984). 이에 대한 연구는

---

52   본 논문은 남아공 스바르트럭헌(Swartruggen) 화란개혁교회(NGK) 목사 셀리어스 (A. Celliers)와 프리스테이트대학교 교회질서 교수 피터   스트라우스(Pieter J. Strauss)의 "Skrif en Kerkorde," *Acta Theologica* 24/2 (2004), 1-22를 번역한 것이다. 피터 스트라우스(b. 1951)는 2007년에 남아공 화란개혁교회 총회장을 역임했고, 2015년에 교수직에서 은퇴했다. 그는 170편 이상의 학술 논문과 단행본 *Kerk en Orde Vandag*과 *Kerkwees in die Branding* 등을 출간했으며, 신학과 철학 그리고 미디어학을 전공했다. 그리고 편역자가 본 서에 실은 논문들은 AOSIS의 'Creative Commons Attribution 4.0 International 4.0 License (CC BY 4.0)'에 따라 출판된 자료들이다(역자 주).

53   참고. 브롱크홀스트(1947), 스미트(1984, 1985).

54   남아공의 사례는 다음 자료를 참고하라. Kleynhans, 1982, 1984, 1985, 1988; Spoelstra, 1989; Van der Linde, 1983.

아직 이루어지지 않고 있으며, 따라서 경험적으로 증명될 수는 없다. 하지만 화란개혁교회(NGK) 목회자들이 지난 20-30년 동안 성경학 분야에서 습득한 내용이 교회질서에 나타난 성경적 고백에 대한 심각한 의문을 제기했다는 확신은 여전히 존재한다. 이미 암시했듯이, 성경적인 신앙고백은 16세기 이후 크게 변하지 않았다. 이와 병행하여, 그리고 아마도 그 결과로, 실천신학에서 교회가 오늘날 화란개혁교회 질서에 따라 기능해야 하는 방식과는 다소 다른 모델들이 개발되었다(Heyns, 1992; Nel, 1994:260; Potgieter, 1997:21). 이러한 모델 중 일부는 일부 교회에서 부분적으로 또는 전체적으로 채택되었지만, 교회질서 자체가 무시되거나 심지어 의도적으로 제쳐둔 상황에 놓이기도 한다(Janse van Rensburg, 1998:83).

현대 교회법이 확고한 성경적 고백을 바탕으로 삼아 여전히 교회에 중요한 학문인가를 두고 질문이 제기될 수 있다. 이와 관련하여, 최근 남아공에서 교회 및 회중 관련 주제의 다양한 출간물들의 목록에 교회법을 다룬 출판물은 드물다는 사실은 시사하는 바가 크다. 뷔프틴출판사가 출간한 두 권을 주목해 보자.『성령님의 권능 안에 있는 교회들: 그리스도의 교회의 독특한 정체성, 사명 그리고 사역』(*Gemeentes in die Kragveld van die Gees: Oor Die Unieke Identiteit, Taak en Bediening van die Kerk van Christus*, C. Burger 1999)과『진리를 품은 이들: 신약성경의 교회를 위한 비전』(*Draers van die Waarheid: Nuwe-Testamentiese Visies vir die Gemeente*, C. Burger & I. Nell, 2002). 이 두 권은 개혁파 교회법의 핵심 쟁점에 직접적으로 영향을 미치고 교회법 논쟁에서 실제로 쟁점이 되는 결론들을 도출해 내었다. 또한 지난 10년 동안 스텔렌보쉬대학교의 화란개혁신학학술지(*Nederduitse Gerefor-*

meerde Teologiese Tydskrif)에 교회법 관련 논문이 얼마나 많이 게재되었는지 살펴보라. 이 중 교회에 대한 실천신학적 관점에서 연구된 논문들이 지역 출판물에 실린 경우는 거의 없다.[55]

이러한 신학적 상황이 교회에 대한 현대 논쟁에 미치는 영향은 무엇인가? 그것은 교회가 실제로 존재하는 방식과 작동하는 교회질서 사이의 괴리가 점점 커지는 것이다. 이런 현상의 결과는 잘 알려져 있다. 교회 현장에서의 혼란이 커지고, 교회법은 개혁파 제도에서 점점 더 멀어지며, 교회질서에 대한 입에 발린 말만 늘어놓게 된다. 따라서 교회법 전공자들은 자신의 신학을 실천하는 방식에 대한 철저한 자기 성찰을 해야 할 때이다(Nel, 1994:260). 그리고 미래에 신뢰할 수 있는 연구물을 제공하려면, 올바른 지점에서 시작해야 한다. 개혁주의적 사고 구조에서 교회의 기본적인 책임 중 하나는 책임감 있게 성경에 귀 기울이는 것이다. 따라서 기존의 주해와 성경신학의 방법과 결과, 그리고 여기서 다시 '책임감 있는'이라는 단어가 중요한 의미를 지닌다. 이러한 맥락에서 주해와 성경신학의 방법과 결과는 교회법을 통해 교회의 질서를 세우기 위해 교회 안에서 유용하게 활용되어야 한다. 공평하게 말하자면, 교회법만이 비난받아야 하는 것은 아니라는 점을 덧붙여야겠다. 특히 봉사신학 관점에서 발전된 새로운 모델 중 일부는 성경과 전적으로 연관되어 있으며, 일부는 심지어 불안정한 성경적 기반 위에 서 있기도 하다(Celliers, 2003:331). 따라서 이러한 모델 중 일부는 성경 자체보다는 경영학과 사

---

55 1993년 이후 교회질서 분야의 논문 11편이 저널 *NGTT*에 게재되었다. 같은 기간 동안 교회의 임직과 사역의 다양한 측면을 다룬 실천신학 논문 11편도 게재되었다. 이 11편 중 교회질서 분야의 출판물은 7편에 불과하다.

회학에 뿌리를 두고 있다(Hendriks & Van der Merwe, 1995; Kotze, 1987). 그럼에도 교회법이 성경학과 진지하고 지속적으로 논의하는 것 외에도, 실천신학과 교의학과 대화하는 것은 시급히 필요하다.

2. 교회질서의 주요 원천인 성경

1) 성경에 나타난 교회의 다면적 이미지

교회법 (그리고 봉사신학)이 성경에 계속 귀 기울여야 하는 가장 중요한 이유는 무엇인가? 그것은 개혁주의자들에게 성경이 항상 삶의 모든 측면, 그리고 교회와 교회질서에 관한 문제에 대한 권위 있고 주된 원천이기 때문이다(Strauss, 1991b:33). 앞서 언급했듯이, 구약과 신약에 관한 연구는 16세기 이후 엄청나게 발전하여 새롭고 중요한 통찰을 제공하고 있다. 이러한 통찰은 교회와 교회질서에 관한 문제에도 큰 영향을 미친다. 이와 관련하여 근본적으로 중요한 발전 중 하나는 성경의 서로 다른 책들과 그것들을 묶을 수 있는 여러 텍스트가 각각 고유한 신학적 관점과 내용을 가지고 있다는 인식이다.[56] 이는 지난 세기 후반 이후 구약과 신약의 다양한 현대 저술에서 분명히 드러난다. 여기에는 교회와 그것의 질서를 특별하게 다루는 저술도 포함된다(예. Brown, 1984; Giles, 1995; Schnackenburg, 1974; Schweizer, 1961). 같은 맥락에서, 신약의 모든 본문 (그리고 한정된 의미에서 구약성경) 배후에는 독자(회중)

---

[56] 이 글의 목적을 위해 신약성경을 다음과 같은 문서군으로 구분한다. 마태복음, 마가복음, 누가복음-사도행전, 목회서신, 에베소서-골로새서, 나머지 바울서신, 요한계시록, 나머지 요한서신, 히브리서, 야고보서, 베드로전서, 베드로후서, 유다서(Celliers, 2003).

가 있으며, 각 저자와 편집자가 교회에 관한 고유한 이해를 가지고 있다는 통찰은 매우 중요하다(예. Brown, 1984).[57] 이는 교회와 관련하여, 각 책이나 문서가 교회와 그 질서에 대한 고유한 관점을 전면에 내세운다는 것을 의미한다. 따라서 성경은 교회를 다양하게 묘사하는데, 때로는 다양하고 심지어 대립하는 측면을 보여주는 그림이기도 하다(Brown, 1984:146; Celliers, 2003:326). 몇 가지 예를 들면 아래와 같다.

(a) 목회서신에서 교회는 진리를 위한 견고하고 잘 조직된 보루와 같다(Pelser, 1995:669). 이 진리는 확고하고 확실하며 재해석될 필요가 없다(Engelbrecht, 1995:685). 그러나 누가복음-사도행전에서는 상황에 따라 변화할 수 있는 훨씬 더 큰 개방성이 분명하게 드러나며, 복음을 재해석할 가능성도 포함된다(Celliers, 2003:77, 82, 92).

(b) 목회서신에서는 정립된 직분이 교회 사역 전반에 걸쳐 책임을 져야 하는 반면, 소위 일반 교인들은 단지 섬김의 역할만 하면 된다는 뉘앙스가 있는 것 같다(MacDonald, 1988:209). 이와 대조적으로, 바울 서신에는 매우 개방적인 성격을 보이는 다양한 직분이 등장한다(Celliers, 2003:137, 141). 문자 그대로 모든 지체에게 사역의 책임이 있다(Celliers, 2003:138, 140). 마태복음에서는 지체들에 의한 모든 형태의 사역이 매우 작은 역할을 하는 반면, 예수 그리스도 자신은 교회의 진정한 '직분자'(Ampsdraer)로 묘사된다(Celliers, 2003:58; Combrink, 1980:98).

(c) 요한서신은 개인적 특징을 강하게 보이는 반면(Celliers, 2003:97),

---

57   이 글의 두 저자는 성경의 편집비평을 어느 정도 수용한다(역자 주).

바울서신은 교회의 공동체적 혹은 집단적 성격을 강조한다(Celliers, 2003:119; Dunn, 1998:534, 550).

(d) 에베소서와 골로새서가 교회의 보편적 성격을 크게 강조한다면(Schweizer, 1961:106), 다른 바울서신들은 보편교회의 지역적 형태로서의 교회에 거의 전적으로 초점을 맞춘다(Celliers, 2003:132, 149).

(e) 소위 집사직은 바울의 빌립보서와 목회서신에 이름으로 등장하는 반면, 누가-행전은 회중의 특정 과부들을 돌보는 사역을 위해 구체적인 명칭을 밝히지 않고 언급된다(행 6; Schweizer, 1961:45, 74). 신약성경의 나머지 부분에서는 소위 집사직이 전혀 등장하지 않거나, 너무 표면적으로만 나타나기에 실질적인 결론을 내리기는 어렵다.

(f) 장로는 바울서신 중에서 빌립보서에만 언급되며(참고. 빌 3:3), 그 내용을 자세히 설명하지 않는다(Celliers, 2003:143). 누가-행전에서 장로들은 실제로 복음을 전하는 사도의 후계자로서 기능하며, 감독이나 목회적 기능도 수행했을 가능성이 있다(행 15; 20; Celliers, 2003:88). 반면 야고보서는 그들의 카리스마적인 치유 사역에 대해서만 언급한다(약 5:14). 요한서신에서 장로는 성령님의 인도하심에 따라 가르치는 기능을 수행했다(요일 2:27; Brown, 1982:679). 목회서신에서 그들은 가르치는 역할뿐만 아니라 지도력을 행사하고 권징을 행사해야 했다(Brown, 1984:34). 베드로전서에서 장로의 임무는 회중을 돌보고 감독하고 인도하는 것으로, 권위 있는 목회적 기능이다(Celliers, 2003:195; Giles, 1995:166).

이러한 예들과 더불어, 성경의 다양한 자료(예. Brown, 1984; Celliers, 2003; Pelser, 1995; Schweizer, 1961)를 통해 교회가 모든 곳에

서 정확히 동일하게 보이거나 기능하지는 않았다고 추론할 수 있다. 이와 관련하여 브라운(1984:19, 146)은 그의 책『사도가 남긴 교회』(*The Church the Apostles left Behind*)에서 통찰력 있는 언급을 제공했다. 즉, 초대 교회에서 중심적이고 지도적인 역할을 했던 사도가 사라지기 시작하자, 교회는 여러 문제에 대처하기 위해 다양한 선택을 행사했다. 이러한 선택지 중 일부는 다른 선택지보다 더 효과적이었고, 그래서 예를 들어, 목회서신의 모델이 살아남고 요한서신의 모델은 사라졌다(Brown, 1984:46, 123). 브라운의 의견에 동의하든 하지 않든, 서로 다른 환경과 요구, 그리고 어쩌면 서로 다른 개성들이 교회들을 서로 다르게 만들었다는 사실은 인정을 받아야 한다. 이것은 오늘날의 상황과 시대에도 매우 중요하다. 특정 상황에서는 교회가 다른 측면들을 희생시키면서 교회의 특정 측면들을 지나치게 강조해야 할 필요가 있다. 예를 들어, 종교개혁 시대에는 순수한 교리를 수호하는 것이 다른 무엇보다 중요했고, 이는 교회질서에 일종의 편향성을 초래했다(Celliers, 2003:330). 그 결과 교회가 가지고 있는 중요한 관계적이며 선교적 측면들은 소홀히 여겨졌다.

2) 성경 속 교회에 대한 총체적 그림

성경 자료를 단지 '비상조치'처럼 편향되게 강조하는 것은(Celliers, 2003:330) 이상적인 방식이 아니다. 성경에 통일성이 있기 때문이다. 성경의 모든 저자들을 그들의 기록 작업에서 인도하신 분은 동일한 성령님이시다(Celliers, 2003:1, 202; Potgieter, 1990:22, 24, 26). 그리고 모든 시대와 장소에서 교회의 기원이신 분도 동일한 주님이다(Celliers, 2003:203). 따라서 성경 속 교회의 다면적인 그림에서 교회와 그것의 질서에 대한 구체적이고 총체적 그림이 나타난다(Celliers, 2003:202). 구약성경 속의 하나님 백성의 다양한 이미지뿐만 아니라 각기 다른 교회에게 적용되는 특정한 것들이 있다. 이러한 요소들이나 상수(常數, 불변성)는 모든 시대에 모든 교회에 적용되어야 하며, 따라서 모든 교회질서의 틀로 간주되어 마땅하다. 이는 각 경우에 성경 전체에 기초한 교회질서라는 주장을 위한 조건이기도 하다(Celliers, 2003:220). 분명히, 다양한 상수(불변성)는 교회질서에서 각기 다른 방식으로 작용할 것이다. 예를 들어, 교회가 하나님 안에서 기원을 찾는다는 문제는 말씀 사역이 중심에 있어야 한다는 사실과는 다른 방식으로 교회질서에서 다뤄질 것이다.

하지만 상수들을 강조하는 일과 이 전체적인 그림을 그리는 것은 생각만큼 간단하지 않다. 본래 성경은 교회와 교회질서에 대한 청사진으로 기록된 것이 아니기 때문이다(Celliers, 2003:219, 322; Strauss, 1997:24). 많은 경우에, 교회는 주제로서가 아니라 암시적으로만 다루어진다. 때로는 독자들이 무슨 내용인지 알고 있다고 당연하게 여겨지기도 한다. 게다가 성경 각 권의 고유한 목적, 범위, 그리고 주제가 더해지면, 이를 간파하는 것을 더욱 어렵게 만든다. 예수 그리스도의 이야기를 전하는 복음서에서 교회는 암시적으로만 다뤄진다. 그리고 이단을 날카롭게 비판하는 유다서와 같은 짧은 서신에서는 서신의 대상이 되는 회중이나 저자의 교회에 대한 이해는 거의 언급이 안 된다. 이러한 현실은 교회의 전체적 그림이 반드시 모든 성경 본문이나 모든 저작에서 문자 그대로 나타나는 요소들로만 구성될 필요가 없음을 보여준다(Celliers 2003:202). 그러나 전체적인 그림은 충분히 대표성을 가져야 신뢰할 수 있다. 또한, 성경 각 권의 특수한 성격, 범위, 그리고 목적은 해석에 결정적인 역할을 해야 한다. 이러한 상황은 교회법이 성경, 나아가 성경 전체에 귀 기울이는 것을 멈추지 않을 수 있는 충분한 이유를 이미 제공한다(Celliers, 2003:326; Jonker, 1965:31).

논의를 더 진행하기 전에, 위에서 암시적으로만 제기되었던 두 가지 사항을 더 자세히 설명해야 한다. 첫째, 교회와 그것의 질서에 관한 문제에서 구약성경을 철저히 고려하는 것이 중요하다(Celliers, 2003:3). 물론, 예수 그리스도의 오심은 확실히 세상에서 하나님 백성의 역사에 새로운 시대를 열었기 때문에, 이는 제한적일 수 있다. 따라서 구약 이스라엘 백성과 신약 교회 사이에는 간과할 수 없는 어떤 불연속성이 있다. 그러나 이스라엘은 참으로 하나님의 백성이었으며, 주님의 지도를 받으면서 특정한 성격을 보였고 특정한 방식으로 조직되었다. 그리고 신약성경에서 교회도 특정하고 심지어 다른 방식으로 이스라엘과 연결되어 있다는 것이 분명해지므로, 이 둘 사이에 무시해서는 안 될 연속성도 있다. 이스라엘이 하나님께서 정하신 공동체라는 사실, 그리고 이스라엘 안에서 말씀 사역과 신앙적 순종이 중심이 되었다는 사실이 여기서 예시로 언급될 수 있다(Celliers, 2003:15, 21, 38).

둘째, 성경 66권은 하나님의 권위 있는 말씀이라는 사실을 고수하는 것이 중요하다(Celliers, 2003:1). 성경 본문을 이해하는 데, 고고학, 사회학, 그리고 역사학이 중요하다. 하지만 교회의 권위 있는 모습은 본문 뒤에 가정된 공동체가 아니라 본문 자체가 그려내는 이미지가 제시한다. 예를 들어, 매우 저명한 사회학자 막스 베버(M. Weber, d. 1920)의 사회학적 모델을 사용하는 것은 본문을 더 잘 이해하는 데 유용할 수 있지만, 맥도날드(1988)의 저서『바울의 교회들: 바울서신과 제2바울서신에 나타난 제도화에 관한 사회-역사적 연구』(*The Pauline Churches: A Socio-Historical Study of Institutionalization in the Pauline and Deutero-Pauline Writings*)에서 여기저기 언급된 것처럼 거기에는 위험성이 도사리고 있다. 『바울과 제2바울서신』은 사회학적 모델이 본문에 부여되어, 본문 뒤의 공동체를 재구성하려는 시도가 이루어질 위험이 있음을 보여준다. [58] 따라서 텍스트를 책임감 있게 읽는다는 것은 텍스트가 무엇을 말하고 무엇을 말하지 않는지 확인하는 것을 의미한다.

지금까지는 주로 성경 말씀을 끊임없이 경청해야 한다는 사실에 초점을 맞추었으며, 그 방법에 대해서도 몇 줄 언급했다. 그 결과에 대한 몇 가지 실제적인 사례도 언급되었다. 아래에서는 상수를 찾는 과정을 계속해 볼 것이다. 다음 단락에서 구약성경 전체와 신약성경의 여러 본문에 나타난 다양한 교회의 이미지를 비교하여 도출된 상수를 요약한다(Celliers, 2003:202-218). 상수들을 강조하고 전체적인 그림을 그려보면, 아직 교회질서가 완성되지 않았음을 알 수 있다. 결국 교회질서는 특정 교회가 자신의 상황과 시대에 맞게 상수들이 형성하는 틀 안에서만 구체적으로 만들어낼 수 있기 때문이다(Celliers, 2003:219, 322).

3) 전체적 그림의 요약

---

58   한 가지 예를 들어보자. 맥도날드(1988:60)에 따르면, 신념, 사회 구조, 그리고 사회적 위치 사이에는 항상 관계가 있다. 그녀는 이를 바탕으로 바울신학이 당시 사회 구조와 변증법적 관계에 있다고 추론한다. 맥도날드에 따르면, 이는 고린도교회의 은사를 사회의 자연스러운 리더십 역할과 함께 읽어야 함을 의미한다. 따라서 그녀는 고린도 회중의 리더십이 순전히 영적인 것이었다는 생각은 틀렸다고 주장한다. 그녀의 주장이 옳을 수도 있지만, 문제는 본문이 이를 뒷받침하지 않는다는 것이다. * 본 논문의 두 저자는 '제2바울서신'을 인정하기에, 사도 바울의 저작성을 부정하고 고등비평을 수용한다(역자 주).

교회는 예수 그리스도를 믿는 믿음 안에 사는 개인들의 공동체이다. 교회는 삼위 하나님으로부터 그분의 주도와 값없는 은혜에 따라, 이 세상에서 그분의 백성으로서 독특한 존재로 살도록, 그리고 그리스도의 재림 때까지 그분의 증인이 되도록 부르심을 받았다. 교회는 본질적으로 보편적이지만, 하나님께서 특별한 사역을 위해 직분자로 부르시고 준비시키신 지체들의 지도 아래 신정적이고 비위계적 공동체로서 여러 지역에서 조직된다. 예수 그리스도의 복음을 선포하고 가르치는 특별한 직분을 통해, 지역교회와 교회 전체는 서로 연결되어 연합을 이루게 된다. 그리하여 각 지체, 교회, 그리고 보편교회 전체는 순종, 상호 사랑, 그리고 증거라는 부르심을 성취할 수 있으며, 세상에서 교회의 독특한 존재가 유지될 수 있다. 위의 전체적인 그림에서 드러나는 몇 가지 측면은 아래에서 더 자세히 설명될 것이다.

① 하나님의 작품

교회는 하나님으로부터 시작되었으며, 따라서 인간의 작품이 아니라는 것을 이해하는 것이 중요하다. 교회는 삼위일체 하나님의 주도권과 행위를 통해 구성된다. 이 안에서 삼위일체의 각 위격은 독특하고 고유한 역할을 담당한다. 앞서 언급한 교회의 구성은 언약, 선택, 구속, 속죄 등으로 설명될 수 있다. 이 지속적인 과정에서 어떤 인간적인 자질도 역할을 하지 않으며, 오직 하나님만이 그의 값없는 은혜와 사랑으로 자신을 위해 한 무리의 사람들을 선택하셨다. 예수 그리스도에 대한 개인의 신앙적 헌신은 언약의 틀 안에서 그가 이 무리의 일원이 되는 것을 결정하는 요소이다. 세례는 또한 입교 예식이다. 그러나 개인의 삶에서 믿음을 일깨워주시는 성령님의 사역을 통해서만 세례가 개인의 삶에서 실질적인 의미를 얻는다(Celliers, 2003:127, 203). 이를 통해 성부 하나님께서는 성령님을 통해 개인들을 믿음으로 예수 그리스도께 결속해 두심으로써 교회를 창조하시고 유지하신다고 말할 수 있다. 이는 세상의 다른 어떤 집단과도 비교할 수 없는 교회의 독특성을 보여준다.

② 교회는 공동체

예수 그리스도에 대한 개인의 신앙적 헌신이 교회의 일원이 되는 결정적인 요소이지만, 성경 전체에서 교회는 본질적으로 공동체라는 점이 분명히 드러난다. 따라서 교회는 하나님의 언약 백성, 에클레시아(하나님의 회중), 제자들의 공동체, 그리스도의 몸, 양떼, 포도나무의 가지, 성부 하나님의 가족, 성령님의 전, 사랑을 나누는 형제자매 등으로 묘사된다. 신자들은 그리스도 안에서 서로 연결되어 있으며, 서로가 없이는 기능할 수 없다. 오늘날의 개인주의 정신은 교회의 이러한 특성과 정반대이다.

③ 세상과 경계선을 그음

성경에서 교회는 불신 유대인들과 이교도들과 함께 세상에서 살지만 독특하고 구별된 집단으로 묘사된다. 교회의 경계선은 예수 그리스도에 대한 신자들의 신앙적 헌신(구약에서는 주님이 그들의 하나님이심을 고백함)에 의해 그어진다. 이 신앙적 헌신은 예수 그리스도와의 개인적인 관계뿐만 아니라, 사도들(예수님의 목격자)이 주님에 대해 전해준 올바른 내용과 순종하는 삶의 열매를 고수하는 것에 관한 것이다. 이는 교회의 정체성이 예수 그리스도의 존재와 주님에 관해 내려온 전승에 대한 연합, 그리고 하나님께 대한 예전적 예배를 포함하는 고유한 삶의 방식에 가장 깊이 자리 잡고 있음을 의미한다. 성경은 세상에서 교회가 존재하는 이러한 독특성이 반대를 불러일으킬 것이며, 교회는 이에 위축되어서는 안 된다는 점을 분명히 보여준다. 사실, 교회는 예수 그리스도의 복음을 굳게 붙잡고, 사람들을 그분에 대한 변함없는 믿음과 순종, 그리고 그분을 예배하도록 이끌 책임이 있다. 결국 교회는 하나님께서 택하신 백성이며, 역사적 실체로서 세상 역사의 흐름을 통해 주님께서 당신의 백성을 위해 계획하신 미래로 그분께서 직접 인도하시는 존재이다. 그러므로 교회는 오직 그분께만 충실하고 끝까지 인내하라는 부르심을 받았다. 교회는 이 궁극적인 목표를 분명하고 생생하게 기억해야 한다. 특히 오늘날 교회의 사고방식과 행동에서 이 점이 충분히 강조되고 있는지는 의문이다.

④ 세상을 향함

교회는 구원의 복음을 가지고 세상을 향하는 독특성을 가지고 있다. 첫째, 예수 그리스도에 대한 교회의 신앙적 헌신과 독특한 삶의 방식은 그 자체로 외부 세계에 대한 증거이며, 잃어버린 세상을 예수 그리스도 안에서 피난처로 삼아 교회의 일부가 되도록 초대하는 것이다. 둘째, 교회는 복음 메시지를 적극적으로 전달하고 선포하는 사람들이기도 하다. 따라서 교회는 분명한 선교적 지향성을 가지고 있으며, 그 안에 교회가 세상에 존재하는 의미와 중요성이 자리 잡고 있다. 따라서 교회 안에서 일어나는 일은 항상 외부 세계에 대한 교회의 증거를 강화하는 목적을 가지고 있으며, 결코 그 자체로 목적이 되지는 않는다.

⑤ 지역적으로 그리고 세계적으로 하나의 교회

교회는 세상에서 하나님의 한 백성으로 묘사되고, 연합은 주어진 것이자 소명이며 기도의 대상으로 여겨진다(요 17). 하지만 전체 신약성경에서 교회(gemeente)는 적어도 당연하게 여겨지고 있다는 점에 유의해야 한다. 신약성경에서 교회는 특정 장소에 모인 전 세상의 하나님 백성의 가시적 모습으로 묘사된다. 따라서 그것은 온전한 교회이다.

⑥ 골격을 갖춘 몸

예수 그리스도에 대한 믿음이 교회의 경계선을 정하고, 마치 몸의 윤곽을 그리는 것처럼 보이지만, 그것은 세상에서 움직이지 않는 무질서한 덩어리는 아니다. 마치 해파리처럼 세상의 흐름에 따라 이리저리 떠도는 것도 아니다. 몸을 역동적으로 보호하고, 돌보고, 창조할 수 있는 움직이는 존재로 만드는 골격과 근육이 있다. 교회는 하나님의 가정 조직으로서 사회에서 질서 있게 기능하고, 보호하고, 돌보며, 책임을 다할 수 있다. 이 골격 또는 질서는 성경에서 아래와 같이 설명할 수 있다.

구약에는 하나님의 백성이 야웨께서 자신의 하나님이라는 고백에 충실하고, 그분이 약속하시고 주신 땅에서 계속해서 독특한 삶을 살 수 있도록 보장해 주는 세 가지 기본 구조가 있었다. 예배 장소, 제사, 축제로 구성된 제의 구조에서 제사장들은 주로 화해와 가르침의 기능을 수행했으며, 또한 하나님의 뜻이나 말씀을 중재해야 했다. 정부 구조에서 지도자와 왕들은 제의를 보호하고, 정의를 증진하고 수호하며, 백성을 대적으로부터 구원하고, 백성이 안전하게 보호받고 그 땅에서 보살핌을 받도록 하는 역할을 했다. 선지자와 지혜 교사라는 보다 일반적인 종교의 구조를 통해, 야웨의 말씀과 뜻은 그분의 백성에게 전달되고 중재되어, 그들이 하나님에 대한 고백에 순종하고 의로움 안에서 살아갈 수 있도록 했다.

예수 그리스도께서 공생애 사역을 하시는 동안, 주님은 자신의 존재 안에 골격이 되셨고, 구약성경의 다양한 구조들이 실제로 그분 안에 모였다. 예수님은 교회의 대표자로서 열두 제자를 부르셔서 자신을 따르도록 하셨다. 이와 함께, 그분은 그들과 자신을 따르는 다른 사람들을 말씀과 행동으로 가르치셨다. 이처럼 예수님은 자신의 존재, 말씀, 그리고 행동으로 제자들을 유대인들 가운데서 독특한 공동체로 묶어 주셨다. 마지막으로, 예수님의 죽음과 부활, 그리고 성령님을 보내심으로, 주님은 제자들이 아버지 하나님과 화해하고 원수에게서 구원받은 사람들로서 세상에서 살아갈 수 있도록 하셨다. 주님을 믿는 사람들은 이제 교회의 일부가 되었다. 예수님의 가르침과 행동은 또한 그분의 백성이 자신께 묶여 원수로부터 스스로를 방어할 수 있도록 보호해 준다.

예수님께서 세상을 떠나신 후, 성령님의 인도하심을 받아 사도로서 교회의 골격 또는 조직을 형성한 것은 주님의 제자들이었으며, 따라서 주님의 교회가 예수님께서 주님이심을 고백하는 데 충실하도록 만들고 교회가 세상에서 독특한 정체성을 계속 이어갈 수 있도록 해야 했다. 예수님은 몸으로서 떠나셨지만, 성령님을 통해 그리고 가르치고 행하신 일들을 통해 교회 안에 계속 사셨다. 이를 목격한 사도는 이것의 내용과 의미를 전달하는 이들이었다. 그들은 그것을 선포하고 교회 안에 가르쳐야 했다. 그러나 그들은 단지 골격만은 아니었다. 성부 하나님께서 자신의 교회에게 선물로 주신 성령님은 한편으로는 그들이 부르심을 받을 수 있도록 준비시켜 주셨고, 다른 한편으로는 그들이 전파하고 가르친 것이 사람들의 삶에 열매를 맺도록 해 주셨다. 성령님께서 수 세기 동안 교회의 골격으로서 예수 그리스도와 연속성을 유지하셨지만, 사도는 단지 예수님의 지상 생활과 교회 시대 사이의 일시적인 과도기적 인물일 뿐이었다.

사도는 점차 사라졌고, 그 자리에 하나님의 인도하심을 받는 다양한 사역들이 부각되었다. 신약성경에 나타난 이러한 사역들의 다면적인 모습 속에서, 사도들이 예수 그리스도에 대해 가르치고 전파한 것을 계속해서 선포하는 기능이 핵심이다. 성령님의 끊임없는 사역과 함께, 사도는 교회를 움직이는 존재로 만들어 역동적으로 활동하고, 보호하고, 공급하고, 창조할 수 있도록 하는 뼈대 역할을 했다. 다시 말해, 성령님과 각 사역은 교회의 구조로서 예수 그리스도와 연속성을 유지하며, 교회가 예수님께서 주님이심을 고백하는 신앙에 충실하도록 보장해야 했다. 그렇게 함으로써 교회는 세상과 분리되어 있지만, 세상을 향해 나아가는 삶을 살 수 있었다.

3. 교회질서에 대한 함의

이미 언급했듯이, 이러한 상수들은 교회가 자신의 질서가 성경에 근거한다고 주장하고자 할 때, 교회질서와 교회 안의 질서에 대한 성경적 틀을 형성한다. 이를 실제에 더 가깝게 하기 위해, 상수에서 비롯되는 몇 가지 함의들을 아래에서 논의한다(Celliers, 2003:219-326). 이러한 사항들은 모든 교회질서에서 어떤 방식으로든 다뤄져야 하며, 한편으로는 실용주의와 자의성을 방지하고, 다른 한편으로는 지역교회의 상황의 요구에 따라 다양성을 위한 여지를 마련해야 한다.

1) 언약의 틀 안에서 예수 그리스도에 대한 믿음은 교회 구성원 자격

의 유일한 조건이며, 신자와 교회를 하나로 묶는 다른 모든 구조의 기초를 형성한다. 이것은 교회의 신앙 정체성으로 요약될 수 있다. 이는 첫째, 예수 그리스도에 대한 개인적인 신앙의 헌신,[59] 둘째, 교회가 이해하는 복음의 내용에 대한 동의, 셋째, 복음의 요구에 따라 기꺼이 살아가려는 의지를 전제로 한다(Wethmar, 1993:50). 개혁주의 전통 안에서 이 문제는 항상 매우 중요했다. 그러나 오늘날에도 여전히 그러한가는 의문이다. 이런 교회의 삼중적 신앙 정체성을 희석하는 것은 단순히 다른 중요한 특징들을 과도히 강조하기 위해 건전하지 못한 방식으로 강조하는 것이 아니라, 교회의 신뢰성, 증거, 그리고 지속적인 존재를 위태롭게 만든다(Celliers, 2003:235). 진리를 상대화하는 소위 포스트모던 시대에도 교회는 시대정신의 유혹에 굴복해서는 안 된다.

2) 신앙은 교회의 구성원이 되기 위한 유일한 조건이지만, 사람들 간의 차이는 교회질서에 실제로 영향을 미칠 수 있다. 단 그 차이가 사소한 문제이고,[60] 사람들의 삶 속에서 말씀이 선하게 역사하는 데 기여하며, 분열을 초래하지 않는 경우로 제한한다(Celliers, 2003:240 각주 157). 언어적 차이가 이런 기준을 충족하는 좋은 예가 될 수 있지만(Spies and Coertzen, 1997:307; Celliers, 2003:238), 문제는 주관적인 사역의 필

---

59   이는 교회가 인간의 신앙에 기원을 두고 있다는 것을 의미하지 않는다. 아버지 하나님께서는 성령님을 통해 사람들을 예수 그리스도께 믿음으로 묶어 교회를 창조하시고 유지하신다(하이델베르크 교리문답 제54문답; Celliers, 2003:203).

60   본질적 문제와 평범한 문제의 구분이 전자는 성경의 직접적인 가르침에 근거하고 후자는 그렇지 않다는 사실에 기반한다는 전통적인 견해(Kleynhans, 1985:161)는 무조건적으로 지지될 수 없다. 행 15장의 예를 따라, 본질적인 문제는 오히려 복음의 핵심에 있는 문제이며, 따라서 신앙의 핵심 문제와 관련이 있다(Celliers, 2003:237).

요성이 이 기준을 충족하는지 여부이다. 성경에 나오는 교회의 전반적인 모습을 볼 때, 구성원들은 임의가 아니라 객관적인 기준에 따라 교회에 가입해야 한다는 것을 알 수 있다. 결국, 교회와 모든 교회의 창조주는 바로 하나님이시다.

3) 교회는 특정 장소에서 보편교회의 가시적 형태이며(Celliers, 2003:205), 따라서 완전한 교회로서(Celliers, 2003:244) 교회질서의 출발점이다. 그러므로 신자들은 교회의 구성원일 뿐이다.[61] 교회의 규모와 질서는 신앙 정체성과 증언의 사명을 온전히 실천하고, 구성원 간의 상호 관계가 최대한 발휘될 수 있도록 해야 한다(Strauss, 1997:69).

4) 소그룹은 교회의 기능에 추가적인 가치를 제공하며, 특히 관계적 공동체로서 교회의 경험과 구성원들의 사역적 책임을 실천하는 데 도움을 줄 수 있다는 점에서 더욱 그렇다(Hendriks, 1990:103). 교회는 작은 집단이 더 큰 전체의 필수적인 부분을 형성하고 더 큰 전체의 일부분으로서 기능할 수 있도록 조직되어야 한다(Janse van Rensburg, 1997:75). 이는 교회가 하나의 공동체로서 계속 기능하고, 그 자체로 경험되고 가시화될 수 있도록 이루어져야 한다. 따라서 소그룹은 교회의 연합을 위해 봉사해야 한다. 성례전 사역과 같은 교회의 기능을 점점 더 소그룹으로 전가하는 경향(Janse van Rensburg, 1998:82)은 성경의 관점에서 피해야 한다(Celliers, 2003:267, 303).

61　사람들이 세례를 받고 가르침을 받으며, 신앙을 고백하고, 사역의 책임을 다하고, 어쩌면 징계를 받는 곳도 다름 아니라 회중이라는 완전한 교회 공간이다(Sadler, 1991:75).

5) 특별 직분은 교회를 하나의 몸으로 묶는 골격이며, 각 구성원이 자신의 사역 책임을 수행할 수 있는 공간을 확보할 수 있도록 유동적이고 역동적으로 만든다(Celliers, 2003:216, 276). 특별 직분은 위계가 없으며, 그럼에도 불구하고 하나님의 권위로 회중을 섬긴다(Jonker, 1965:7). 이는 교회 내의 특정 기능들이 특정 사역을 위해 특별 직분에게 여전히 제공되어야 함을 의미한다. 결국, 그들은 하나님으로부터 직접 부르심을 받고 이를 위해 준비되기 때문이다. 예배, 교리 교육, 소그룹에서의 말씀 사역, 그리고 예배와 관련된 성례 사역이 좋은 예가 된다(Celliers, 2003:303).

6) 교회는 사역 구조의 일부로 다양한 특별 직분을 둘 수 있지만, 하나님의 말씀과 그것과 관련된 사역은 필수적이다(Burger, 1999:175). 따라서 이러한 특정 임무를 가진 하나 이상의 특별 직분이 사역 구조에서 영구적인 자리를 차지해야 한다. 목사 외에도 교리 교사가 특별 사역에 임명을 받는다면 더욱 가치가 있을 것이다. 결국, 그들은 근본적으로 중요한 말씀 사역의 형태, 즉 세례받은 교인들의 신앙 교육을 담당하기 때문이다.

7) 교회들이 공유하는 신앙 정체성은 세상에서 가시적으로 하나님의 백성이 되기 위해 서로 연결되는 기반을 형성한다(Celliers, 2003:204). 따라서 완전한 교회로서의 교회들은 공유하는 신앙 정체성을 바탕으로 서로 관계를 맺도록 촉구받는다. 따라서 독립주의는 존재할 수 없다. 본질적인 문제에 대해서는 의견이 일치되어야 하지만, 사소한 문제들이 서로 다른 교파로 갈라지는 결과를 초래해서는 안 된다는 것 또한 중요하

다. 남아공 개혁교회들 안의 교회 분열은 그러한 안타까운 문제의 한 예이다. 한편, 교파 간의 유대감의 긴밀성은 바로 신앙고백의 본질적인 측면에 대한 합의의 정도에 따라 결정된다는 중요한 원칙을 여전히 고수해야 한다. 시대정신이 요구하는 대로 복음 진리가 희석된다면, 그것은 교회의 본질적 일치를 위협할 수도 있다(Strauss, 1991a:194).

8) 교회는 하나님께서 당신의 백성(교회)이 마지막 때까지 계속 존재하도록 허락하시는 도구이다. 따라서 교회는 결코 자기중심적으로 살아서는 안 되며, 교회로서의 모든 측면에서, 그리고 모든 측면을 통해 자신의 증거를 온전히 실천해야 한다. 결국 교회는 그 본성상 세상을 향해 나아가기 때문이다.[62] 이런 교회의 본질적인 측면은 개혁주의 전통에서 크게 간과되어 왔다(Celliers, 2003:330). 순수한 복음을 온전히 고수해야 하고, 이것이 바로 교회가 외부 세계에 증언하는 데 필수적인 부분이지만, 이 복음은 또한 말과 행동을 통해 외부 세계에 적극적으로 선포되어야 한다. 이는 또한 신자들이 개인으로서뿐만 아니라 질서를 갖춘 한 조직으로서 교회가 세상과 그 구조에 참여함으로써, 하나님께서 자신의 모든 창조물에 대한 통치를 가시화하는 것을 의미한다(Bosch, 1991:377; Coertzen, 1991:77).

9) 끊임없이 변화하는 세상에서 교회질서는 결코 완결된 문제가 아니

62　기독교 신앙은 본질적으로 선교적이다. 기독교 신앙의 이러한 차원은 선택 사항이 아니다. 기독교는 본질적으로 선교적이거나, 아니면 기독교의 존재 이유 자체를 부정한다(Bosch, 1991:8).

다.[63] 특정 단계에서 교회가 역할을 가장 잘 수행하려면, 교회질서를 만드는데 관련된 모든 지식 분야가 동원되어야 한다. 교회 전통을 주의 깊게 경청해야 한다. 과거와 현재에 교회가 어떻게 질서를 유지해 왔는지는 갑자기 나타난 것이 아니라, 신자들이 각자의 상황에서 성경을 기도하며 경청한 결과이기 때문이다(Strauss, 1991b:32). 또한 사회학, 심리학, 경영학 및 금융학, 민법, 미래학에도 귀 기울여야 한다. 이것들은 하나님의 일반 계시의 일부이기 때문이다. 그러나 이 모든 것은 교회질서의 주된 원천인 성경이 항상 최종적인 결정을 내려야 한다는 조건 아래에서 가능하다(Strauss, 1991b:33). 결국 성경은 하나님께서 당신의 교회에 대한 뜻을, 그리고 교회 안의 질서에 대한 뜻을 알려주신 특별한 계시이다.

4. 요약: 말씀을 위해 공간을 만들고 열어두는 교회질서

위에서 언급한 마지막 함의(3.9)는 교회질서와 실천신학, 그리고 교의학이 성경 전체를 끊임없이 경청하고 서로 논의해야 할 필요성을 다시 한번 강조한다. 새로운 상황과 요구는 새로운 지혜를 필요로 하며, 이는 오직 성령님과 말씀을 통해 모든 시대의 교회를 인도하고 돌보시는 하나님 안에서만 찾을 수 있다. 안타깝게도 교회는 항상 잘 듣지는 못했다. 때로는 세상과 동떨어졌고, 때로는 성경적이지 않았다. 그리고 때로는 성경적으로 편향되었다. 특히 순수한 교리에 대한 편향적인 강조를 보

63　예수님께서 여러 가지 방법으로 우리에게 상기시켜 주시듯이, 전통은 인간을 위해 만들어지는 것이지 인간이 전통을 위해 만들어지는 것은 아니다. 그리고 우리의 현재 상황은 혁신을 요구한다(Carroll 1997:291).

이는 개혁파 전통은 성경이 강조하는 교회의 관계적, 선교적 측면을 간과해 왔다. 현재 실천적 신학적 관점에서 발전되고 있는 일부 교회 모델에서도 동일한 편향성이 발견된다(Celliers, 2003:251; 참고. Potgieter, 1997:24). 따라서 특히 새로운 상황이 새로운 요구를 제기할 때, 성경 전체를 끊임없이 주의 깊게 경청하는 것이 필수적이다.

그러나 성경을 주의 깊게 경청할 때, 이와 관련하여 본질적으로 중요한 한 가지 문제가 있음을 분명히 알 수 있다. 이 문제는 성경과 앞서 언급한 교회질서에 대한 함의를 관통하는 황금실처럼 엮여 있다. 그것은 바로 교회의 신앙적 정체성이다(Celliers, 2003:331). 예수 그리스도에 대한 개인적인 신앙적 헌신, 교회가 이해하는 복음에 대한 동의, 그리고 순종적인 삶의 방식은 교회를 구성하고, 교회의 경계를 설정하며, 설교의 소재가 되고, 신자와 교회를 하나로 묶는 끈이 되며, 신자와 교회를 세우는데 필요한 영양분의 원천이 된다.

예수 그리스도 안에서 모든 시대와 모든 상황에서 교회에 이 신앙의 정체성을 부여하신 분은 바로 하나님이시며, 지금도 그분의 말씀과 성령님을 통해 이 정체성을 계속 부여하신다. 모든 교회질서의 구조는 바로 이 신앙의 정체성이며, 모든 교회질서는 이 정체성을 존중할 수 있는 공간을 마련해야 한다. 좋은 교회질서란 교회가 '만주의 주요, 만왕의 왕'이신 그분의 말씀에 모든 방향으로 열려있기를 원한다는 것을 분명히 밝히는 것이다(Jonker, 1965:31).

참고문헌

Banks, R. *Paul's Idea of Community: The Early House Churches in Their Histor-ical Setting.* Exeter: Paternoster, 1980.

Bosch, D. J. *Transforming Mission: Paradigm Shifts in Theology of Mission.* New York: Orbis Books, 1991.

Bronkhorst, A. J. *Schrift en Kerkorde: Een Bijdrage tot het Onderzoek naar de Mogelijkheid van Een Schriftuurlijke Kerkorde.* Den Haag: Zuid-Hollandse Boek en Handelsdrukkerij, 1947.

Brown, R. E. *The Epistles of John.* London: Chapman, 1982.

_____. *The Churches the Apostles left Behind.* London: Chapman, 1984.

Burger, C. *Gemeentes in die Kragveld van die Gees: Oor die Unieke Identiteit, Taak en Bediening van die Kerk van Christus.* Stellenbosch: Buvton, 1999.

Burger, C & Nell, I. (reds.). *Draers van die Waarheid: Nuwe-Testamentiese Visies vir die Gemeente.* Stellenbosch: Buvton, 2002.

Carroll, J. W. "New Wineskins: Tradition, Freedom and the Challenge of Post-Traditional Society." *NGTT* 38/3 (1997): 302-310.

Celliers, A. "Skrif en Kerkorde: Enkele Konstantes vanuit 'n Veelkantige Beeld." Ongepubliseerde D.Th.-Proefskrif. Bloemfontein: Universiteit van die Vrystaat, 2003.

Coertzen, P. *Gepas en Ordelik: 'N Teologiese Verantwoording van die Orde vir en in die Kerk.* Pretoria: Raad vir Geesteswetenskaplike Navorsing, 1991.

Combrink, H. J. B. "Die Evangelie volgens Matteus: Inleiding en Teologie." In: A. B. du Toit (red.). *Handleiding by die Nuwe Testament.* Deel IV. Pretoria: N.G. Kerkboekhandel, 1980: 62-108.

Deist, F. E. *Ervaring, Rede en Metode in Skrifuitleg: 'N Wetenskapshistoriese Ondersoek na Skrifuitleg in die Ned. Geref. Kerk 1840-1990.* Pretoria: Raad vir Geestesweten-Skaplike Navorsing, 1994.

Dunn, J. D. G. *The Theology of Paul the Apostle.* Edinburgh: T&T Clark, 1998.

Engelbrecht, J. J. "Opmerkings oor Vroeë Katolisisme in die Nuwe Testament, met Besondere Verwysing na die Briewe aan die Kolossense en Efesiërs, en die Pastorale Briewe." *HTS* 51/3 (1995): 677-701.

Giles, K. *What on Earth is the Church?: An Exploration in New Testament Theology.* Downers Gove: InterVarsity, 1995.

Hendriks, H. J. "Komplementerende Koinonia-Verbande." *NGTT* 31/1 (1990): 99-108.

Hendriks, H. J. & Van der Merwe, M. A. V. "Strategiese Teologiese Beplanning as Deel van 'n Prakties-Teologiese Proses." *NGTT* 36/1 (1995): 36-49.

Heyns, L. "Die Besondere Amp: Essensieel of Funksioneel." *Theologica Evangelica* 25/3 (1992): 52-58.

Janse van Rensburg, J. "Kleingroepe mits···!: 'N Diakonologiese Perspektief." In: R. M. Britz (red.). *Kleingroepbediening en Selgemeente.* Bloemfontein: CLF, 1997: 71-83.

_____. "Kla Jou Moeder aan." In: S. D. Snyman (red.). *Is die NG Kerk nog die NG Kerk?: Antwoorde op die Identiteitskrisis in die Kerk.* Wellington: Hugenote, 1998: 80-88.

Jonker, W. D. *Om die Regering van Christus in Sy Kerk.* Pretoria: Universiteit van Suid-Afrika. 1965.

Kleynhans, E. P. J. *Gereformeerde Kerkreg. Deel 1: Inleiding.* Pretoria: N.G. Kerkboekhandel, 1982.

_____. *Gereformeerde Kerkreg. Deel 2: Kerk en Amp.* Pretoria: N.G. Kerkboekhandel, 1984.

_____. *Gereformeerde Kerkreg. Deel 3: Kerkverband en Kerkvergaderinge.* Pretoria: N.G. Kerkboekhandel, 1985.

_____. *Gereformeerde Kerkreg. Deel 4: Die Arbeid en Betrekkinge van die Kerk.* Pretoria: N.G. Kerkboekhandel, 1988.

Kotze, D. J. "'N Perspektief vanuit die Sisteembenadering op die Benutting van die Klein-Groep in Gemeentebou." *NGTT* 28/3 (1987): 170-75.

MacDonald, M. Y. *The Pauline Churches: A Socio-Historical Study of Institutionalization in the Pauline and Deutero-Pauline Writings.* Cambridge: Cambridge University Press, 1988.

Nel, M. *Gemeentebou.* Halfway House: Orion, 1994.

Pelser, G. M. M. "Die Kerk in die Nuwe Testament." *HTS* 51/3 (1995): 645-76.

Potgieter, M. "'N Ander Perspektief: 'N Antwoord vanuit die Selgemeente-Model." In: R. M. Britz (red.). *Kleingroepbediening en Selgemeente.* Bloemfontein: CLF, 1997: 19-29.

Potgideter, P. C. *Skrif, Dogma en Verkondiging.* Kaapstad: Lux Verbi, 1990.

Sadler, T. H. N. "Lidmaatskap: Gebruike in die Nederduitse Gereformeerde Kerk." In: P. J. Strauss (red.). *Byderwets en Gereformeerd. Kerkregtelike Opstelle Opgedra aan P. B. van der Watt.* Bloemfontein: Pro Christo, 1991: 65-76.

Schnackenburg, R. *The Church in the New Testament.* London: Burns & Oates, 1974.

Schweizer, E. *Church Order in the New Testament.* London: SCM, 1961.

Smit, C. J. *God se Orde vir Sy Kerk: 'N Beskouing oor Kerkorde.* Pretoria: N.G. Kerkboekhandel, 1984.

_____. "Kerkreg en Kerkorde in die Lig van God se Reg en Orde vir Sy Kerk." On-gepubliseerde Th.D.-Proefskrif. Potchefstroom: PU vir CHO, 1985.

Spies, J. H. & Coertzen, P. "Wie behoort as Lidmate van die Gemeente aanvaar te Word?" *NGTT* 38/3 (1997): 302-310.

Spoelstra, B. *Gereformeerde Kerkreg en Kerkregering: 'N Handboek by die Kerkorde.* Hammanskraal: Hammanskraalse Teologiese Skool Gereformeerde Kerke in Suid-Afrika, 1989.

Strauss, P. J. "Kerkreg en Ekumene." In: P. J. Strauss (red.). *Byderwets en Gereformeerd.* Bloemfontein: Pro Christo, 1991a: 187-200.

_____. "Vanwaar Gereformeerde Kerkregtelike Beginsels?" In: P. J. Strauss (red.). *Byderwets en Gereformeerd: Kerkregtelike Opstelle Opgedra aan P. B. van der Watt.* Bloemfontein: Pro Christo, 1991b: 23-34.

_____. "Die Kerk en die Kleingroep: Kerkregtelike Aantekeninge." In: R. M. Britz(red.). *Kleingroepbediening en Selgemeente*. Bloemfontein: CLF, 1997: 63-70.

Van der Linde, G. P. L. *'N Verklaring van die Gereformeerde Kerkorde*. Potchefstroom: Potchefstroomse Teologiese Publikasies, 1983.

Wethmar, C. J. "Ekumenisiteit in Dogmatologiese Perspektief." In: D. Crafford & A. G. S. Gous (reds.). *Een Liggaam: Baie Lede, die Kerk se Ekumeniese Roeping Wêreldwyd en in Suid-Afrika*. Pretoria: Verba Vitae, 1993: 44-55.

마태복음에 나타난 교회의 의로움[64]

서론

남아공 노쓰-웨스트대학교(포쳅스트룸)의 교회질서 교수인 안드리스 르 루 두 플로이(Andries le R. du Plooy, d. 2024)는 학문 및 교회적 업적으로 인해 국내외에 걸쳐 높은 평가를 받고 있다. 특히 그가 학계와 교회에서 교회질서를 가르치고 적용하는 건설적이고 평화주의적인 방식은 특별히 언급할 가치가 있다. 두 플로이 교수의 강의실에서의 교수 사역뿐 아니라, 교회 분야에 대한 건설적인 지도와 조언, 그리고 교회질서에 대한 그의 건설적인 접근은 여러 저서에도 분명히 나타난다. 그리고 두 플로이는 교회질서가 교회 교육(aedificatio ecclesiae)에 기여해야 한다고 거듭 강조해 왔다(Du Plooy, 1998:53).

그는 교회질서를 단순히 규칙과 규정의 형식적인 적용과 연결 짓거나, 교회의 교화(敎化)는 봉사신학에 맡겨두는 경향을 비판한다(Du Plooy,

---

64 본 논문은 노쓰-웨스트대학교(포쳅스트룸) 신약학 교수 프랑소와 펄윤(F. P. Viljoen)의 "Die Kerk en Geregtigheid in die Matteusevangelie," *In die Skriflig* 43/3 (2009), 649-67을 번역한 것이다.

1995:139). 그는 마태복음 16:17-19와 18:17을 언급하면서, 칼빈과 마찬가지로 교회의 권세는 '교회를 파괴하는 것이 아니라 세우는 것'이라고 주장한다(Du Plooy, 1998:55). 이렇게 교회를 세우는 일에는 광범위한 (외적인) 활동과 집중적인 (내적인) 활동이 모두 포함된다.

두 플로이는 교회질서의 원칙의 적용에 있어, 교회에 대한 순수한 이해가 얼마나 중요한지를 거듭 강조한다(Du Plooy, 1998:62). 예수 그리스도는 교회의 머리이시다. 그분은 자신의 나라에 여러 열쇠를 가지고 계신다. 지역교회와 여러 회의는 그리스도의 권위를 행사할 책임과 권한을 가지고 있다(Du Plooy, 1998:65). 교회질서는 고유한 본질을 가지고 있기 때문에 독자적이다(Du Plooy, 1995:139).

> 교회질서는 성경에 뿌리를 두어야 한다. 교회질서의 목적은 … 성경을 통해 그리스도께서 어떻게 천국의 열쇠 사역을 통해 그분의 자녀의 마음에 침투하실 수 있는지 연구하여, 교회가 진정으로 그리스도의 몸이 될 수 있도록 하는 것이다(Du Plooy, 1995:144).

하나님 나라는 예수 그리스도 안에서, 그리고 그분을 통한 하나님의 역동적인 통치를 나타낸다.

> 그리스도께서는 당신의 말씀 안에서 무엇이 옳은지 계시하신다. 그리스도는 율법을 주시는 분이시며, 교회는 그분의 영과 말씀으로 가르침을 받는다. 교리와 삶의 행실, 그리고 교회질서가 어떠해야 하는지 알려져야 한다. 하나님의 율법은 사랑, 은혜, 심

판, 그리고 하나님의 뜻과 직접적으로 연관되어 있다(Du Plooy, 1995:152).

그러므로 그리스도께서 말씀과 성령님의 사역을 통해 택하신 자녀들을 교회로 모아 천국에 들어가게 하시는 것은 특별히 중요하다. 교회질서를 실행하는 사람은 누구나 이 원칙을 항상 염두에 두어야 한다. "교회질서는 교회를 세우는 데 필요한 참된 가르침을 위한 통로를 제공하는 교회정치로 이어져야 한다"(Du Plooy, 1995:156)

두 플로이가 교회의 본질, 특히 마태복음에서 교회가 어떻게 언급되는지, 그리고 교회를 위한 법이 무엇을 의미하는지에 큰 중점을 두고 있음이 분명하다. 마태가 '교회'와 '의'(reg)라는 말로 구체적으로 무엇을 의미하는지에 대한 더 자세한 설명은 두 플로이의 접근 방식을 더욱 명확히 해 줄 것이다. 현대 신학자들이 고대 본문의 용어를 시대착오적으로, 그리고 그러한 용어가 시간이 흐르면서 어떻게 발전했는지에 비추어 문맥에서 벗어나서 해석할 위험이 있다. 이 글은 교회법 논쟁에서 자주 논의되고 마태복음에서 사용되는 두 가지 핵심 용어인 교회와 의(reg)에 초점을 맞춘다. 이 연구에서 드러나듯이, 마태는 '교회'와 '의'라는 용어에 특별한 의미를 부여하며, 이는 마태복음에서 파생된 교회질서 원칙에 결정적인 영향을 미친다.

마태복음에서 이러한 용어들은 하나님 나라의 도래라는 관점에서 해석되어야 한다(Viljoen, 2007a:303). '하나님 나라의 복음'(τὸ εὐαγγέλιον τῆς βασιλείας)이라는 표현은 마태복음에만 고유하게 사용된다(마 4:23; 9:35; 24:14). 하나님 나라의 도래와 함께 새로운 종말론적 공동체(ἐκκλησία)가 생겨났고, 그들은 새로운 형태의 정의

(δικαιοσύνη)로 부름받는다. 주님의 제자들에게 하나님 나라는 이미 실현되었지만(마 5:3, 10), 미래에 더욱 충만하게 실현될 것을 기대하는 마음도 있었다(마 13:31-33, 44-46). 이 글은 마태공동체에서[65] 예수님을 따르는 사람들에게 정의가 무엇을 의미했는지 더 명확하게 설명하고, 이를 통해 오늘날 교회에 필요한 결론을 도출하고자 한다.

마태복음에 나타난 교회

마태복음은 종종 '교회복음서'라고 불린다. 이를 보른캄(1963:38)은 아래와 같이 설명한다.

> 마태복음만큼 교회론에 의해 형성되고 교회가 사용하도록 구성된 복음서는 없다. 이러한 이유로 마태복음은 다른 어떤 복음서보다도 후대 교회에 규범적인 영향을 미쳤다.

존슨(1986:172)도 다음과 같이 간파한다. "마태복음은 교회의 복음서이다." 마태복음은 명사 ἐκκλησία를 포함하는 유일한 복음서이다(마 16:18; 18:17).[66] 마태복음은 또한 이 신앙공동체의 본질과 기능을 더욱 자세히 묘사하는 복음서이다(Martin, 1975:42).

---

65   저자는 '마태공동체'를 마태복음의 편집자가 아니라, 마태 주위의 1차 독자들로 본다 (역자 주).

66   명사 '에클레시아'는 그리스어를 사용하는 유대인들 사이에서 알려진 용어였는데, 이는 히브리어 '카할'(קָהָל)의 LXX 번역으로, '하나님의 백성의 모임'을 의미한다(France, 1998:211).

마태복음은 투영(投影)하는 내러티브로 읽혀야 한다(Luz, 2005:17). 복음서는 두 가지 차원에서 기능한다. 교회의 본질에 초점을 맞춘 복음서는 상위 차원에서는 예수님과 주님의 초기 제자들의 삶을 서술하는 반면, 하위 차원에서는 후기 마태공동체에 관한 이야기도 담고 있다(Saldarini, 1991:39). 독자들은 복음서에서 본문이 유래된 지역 회중에 대한 정보를 신약성경 서신에서보다 덜 접하게 된다(Bauckham, 1998:48). 그럼에도 불구하고 복음서는 특정한 상황에서 기록되었다. 지역적인 상황과 문제들은 인지 가능하지만, 그 정도는 미미하다(Carter, 2000:7; Klijn, 1968:45). 따라서 본문에서 '고대 교회의 삶의 자리'(Sitz im Leben der alten Kirche)는 간접적으로 인지될 수 있다(White, 1991:212). 예수님과 그의 제자들의 이야기는 복음서가 유래된 신앙공동체의 이야기를 포함한다. 도날드슨(1985:18)은 아래와 같이 주장한다.

> 복음서 저자들은 각자의 분야에서 저자이자 신학자였으며, 구체적이고 (적어도 잠재적으로는) 식별이 가능한 교회 상황 속에서 살면서, 그 교회 상황에 존재하는 특정한 문제와 필요를 해결하기 위해 복음 전통을 받아들인 대로 형성했다. 공동체는 복음 전통을 전수할 뿐만 아니라, 그 전통이 형성되고 해석되는 배경을 제공한다.

사도 마태는 유대인 공동체가 예수님과 그분의 제자들에 대해 점점 더 저항하고 이 둘이 분리되어 가던 상황과 예수님께서 반대자들을 물리치신 이야기를 전한다(Overman, 1990:35). 예수님은 유대인 지도자들과 백성들에게 배척당하셨다(마 23:34-39; 27:24-25). 그 결과 예수님을 메시아로 인정하지 않는 이스라엘 백성은 더 이상 언약 백성이 될 수 없게 되었고(마 21:43), 새로 형성된 교회가 그들의 특권적인 지위를 차지하게 되었다(Hagner, 2008:173). 예수님을 배척하는 사람들은 하나님의 심판을 받게 될 것이다(마 24:1-2). 마태는 회당을 위선의 장소로, 유대 종교 지도자들을 위선자로 묘사한다(Carter, 2000:5).

마태공동체가 경험한 긴장감 중 일부가 이 이야기에 반영되어 있다(Viljoen, 2007b:702). 유대계 그리스도인들은 회당에서 추방되었는데, 이는 마태가 '그들의' 회당과 '너희의' 회당에 대해 언급한 사실에서 분명하게 드러난다(마 4:23; 9:35; 10:17 등). 류터(1974:30)는 이를 '동일한 종교적 상징 체계 내에서 배타적인 진리에 대한 경쟁적 주장'과 관련된 '가족 갈등'으로 묘사한다. 훔멜(1966:55)은 심지어 적대적인 형제들 사이의 진리를 둘러싼 경쟁에 대해서도 언급한다. 이 '가족 갈등'은 더 자세히 설명할 필요가 있다. 예수님 당시에 전쟁을 벌이는 유대교 종파들은 자신들을 이스라엘의 진정한 남은 자로 정의하기 위해 서로 경쟁했다. 이러한 종파에는 에세네파, 바리새파, 사두개파, 열심당, 그리고 기타 여러 종말론적 집단이 포함되었다. 이러한 유대인들의 내부 갈등 속에서 유대교 종파들은 각자의 주장을 두고 경쟁했다. 그 결과, 소위 '예수 운동' 또한 유대교의 집단 간의 갈등에 휘말리게 되었다.

유대 기독교인들은 다른 유대교 운동들과 구별되었다(Saldarini, 1991:49). 루츠(2001:255)는 마태와 현대 유대교 사이의 갈등을 모녀 갈등이 아닌 '형제자매 간의 경쟁'으로 보아야 함을 설득력 있게 보여준다. 마태의 논쟁은 유대교 전체를 겨냥한 것이 아니라, 유대교 운동 내부의 구체적인 해석과 그 반대 지도자들을 겨냥한 것이었다(Saldarini, 1994:44). 따라서 반유대주의 주장은 분리와 과도기의 위기 속에서 기독교 공동체의 자기 정의에 중요한 역할을 했다. 마태복음이 유래된 공동체 내의 구체적인 사회-역사적 원인을 여기에서 해석할 수 있다.

마태는 새롭게 형성된 기독교 공동체를 '교회'(ἐκκλησία)라 부르는데, 이 명사는 복음서에서 세 번만 사용된다(마 16:18; 18:17[x2]). 그러나 마태는 목회서신이나 바울서신에 나오는 것처럼 고도로 발전된 교회의 직제를 묘사하지 않는다. 일부 주석가들은 마태가 사용한 '에클레시아'(ἐκκλησία)라는 단어를 교회 역사 전반에 걸쳐 발전된 기술적 기독교적 의미로 해석하는 오류를 범한다. 그러나 마태가 이 단어를 사용한 의도는 직접적인 문학적, 사회적 맥락을 통해 결정되어야 한다. 이러한 맥락에서 볼 때, 마태는 오늘날 '교회적'이라는 단어가 이해되는 형식적 구조를 염두에 두지 않은 것으로 보인다(Saldarini, 1994:91). 보른캄(1963:38)은 "교회를 독립적이고 경험적으로 제한된 실체로 보는 실제 교회론의 아주 빈약한 시작만이 마태복음에서 발견된다"라고 올바르게 지적한다.

마태가 교회를 어떻게 이해하는지에 대한 중요한 단서는 그의 내러티브 안에 등장하는 갈등과 분리에서 분명하게 드러난다(Viljoen, 2006b:245). 마태의 이야기는 서문과 예수님과 이스라엘 사이의 갈등이 커지는 것을 서술하는 다섯 개의 주요 부분으로 구성되어 있다(Luz, 2005:244). 서문(마 1:1-4:22)은 예수님께서 왕도(王都) 베들레헴에서 이방인의 갈릴리로 여행하는 과정을 통해 이러한 분리를 예견한다(마 4:14-16).

첫 번째 주요 부분(마 4:23-11:30)은 이스라엘의 메시아께서 자기 백성 가운데 전파하고 치유하는 것을 소개한다. 그것은 회심하지 않은 이스라엘과 성자께서 아버지 하나님을 계시하시는 '어린이들' 사이의 분리를 묘사하는 이중적인 결론으로 절정에 이른다(마 11:20-24, 25-30).

두 번째 부분(마 12:1-16:20)은 예수님과 제자들이 이스라엘 지도자들의 점점 심해지는 적대감을 피해 물러나는 일련의 사건들을 기록한다(마 12:15; 14:13; 15:21; 16:4). 예수님의 제자들로 구성된 공동체가 등장한다. 이 주요 부분은 베드로의 선포와 교회(ἐκκλησία)의 설립으로 끝난다(마 16:13-20).

세 번째 주요 부분은 예수님의 삶 속 평화로운 막간과 교회 설립을 묘사한다. 이 사건들은 예수님의 제자들로 구성된 공동체의 모습을 보여준다(마 16:21-20:34). 이어서 이스라엘에 대한 최후의 심판에 관한 내용이 나온다(마 21-25). 서론 후, 예수님께서는 종교 지도자들에게 세 가지 비유를 말씀하시고(마 21:28-22:14), 유대인 그룹과 토론을 벌이시고(마 22:15-46), 마지막으로 '화를 당할 파수꾼'이라는 신랄한 비판으로 끝맺는다(마 23).

예수님께서는 예루살렘 돌 성전을 떠나시고(마 24:1-2) 제자들을 심판의 날을 위해 준비시키신다(마 24:3-25:46). 수난과 부활절 이야기는 복음을 결론짓는다(마 26-28). "예수님의 부활 이야기(마 28:1-10)는 이스라엘과 그 지도자들의 죽음에 대한 이야기이다"(Luz, 2005:245). 그들은 예수님의 참된 부활을 인정하지 않는다(마 28:11-15). 이러한 부정적인 결말은 긍정적인 전개로 상쇄된다.

예수님은 제자들에게 모든 민족을 제자로 삼으라고 명하시고, 마지막 때까지 그들과 함께하겠다고 약속하셨다(마 28:16-20). 이러한 이중적인 결말은 예수님을 알아보지 못하고 제자들의 새로운 사명을 이해하지 못하는 유대인들의 절망적인 상황으로 이어진다. 두 번째로, 이 이야기는 마태공동체의 당시 상황을 반영한다. 그들은 불신 유대인들과 분리되어

회당 밖에서 조직을 이루고 있었다.[67] 제자들의 미래 사명은 모든 민족을 포함한다. 부활하신 주님은 이방인들에게 파송된 공동체와 함께 계신다.

마태는 교회를 이스라엘의 참된 남은 자들로 본다. 마태는 호세아 11:1의 성취 즉 "내가 내 아들을 애굽에서 불러내었노라"(마 2:15)에 근거하여, 하나님의 새 백성을 출애굽한 이스라엘 백성과 동등한 존재로 보는 듯하다(France, 1998:207). 아래와 같이, 예수님은 공동체적 인물로 제시된다.

> 메시아는 하나님의 새 백성, 곧 이스라엘의 창시자이자 지도자일 뿐만 아니라, 그 백성의 '포괄적 대표자'이다. 진정한 의미에서 그는 참된 이스라엘이며, 자신의 경험을 통해 이스라엘이 존재하게 된 과정을 이어가고 있다(Dodd, 1979:106).

예수님을 따르는 사람들은 회복된 하나님의 백성이라는 새로운 공동체를 형성하며 구약 이스라엘과 연속성을 이룬다(Versteeg, 1980:27).[68] 마태는 이 새로운 공동체를 ἐκκλησία라 부른다(마 16:18; 18:17). LXX에서 이 단어는 일반적으로 히브리어 명사 '카할'(קָהָל) 즉 하나님 백성의 회중을 번역하는 데 사용된다(예. 신 31:30). 또한 명사 συναγωγή도 종종 '카할'의 번역으로 사용된다(Keener, 1999:428).

67　마태의 내재된 독자들이 동일시하는 주님의 제자들은 회당 밖에 있었다(마 4:23; 9:35; 10:17 등).

68　이러한 분리는 마 21:43을 고려하여 이해되어야 한다. "하나님 나라를 너희는 빼앗기고 그 나라의 열매 맺는 백성이 받으리라."

구약의 이 감정적 개념(emotiewe konsep)을 사용하고 그것을 ἐκκλησία로 독특하게 번역함으로써, 마태는 교회가 구약 시대의 하나님 백성의 역할을 맡았음을 보여주고자 한 것이 분명하다. 그는 이 회중을 회당과 그 지도자들과 구별한다(Luz, 2001:358). 교회를 이스라엘의 참된 남은 자로서 묘사하는 것은 자연스럽게 나머지 이스라엘에 그림자를 드리운다. 마태는 이스라엘의 실패와 그들의 심판을 날카로운 언어로 묘사한다(예. 마 11:16; 12:39-45; 16:4; 17:17). 그는 '이 세대'가 유죄이며 심판을 받을 준비가 되었다고 기록한다. 가장 날카로운 논쟁은 마태복음 23장에 나타나는데, 그 장에서는 '이 세대'에 대한 정죄로 끝나는 일곱 가지의 비참한 화 선언이 나온다.

마태복음의 두 번째 측면은 일부 바리새파 집단이 복음서가 기록된 공동체에서 대중적인 사상에 대한 권위와 영향력을 놓고 경쟁했음을 시사한다(Saldarini, 1994:44). 마태는 바리새인들이 종교 공동체의 지도자이자 대표자가 되어서는 안 되었음을 분명히 밝힌다(Repschinski, 2000:63).

마태는 마가복음에서 유대인 지도자들이 예수님을 반대하고 죽이는 데 관여했다는 언급을 더욱 강조한다. 마태의 독특한 점은 서기관과 바리새인들을 '맹인 인도자'와 '어리석은 맹인들'로 묘사한 것이다(마 23:16-17, 19, 24, 26; 15:14). 마태는 유대인 지도자들을 예수님의 반대자로, 군중을 이 갈등의 구경꾼으로 규정한다. 예수님은 이 투쟁에서 언제나 승리하신다.

마태는 논쟁 이야기의 독자들이 예수님을 반대하는 자들의 사기적인 지도력에서 벗어나 마태공동체를 이스라엘의 정당한 지도자로 인정하는 집단을 반영하도록 의도했다.(Repschinski, 2000:329).

예수님께서는 자신을 거부한 '건축자들'을 충성스러운 제자들로 대체하셨다(시 118:22; 마 21:42-43). 예수님께서 '이 반석 위에' 교회를 세우시리라는 말씀(마 16:18)은[69] 사무엘하 7장에서 하나님의 백성을 성전으로 묘사하는 모습을 떠올리게 한다.

유대 전통에 따르면, 시온산 성전 기슭에 있는 바위는 세상의 중심이다.[70] 이 바위는 천국으로 가는 관문이자 하데스로 가는 문이기 때문에 천국과 하데스를 연결한다.[71] 이 말씀을 당시 유대교 전통에 비추어 해석한다면, 새롭게 형성된 에클레시아는 세상의 중심에 서 있으며 악의 권세 위에 세워져 있다(Davies & Allison, 2004:26; Luz, 2005:363). 예수님의 이 말씀에서 이사야 28:15-17에 대한 언급이 눈에 띈다. 시온의 기초석은 폭풍의 맹공을 견뎌낼 수 있지만, 죽은 자의 영역과 계약을 맺은 자들은 악한 자에게 휩쓸려 갈 것이다.

마태공동체는 회당과는 별개의 교회로서 그들만의 구조를 확립하기 시작했다(Mohrlang, 1984:131). 던(1980;1991)이 사용하고 스탠튼(1992:99-116)이 널리 알린 '갈림길'(the parting of the ways)이라는 표

---

69 이 바위가 무엇을 가리키는지는 많은 논쟁의 대상이 되어 왔다. 천주교 전통에 따르면, 이 바위는 베드로와 분명히 동일시되어 왔다. 즉, 베드로의 믿음, 그의 고백과 설교, 그에게 계시된 진리, 열두 사도, 예수님, 예수님의 가르침, 그리고 심지어 하나님 자신과도 동일시되곤 했다(Davies & Allison, 2004:267).

70 '산'이라는 모티브는 마태복음의 이야기에서 중심 주제를 형성한다(Donaldson, 1985).

71 이와 관련하여 마 16:18은 교회를 결코 이기지 못하는 '지옥의 문'에 대해 언급한다.

현은 이러한 분리를 특징짓는다. 마태공동체는 회당과 분리되었다. 그들은 유대인 형제자매, 아버지와 어머니, 자녀와 땅, 그리고 예수님의 공동체 중에서 하나를 선택해야 했다(마 19:29). 예수님의 추종자들은 새로운 공동체에 충성할 것이었고, 이는 이전 공동체와의 불협화음을 초래할 것이었다(White, 1991:216).

보른캄(1963:40)은 교회가 회당의 유대교와 어떻게 구별되었는지 설명한다. "더 이상 성전과 제사, 의식법, (마태복음에는 한 번도 언급되지 않은) 할례, 회당의 랍비적 가르침도, 새로운 종교나 위계질서도 아닌, 오히려 제자도"가 새로운 공동체의 정체성과 특징을 형성했다.

교회가 비유대인을 기독교 공동체에 편입시키면서 교회와 회당 사이의 긴장은 심화되었다(Luz, 1990:84; Repschinski, 2000:27). 로마제국 안의 헬레니즘 문화권에서 유대인들은 자신들의 정체성을 유지하기 위해 고군분투했다. 이는 특히 회당 공동체에서 나타나는 배타성을 향한 강한 경향으로 이어졌다. 이와 대조적으로 마태는 모든 민족에게 선교를 촉구한다(마 28:18-20).

마태복음 본문은 유대인 지도자들과 회당 대변인들의 권위에 대한 저항을 드러낸다. 당시 종교적, 정치적 권위와 권력은 서로 연관되어 있었다.

회당 지도자들은 회당에서 매일 낭송되는 '셰모네 에스레'의 '비르캇 하 미님'(Birkat ha minim)에 표현된 것처럼 기독교 공동체를 회당에서 금지했다. "나사렛 사람들(기독교인)과 미님(이단)은 순식간에 멸망하고, 산 자의 책에서 지워지며, 의인들과 함께 기록되지 않기를 바란다"(France, 1998:85). '비르캇 하 미님'(AD 85)은 마태복음이 완성된 지 약 10년 후에 발생했으며, 당시 이미 존재했던 이러한 긴장감을 어느 정도 표현하고 있다(Horbury, 1982:20).[72] 회당 지도자들은 자신들을 유대인 기독교인들이 모임에 참석하지 못하도록 막을 수 있는 열쇠 전달자로 여겼다. 이야기의 두 번째 차원에서, 마태복음 23:13은 그러한 행동을 암시할 수 있다. "화 있을진저, 위선자들아! 너희 서기관들과 바리새인들이여! 너희는 사람들 앞에서 천국 문을 닫아 버렸다. 너희도 들어가지 않고, 들어가려는 사람들도 막는다."(Allison, 2004:270).

이와 달리, 마태는 천국의 열쇠들이 교회 지도자들에게 맡겨졌다고 주장한다. 유대 지도자들이 이스라엘 회당을 이끌고 있다고 주장하는 반면, 마태는 기독교 지도자들이 예수님의 가르침에 따라 ἐκκλησία를 이끌 권위를 가지고 있다고 주장한다.

마태복음 16:18과 18:18-19의 진술은 베드로와 공동체가 특별한 권위를 가지고 있음을 시사한다. 첫 번째 진술은 베드로의 권위를, 두 번째 진술은 새로운 신앙공동체의 공동 책임을 언급한다. 그러나 이 열쇠는 지상 조직의 열쇠가 아니라 천국의 열쇠이다.

그렇다면 교회의 권위가 무오류로 여겨졌는지 의문이 제기된다. 두 가지 고려 사항은 그 반대를 시사한다(France, 1989:250). 첫째, 마태는 베드로와 제자들, 즉 ἐκκλησία를 구성하는 바로 그 제자들의 오류 가능성을 반복해서 강조한다. 둘째, ἐκκλησία는 베드로에게 속한 것이 아니라 예수님께 속한 것이다. 교회의 권위는 예수님 안에 달려있다. 예수님은 궁극적으로 권위를 소유하시지만, 지상에 있는 그분의 대표자들에게 특정한 방식으로 위임하신다.

---

72   저자는 마태복음이 기록된 때를 AD 70년 예루살렘의 파괴 후로 본다(역자 주).

마태복음 16:19[73] 그리고 마태복음 18:18의[74] 표현은 이 구절들이 원래 마태복음의 맥락과는 별개로 생겨났음을 시사한다. 이사야 22:22는[75] 구약성경에서 열쇠의 은유와 가장 가까운 대응을 보여주며, 아마도 이 진술의 배경이 될 것이다(Davies & Allison, 2004:265). 마태복음 16:19는 다윗의 집에 주어진 약속의 종말론적 성취를 묘사한다. 또한 베드로와 교회의 권위는 문지기가 아니라 종에 해당하는 것으로 보인다. 열거나 닫는 권위는 이 단어들의 랍비적 용법에 비추어 해석되어야 한다. 랍비들은 율법에 의해 금지되거나 명령된 것에 따라 문을 열거나 닫았다(Derrett, 1983:112-17).

따라서 이 용어들은 하나님의 백성을 구속하는 법적 판결을 내리는 목사들의 가르치는 기능을 가리킨다. 이러한 판결의 권위는 하늘에서 이미 내려진 결정을 전달한다는 사실에 있다. 마태복음 16:18에서 예수님은 '반석'이라고도 불리는 시몬에게 자신의 ἐκκλησία를 세우겠다고 약속하셨다. 이 은유는 기독교 공동체의 안정성과 지속성을 나타낸다(Crosby, 1988:52). 회중의 권위(아무리 작고 위협을 받더라도)는 천국의 열쇠들을 다루는 데 있다. 예수님과 성부 하나님께서 그들 가운데 계시며 그들의 미래는 하나님의 통치 아래 보장된다(마 16:16).

마태복음 18:17은 공동체 구성원들의 모임을 나타낸다. 이 공동체는

---

73 마 16:19: "내가 너에게 천국 열쇠들을 주리니 네가 땅에서 매는 것은 무엇이든지 하늘에서도 매일 것이요, 네가 땅에서 푸는 것은 무엇이든지 하늘에서도 풀리리라."

74 마 18:18: "진실로 너희에게 이르노니, 무엇이든지 너희가 땅에서 매면 하늘에서도 매일 것이요, 무엇이든지 너희가 땅에서 풀면 하늘에서도 풀릴 것이다."

75 사 22:20-22: "내가 내 종 힐기야의 아들 엘리아김을 부르리니 …내가 네 옷을 그에게 입히고 …네 권한을 그에게 주리라. 내가 그에게 왕궁 열쇠를 주리니 그가 열면 닫을 자가 없고 그가 닫으면 열 자가 없으리라."

구성원을 징계하려고 시도하며 그렇게 할 수 있는 그들의 권위는 하나님에 의해 인정된다(마 18:18-19). 이 교회는 아직 제도화되지는 않았지만, 이미 권위를 지니고 있다. 두세 사람이 주님의 이름으로 함께 모임(συνήγμενοι, 어원적으로 '회당'과 관련됨)에 하나님께서 함께하시기 때문이다(마 18:20).

교회는 사람들이 의롭게 행동해야 하는 환경을 조성한다. 마태복음 18장에는 예수님을 믿는 '이 작은 자들 중 하나'도 그분에게서 돌아서게 하는 끔찍한 위험에 대한 경고가 있다(마 18:6 이하). 또한, 공동체의 상호 지원은 다른 사람에게 죄를 지은 구성원에게 어떻게 행동해야 하는지에서 분명히 드러난다(마 18:15-17).

마태복음에서의 의로움

마태복음에 '거룩하다'(ἅγιος)라는 형용사는 두드러지지 않는다. 동사 ἁγιάζω는 마태복음 6:9 "이름이 거룩히 여김을 받으시오며"와 성전의 금을 가리키는 마태복음 23:17과 19절에만 나온다. 형용사 ἅγιος는 '성령님'과 '거룩한 도시'와 함께 사용되며, '장소'와도 한 번 함께 사용된다(마 24:15). 그런데 마태가 신자들의 생활 방식을 묘사한 단어는 '의'(δικαιοσύνη)이다(Hagner, 2008:174). 공관복음서 중에서 이 단어는 누가복음 1:75에 나오는 사가랴의 예언을 제외하고는 마태복음에만 나온다.

마태복음에는 δικαιοσύνη가 일곱 번만 등장하지만, 이는 예수님의 삶과 신앙공동체에 대한 마태의 관점을 특별한 방식으로 해석해 준다. 예수님은 "의(δικαιοσύνη)의 모든 말씀이 이루어지도록" 세례를 받으셨다(마 3:15). 이 단어는 산상수훈에만 다섯 번 등장한다. 산상수훈의 수혜자는 'δικαιοσύνη에' 주리고 목마른 이들(마 5:6)과 'δικαιοσύνη 때문에'(마 5:10) 핍박받는 사람들이다.

제자들은 바리새인들과 서기관들보다 더 나은 δικαιοσύνη를 실천하도록 부름받았다(마 5:20). 제자들은 단지 사람들에게 보이기 위해 의를 행해서는 안 된다(마 6:1). 그들은 먼저 하나님의 나라와 그분의 의를 위해 힘써야 한다(마 6:33).

세례 요한의 가르침은 의의 길로 묘사된다(마 21:32). '의'는 산상수훈에서 팔복부터 마태복음 6:33의 절정에 이르는 핵심 용어이다. 세례 요한의 행적(마 3:15; 21:35)과 함께 읽어보면, 복음서에서 의에 대한 처음과 마지막 언급은 산상수훈에서 의에 대한 다섯 번의 언급을 포괄하는 역할을 한다(Deines, 2008:80). 마태는 특히 산상수훈에서 δικαιοσύνη라는 개념을 특히 함축적으로 사용한다. δικαιοσύνη는 바울서신에서 자주 사용된다. 그런데 부주의한 독자들은 바울이 많이 사용한 단어에 비추어 마태가 사용한 단어를 해석하는 실수를 쉽게 할 수 있다. 이 단어를 더 주의 깊게 읽으면서 연구자들은 마태와 바울의 단어 사용 사이의 관계를 숙고하게 되었다.

이 연구를 통해 알 수 있듯이, 바울은 주로 법정적이고 구원론적 의미와 맥락에서 이 단어를 사용한 것으로 보인다. δικαιοσύνη는 바울서신에서 하나님께서 예수 그리스도 안에서 이루신 구원을 나타낸다. 마태는 이 단어에 다른 의미를 부여한다. 마태는 주로 윤리적 용어로 인간 행동을 설명하기 위해 이 명사를 사용한다(Strecker, 1971:187). 마태에게 이것은 '율법의 가장 깊은 의도에 대한 철저하고 단호한 순종'을 포함하는 윤리적 개념이다(Mohrlang, 1984:113).

바울과 마태의 이 단어 사용은 분명히 구별된다. 따라서 마태복음에 나오는 δικαιοσύνη의 의미를 단순히 바울이 그 단어를 사용한 방식에 비추어 해석하는 것이 아니라 독립적으로 해석하는 것이 중요하다.

마태가 δικαιοσύνη를 사용한 것은 당시 유대인들의 용법을 따른 것이다. 프리지빌스키(1980:13)는 마태복음에서 δικαιοσύνη의 의미를 '체데카'가 아닌 '체데크'로 해석한다고 보여준다. '체데카'는 하나님의 선물로서의 구원론을 나타내는 반면, '체데크'는 사람의 행위가 하나님 앞에서 심판받는 기준을 나타낸다. '체데크'는 하나님의 뜻에 따라 사는 사람의 행위를 가리킨다.

하나님의 뜻은 토라에 기록되어 있다. 토라의 정확한 해석은 유대교 서기관들과 분열 사이에 심각한 논쟁을 불러일으킨 문제였다(Viljoen, 2006a:136). 마태복음은 또한 예수와 당시 서기관들 사이에 벌어졌던 격렬한 논쟁에 대해서도 기록하고 있다.

토라의 역할과 그에 기반한 서기관들의 가르침은 마태복음에서 중요한 주제를 형성한다. 이미 16세기에 제바스티안 뮌스터(d. 1552)는 마태복음의 내용을 '새로운 토라'라고 규정했다(Lapide, 1985:55). 토라의 의미를 둘러싼 내부 갈등은 서로 다른 집단이 그 중요성을 부인했기 때문이 아니라 오히려 토라의 구체적인 의미를 이해하려는 그들의 노력에서 비롯되었다.

토라가 실제로 무엇을 의미하는지에 대한 논쟁이 벌어진 것은 바로 그들이 토라의 구체적인 의미를 이해하고자 애썼기 때문이다. 각 집단은 토라의 원칙을 올바르게 이해했으며, 실제로 최선을 다해 살았다고 주장했다. 이는 다른 집단이 토라를 덜 이해했거나 잘못 이해했음을 의미한다. "이러한 논쟁에서 한 집단이 토라에서 자신의 자기 확신을 찾아야 할 필요성은 필연적으로 토라를 한 집단이 다른 집단을 비난하는 도구로 만드는 결과를 낳았다"(Dunn, 2003:292).

토라가 실제로 무엇을 의미하는지에 대한 현대적 경쟁 속에서, δικαιοσύνη는 마태복음에서 예수님의 권위 있는 해석에 따라 토라를 어떻게 살아내야 하는지를 제시한다.

복음서 기자에 따르면, 무엇보다도 모든 δικαιοσύνη를 성취하신 분은 예수님이시다(마 3:15). δικαιοσύνη는 법정 구원론적으로 또는 윤리적으로 해석될 수 있지만, 여기서는 윤리적 해석이 더 적절해 보인다. 요한과 예수님은 성경을 성취함으로써 옳은 행동을 하셨다(Allison, 2004:46; Deines, 2008:81).

예수님은 하나님의 뜻을 받아들이고 기꺼이 순종하셨다. 그분은 의로운 분이셨는데, 제자들조차 이를 알고 있었다(마 10:41; 23:34-36; 27:4, 19, 24-26). 유대인들의 기대에 따르면, 메시아의 임무는 δικαιοσύνη를 온전히 성취하는 것이었다(Davies & Allison, 2004:325). 예수님은 유대인 성경의 메시아 예언을 알고 계셨기에 순종하셨고, 그렇게 함으로써 δικαιοσύνη를 성취하셨다. 하나님의 뜻에 대한 그분의 도덕적 순종은 무엇보다 중요하다.

예수님께서 δικαιοσύνη를 성취하셨듯이, 그의 제자들도 그렇게 해야 한다(Deines, 2008:81). δικαιοσύνη는 산상설교(새로운 신앙공동체의 형성)에서 두드러지게 나타난다. 이 설교에서 이 단어는 윤리적 맥락 안에서 전반적으로 사용된다. 바울의 법정-구원론적 용법과는 대조적으로, 이 단어는 칭의에 대한 종말론적 함의를 함축한다.

마태복음에서 "의로움은 유대교적 의미에서 제자가 배워야 할 훈련으로 여겨져야 한다"(Betz, 1995:352). "이것은 성도에 대한 하나님의 종말론적 신원이 하나님의 정의를 의미하는 것이 아니라, 하나님께서 요구하시는 행위를 의미한다"(Allison, 2004:102). 산상설교에서 의로움은 참된 제자도의 가장 높은 형태를 나타낸다.

팔복은 δικαιοσύνη(제1-4복)을 추구하는 것과 δικαιοσύνη(제5-8복)을 인내하는 것을 다룬다(Viljoen, 2008:210). 넷째 복(마 5:6)을 산상수훈(눅 6:21a)의 병행 구절과 비교해 보면, 마태복음의 특별한 강조점이 드러난다. 산상수훈이 주로 육체적 배고픔을 다루는 반면, 산상수훈은 이 격언을 윤리적 맥락에 놓는다. 즉, 'δικαιοσύνη에 대한 주림과 목마름'이라는 표현이 추가되었다.

산상수훈의 격언이 사회적 불의의 결과를 다루는 반면, 산상설교의 평행 구절은 그러한 불의가 어떻게 시정될 수 있는지 보여준다(Betz, 1995:129). 산상설교의 격언은 사회적 정의와 개인적 정의를 구분하지 않는다. 둘 다 가정된다. δικαιοσύνη는 윤리적 사고와 행동의 기준을 결정한다. δικαιοσύνη를 추구하는 것은 그것을 갈망하고 목마른 사람으로서 진지한 헌신을 요구한다. 이러한 δικαιοσύνη의 추구는 예수님께서 토라를 해석하신 방식으로 행할 때에만 가능한다. δικαιοσύνη에 대한 갈망과 목마름은 하나님의 뜻에 따라 행동하려는 열망을 나타내지만, 여전히 부족함이 있을 수 있다. 하나님의 뜻에 따라 살고자 하는 열망만으로도 완전한 헌신이 요구된다. 그것은 다름 아닌 성부 하나님에 대한 사랑이다. 예수님께서 "네 마음을 다하고 목숨을 다하고 뜻을 다하여 주너의 하나님을 사랑하라"(마 22:37)고 말씀하셨듯이 말이다.

산상설교에서 진심으로 δικαιοσύνη를 추구하는 것이 가장 중요한 목표인 반면, δικαιοσύνη를 위한 박해는 덕을 시험하는 가장 어려운 시험이다(마 5:10). δικαιοσύνη를 위한 박해는 당시 유대교에서 흔한 주제였다. "유대교는 율법을 의로운 이에게 가장 큰 테스트이자 신성한 교육의 최상의 수단으로 여겼다"(Betz, 1995:146). 그러한 의를 실천하는 사람들은 '세상의 소금'(마 5:13)이자 '세상의 빛'으로 묘사된다(마 5:14).

예수님께서는 마태복음 5:20과 6:1에서 논쟁적인 맥락에서 δικαιοσύνη를 사용하시며, 가식이 아닌 진실한 태도에 기반한 윤리적 행동을 언급하신다(Viljoen, 2006a:150). 예수님께서는 바리새인과 서기관들의 외적이고 인위적인 종교적 행동을 비판하시며, 제자들이 하늘에 계신 아버지를 기쁘시게 하기 위해 진심으로 노력하기를 기대하신다고 말씀하신다.[76] 따라서 예수님께서 요구하시는 δικαιοσύνη는 바리새인과 서기관들이 의롭다고 여기는 것을 훨씬 능가한다.

예수님께서는 여섯 가지 대조의 형태로 강조하고 반복해서 말씀하신다. "그러나 나는 너희에게 이르노니"(마 5:22, 28, 32, 34, 39, 44). 이는 주님께서 토라에서 일반적으로 받아들여지는 것보다 더 깊은 의미를 인식하고 계심을 나타낸다. "대조는 '종말론적 의의 실천에 대한 지침'이라고 부르는 것이 더 적절하다"(Deines, 2008:81). 산상설교에서 요구하는 실제 δικαιοσύνη는 예수님께서 설명하셨으며, 그분이 (다른 서기관들과 대조적으로) 권위 있게 토라를 해석하는 방식과 관련이 있다.

토라는 완벽함 이상을 요구하지 않는다(마 5:48). 예수님의 해석은 명확한 종말론적 목적을 가진 윤리적 의미를 가지고 있다. δικαιοσύνη는 사람들의 지상 생활 방식을 결정하고 형성하며, 천국에 들어가도록 준비시킨다.

---

76 이 말씀은 삼상 16:7을 연상시킨다. "사람은 외모를 보거니와 여호와는 마음을 보시느니라."

산상설교의 결론(텔로스) 공식(마 6:33)은 예수님을 따르는 자로서 구체적인 윤리적 행동인 δικαιοσύνη의 중요성을 다시 한번 강조한다(Allison, 2004:102).[77] δικαιοσύνη를 위해 노력하는 행위는 제자도의 총체적이고 최고의 가치로 여겨져야 한다.

마태복음 21:32에서 예수님은 세례 요한이 흠잡을 데 없고 경건한 선지자였다고 주장하신다. 주님은 유대인들에게 δικαιοσύνη의 방식으로 오셨지만(마 21:32),[78] 유대인 지도자들은 여전히 그분을 알아보지 못했다. 이 맥락에서도 δικαιοσύνη는 윤리적 행동과 관련이 있다(Van Bruggen, 1990:383). 이 구절과 마태복음 3:15 둘 다, 예수님처럼 세례 요한이 도덕적 본보기로서 의로운 행동의 본보기라고 언급한다. 예수님께서는 자신의 사명에서 이러한 의로움을 언급하신다. "내가 너희에게 분부한 모든 것을 가르쳐 지키게 하라"(마 28:20).

결론

성부 하나님 나라는 예수님을 통해 임했다. 역사의 이런 전환점은 하나님의 새로운 백성의 탄생으로 이어졌다. 마태는 이 공동체를 의로 인도한다.

마태공동체는 회당에서 분리되어 별개로 그들만의 조직을 형성하기 시작했다. 마태복음에서 예수님은 이 새로운 공동체를 '에클레시아'라고

77　그리스 철학자들은 윤리의 목적을 정의하기 위해 결론(텔로스) 명제를 공식화했다(Betz, 1995:481).

78　마 22:16에서도 유대인의 유명한 표현인 '의의 길'이 윤리적 의미로 사용되었다.

부르신다. 예수님을 고귀하고 묵시적인 인물로 섬기는 헌신을 바탕으로, 마태공동체는 유대인 공동체를 개혁하고자 한다. 그들의 삶의 방식과 하나님의 뜻을 해석하는 방식은 이러한 헌신에 의해 결정되어야 한다.

마태에 따르면, 교회는 이스라엘의 참되고 신실한 남은 자이다. 마태복음에 나오는 '에클레시아'는 목회서신과 바울서신에 묘사된 완전히 발전된 공동체 조직을 가리키지 않는다. 그럼에도 불구하고, '에클레시아'는 단순히 사회 질서에 영향을 미치려는 인간적인 조직도 아니다. '에클레시아'는 예수님을 통해 성부 하나님으로부터 권위와 규범을 받는다. 이방인들이 교회에 편입되면서 유대주의화 운동과 상당한 갈등이 야기되었다. 마태복음 본문은 유대 지도자들과 회당 대변인들의 권위에 대한 교회의 저항을 보여준다. 마태는 천국의 열쇠들이 교회와 지도자들에게 위임되었다고 설명한다. 예수님의 반대자들과 달리 '하데스의 문'이 교회를 압도하지는 못할 것이다. 회당에 대한 논쟁적인 주장은 분리와 전환의 위기 속에서 기독교 공동체의 자기 정의에 중요한 역할을 했다.

마태복음의 δικαιοσύνη는 바울서신의 경우처럼 법정적-구원론적 의미로 이해되어서는 안 된다. 마태에 따르면, δικαιοσύνη는 토라에 계시된 하나님의 뜻에 순종한 결과이다. 예수님은 토라의 더 깊은 의미를 이해하시고 제자들에게 권위 있게 가르치셨다. 예수님의 독특하고 권위 있는 토라 해석은 토라 조항의 더 깊은 차원과 실제적 적용을 설명한다. 특히 세례 요한과 예수님은 하나님의 뜻을 행한 사람들의 본보기가 된다. 하나님의 뜻을 충실하게 행하는 것이 그분의 교회에도 기대된다. 특별한 방식으로, 하나님은 예수 그리스도를 통해 그분을 믿는 사람들에게 필요한 δικαιοσύνη를 공급하신다. 마태는 구원이 하나님의 선물이라고 믿는데, 이 선물은 예수님의 제자들에게 주어진다.

진정한 제자도는 하나님의 뜻을 이루는 데서 드러난다. 예수님께서 가르치신 방식대로 하나님의 뜻대로 살아가는 것이 교회라는 신앙공동체의 뚜렷한 특징이다.

마태복음은 투영시키는 내러티브로서, 예수님 주변에 모여 신앙공동체로서 특별한 방식으로 그분께 충성을 다했던 첫 제자들의 독특한 공동체에 관해 기록한다. 그러나 예수님께서 자신을 중심으로 첫 번째 신앙공동체를 모으고 조직하신 방식은 마태복음이 기록된 당시 교회와 그이후 여러 세기에 걸쳐 교회에 시사하는 바가 있다.

예수님께서 창조하신 새로운 신자들의 공동체인 교회는 정의가 표현되어야 하는 환경을 조성한다. 이 공동체는 어떤 대가를 치르더라도 예수 그리스도께 온전히 헌신하고, 주님의 말씀에 순종하며, 그분의 통치에 복종하도록 부름받는다.

예수님께서는 교회가 긍정적인 변화를 일으키는 개인적, 사회적 정의를 실천하도록 부르신다. 그러한 정의는 잘못을 바로잡고 공동체를 세운다. 교회의 의는 단순한 말과 외적인 경건의 모습 그 이상을 포함한다. 그것은 외적인 규정을 형식적으로 준수하는 것 이상의 의미를 지닌다. 교회의 의는 예수 그리스도를 통해 하나님께 온전히 헌신적인 마음에서 비롯된다.

마태가 교회에 완전한 의를 실천하라는 명령은 인간의 관점에서는 도저히 달성할 수 없는 것처럼 보인다. 그러나 같은 복음서에 나오는 격려의 말씀이 울려 퍼진다. "사람으로는 할 수 없으되 하나님으로서는 다 할수 있느니라"(마 19:26). 교회는 궁극적인 목표로 완전한 의를 추구해야한다. 이것이 바로 그리스도께서 당신의 교회를 세우시는 방식이다.

교회법은 외적인 규정 준수에 기반해서는 안 되며, 그리스도의 교회의 덕을 세우는 데 기여해야 한다는 두 플로이 교수의 이상은 이러한 점에서 마태의 설교와 일맥상통한다.

참고문헌

Allison, D. C. *Matthew: A Shorter Commentary*. London: Clark, 2004.

Bauckham, R. *The Gospels for All Christians: Rethinking the Gospel Audiences*. Grand Rapids: Eerdmans, 1998.

Betz, H. D. *The Sermon on the Mount: A Commentary on the Sermon on the Mount, including the Sermon on the Plain*. Minneapolis: Fortress, 1995.

Bornkamm, G. "End-Expectation and Church in Matthew." In Bornkamm, G., Barth, G. & Held, H-J. (eds). *Tradition and Interpretation in Matthew*. Philadelphia: Westminster, 1963: 26-51.

Carter, W. *Matthew and the Margins: A Socio-Political and Religious Reading*. Sheffield: Sheffield Academic Press, 2000.

Crosby, M. H. *House of Disciples: Church, Economics and Justice in Matthew*. New York: Orbis, 1988.

Davies, W. D. & Allison, D. C. *Matthew 1-7*. International Critical Commentary. London: Clark, 2004.

Deines, R. "Not the Law but the Messiah: Law and Righteousness in the Gospel of Matthean ongoing Debate." In Gurtner, D. M. & Nolland, J. (eds). *Built upon the Rock: Studies in the Gospel of Matthew*. Grand Rapids: Eerdmans, 2008: 53-84.

Derret, J. D. M. "Binding and Loosing (Matt. 16:19; 18:18; John 20:23)." *Journal of Biblical Literature* 102 (1983): 112-17.

Dodd, C. H. *The Founder of Christianity*. London: Collins, 1979.

Donaldson, T. L. *Jesus on the Mountain: A Study in Matthean Theology*. Sheffield: JSOT, 1985.

Du Plooy, A. le R. "Die Grondslag en Relevansie van die Gereformeerde Kerkreg as Teologiese Wetenskap." *In die Skriflig* 29/1-2 (1995): 135-60.

_____. "The Keys of the Kingdom as Paradigm of Building up the Church in Reformed Church Government." *In die Skriflig* 32/1 (1988): 53-68.

Dunn, D. G. *Christology in the Making*. London: Westminster, 1980.

_____. *The Parting of the Ways between Christianity and Judaism and Their Significance for the Character of Christianity*. Philadelphia: Trinity Press International, 1991.

_____. *Jesus Remembered*. Grand Rapids: Eerdmans, 2003.

France, R. T. *Matthew: Evangelist and Teacher*. Downers Grove: InterVarsity, 1998.

Hagner, D. A. "Holiness and Ecclesiology: The Church in Matthew." In Gurtner, D. M. & Nolland, J. (eds). *Built upon the Rock: Studies in the Gospel of Matthew*. Grand Rapids: Eerdmans, 2008: 170-86.

Horbury, W. "The Benediction of the Minim and Early Jewish Christian Controversy." *Journal of Theological Studies* 33 (1982): 19-61.

Hummel, R. *Die Auseinandersetzung zwischen Kirche und Judentum im Matthäusevangelium*. München: Kaisar, 1966.

Johnson, L. T. *The Writings of the New Testament*. Philadelphia: Fortress, 1986.

Keener, G. S. *A Commentary on the Gospel of Matthew*. Grand Rapids: Eerdmans, 1999.

Klijn, A. F. J. *De Wordingsgeschiedenis van het Nieuwe Testament*. Utrecht: Het Spectrum NV, 1968.

Lapide, P. *Jesus in Two Perspectives: A Jewish-Christain Dialog*. Minneapolis: Augsburg Publishing House, 1985.

Luz, U. *Matthew 1-7: A Commentary*. Edinburgh: Clark, 1990.

_____. *Matthew 8-20: A Commentary*. Minneapolis: Fortress, 2001.

_____. *Studies in Matthew*. Grand Rapids: Eerdmans, 2005.

Martin, J. P. "The Church in Matthew." *Interpretation* 29/1 (1975): 41-56.

Mohrlang, R. *Matthew and Paul: A Comparison of Ethical Perspectives*. Cambridge: Cambridge University Press, 1984.

Przybylski, B. *Righteousness in Matthew and His World of Thought*. Cambridge: Cambridge University Press, 1980.

Overman, J. A. *Matthew's Gospel and Formative Judaism: The Social World of the Matthean Community*. Minneapolis: Fortress, 1990.

Radford Ruether, R. *Faith and Fratricide: The Theological Roots of Anti-Semitism*. New York: Seabury, 1974.

Repschinski, B. *The Controversy Stories in the Gospel of Matthew: Their Redaction, Form and Relevance for the Relationship between the Matthean Community and Formative Judaism*. Göttingen: Vandenhoeck & Ruprecht, 2000.

Saldarini, A. J. "The Gospel of Matthew and Jewish-Christian Conflict." In Balch, D. L. (ed). *Social History of the Matthean Community: Cross Disciplinary Approaches*. Minneapolis: Fortress, 1991: 38-61.

_____. *Matthew's Christian-Jewish Community*. Chicago: University of Chicago Press, 1994.

Stanton, G. N. "Matthew's Christology and the Parting of the Ways." In Dunn, J. D. G. (ed). *The Parting of the Ways AD 70 to 135: The Second Durham-Tübingen Research Symposium on Earliest Christianity and Judaism, Durham, September 1989*. Tübingen: Mohr-Siebeck, 1992: 99-116.

Strecker, G. *Der Weg der Gerechtigkeit: Untersuchung zur Theologie des Matthäus*. Göttingen: Vandenhoeck & Ruprecht, 1971.

Versteeg, J. P. *Evangelie in Viervoud: Een Karakteristiek van de Vier Evangeliën*. Kampen: Kok, 1980.

Viljeon, F. P. "Jesus' Teaching on the Torah in the Sermon on the Mount." *Neotestamentica* 40/1 (2006a): 135-56.

_____. "The Matthean Community according to the Beginning of His Gospel." *Acta Theologica* 26/2 (2006b): 242-62.

_____. "Fulfilment in Matthew." *Verbum et Ecclesia* 28/1 (2007a): 301-324.

_____. "Matthew, the Church and Anti-Semitism." *Verbum et Ecclesia* 28/2 (2007b): 698-718.

_____. "The Double Call for Joy, 'Rejoice and be Glad' (Matt. 5:12), as Conclusion of the Matthean Macarisms." *Acta Theologica* 28/1 (2008): 205-221.

White, L. M. "Crises Management and Boundary Maintenance: The Social

Location of the Matthean Community." In Balch, D. L. (ed). *Social History of the Matthean Community: Cross-Disciplinary Approaches.* Minneapolis: Fortress, 1991: 210-25.

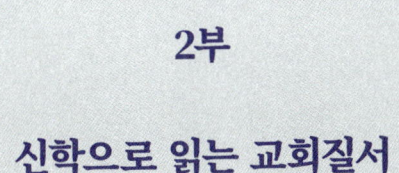

2부

신학으로 읽는 교회질서

2부

신학으로 읽는
교회질서

개혁파 교회질서의 신학적 기초[79]

1. 서론

개혁파 교회질서의 기초와 관련성에 대해 더욱 깊이 성찰할 필요성이 대두되고 있다. 이런 필요성을 초래한 몇 가지 이유는 아래와 같다.

교회의 관점에서 볼 때, 예수 그리스도의 교회는 교회 안에서 그리스도의 통치가 어떻게 형성되어야 하는지에 대한 신학적 성찰과 연구를 지속하는 것이 매우 중요하다. 이는 교회질서의 본질(ius constituendum), 즉 교회 안에서 마땅히 존재해야 할 법에 관한 문제이다. 이는 현재의 상태 즉 이미 존재하는 법(ius constitutum)을 여전히 비판적으로 검토해야 함을 시사한다. 이 측면은 교회법이라는 학문의 내용 그 자체와 더욱 밀접하게 관련되어 있다. 그러나 교회법의 내용과 별개로, 교회법을 신학적 학문으로서 그 기초와 관련성에 대해 사유하는 것은 결코

---

79   본 논문은 노쓰-웨스트대학교(포쳅스트룸) 교회질서 교수 안드리스 르 루 두 플로이 (Andries le Roux du Plooy, d. 2024)의 "Die Grondslag en Relevansie van die Gereformeerde Kerkreg as Teologiese Wetenskap," *In die Skriflig* 29/1-2 (1995), 136-60을 번역한 것이다.

분리될 수 없다.

학문적 이론적 관점에서 볼 때, 신학 학문으로서 교회질서가 그 출발점, 기본 원리, 출처, 가정, 기능 및 과제에 대해 스스로를 설명할 수 있어야 한다는 것이 오늘날 매우 중요해졌다(Vergeer, 1993:563-82). 나우타(1971:38)는 독일 개신교 교회질서가 발전하는 배경을 바탕으로 개혁파 신학 안에서 교회법의 토대에 대한 진지한 성찰이 이루어져야 한다는 희망을 피력했다. 그 이후로 개혁파 교회질서에 관한 여러 출판물이 출간되었지만, 그 책들은 여전히 개혁파 교회법의 실제적 토대, 성경적 교회 개념, 그리고 개혁주의 교회정치의 특수한 관련성 등에서 불확실성이 존재한다는 인상을 준다.

판 엇 스페이커(Van 't Spijker, 1992:995-97)는 특히 19세기 초 계몽주의의 영적 분위기가 교회질서 사상에 지대한 영향을 미쳤다고 지적한다. 그는 계몽주의 사상이 오늘날 되살아나고 있는 주된 이유는 교회와 교회법이 시대와 상황의 필요에 따라, 그리고 인간에 대한 자율적인 관점에서 실용적인 방식으로 사유되고 있기 때문이라고 판단한다. 성경에 기반한 원칙적인 성찰은 합리주의에 의해 밀려나고 말았다. 영성주의적이고 사회학적 접근은 교회질서 분야에 혼란을 초래하기 때문에, 개혁 교회법은 하나님의 말씀에 비추어 교정되어야 한다.

교회 구조와 교회의 메시지 사이에 긴장이 발생했으며, 따라서 두 가지 극단적인 양상이 관찰된다. 한편으로는 교회질서가 영성주의로 축소되어 성령님과 말씀이 서로 대립하고 성령님의 사역과 은사주의적 측면이 일방적으로 강조된다. 반면에 사회학적 접근 방식에서 교회 조직은 인

문학의 주제가 되고, 교회에 대한 신학적 개념이 세속화된 개념으로 확대되는 현상을 관찰할 수 있다(Van 't Spijker, 1992:996-97).

여기서 간과할 수 없는 다른 측면은 바로 봉사신학에 대한 지대한 관심이다. 스풀스트라(1992:299-320)는 한 논문에서 실천신학과 교회론 사이의 딜레마를 지적한다. 그에 따르면, 오늘날 교회론은 이론을 포함하기 때문에 덜 중요하게 여겨지고, 실천신학은 교회의 사역과 삶, 즉 실천에 영향을 미치기 때문에 더 높이 평가되는 것처럼 보인다. 따라서 개혁파 교회질서의 학문으로서의 중요성을 더 잘 이해하는 것이 중요해 보인다.

필자의 의도는 다양한 억양과 접근 방식을 동원한 논쟁적인 논의에 뛰어드는 것이 아니라, 좀 더 체계적으로 접근하는 것이다. 이 글에서는 아래와 같은 몇 가지 중요 문제에 집중하고자 한다.

• 교회질서의 신학적 토대를 조사하고 확립하는 것은 누구의 책임인가?
• 교회질서란 무엇이며, 신학에서 교회법이 차지하는 백과사전적 위치는 무엇인가?
• 교회질서의 근원, 규범, 그리고 출발점은 무엇인가?
• 교회질서의 기능과 임무는 무엇인가?
• 교회질서에 대한 몇 가지 성경적 이정표

2. 누구에게 토대를 정할 책임이 있는가?

1) 신학

교회질서의 토대가 무엇인지를 결정할 책임이 누구에게 있는가 하는 질문은 학문이란 무엇인가 하는 질문과 연결된다. 왜냐하면 토대, 본질, 방법, 그리고 한계에 대한 질문을 다루는 것이 전형적인 학문의 본질이기 때문이다. 따라서 토대에 대한 성찰은 학문 자체를 연구 대상으로 삼는 학문 이론에 속한다.

2) 철학과 신학

법철학 사상의 주창자인 아우브니엘(1989:11, 21; 1993:35)은 철학을 간단히 '특정 학문 분야의 기초를 다루는 학문'이라고 믿는다. 그는 성경에서 전문적 학문으로 이어지는 선은 철학의 길을 따라 흐른다고 믿는다. 이와 대조적으로, 헤인스와 욘커(1974:16-17)는 철학이 학문 이론에 대한 유일한 권위를 가질 권리를 주장해서는 안 된다고 생각한다. 그들은 이것이 각 학문 자체에 속한다고 믿는다. 그들에 따르면, 학문 이론은 각 학문이 철학 이론과의 상호작용을 통해 자체적인 학문 이론을 확립하는 간학제적 작업이다.

신학자로서 여러 기고문에서 교회법의 방법론과 출처에 대해 고찰하고 성경만이 교회법의 원칙을 결정하는 유일한 요인이라고 확신하는 쿠르트젠(1991:120-35)과 달리,[80] 스트라우스(1991:23-34)는 철학이 이 원칙에 중요한 공동 결정 요인이라고 믿는다. 스트라우스에게 성경과 철학은 모두 공동 결정 요인이다. 왜냐하면 그의 근본적 생각은 과학 교리가 오직 철학의 영역에만 존재한다는 것이기 때문이다.

그러나 문제는 신학자가 자신의 특정 분야의 학문성을 연구하기 위해

---

80   피터 쿠르트젠(b. 1943)은 1977년부터 모교 스텔렌보쉬대학교에서 조직신학을 가르쳤다(역자 주).

철학자가 될 필요도 없고 될 수도 없는 것처럼, 철학자가 자신의 철학 분야에 몰두할 때는 신학자가 될 필요도 없고 그렇게 될 수도 없다는 것이다. 철학자가 철학이 본질적으로 범철학적이라고 믿지 않는 한 그렇다.

학문의 통일성(Stoker, 1970:123-80)과 범철학주의의 거부(Stoker, 1961:240-44), 그리고 각 학문이 고유한 연구 영역을 갖는 가운데 서로에게 제공해야 하는 보조적 역할을 수용하는 관점에서 볼 때, 신학과 철학 사이의 긴장은 불필요하고 무의미하다고 할 수 있다.

신학자가 자신의 학문 분야에 대한 근본적인 질문을 탐구할 때, 그 신학자는 이미 신학자로서 자신의 학문 분야에 몰두하고 있으며, 철학과 같은 다른 학문의 통찰에도 열려 있다. 그는 성경 계시에 대한 배타적 통찰을 가지고 있다고 주장하지 않고, 자신의 특별한 연구 분야인 성경에 특별히 이끌린다. (특히 기독교) 철학자가 과학철학에 관심을 가질 때, 그의 특별한 연구 분야는 주제 그 자체가 아니라 주제의 철학이다. 그 토대가 이미 주제 자체의 일부이기 때문에, 철학자는 신학의 인도를 받아야 한다(Stoker, 1940:293-331).

3) 신학 학문으로서 교회질서의 과제

"교회질서의 기초를 확립하는 데 누가 책임이 있는가?"라는 질문에 대해서는 신학 학문으로서 교회법 자체가 주된 책임을 진다는 답이 가능하다. 과학철학이 이 점에 기여했다는 점을 주목해야 한다. 그러나 교회법이 여러 신학 분야 중 하나임에도 불구하고, 학문으로서 교회질서는 성경신학과 교의학의 결과를 효과적으로 활용해야 한다는 점이 중요하다. 그렇다고 교회질서가 독립적인 주석을 수행하거나 교회의 교리와 신앙고백에 익숙해서는 안 된다고 주장하는 것은 오류이다.

오늘날 봉사신학(실천신학)에 대한 관심이 크게 높아지고, 특히 봉사신학과 교회론 사이의 연구 분야를 둘러싼 혼란이 발생했기 때문에 (Spoelstra, 1992:299-320; Te Velde, 1989), 이러한 신학자들과 학문 분야들과의 대화 또한 필수적이었다.

4) 교회질서와 법학

다른 중요한 질문은 교회질서와 법학의 연관성은 무엇이며, 교회법의 토대를 고려할 때 법학을 포함해서는 안 되는지 여부이다. 원칙적으로, 다양한 유형의 법(예. 교회법, 헌법, 형법, 징계법 등) 사이에 본질적인 구별(분리)이 있을 수 없다는 것은 사실이다. 왜냐하면 모든 창조물이 하나님의 법과 통치 아래 있기 때문이다. 세상의 왕국과 교회의 왕국은 하나님 말씀의 권위 아래 있으며, 하늘과 땅의 모든 권세를 받으신 예수 그리스도의 통치 아래 있다(Van Drimmelen, 1990:204-205). 예를 들어, 룰러펠트(nd:19)는 소위 자연 정의의 규칙들이 성경 자체의 다른 표현에서도 발견된다고 지적한다.

그러나 교회질서는 자체의 고유한 특성을 가지고 있다(Kuyper, 1909:244). 교회가 독특성을 가지고 있기 때문이다. 예를 들어, 교회 외의 다른 어떤 특정 공동체도 그리스도의 몸이라고 말할 수 없다. 그리스도께서는 이 몸의 머리이시다. 이는 무엇보다도 그분께서 친히 말씀과 성령님으로 다스리신다는 것을 의미한다(엡 1; 하이델베르크 교리문답 제48주일). 교회에서 무엇이 옳은지 결정하시는 분은 오직 하나님뿐이시다. 하나님은 자신의 말씀 안에서 그리고 성령님의 인도하심 아래에서 우리에게 권위와 사명을 주셔서 말씀으로부터 교회 안에서 그리고 교회를 위한 법과 질서를 연구하고 공식화하도록 하신다. 그리고 그렇게 함으로써 하나님은 그리스도의 교회 통치에 봉사하게 하신다(Smit, 1985:281-84; Pienaar, 1982:271).

3. 신학 학문으로서의 교회질서

1) 교회질서란 무엇인가?

① 개혁주의 관점

하이체마(1951:9)는 개혁파-개신교 관점에서 볼 때 교회질서가 신학적 주제임은 의심의 여지가 없다고 믿는다. 모든 참된 교회질서는 성경에 뿌리를 두어야 하며, 교회의 신앙고백이 교회질서의 규범적 기본 원칙을 제공한다는 개혁주의 관점에 기인하기 때문이다(Haitjema, 1951:9-10).

신학은 인간이 하나님과 모든 피조물(우주)과의 관계에 대한 지식에 도달할 수 있도록 하나님의 말씀을 인간에게 주신 특별 계시로 연구하는 학문이므로, 교회질서 또한 신학 학문이다. 교회질서는 성령님의 계몽하시는 역사의 인도 아래 영감받은 하나님의 말씀 안에서, 하나님께서 교회의 질서 있고 건설적인 통치를 위해 주신 규범적 처방, 자료, 규칙, 원칙을 검토한다. 이러한 관점은 칼빈과 칼빈주의 전통을 따르는 수많은 신학자의 관점을 잘 보여준다. 칼빈은 실제로 '개혁교회의 설계자이자 개혁파 교회질서의 아버지'로 간주될 수 있다. 그는 성경의 자료에 따라 교회를 조직하고자 했으며, 성경은 실제 설계자로서 그리스도께서 교회를 어떻게 다스리고 세우실지 계시해 주었다. 칼빈은 기독교강요 제4권에서 이 문제를 자세히 다루며, 교회정치에서 교회는 성경에 제시된 규범에서 벗어나서는 안 된다는 점을 반복적으로 분명히 밝힌다(참고. 교회의 설계자로서의 칼빈에 대해서는 Wallace, 1988:133-46). 칼빈에 따르면, 교회정치에서 인간 제도조차도 전적으로 신적인 것이어야 하며, 따라서 성경에서 유래해야 한다(기독교강요 4.10.30; Plomp, 1967:14).

교회는 '진정하고 합법적인 제도(헌법)'를 가져야 하며(기독교강요 4.12.2), 잘 조직된 형태(기독교강요 4.10.27)를 가져야 한다는 칼빈의 입장은 많은 추종자들에게 지지를 받았다.

푸시우스(1663-1676)는 교회질서를 다음과 같이 설명했다. '가시적 교회를 다스리는 거룩한 학문'(scientia sacra regendi ecclesiam visibilem; Bouwman, 1928:10). 럿거스(Rullman, 1918:125), 카이퍼(1909:231-48), 바우만(1928:10-15), 얀센(1947:6-7), 나우타(1971:16) 등 저명한 개혁파 교회법 학자들은 교회질서가 법과 규정을 연결하는 것이라기보다, 교회(건물)의 건축 규칙과 건물 내에서의 행동 및 삶에 대한 규칙을 연구해야 하는 신학이라는 데 동의한다. 신학은 성경을 통해 교회에 적용되어야 하는 하나님의 법을 연구한다.

쿠르트젠(1991:156-66)은 남아공 개혁파 신학자들의 견해를 검토하면서 교회질서의 신학적 본질에 대해서는 의심의 여지가 없음을 보여준다.

이와 관련하여 헤인스와 욘커(1974:286-88)의 주장을 참고할 수 있다. 그들은 교회질서를 신학적인 분과, 즉 아래와 같은 내용을 연구하는 학문으로 규정한다.

• 성경에서 가르치는 교회법의 기본 원리

• 교회법의 역사

• 특정 교회의 현행 질서(ius constitutum; 이에 대한 자세한 설명은 아래 '5'를 참고)

폰트(1981:6-18), 판 덜 린드(1965:32; 1978), 스풀스트라(1989:1-10), 스미트(1985:305), 그리고 쿠르트젠(1991:152-66)을 비롯한 개혁파 신학

자들은 교회질서를 신학적인 학문으로 보는 국제적인 교회법 학자의 대열에 서 있다.

② 독일 교회법에 따른 관점

독일에서 교회질서는 법학적 학문으로 간주된다는 점에 유의해야 한다. 금세기에 독일에서는 소위 법신학이 등장했는데, 이들은 여전히 교회법을 법학으로 간주하지만 교회법의 신학적 토대에 집중한다(Coertzen, 1991:155). 독일 교회법의 발전과 루터의 '두 왕국'이라는 전통적인 분리에서 벗어나려는 노력, 그리고 교회와 법 사이의 긴장(특히 좀[R. Sohm]에게 볼 수 있듯이)에 대한 개괄적인 내용은 스미트(1985:269-83), 쿠르트젠(1991:55-166), 베이커(1990:32-42)를 참고할 수 있다.

개혁파 교회법은 때때로 굳건해지는 과정에 있으며 잘 알려진 원칙들을 재강조하는 경향이 있다는 비난을 받는다. 이러한 역동적인 발전의 한 예로 독일 교회법을 들 수 있다(Botha, 1993:1-7). 그러나 문제는 이것이 루터교회와 칼빈주의 전통이라는 서로 양립하기 힘든 두 전통을 비교한다는 것이다. 교회법을 공표하는 교파 내에서의 발전은 참으로 감사할 만한 일이다. 특별한 신학적 기여가 이루어지고 있기 때문일 뿐만 아니라, 특히 토대와 관련하여 성경을 교회 통치의 규범이자 척도로 삼음으로써 칼빈주의의 근본 원칙을 지향하는 움직임을 감지할 수 있기 때문이다(Coertzen, 1991:157).

위에서 언급한 저자들이 주목했던 제2차 세계 대전 이전, 전쟁 중, 그리고 전쟁 이후 독일 교회법 발전에 대한 개괄을 통해, 루터의 두 왕국 교리와 가시적 교회와 비가시적 교회 사이의 근본적인 경계를 배경으로 소위 영적 교회와 법적 교회 사이에 이원론이 형성되었다는 것이 분명해졌다. 따라서 루돌프 좀은 법이 본질적으로 세속적인 기원과 본질을 가지고 있기 때문에 교회의 본질과 충돌한다고 생각했다. 하르낙(Harnack)은 좀과 의견을 같이하면서, 법이 본질적으로 종교적으로 결정되는 것은 아니라고 믿었다. 그러나 그는 교회가 제도 조직으로서 질서를 유지해야 하므로 교회에 법은 필수적이라고 생각했다.

독일 법학계는 1930년대 이후, 특히 제2차 세계 대전 이후 변화가 있었으며, 교회와 법 사이의 긴장을 해소하기 위한 노력이 있었다(참고. Smit, 1985:269-83). 리어만(H. Liermann, d. 1976)은 일반법의 원칙을 교회법에 적용하고자 했다. 쉴라이히(K. Schlaich, d. 2005)는 더 나아가 교회법은 국가법과 분리되어야 하며, 교회법은 본질적으로 응답적 성격을 지닌다고 확신했다. 즉, 교회법은 그리스도께서 교회에 주신 것에 응답해야 한다는 것이다. 그러나 교회와 법의 화해에 더 큰 공헌을 한 사람은 특히 헥켈(J. Heckel), 볼프(Wolf), 돔부와(Dombois)였다. 헥켈은 루터를 재해석하며, 루터가 법이나 교회법을 거부하지 않았다고 믿는다. 간단히 말해, 헥켈의 입장은 교회법이 교회 안에서 사랑의 법이라는 것이다. 교회 안에서는 사랑의 영적인 법이 적용된다.

볼프에게 교회법은 고백법이다. 이러한 관점에서 그는 교회법과 신앙고백이 하나이며, 고백에 기반을 두고 고백을 교회 생활 속에 구체화하는 임무를 지닌다고 말한다. 돔부아는 교회법을 '은혜의 법'으로 간주한다. 이는 교회법이 하나님께서 인간에게 주신 것 이상을 요구하지 않는다는 것을 의미한다. 다시 말해, 인간이 하나님 앞에 설 수 있도록, 그리고 하나님께서 인간에게 자신의 권리를 주실 수 있도록 만들기 위해 의도된 법이다. 돔부와에게 교회법의 기초는 선교, 세례, 성만찬, 하나님 나라의 열쇠 집행에 관한 예수 그리스도의 네 가지 명령, 즉 하나님께서 인간에게 베푸시는 은혜의 행위에 있다. 개혁파 세계에서는 교회법이 기관으로서의 교회에만 적용되는지, 아니면 교회의 가시적인 면에만 적용되는지 여부가 중요한 문제로 떠올랐다.

③ 기관(제도)이자 유기체로서의 교회

첫 번째 질문에 대해서는 다양한 의견이 있다. 카이퍼(1909:232-46)는 교회법이 기관(제도)으로서의 교회에만 관련된다고 생각한다. 바우만(1928:10)과 클라인한스(1982:3-5) 등도 마찬가지이다. 하이체마(1951:7-8)는 교회법이 기관(제도)으로서의 교회에만 관련된다는 카이퍼의 생각과 달리, 교회법이 유기체로서의 교회에도 영향을 미친다고 생각한다. 스풀스트라(1989:2-10)는 교회법을 교회 중심적이고 교회적인 제도적 방식으로 다루는 것에 반대하며, 하나님 나라의 접근 방식을 옹호한다. 페일러마(1991:295-309)도 카이퍼의 기관과 유기체 구분을 비판적으로 검토하며, 신자들이 하나님 나라 안에서 활동하고, 하나님 나라를 위해 사회에 봉사하기 위해 교회에서 분주하게 활동하기 때문에 이러한 구분은 폐기되어야 한다고 주장했다. 필자 생각에 교회법은 소위 교회 기관만이 아니라, 교회 그 자체에 관한 것이다. 교회법은 원칙적으로 신자들이 사회봉사를 위해 준비되는 말씀 사역, 성례전, 그리고 권징의 근본 원칙에 초점을 맞추지만, 교회법이 소위 교회 기관에만 국한된다고 생각하는 것은 편향적이거나 제한적이라고 보인다.

④ 가시적 교회와 비가시적 교회

푸시우스와 바우만 등이 주장하는 것처럼 교회법이 교회의 가시적 측면에만 국한되는지에 대한 질문에 대해서는 신중한 답변이 필요하다

(Bouwman, 1928:1-10; Bakker, 1990:13-14). 첫째, 가시적 교회와 비가시적 교회를 분리할 수 없다는 점을 명심해야 하며, 둘째, 교회법은 교회에 대한 구체적 법을 형성한다는 의미에서 경험적 교회를 염두에 두고 있다는 점은 사실이다(Heyns & Jonker, 1974:286).

⑤ 출발점으로서의 하나님 나라

하나님 나라를 출발점으로 삼는 교회질서가 주로 교회의 유일한 머리이신 그리스도의 통치에 대한 순종에 관한 것임을 명심할 때, 그것은 교회의 가시적이고 경험적인 측면을 정리하는 것 이상의 의미를 지닌다. 따라서 교회질서의 목적은 그리스도께서 천국 열쇠들을 집행하심으로써, 어떻게 자기 자녀들의 마음에 역사하실 수 있는가를 성경을 통해 연구하여, 교회가 참으로 그리스도의 몸이 되게 하는 데 있다. 이는 교회법이 ius circa sacra 즉 거룩한 것에 대한 외적인 권한을 다루는 것을 의미하지 않는다. 오히려 그것은 ius in sacra 즉 신자들의 모임으로서의 교회 안에서의 행위, 규범, 그리고 법에 관한 것이다. 이러한 일들은 교회가 오직 말씀의 빛 아래에서, 그리고 성령님의 인도하심을 받아 연구하고 분별해야 한다(Haitjema, 1951:13; Coertzen, 1991:159).

⑥ 정의

교회질서는 다음과 같이 정의될 수 있다. 기록된 하나님의 말씀과 하나님 말씀에 대한 신앙고백의 응답에 비추어, 성령님의 인도하심 아래 교회 안에서 그리스도의 통치를 위해 하나님의 법을 연구하고 공식화하여, 교회의 봉사와 교화를 위해 활용해야 하는 신학적 학문이다.

2) 백과사전적 위치

이제 교회질서의 백과사전적 위치를 살펴보자. 카이퍼(1909:231)와 바우만(1928:10-15)은 일부 신학자들이 교회질서를 신학의 영역 밖에 두었다는 점을 지적했다. 이러한 분리는 주로 교회법이 교회 문제뿐만 아니라 사회와 국가의 문제를 다루었기 때문에 발생했다. 개신교에서는 교회질서가 실천적 학문으로 이해되었다. 슐라이어마허(1768-1834)는 이러한 입장을 개선하지 못했다. 그는 경건주의의 영향을 강하게 받았으며, 신 프로테스탄트 신학 모델에도 큰 영향을 미쳤다(Spoelstra, 1992:304). 칸트의 합리주의와 이론과 실천의 날카로운 구분은 그에게 매력적이었고 영향을 미쳤다. 따라서 그는 신학을 세 학문 분야, 즉 종교철학과 변증학을 포함하는 철학신학(신학 나무의 뿌리), 구약과 신약, 교회사와 교의학을 포함하는 역사신학(나무의 줄기), 그리고 실천신학(나무의 꼭대기)으로 구분한다. 실천신학은 특히 교회의 실천에 초점을 맞춘다. 실제 신학은 철학과 역사학 분야에 의해 결정되는 반면, 실천신학은 이러한 진리를 실천에 적용해야 한다(Dingemans, 1989:192).

슐라이어마허는 실천신학에서 예배와 교회정치가 특히 중요하다고 생각한다(Spoelstra, 1992:308). 실제로 그의 연구 대상은 경험적 교회, 즉 종교적 실천인데, 이를 통해 교회가 실천적으로 올바른 지침을 얻을 수 있도록 시도했다(Dingemans, 1989:195).

독일 신학계에서 교회법은 때때로 신학의 범주 밖에 놓이기도 한다. 예를 들어, 법학이나 법신학 분야로 분류되기도 하는데, 이 경우에도 신학 백과의 범주 밖에 둔다. 그런데 교회법을 신약학의 일부로 취급하기도 한다(Coertzen, 1991:166-67). 네덜란드 개혁교회, 특히 카이퍼(1909:217-19, 232-48) 이후 교회질서는 교회론 학문군의 일부로 간주되어 왔다(Bouwman, 1928:10-15). 하이체마(1951:13)는 교회질서가 학문적 규범을 다루기 때문에 조직신학과 역사신학의 경계 어딘가에 위치해야 한다고 생각한다. 남아공 개혁파 신학자들은 교회질서가 교회론적 학문이라는 점에 대체로 동의하며, 카이퍼의『신학 백과사전』은 여전히 널리 채택되고 있다(Coertzen, 1991:170). 때로는 교회질서를 교회사의 일부로 백과사전적으로 보는 경향도 있다(Stoop, 1982:125). 스풀스트라(1992:316-17)는 교회질서와 실천신학의 개념이 새로운 봉사신학과 새로운 교회론으로 대체되어야 한다고 제안했다. 여러 신학 분과들의 긴밀한 상호 관련성으로 인해, 교회법은 그 어떤 다른 신학 분야로부터도 분리된 채 독자적으로 탐구될 수 없다. 앞서 언급한 바에 따르면, 개혁파 신학자들은 교회질서가 백과사전적으로 볼 때, 교회론적 학문이라는 데 동의하지만, 교회질서와 봉사신학 분과에 대한 명확한 구분이 필요하다는 점을 시사한다.

4. 자료와 출발점

1) 자료의 중요성

교회질서의 자료들을 고려할 때, 특히 두 가지 사항을 염두에 두어야 한다. 첫째, 자료가 중요한 이유는 권위 있는 출발점 또는 출발점으로서의 자료 자체가 이미 목표 달성에 결정적인 역할을 하기 때문이다. 다시 말해, 주제의 내용은 그 모든 것이 기반을 두고 있는 토대에 의해 결정된다. 둘째, 자료는 반드시 구체적이거나 가시적인 수준(경험적으로)에서만 알 수 있는 것은 아니다. 자료는 소위 전제와 관련될 수도 있다. 이러한 전제는 (특히 신학의 영역에서는) 인간의 이해나 신념에서만 비롯되어서는 안 되며, 따라서 그것은 형이상학적 차원에 존재할 수도 있다.

2) 하나님의 말씀

구체적으로, 신학 학문으로서 개혁파 교회질서의 근원 또는 토대는 천국 복음을 순종하는 마음으로 듣고 받아들이는 데 있다. 출발점이라는 의미에서 우리의 주된 근원은 어두워진 마음으로 결정하는 것이 아니라, 하나님으로부터 은혜롭게 받는 것, 즉 하나님의 특별 계시인 말씀이다. 성경은 또한 판단하고, 시험하고, 검증하고, 확증하고, 거부하는 기준이자 권위 있는 척도이다.

실천신학에서 학문적 작업은 하나님의 특별 계시인 성경 외에도 일반계시, 즉 하나님께서 우리에게 자신을 알려주신 하나님의 창조와 함께 이루어진다(롬 1:20; 네덜란드 신앙고백 제2장). 그러나 기록된 하나님의 말씀은 창조에 대한 이 계시를 이해하고 해석하는 렌즈이자 과학적 결과를 검증하는 기준이 된다.

개혁교회의 일반적인 신념은 처음부터 기록된 하나님의 말씀이 교회법과 교회정치의 출발점으로 받아들여진다는 것이었다. 마틴 부서와 칼빈은 교회가 오직 말씀에 따라 통치되고 운영되어야 한다는 사실을 공개적으로 주장했다(기독교강요 4.3.1; 4.10.30-32; Van 't Spijker, 1972:2). 성경적 지혜 즉 성경이 제시하는 근본적인 사상만이 칼빈이 교회정치를 위해 받아들인 유일한 권위 있는 규칙이다(Piomp, 1967:15-16).

칼빈주의 전통에서 이러한 입장은 줄곧 유지되었다. 바우만(1928:31), 하이체마(1951:21-22), 얀센(1947:6-7)과 이후 남아공 개혁파 법학자들인 판 덜 린드(1965:31), 스풀스트라(1989:2-19), 쿠르트젠(1991:117-41) 등은 성경을 교회법의 주요 원천이자 출발점으로 받아들여야 한다는 데 동의한다.

교회질서의 원천이자 규범으로서 성경에 대한 강한 강조는 특히 천주교의 관점을 배경으로 살펴봐야 한다. 천주교에서 'ius divinum'은 두 가지 주요 구성 요소로 이루어져 있다. 즉, 한편으로는 성경과 전통, 다른 한편으로는 자연법이다. 또한 교회법 또한 교회법의 권위 있는 원천으로 받아들여진다. 마지막으로, 전체 체계는 교회법대전(Corpus Iuris Canonici, 1918년 이후 Codex Iuris Canonici라 불림)으로 통합되었다(Smit, 1985:15-21).

3) 신앙고백서

개혁파 교회질서는 성경 외에도 신앙고백서를 중요한 자료로 인정한다. 필자는 여기서 성경, 신앙고백서, 그리고 교회질서의 관계에 대한 자세한 내용은 다루지는 않을 것이다(참고. Hovius, 1962; Du Plooy, 1988; Coertzen, 1991:141-48). 16세기 종교개혁은 고백서, 예를 들어, 네덜란드 신앙고백 제27-32조에서 찾아볼 수 있다. 16세기와 17세기 종교개혁 동안 교회질서의 발전은 교리와 권징이 불가분의 관계였기 때문에 이와 병행하여 발전했다(Van 't Spijker, 1993:178-201).

필자의 생각에는 신앙고백서를 교회질서의 근거이자 기준으로 사용하는 것의 타당성 문제와 그에 부여된 권위에 대한 문제가 신앙고백서와 교회정치 사이의 유대감보다 더 중요하다. 그러나 성경주의(biblisisme)와 신앙고백주의(konfessionalisme) 사이의 관계를 신중하게 살펴보아야 한다(신앙고백서에 대한 구속력과 권위의 성격에 대한 폭넓은 개요는 Du Plooy, 1991:71-95를 참고)

학문-이론적 관점에서 볼 때, 개혁파 교회질서는 신앙고백서를 교회법의 권위 있는 근거로 사용하는 것을 설명할 수 있어야 한다. 예를 들어, 성경만이 유일한 권위 있는 규범이자 기준이라고 믿는 사람은 사실 의미에서 시작한다. 따라서 고백서는 사실상 첫 번째 출발점이다. 고백서 또는 출발점을 통해 우리를 성경의 권위에 직접 묶어 주기 때문이다.

성경과 신앙고백이 두 개의 별개의 출처로 받아들여진다고 말하는 것은 오류이다. 말씀에 대한 응답으로서의 신앙고백은 우리를 유일하고 실질적인 권위의 출처인 말씀과 연결해 줄 뿐이기 때문이다. 신앙고백과 말씀을 이런 방식으로 다루는 사람은 성령님께서 교회사에서 조명하시는 사역을 통해 이미 무언가를 이루셨다고 믿는 것이다. 더 나아가, 우리는 성경을 연구 분야로 삼는 신학이 우리의 과학 이전 토대인 신앙고백을 시험하고, 필요하다면 변화시키는 기준이자 확대경이라고 받아들인다.

이 점에서 필자는 신앙고백이 사실상 대화의 규칙, 즉 대화의 요약이라고 믿는 판 헤이스티언(1986:141, 196, 200)과 견해를 달리한다. 그들은 신앙고백이 사실상 대화의 규칙, 즉 대화의 요약이라고 생각하며, 신앙고백이 말씀과 상응한다고 받아들이는 것은 순진한 실재론(naïef-realisties)이라 생각한다.

학문으로서의 교회질서에 있어서 신앙과 이성, 또는 교회와 신학이 서로 분리되어서는 안 된다는 것이 중요하다. 교회법 학자라고 공언하는 이의 학문성은 그의 종교적 출발점 때문에 의심받아서는 안 된다. 중요한 것은 그가 신앙고백의 권위를 받아들일 수 있느냐 없느냐가 아니라, 그가 그것을 어떻게 활용하느냐, 특히 그가 어떻게 항상 신앙고백을 성경의 규범(norma normans)에 비추어 검증이 가능하게 만드는가이다. 신앙고백을 받아들이지 않는 사람은 어떤 경우든 다른 무언가를 출발점으로 받아들인다는 것이 분명하다. 왜냐하면 과학의 실천에는 전제가 있기 때문이다. 자신의 출발점, 즉 새로운 해석학과 신앙고백 사이에서 '선택'할 때, 신앙고백의 출발점은 정당한 것으로 받아들여져야 한다. 여기서 보타(1993:5-6)가 '개혁파 교회법'을 실천하기 위해서는 신앙고백과 거리를 두어야 하며, 오히려 성경학의 새로운 성경 비평적 접근 방식을 선택해야 한다고 주장하는 것은 이상하게 보인다고 지적할 수 있다.

신앙고백에 오류가 있거나 결함이 있다면, 교회가 더 순수하게 고백하고 동시에 과학이 더 나은 출발점을 가질 수 있도록, 질서 있게 수정되어야 하며 무시되거나 거부되어서는 안 된다. 이는 교회법의 결과에도 적용된다. 교회질서(ius constitutum)로 표현되고 공식화된 교회정치는 교회법의 결실로 간주될 수 있다. 이는 동시에 고백서에 공식화된 교회정치에 대한 신앙고백을 구체화하고 실천으로 이끈다.

4) 교회질서

이러한 관점에서, 역사적인 교회질서는 과거 어느 시점에 교회질서(ius constituendum) 연구의 결실이었기 때문에 교회법의 원천이 된다. 또한, 특정 교회 공동체에서 유효하고 사용되는 교회질서를 제외한 최근의 교회질서 또한 교회법의 원천이다(Coertzen, 1991:148).

5. 교회질서의 기능과 과제

1) 서론

'신학'은 하나님(θεός)에 대한 말씀(λόγος)을 말해야 하는 학문인데 (Spoelstra, 1992:316), 더 구체적으로는 하나님의 말씀에 대한 응답이다(Heyns & Jonker, 1974:132). 이 때문에 신학 학문으로서의 교회질서는 사회학적 또는 법적 현상으로서의 교회가 아니라, 하나님께서 말씀으로 우리에게 계시하시는 그리스도의 몸으로서의 교회와 관련된다. 따라서 교회론적 주제로서의 교회법은 성경에 비추어 교회를 연구 대상으로 삼지만, 교회만이 그리스도의 몸이라고 불리기 때문에 교회가 독특하다는 사실을 인지한다.

교회론적 주제들 내에서 교회사는 과거의 교회를 더 많이 다룬다면, 교회법은 특히 현재와 미래의 교회에 집중한다. 일반적으로, 학문으로서 교회질서의 임무는 교회법의 근원과 절대적 규범인 하나님의 말씀에 비추어 교회가 이 세상에서 그리스도의 몸으로서 참으로 기능할 수 있고 하나님께서 교회에 정하시고 맡기신 대로 봉사를 제공할 수 있도록 보장하는 것이다. 더 구체적으로, 교회질서의 내적 과제와 외적 과제 및 기능을 구분할 수 있다. 내적 활동은 특히 교회법 학문 자체와 관련된 과학적 활동과 책임에 집중한다. 외적 활동은 교회 자체의 이익을 위한 봉사에 더욱 집중한다(Heyns & Jonker, 1974:187-98). 이러한 구분은 내적 기능과 외적 기능이 분리되어야 한다는 것을 의미하지 않는다. 과학과 신앙, 그리고 신학과 교회가 서로 대립하면 안 되기 때문이다.

2) 내적 과제

교회질서의 내적 과제와 기능은 신학적 학문으로서 교회법이라는 주제를 정당화하고 설명하는 것이다. 더 구체적으로, 교회법의 기초, 고유성, 다른 신학 분야와의 일관성 또는 연관성, 출발점, 목적, 기능과 같은 측면을 명확하게 설명해야 한다.

3) 외적 과제

교회질서의 외적 과제는 본질적으로 교회적 성격을 가지지만, 여전히 학문적 방식으로 수행된다. 교회법은 특히 교회 건설에 기여하는 것을 목표로 한다. 여기서는 적어도 세 가지 기능을 구별할 수 있지만, 그것들이 동등한 기능이라고 주장할 필요는 없다(Kuyper, 1909:248; Heyns & Jonker, 1974:187-88; Coertzen, 1991:172-74).

① 제정될 법(ius constituendum)에 대한 연구

교회질서의 가장 중요한 실질적 과제는 소위 '제정될 법'(ius constituendum)의 영역에 있다. 특히 바로 이 측면 때문에 교회법은 교회 통치를 위해 근본적이고 규범적인 중요성을 지닌 성경에 제시된 법이나 행동 규칙에 집중하기 때문에 신학적인 학문으로 여겨진다. 만약 어떤 신학 분야가 하나님의 말씀을 특별한 연구 분야로 삼지 못할 때, 과연 그것이 여전히 신학인지 의문을 제기할 수 있다. 성경의 빛 아래에서 교회법이 마땅히 있어야 할 법에 대한 연구는 교회법의 신학적 성격을 규정하는 데 근본적인 의미를 가진다.

② 교회질서에 관한 연구 역사

교회질서의 그다음 논리적 과제는 여러 세기에 걸친 교회법과 교회정치의 역사를 연구하는 것이다. 이 기능이 교회사 연구와 다른 점은 서술적인 측면보다는 평가적인 측면을 지닌다는 것이다. 이는 성경에서 이미 확립된 규범과 기준에 기초하여 정확하게 이루어질 수 있다. 교회법은 다음과 같은 측면들을 고려해야 한다. 즉, 교회의 머리이신 그리스도께서 친히 교회를 다스리시고 세상 끝 날까지 교회와 함께하시며, 자신의 영인 성령님을 통해 교회를 인도하신다는 약속이다. 하나님은 또한 역사 속에서 자신을 계시하시지만, 이 일반 계시는 특별 계시(네덜란드 신앙고백 제2조)인 말씀의 관점에서 검증되고 이해되어야 한다.

③ 이미 제정된 법(ius constitutum)의 수립

교회법은 이미 언급된 기능들의 결과를 활용하여, 체계적이고 공식적으로 규정된 교회 통치 방식, 즉 실제로 유효한 교회질서(헌법[ius constitutum])를 확립하는 임무를 완수해야 한다. 이는 교회법이 교회 안에 통용되는 유효한 법과 관련하여 특별한 기능을 수행함을 의미한다. 교회질서를 제정하는 일 외에도, 교회법의 임무는 제정될 법(ius constituendum)으로부터 이미 제정된 법(ius constitutum)을 학문적이고 비평적으로 다루어 제정될 법(ius constituendum)과 더 일치하도록 하는 것이다. 따라서 교회법의 임무는 교회에 유효한 법을 결정하는 것으로 완료되지 않는다. 제정된 법(ius constitutum)은 항상 성경으로 검증을 받아야 하며, 교회와의 적절성을 평가하고, 교회의 질서와 건설에 이 법이 어떻게 기여하는지 판단해야 한다.

6. 교회질서에 대한 몇 가지 이정표

우리가 성경을 들을 때, 하나님께서 교회질서의 사실과 방식에 대해 지침을 주신다는 것이 분명해진다. 우리는 이를 교회질서의 '기본 원칙' 또는 '이정표'라 부를 수 있다. 단순히 이것들을 파악하는 것만으로는 충분하지 않다. 왜냐하면 이것들, 특히 그 기능에 대한 올바른 이해는 교회법에 있어 매우 중요하기 때문이다. 예를 들어, 필자는 하나님 나라, 예배, 교회, 그리고 그리스도께서 교회에 주신 핵심 권세와 같은 개념의 의미를 언급하고자 한다. 이러한 기본 원칙 또는 이정표는 교회질서가 이들을 기반으로 발전하고, 그 안에서 움직일 수 있도록 안내와 틀 역할을 해야 한다.

1) 하나님 나라

교회를 이해하고 교회질서의 토대를 세우는 데 가장 중요한 열쇠들 중 하나는 하나님 나라에서 시작하는 것이다(Van der Linde, 1978; Spoelstra, 1989:4-5). 이 문제는 이미 이전에 자세히 논의되었으며, 아래 내용은 명확해졌다(Du Plooy, 1982:1-63).

성경 전체에서 핵심 개념은 바로 하나님 나라이다. 신약성경은 하나님 나라에서 교회로 가는 구체적인 경로와 그들 사이의 구체적인 관계를 선명하게 가르친다. 하나님 나라라는 개념은 특히 그리스도 안에서 하나님의 통치라는 실재, 영역, 그리고 방식과 관련이 있다. 하나님 나라는 예수 그리스도 안에서 그리고 그분을 통한 성부의 역동적 통치를 나타낸다. 그분의 자녀들이나 신민은 이 통치에 순종해야 한다. 말씀과 성령님에 순종하는 곳에 하나님 나라가 임하며, 이 신자들의 공동체는 '교회'라 불린다. 따라서 교회는 하나님 나라의 열매이자 동시에 하나님 나라를 선포하는 도구이며, 하나님 나라가 완성될 때까지 교회 자체도 성장해야 한다. 교회는 하나님 나라의 열쇠들을 사용하도록 부름을 받았다. 바로 믿는 사람들에게는 하나님 나라의 문이 열리지만, 믿지 않는 자들에게는 닫힌다.

하나님의 말씀과 성령님께 순종할 때, 하나님께서는 깨어진 세상에 새 질서를 창조하시며, 이를 새 창조, 즉 예수 그리스도의 교회라고 부른다.

누구든지 하나님 나라를 출발점으로 삼는 사람은 그리스도 자신이 교회의 유일한 머리이시며, 참된 교회정치는 다름 아닌 그리스도의 정치임을 인정하고 고백한다.

스미트(1985:10-194)는 율법 개념에 대한 자신의 견해를 하나님 나라와 직접적으로 연결한다. 교회의 머리이신 그리스도, 즉 그리스도 안에서 성부 하나님의 통치는 "누가 교회에서 율법을 결정하는가?"라는 질문과 관련하여 매우 중요하다. 교황도, 국법도, 종교 회의에 속한 교회도, 지역교회도, 단순한 다수결 투표도 교회의 옳고 그름을 결정할 수 없다. 대신 머리이신 예수 그리스도께서는 자신의 말씀 안에서 옳고 그름을 계시하신다. 예수님은 입법자이시며, 교회는 그분의 영과 말씀을 통해 교리와 삶의 행실, 그리고 교회질서가 어떠해야 하는지 배운다. 하나님의 옳음은 사랑, 은혜, 심판, 그리고 하나님의 뜻과 직결된다. 따라서 하나님 나라는 교회법이 세워질 수 있는 실질적 토대이다. 그리스도의 머리되심은 분명히 교회법의 가장 중요한 근본 원리이다. 따라서 교회법은 교회에 대한 연구와 조사를 교회가 아닌 하나님 나라로부터 시작해야 한다.

2) 예배

신약교회가 오순절에 성령님의 강림으로(행 2) 실제적이고 구체적이며 가시적인 형태를 갖추기 전에, 우리는 이미 예수 그리스도께서 사도에게 하나님 나라의 열쇠들을 관리하도록 위임하신 것을 볼 수 있다(마 16:17-19; 18:18; 하이델베르크 교리문답 제31주일). 마태복음 16:17-19에서 그리스도께서 말씀하시는 교회는 이미, 그리고 미래에도 하나님 나라의 열쇠를 관리한 결과이다. 스네이만과 플로어(1969:41)는 하나님 나라에 대한 설교가 처음부터 교회 형성에 영향을 미쳤다고 주장한다. 원칙적으로, 예배(하나님 나라의 말씀)는 교회보다 선행한다(Spoelstra, 1989:27-28). 말씀과 성령님의 사역을 통해 왕이신 그리스도께서는 자신을 위해 백성을 어둠에서 빛으로 부르신다. 칼빈은 기독교강요 4.1.1에서 교회에 대해 구체적으로 설명하면서, 복음을 전파해야 하는 종들에 대해 언급하는 에베소서 4:11 이하로 시작하는 것은 흥미롭다. 따라서 도르트 교회질서(1618/19)와 같은 개혁파의 규정이 제도적 형태의 교회가 아니라, 예배에서 시작한다는 것은 매우 정확하다.

교회를 교회질서의 기관으로 보지 않는 이러한 접근 방식은 그렇게 보는 일부 교회법 학자들과 다르다(Roijaards, 1834:5; Kuyper, 1909:232). 교회법을 실천하는 데 있어, 그리스도께서 말씀과 성령님의 사역을 통해 택하신 자녀들을 교회로 모아 천국에 들어가게 하시는 것이 특별히 그분의 뜻임을 깨닫는 사람은 교회법을 제도적, 구조적, 교회 중심적, 그리고 일방적이고 법적으로 접근하는 경향에서 벗어날 것이다. 이러한 출발점은 또한 은혜의 은사(카리스마타)에 대한 일방적인 과대평가나 과소평가를 경계하는 데 도움이 될 것이다. 봉사와 은사 사이에는 아무런 긴장도 없을 수 있다. 둘 중 하나는 다른 하나 없이는 이해될 수 없으며, 둘 다 하나님께서 자신의 교회 안에서, 그리고 교회를 위해 주신 은사이다(Ridderbos, 1966:479-514).

교회질서는 단순히 교회에만 초점을 맞추는 것이 아니다. 그것은 본질적으로 사역 중심적이며, 궁극적으로는 하나님 나라를 지향한다. 이것은 실천신학과 교회법이 연계되어, 공통점을 찾고 연구 영역을 예리하고 백과사전적인 방식으로 반영해야 함을 의미한다. 스풀스트라(1993:299-320)는 이미 이에 대해 논평을 한 바 있다.

3) 교회

하나님 말씀에서 '교회'라는 단어의 의미와 용법에 대해서는 다양한 의견이 있으며, 이는 교회정치 체제의 차이로 이어진다. 다양한 교회정치 모델이나 체제의 주요 측면을 살펴보는 교회법의 역사 연구는 다양한 교회 개념이 이러한 체제의 주요 원인 중 하나였음을 보여준다. 교회정치 모델을 비평적이고 학적으로 연구하는 것이 교회법의 과제 중 하나이지만, 본 연구는 이 주제의 기초를 다루면서 교회에 대한 성경적 이해의 중요성을 강조하고자 한다. 다른 연구에서는 이 측면에 광범위한 관심이 집중되었으며, 본 논문의 목적에 관련된 자료는 주로 아래와 같다(Du Plooy, 1982:64-120).

예수 그리스도의 교회는 신자들의 독특한 공동체이며, 말씀과 성령님의 사역을 통해 교회를 존재하게 하신 그리스도 안에서 하나님의 은혜의 열매이다. 그분은 지금도 교회를 모으시고, 보호하시고, 유지하신다. 따라서 교회는 독특하다. 그리스도의 몸이자 아버지 하나님의 백성이며 성령님의 전이다. 그리스도께서는 이 교회의 유일한 머리이시며, 이러한 이유로 교회는 그분 자신에 의해 통치된다.

신약성경에서 우리는 명사 '교회'의 의미와 용법에 대한 중요한 자료를 발견한다. '교회'라는 단어가 신자들의 모임을 지칭할 때, 그것은 지역적 의미와 일반적인 의미, 이렇게 두 가지 의미로만 사용된다. 교회법에 따르면, 신약성경에서 '교회'라는 단어로 여러 교회가 모인 것을 가리키지 않는다는 점에 유의해야 한다. 비록 사도행전 9:31과 같은 성경 구절이 실제로 여러 교회가 모인 곳을 가리키는 것으로 보는 견해가 있지만 말이

다(예. Coertzen, 1991:78-86).[81]

신약성경에서 볼 수 있듯이, 교회들의 공존과 교리의 일치를 기반으로 한 실제적인 연합 경험은 결코 지역교회의 위나 옆에, 또는 별도의 구조로 이어지지 않았다. 칼빈은 다음 사항을 강조한다(기독교강요 4.9.1-3). 총회나 공의회는 교회 자체가 아니며, 이는 여러 지역교회의 모임으로서 교회 건설을 위해 조직된다. 이러한 모임은 그리스도가 의장으로 계시고, 하나님의 말씀에 따라 통치하는 한에서만 의미가 있다.

교회법을 시행하려면 교회에 대한 순수하고 성경적 이해가 필수적이라는 사실은 명백하다. 교회에 대한 이해의 차이는 교회사에서 교회법과 교회정치에 대한 다양한 견해를 낳았다.

4) 열쇠 권한과 교회 건설

우리의 논증 흐름(특히 6.1)과 관련하여, 교회질서가 성경에서 교회의 권위자이신 그리스도께서 열쇠 권한(sleutelmag)을 소유하고 계심을 언급하는 것은 특히 중요하다(사 22:22; 계 3:7). 그러나 그분은 교회에 하나님 나라의 열쇠들을 사역적으로 활용하여 섬기는 권세를 주셨다(마 16:17-19). 칼빈(기독교강요 4.11.1, 5-6)은 그 열쇠들을 복음 사역과 교회 권징이라고 믿었다(하이델베르크 교리문답 제31주일). 열쇠 권한은 단순히 권세라기보다는 교회의 유익을 위해 종들이 수행해야 하는 봉사라고 생각했다. 교회 건설은 하나님 나라의 열쇠들을 집행하는 것을 통해 이루어지며, 이는 성령님을 교회에 주심으로써 가능해진다(요 20:22-23).

---

81   바울서신에 '교회'가 넓은 지역 안에 연합된 교회를 가리키는 경우가 종종 있다(롬 16:1; 고전 1:2; 16:19; 고후 8:1; 골 4:16; 살전 1:1; 갈 1:2, 22; 살전 2:14; 역자 주).

16세기 종교개혁 당시, 마틴 부서와 칼빈과 같은 개혁가들은 교회는 건설되어야 하며, 이는 예수 그리스도 복음의 사역과 교회정치(교회 권징)의 행사를 통해 이루어져야 한다는 사실을 강조했다(Van 't Spijker, 1993:317-23; 기독교강요 3.4.10-14; 4.11.1).

본 연구의 목적을 위해서는 마틴 부서가 교회에서 특히 세 가지 요소, 즉 말씀 사역, 성례전, 권징이 필수적이라고 확신했다는 점에 주목하는 것이 필수적이다(Van 't Spijker, 1993:192). 부서에게 이러한 요소들은 단순히 교회의 표지(notae ecclesiae)로서 기능했을 뿐만 아니라, 신성한 권리(ius divinum)에 따르면 교회질서의 분류와 내용의 기초가 되기도 했다(Van 't Spijker, 1972:35-37). 따라서 개혁주의 관점에서 교회질서는 참 교회의 열쇠 직무의 집행과 표지를 중요한 세부 사항들로 다루어야 했다. 교회법은 교회 통치가 참된 교리를 교회의 건설을 위해 전달하는 통로가 될 수 있도록 안내해야 한다(Van 't Spijker, 1990:331-32). 따라서 개혁파 교회질서(예. 1619년 도르트 교회질서)의 구성과 내용이 하나님 나라의 열쇠들과 일치하며, 참 교회의 표징과도 일치한다는 점은 중요하다. 이는 말씀, 성례, 그리고 권징의 시행과 관련이 있다.

5) 요약

논의된 표지나 방향 지침들은 모든 것을 포괄하는 것은 아니지만, 개혁파 교회질서가 기반을 두고 발전할 수 있는 가장 중요한 기둥들을 보여주는 예시로 활용될 수 있다. 교회법이 다른 신학 분야, 예를 들어, 교회사, 성경학, 교의학, 그리고 봉사신학의 결과를 차용하고 활용할 수 있다는 점도 분명해졌다(Kuyper, 1909:236).

7. 결론

본 논문은 신학적 학문으로서 개혁파 교회질서의 몇 가지 근본적인 측면에 집중하고, 그 기초와 관련성에 특히 주의를 기울이고자 했다. 이를 바탕으로 아래와 같은 결론을 간략하게 내릴 수 있다.

• 특히 개혁파 교회질서 학자들에게 이에 대해 지속적이고 심도 있는 성찰이 필요하다는 점이 분명해졌다. 개혁교회법을 무의미하게 만들거나 대체하려는 철학과 신학의 조류와 관점이 존재하기 때문이다.

• 예수 그리스도의 교회에 법과 질서가 잘 시행되기를 바라는 사람은 개혁파 교회법이 과거에 해왔고 앞으로도 계속해 와야 할 공헌을 인식해야 한다.

• 학문으로서 교회질서는 신학에서 중요한 위치를 차지하며, 내적 과제와 외적 과제를 가진다. 이는 교회법이 신학적 학문과 예수 그리스도의 교회에 책임감 있는 봉사를 제공해야 함을 의미한다. 교회법의 적절한 자료를 찾는 문제는 그것의 기초와 출발점이 결과를 좌우하기 때문에 매우 중요하다. 이러한 측면에서 하나님 나라 관점이 두드러지는 하나님의 말씀이 중심이어야 한다.

교회질서는 성경에 비추어 법, 질서, 그리고 교회정치의 근본 원칙을 확립해야 한다. 이러한 원칙들은 신학적 학문으로서의 개혁파 교회법이 세워질 수 있는 지침과 기초의 역할을 한다.

참고문헌

Bakker, W. "Geschiedenis van de Wetenschap van het Kerkrecht." In Van 't Spijker, W. & Van Drimmelen, L. C. reds. *Inleiding tot de Studie van het Kerkrecht.* Kampen: Kok, 1990: 20-31.

_____. "Wat is Kerkrecht?" In Van 't Spijker, W. & Van Drimmelen, L. C. reds. *Inleiding tot de Studie van het Kerkrecht.* Kampen: Kok, 1990: 13-19.

Botha, C. J. "Die Stand van die Gereformeerde Kerkreg." *Skrif en Kerk* 14/1 (1993): 1-7.

Bouman, H. *Gereformeerd Kerkrecht.* Kampen: Kok, 1928.

Calvyn, J. *Institusie van die Christelike Godsdiens. Vol. 4.* Vertaal deur H. W. Simpson. Potchefstroom: CJBF, 1991.

Coertzen, P. *Gepas en Ordelik.* Pretoria: RGN, 1991.

Dingemans, G. D. J. "Praktische Theologie als een Academische Discipline." *Nederlands Theologisch Tijdschrift* 43/3 (1989): 192-211.

Du Plooy, A. le R. "Kerkverband: 'N Gereformeerd-Kerkregtehke Studie." Potchefstroom: PU vir CHO, 1982. (Proefskrif-Th.D.)

_____. *Die Verband tussen die Skrif, Konfessie en Kerkorde volgens die Gereformeerde Kerkreg.* Potchefstroom: PU vir CHO, 1988.

_____. "Die Aard en Gesag van die Binding aan die Belydenisskrifte." *In die Skriflig* 25/1 (1991): 71-95.

Haitjema, Th. L. *Nederlands Hervormd Kerkrecht.* Nijkerk: Callenbach, 1951.

Heyns, J. A. & Jonker, W. D. *Op Weg met die Teologie.* Pretoria: NG Kerkboekhandel, 1974.

Hovius, J. *Het Verband tussen Onze Belijdenis en Onze Kerkorde.* Sneek: Weissenbach, 1962.

Jansen, J. *Handleiding Gereformeerd Kerkrecht.* Kampen; Kok, 1947.

Kleynhans, E. P. J. *Gereformeerde Kerkreg.* Pretoria: NG Kerkboekhandel,

1982.

Kuyper, A. *Encyclopaedic der Heilige Godgeleerdheid*. Derde Deel. Kampen: Kok, 1909.

Nauta, D. *Verklaring van de Kerkorde van de Gereformeerde Kerken in Nederland*. Kampen: Kok, 1971.

Ouweneel, W. J. *Die Bybel in die Wetenskap*. Potchefstroom: PU vir CHO, 1989.

_____. "A Critical Analysis of the External and Internal Prolegomena of Systematic Theology." Bloemfontein: UOFS, 1993. (Thesis-D.Th.)

Pienaar, G. "Die Gemeenregtelike Regspersoon in die Suid-Afrikaanse Privaatreg." Potchefstroom: PU vir CHO, 1982. (Proefskrif-LL.D.)

Plomp, J. *Beginselen van Reformatorisch Kerkrecht*. Kampen: Kok, 1967.

Pont, A. D. *Die Historiese Agtergronde van Ons Kerklike Reg*. Pretoria: Haum, 1981.

Ridderbos, H. *Paulus; Ontwerp van Zijn Theologie*. Kampen; Kok, 1966.

Roeleveld, L. *Gereformeerde Kerken in het Privaatrecht*. Zeist: Steenbergen, Nd.

Roijaards, H. J. *Hedendaagsch Kerkregt bij de Hervormden in Nederland*. Utrecht: Altheer, 1834.

Rullmann, J. C. *Dr. F. L. Rutgers in Zjn Leven en Werken Geschets*. Rotterdam: Libertas, 1918.

Smit, C. J. "Kerkreg en Kerkorde in die Lig van God se Reg en Orde vir Sy Kerk." Potchefstroom: PU vir CHO, 1985. (Proefskrif-Th.D.)

Snyman, W. J. & Floor, L. "Die Koninkryk van God in die Nuwe Testament." In Du Toit, S. red. *Die Koninkryk van God*. Potchefstroom: Herald, 1969: 34-58.

Spoelstra, B. *Gereformeerde Kerkreg en Kerkregering*. Hammanskraal: HTS, 1989.

_____. "Dilemma tussen Praktiese Teologie en Ekklesiologie." *Theologia Reformata* 35/4 (1992): 299-320.

_____. "Besinning oor die Teologiese Ensiklopedie van Kuyper met Kerkreg en Diakoniologie as Parameters." *In die Skriflig* 27/1 (1993): 69-89.

Stoker, H. G. "Beginsels van 'n Christelike Wetenskapsleer." *Koers* 2 (1940): 293-331.

Stoker, H. G. *Beginsels en Metodes in die Wetenskap.* Potchefstroom: Pro Rege, 1961.

_____. *Oorsprong en Rigting.* Band 2. Kaapstad: Tafelberg, 1970.

Stoop, J. A. Kerkgeskiedenis. In Eybers, I. H., Konig, A. & Stoop, J. A. reds. *Inleiding in die Teologie.* Pretoria: NG Kerkboekhandel, 1982: 121-54.

Strauss, P. J. "Vanwaar Gereformeerde Kerkregtelike Beginsels?" In Strauss, P. J. red. *Byderwets en Gereformeerd: Kerkregtelike Opstelle Opgedra aan P. B. van der Watt.* Bloemfontein: Pro Christo, 1991: 23-34.

Te Velde, M. *Gereformeerde Gemeenteopbouw.* Baraeveld: De Vuurbaak, 1989.

Van Huyssteen, W. *Teologie as Kritiese Geloofsverantwoording.* Pretoria: RGN, 1986.

Van der Linde, G. P. L. *Die Grondbeginsels van die Presbiteriale Kerkregerings-telsel.* Potchefstroom: Pro Rege, 1965.

_____. *Die Betekenis van die Verhouding tussen die Koninkryk van die Hemele en die Kerk vir die Kerkreg.* Potchefstroom; PU vir CHO, 1978.

Van Drimmelen, L. C. "Kerk en Staat." In Van 't Spijker, W. & Van Drimmel-en, L. C. reds. *Inleiding tot de Studie van het Kerkrecht.* Kampen: Kok, 1990: 196-206.

Van 't Spijker, W. *Goddelijk Recht en Kerkelijke Orde bij Martin Bucer.* Kampen: Kok, 1972.

_____. "Aspecten van Gemeenteopbouw in de Reformatie." *Theologia Reformata* 33/4 (1990): 309-332.

_____. "Rechtvaardiging en Recht in de Kerk: Over de Theologische Achtergronden van het Gereformeerde Kerkrecht." *Hervormde Teologiese Studies* 48/3&4 (1992): 995-1011.

_____. "Reformatie en Kerkorde." *Theologia Reformata* 36/3 (1993): 78-201.

Velema, W. H. "Kuypers Conceptie van de Kerk als Organisme Kritisch

Bekeken." *Theologia Reformata* 34 (1991): 295-309.

Vergeer, W. "Teologie en Kenteorie: 'N Reaksie op die Artikels van Gerrie Snyman." *In die Skriflig* 27/4 (1993): 563-82.

Wallace, R. S. *Calvin, Geneva and the Reformation.* Grand Rapids: Baker, 1988.

개혁파 교회질서를 어떻게 이해할 것인가?[82]

들어가면서

이 글은 개혁파 교회질서에 대한 해석학의 중요성과 필요성에 초점을 맞춘다. 해석학은 기록된 텍스트나 문서의 해석과 이해에 관련되고, 유의미한 원리와 규칙을 결정하고 공식화하는 이론적 분야이다. 해석학은 텍스트를 해석하고 이해하는 데 필요한 과정이다(Coetzee, 1995:1; Kuyper, 1909:90). 신학에서 전통적으로 성경학 분과에서 해석학에 대한 논의가 있었지만, 교회법이라는 교회론적 주제와 관련하여 교회질서는 올바르게 해석되고 이해되어야 하는 텍스트라는 인식이 이미 존재한다(Van de Beek, nd:59). 따라서 이 글의 제목은 '개혁파 교회질서 해석학'이다.

이 논문에서 필자는 이 글을 헌정한 노쓰-웨스트대학교(포첩스트룸)의 꾸어스 폴스터(J. M. Koos Vorster) 교수에게 개인적 감사와 존경

82　본 논문은 노쓰-웨스트대학교(포첩스트룸) 교회질서 교수 안드리스 르 루 두 플로이 (Andries le Roux du Plooy, d. 2024)의 "Die Hermeneutiek van Gereformeerde Ker-kreg," *In die Skriflig* 46/1 (2012), 1-8을 번역한 것으로,『고신신학』27 (2025), 63-81에 실렸다.

을 표하고 싶다. 그는 신학 연구에서 주로 개혁주의 윤리에 관심을 보였고, 특히 수많은 출판물을 통해 이 분야에 대한 학문적 공헌을 했다는 것은 널리 알려져 있다. 그리고 그는 교회론, 특히 교회정치 분야에도 신학적 공헌을 했다. 교회질서에 대한 폴스터의 주석이 한 예이다(Vorster, 1999).

이 글에서 다루는 주제와 관련하여, 필자는 그의 저서『교회법과 상황』(*Kerkreg en Konteks*; Vorster, 1992:87-95)을 참고한다. 이 책에서 폴스터는 다음과 같이 말한다. "책임감 있는 교회정치에 관한 연구는 교회법에 건전한 해석학적 규칙이 적용될 때 가능하다. 이러한 규칙에 대해서는 아직 많은 성찰이 필요하다"(Vorster, 1992:91).

문제 진술

전 세계 개혁파 전통에서 교회질서의 존재와 기능은 보편적이며 필수적이다. 성경에 교회질서에 관한 조항은 없지만, 하나님께서 친히 자신의 말씀 안에 훌륭하고 질서 있는 교회정치를 위한 원칙과 기본 지침을 주셨음이 성경에 분명히 나타난다. 예를 들어, 성경에 직분이나 예배, 교회, 세례와 성찬, 그리고 교회의 권징에 대한 명확한 정보가 있다. 따라서 온전한 교회정치는 개혁파 신앙고백의 일부이다(Du Plooy, 1995:135-60; Smit, 1985; Coertzen, 1998).

개혁파 교회법에 따르면, 성경, 신앙고백, 그리고 교회질서 사이의 특별한 연관성은 기정사실로 받아들여지고 있다. 필자는 취임사에서 이러한 연관성을 원칙적이고 역사적인 방식으로 증명하고 설명하려고 노력했다(Du Plooy, 1988). 그러나 문제는 교회와 교회의 모임이 교회질서,

즉 교회질서 조항을 어떻게 읽고 이해하는가이다. 교회질서의 조항은 단순한 지침인가? 아니면 권위 있는 문서인가? 교회질서가 16-17세기 종교개혁에서 유래하여 시대에 뒤떨어졌거나 오늘날 교회와 무관하다는 입장은 어떻게 받아들여야 하는가? 교회의 모임에 참여하는 교회는 신앙고백과 교회질서에 따라서, 더 큰 모임(노회, 대회, 총회)에서 교회의 이익을 위해 결정을 내릴 권리가 있기 때문에, 어떤 교회질서 조항이 문제인지, 그리고 어떻게 이해해야 하는지에 대한 질문이 반복적으로 제기될 수 밖에 없다. 더 나아가, 성경, 신앙고백, 교회질서에 따라 관련 지침과 원칙에 의거해 결정이 내려질 뿐만 아니라, 교회의 통치와 기능에 중요한 하나 이상의 결정이 존재한다. 그러므로 교회질서 조항은 올바르게 해석되고 적용되어야 한다. 이것은 결국 교단 총회의 결정과 교회질서의 조항 사이의 관계에 대한 질문으로 이어진다. 여기서는 문제의 핵심을 간략하게 설명하는 것으로 충분하다.

• 필자가 근거로 삼고 반복해서 언급할 남아공 개혁교회(GKSA)의[83] 교회질서(1998)는 교회의 선하고 질서 있는 통치와 기능에 필수적인 것으로 여겨지는 사항들에 대한 총 86개의 조항을 포함한다. 여기서 관건은 이 교회질서를 얼마나 진지하게 읽고 적용할 수 있는가이다. 모든 규정이나 규칙을 문자 그대로 적용해야 하는가? 아니면 교회 및 교회 회의들에서 그들의 방식으로 결정하도록 허용해야 하는가?

• 교회가 남아공 개혁교회 교회질서 제31조 혹은 제46조에 반하여,

---

83   남아공 개혁교회(Gereformeerde Kerke van Suid-Afrika)는 1859년 2월 11일에 러스텐버그(Rustenburg)에서 설립되었다. 남아공 화란개혁교회(NGK)가 시편송 대신에 성경저그로 검증이 안 된 찬송가를 부르는데 반발한 것이 독립하게 된 주요 원인이었다(역자 주).

질서 있는 방식으로 이의를 제기하지 않고도 총회의 결정을 이행하지 않음으로써 교단을 이탈할 수 있는가?[84]

• 교회질서는 전체 문서로서, 그리고 다양한 조항들과 관련하여 어떻게 읽히고 이해되고 적용되거나 무시될 수 있는가? 또한 이것은 교회 회의의 결정과 교회질서 조항들 사이의 관계를 어떻게 이해해야 하는지에 대한 의문을 제기한다. 법학에서 법률 해석 연구 분야에 관한 관심이 최근 크게 증가했으며, 동시에 법과 법적 규칙이 모두 매우 명확하고 문자 그대로만 적용되어야 한다는 실증주의적이고 현대주의적인 접근 방식에서 벗어나고 있다(Nerhot, 1990:193-225; Du Plessis, 2001:299-300; Van de Beek, nd:59). 또한 교회가 교회 규정과 결정의 권위를 확인하고, 교회질서의 텍스트와 교회 회의의 결정이 순수하고 올바르게 해석되도록 하는 것은 중요하다. 하나님의 말씀을 해석하는 작업은 교회법을 해석하는 것에 접맥한다. 왜냐하면 주님의 말씀의 권위와 교회 회의의 규정 및 결정이 밀접하게 연관되어 있기 때문이다.

본 연구의 목적과 해설

본 논문의 목적을 명확히 해 보자. 필자는 이 논문이 대체로 개척자적 탐구의 성격을 띠고 있음을 미리 밝혀둔다. 이 논문의 개요가 다른 연구

---

84 도르트 교회질서 제31조. 대회에 호소: 소회의 결정이 잘못되었다고 판단되면 대회에 호소할 수 있다. 제46조. 총회: 총회는 속히 개최할 급박한 이유가 없으면 3년에 1회 모인다. 각 대회(노회보다 더 큰 지역 노회, regional synod)는 2명의 목사와 2명의 장로를 파송한다. 만약 두 대회 이상의 판단에 따라 3년 이내에 총회(national synod)가 열려야 할 경우, 임명되어 주최하는 교회가 지역 노회(대회)의 동의와 함께 시간과 장소를 결정해야 한다(역자 주).

자들도 이 주제에 대해 더 깊이 연구하고 발표하도록 자극한다면 그것으로 필자는 기뻐한다. 논문의 분량과 주제의 범위는 본인이 가장 관련성 있고 시의적절하다고 생각하는 측면에 집중하고 선택하도록 안내한다. 본 논문의 목표는 제기된 다음과 같은 측면들을 바탕으로, 교회질서와 그것에 기반하거나 그로부터 파생된 기타 교회의 결정 및 절차들이 학문적이고 책임감 있는 방식으로 읽히고, 해석되며, 적용될 수 있도록 기여하는 것이다.

- 교회질서는 헌법, 법령, 법률과 같은 법률 문서와 구별되는 신학적 성격을 지닌 문서이자 텍스트로서 독특한 성격을 가진다.
- 교회법 해석학의 본질
- 특히 법과 관련된 텍스트의 해석이나 설명에 대한 몇 가지 이론
- 교회질서의 텍스트와 조항, 그리고 교회 회의의 결정을 해석하고 이해하기 위한 규범적 전제와 규칙

문서와 텍스트로서의 교회질서 그리고 교회법과 일반법의 구분

교회질서는 교회의 승인을 받은 신학적 문서로, 지역교회뿐만 아니라 교회와 연계되어 있거나 교회 연합 공동체에 속한 교회들이 이 세상에서 교회로서의 소명을 성취하도록 서로 도울 목적으로 의도되었다. 개혁파 신앙고백서에 따르면, 참된 교회는 하나님의 말씀이 순수하게 선포되고 들려지며, 예수 그리스도께서 제정하신 대로 성례가 거행되고(네덜란드 신앙고백 제29조), 그 표지가 존재하며, 성경의 규정과 요구에 따라 규율이나 권징이 적용되어야 한다. 특히 종교개혁 당시 마틴 부서와 칼

빈은 교회질서를 참된 교회의 세 가지 구성 요소를 모두 구현한 것으로 여겼다. 따라서 말씀, 성례, 그리고 교회 권징은 더욱 정교화되고 공식화 되어야 했다. 교회질서의 목적은 교회가 교회 생활과 세상 속에서 그 과업과 소명을 참으로 성취하여 교회가 세워지고 교회 안의 질서가 유지되도록 만드는데 있다(Van 't Spijker, 1972:35-37, 1993:192; Du Plooy, 2008:246).

마태복음 16:17-19에 따르면, 천국 열쇠들은 교회에 맡겨졌는데, 이 구절을 요한계시록 3:7과 함께 읽으면, 교회가 예수 그리스도의 이름으로 주님의 몸을 세우고 다스리도록 부름받았음을 알게 된다. 교회는 이로써 그리스도 다음으로 권위를 받은 것이 아니라, 그리스도로부터 얻은 권위를 받았다. 칼빈의 기독교강요 4.8.1에 따르면, 이 권위는 세 가지 종류, 즉 교리적 권위(potestas doctrinae), 사법적 권위(potestas iuris-dictionis), 그리고 법률 및 규정을 제정하는 권위(potestas in legibus ferendis)로 구성된다(Plomp, 1969:63, 73).

교회질서의 기원과 발전은 16세기에서 17세기 초에 이루어졌으며, 1618-1619년에 네덜란드 도르트레흐트에서 열린 전국 총회에서 열매를 맺었다. 이러한 발전은 개혁파 신앙고백의 교리적 발전과 병행하여 이루어졌다. 교리와 규율의 발전은 서로 밀접하게 연관되어 있으며 불가분의 관계에 있다(Van 't Spijker, 1993:178-201; 네덜란드 신앙고백 제30-32조). 남아공 개혁교회(GKSA)에서는 도르트 교회질서를 1859년 초부터 시행해 왔으며, 1862년 첫 번째 교단 총회에서 공식적으로 채택했다. 1916년과 1964년에 본문에 상당한 개정이 이루어졌고, 총 86조 교회질서에 따라서 원칙과 내용을 실질적으로 변경하지 않고서 수시로 사소한 추가 수정이 이루어졌다. 1927년에서 1930년 사이에 도르트 교회질서는 네덜란드어에서 아프리칸스어로 번역되었다(Spoelstra, 1966:40).

교회질서의 권위는 그 자체에 있는 것이 아니라, 성경과 신앙고백과의 연관성에 달려있다. 이런 권위의 본질은 목회적이며, 실제로는 서로 다른 두 가지 측면에 기반을 둔다. 첫째는 하나님의 말씀에, 둘째는 교회적 맥락에서 교회들이 제31조와 제86조에 따라 교회질서 조항을 준수하기로 상호 합의(mutuo consensu)했다는 사실이다.[85] 따라서 내부적으로 교회질서는 구속력을 가진 법으로 간주된다. 이를 '헌법'(ius constitutum)이라 부른다. 외부적으로 교회질서는 교회 공동체의 내부적 구속력을 가진다(Du Plooy, 2008:248; Pienaar, nd:17).

교회질서 해석학과 관련하여, 우리가 다루고 있는 문서, 즉 교회질서는 교회에 적용되어야 하는 법이라는 신학적 문서라는 점을 잘 고려해야 한다. 교회질서는 성경의 관련 자료에 기반을 두고 있으며, 항상 성경에 비추어 검증되어야 하고, 모든 경우에 성경의 정신을 담고 있어야 한다. 교회질서는 성경과 성령님의 인도 아래 만들어졌으며, 교회들은 회의를 통해 하나님께서 말씀으로 계시하신 대로 하나님의 뜻을 찾고, 질서를 정립하고, 구체화하도록 인도받아 왔다. 교회질서는 일반법, 즉 국가의 헌법에 따라 국가의 지도 아래 제정된 법과는 구별된다.

판 드 페이퍼(1994:178)는 교회와 국가를 정보에 따라 구분하면서, 교회가 국가로부터 유래하는 것이 아니라, 교회는 고유한 사회적 실체로서

---

85 도르트 교회질서 제86조: 교회의 합법적 질서에 관한 이 조항들은 만장일치로 제정되고 채택되었으므로, 교회의 복지를 위해 달리 요구될 경우, 변경, 추가 또는 축소될 수 있으며 마땅히 그렇게 해야 한다. 그러나 개별 교회, 노회 또는 총회에 이것을 임의로 허용해서는 안 되며, 별도의 명령이 있을 때까지는 이를 유지하기 위해 부지런히 노력해야 한다(역자 주).

고유한 내적 권위와 법을 가지고 있다고 증명한다. 교회법과 관습법은 차이점 외에도 공통점이 있다. 법과 질서의 유지를 위한 국가 법과 교회 질서의 공통점은 법을 확정하고 준수하고 존중하도록 의도된다는 점이다. 따라서 이러한 법들은 본질적으로 법적 성격을 띠고, 규범적이며, 올바르게 해석되어야 한다. 이 경우, 교회법은 관습법과 그 법의 해석에 관한 연구로부터 많은 통찰을 얻을 수 있다.

교회질서 해석의 본질

판 덜 베이크(nd:61-62)는 법 텍스트가 역사적-문학적 해석학과 갖는 두 가지 차이점에 주목하는 에서(Esser, 1970:134-35)를 언급한다. 첫째, 법은 본질적으로 규범적이다. 법은 과거(역사적)나 현재(문학적)의 어떤 것을 기술하는 것이 아니라, 본질적으로 명령적이다. 법은 무엇이 요구되는지, 그리고 현재와 미래에 법이 어떤 의미를 갖는지를 명시한다. 둘째, 법은 현재 상황을 지향한다. 법은 현재 유효한 것과 앞으로 그래야 하는 것을 명시한다. 따라서 발생하기 마련인 해석학적 긴장은 텍스트 또는 조항의 기원이 과거에 존재했던 사실과 그것이 현재 상황에 어떻게 그리고 어느 정도까지 적용되어야 하는지에 대한 질문 사이의 연관성에서 비롯된다. 교회법의 경우, 교회질서는 특정 공동체를 위해 의도되었으며, 그 공동체의 신자들이 기꺼이 복종하는 방식으로 수용되었다는 점을 명심해야 한다. 교회질서는 외부의 누군가나 어떤 권위에 의해 강요될 성격이 아니다. 왜냐하면 교회는 신자 공동체로서 자발적이고 종교적 신념에 따라 영적이고 가시적인 질서, 즉 교회의 머리이신 예수 그리스도께 순종하며 살고자 하는 공동체를 고수하기 때문이다. 이렇게 교회는 매우 독특하기 때문에, 교회질서 해석학의 본질도 독특하기 마련이다. 법이 국가의 국민을 구속하는 것처럼, 교회의 법은 법의 본질상 교회의 모든 구성원을 구속한다.

판 덜 베이크(nd:62)는 교회 안에 은혜가 우선해야 하므로 법은 무효하다고 주장하는 데 반대한다. 법은 무자비하거나 사랑이 없는 것이 아니라, 오히려 하나님의 사랑과 은혜의 표현이다. 하나님의 법을 어기는 자는 죄를 짓는 것이며, 올바름을 결정하는 기준은 하나님의 말씀에 계시되어 있으며, 또한 성경을 바탕으로 교회질서를 통해 공식화된다. 교회는 스스로 입법자가 될 수 없는 예수 그리스도의 소유이다. 교회의 유일한 머리이신 예수님의 말씀으로부터, 그리고 성령님의 인도 아래 확립된 교회법은 권위와 구속력을 가진다.

판 덜 베이크(nd:62)는 이렇게 발생하는 해석학적 연관성, 즉 성경 해석학과 교회법 해석학을 정확하게 지적한다. 이 두 가지 해석학은 오늘날 교회가 고대 텍스트가 현대에 정확히 무엇을 의미하는지, 그리고 어떻게 이해해야 하는지를 고유한 맥락에서 결정하고 해석하도록 돕는다. 교회 규정과 그 조항들이 직간접적으로 성경에 근거한다고 주장할 때(네덜란드 신앙고백 제32조), 성경해석이 순수하고 정확하게 이루어졌는지, 그리고 조항의 구성이 실제로 관련 성경 구절에 따라 이루어졌는지 확인해야 한다. 모든 조항이 성경에서 직접 도출될 수 있다고 주장하는 것은 아니지만, 교회질서에 규정된 것, 예를 들어, 예배, 교리, 성례전과 권징에 관한 내용은 성경 자체에 대한 주해와 해석학에 기반한다는 것은 사실이다. 교회법에서는 이를 '제정된 법'(ius constitutum, 구성 헌법)이라 부른다.

교회질서의 다른 조항이나 규정은 '허용법'(ius permissivum, 네덜란드 신앙고백 제32조)에 근거하여, 교회의 건전한 질서와 법에 필수적인 것으로 간주되며, 그것은 법적으로 유효하고 구속력이 있다. 이러한 조항은 성경과 모순되지 않아야 하고, 성경의 정신을 담아내야 한다. 교회법 해석학과 관련하여, 성경의 특정 본문에 대한 주해와 해석은 교회 질서의 텍스트가 공식화되기 전에 이루어졌다는 점을 고려해야 한다. 이는 교회의 건전한 질서와 통치를 위한 다른 결정이나 규정에도 적용된다(예. 교회질서의 일부 조항을 적용하는 데 있어 명확히 하는 절차 혹은 규정).

특히 법률과 관련된 텍스트의 해석이나 설명에 관한 몇 가지 이론

여러 법령 해석 이론과 관련하여, 두 플레시(2001:299)는 이러한 이론들이 점점 더 화제가 되고 있으며 법학계에서 특별한 관심을 받고 있는 데 주목한다. 따라서 이 주제에 대한 여러 이론이 등장하였는데, 본 논문도 이에 대해 간략히 살펴본다. 본 논문의 목적은 이러한 이론들을 비판적으로 고찰하고, 무엇을 피해야 할지, 혹은 교회법 해석학에 어떻게 유용하게 활용될 수 있는지 살펴보는 데 있다. 본 논문에서는 문자주의, 의도주의, 목적주의와 상황주의, 사법적 행동주의, 객관주의, 그리고 포스트모더니즘 등에 대해 간략히 살펴본다.

문자주의

두 플레시는 다음과 같이 설명한다. "조잡하고 제한 없는 형태의 문자주의에 따르면, 법령 조항의 의미는 명백히 부당하거나 심지어 불합리한 결과와 관계없이, 그 조항이 표현된 'ipsissima verba'(바로 그 어구)에서 추출될 수 있고 또한 추출되어야 한다"(Du Plessis, 2001:302). 문자주의는 법이나 법률 조항에서 특정 단어의 문자적 또는 정확한 단어와 용법을 지나치게 강조하며, 단어가 다양한 의미와 의미 영역을 가질 수 있다는 점을 고려하지 않는다. 교회질서에서 '봉사', '직분', '의무'와 같은 단어는 종종 'munus', 'officium', 'functio', 'ministerium'과 같은 다양한 라틴어 단어들의 번역이다. 아프리칸스어 본문의 정확한 의미와 의도가 항상 곧장 이해되는 것은 아니다. 예를 들면, '권징'(tug)과 '시벌'(straf)이라는 명사의 용례이다. 독자는 아래의 문법적 해석과 더 자세히 비교해 보기 바란다.

의도주의

1940년 법학 과정에서 법 해석과 같은 학문을 확립하는 데 기여한 최초의 남아공 법학자 스타인(Stein, 1981:2)은 법이나 조항의 의도가 법 해석의 결정적 기준이 되어야 한다고 확신한다. 그러나 비평가들은 법이나 입법의 의도가 항상 그렇게 투명하고 명확한지, 그리고 그에 대한 다양한 의견을 불러일으킬 수 있는지 의문을 제기한다(Du Plessis, 2001:303). 교회질서에서 총회가 결정한 의도는 종종 당시 해결해야 했던 역사적 상황 및 문제와 밀접하게 연관되지만, 현재 상황에서는 결정할 당시의 의도가 더 이상 직접적인 관련이 없다. 그러나 그 결정은 여전히 관련성이 있을 수 있다. 또한 그런 결정의 의도를 정확하게 판단할 수 없어 모호한 경우가 발생할 수 있다. 따라서 총회가 결정할 당시의 의도가 해석에 결정적인 영향을 미치는 경우 어려움을 겪게 된다. 독자는 아래의 목적론적 해석과 더 자세히 비교해 보기 바란다.

객관적 및/또는 상황주의

두 플레시(2001:304)는 법의 해석은 해당 조항이나 법이 달성하고자 하는 목적에 따라 결정된다는 이론을 지지한다. 이는 의도주의 이론과 맞닿아 있으며, 마치 상황이나 맥락이 규칙이나 법의 목적을 결정하는 것처럼 보는 상황주의(맥락주의)의 개념과도 일맥상통한다. 두 플레시(2001:304)에 따르면, 이 주장에 관한 비판은 법이나 규정이 제정될 당시의 실제 목적과 상황이 무엇인지 알기 쉽지 않다는 점에서 발생한다. 일반법과 마찬가지로 교회법 또한 질서와 정의를 구현하고 불의나 악을 다루는 것을 목표로 한다. 그런데 정치적 성격과 교회적 성격 및 상황 사이에 차이가 있기 때문에, 각각 고유한 방식으로 해석되어야 한다. 교회 규정이나 총회 결정의 역사적 맥락과 초기 목적이 중요한 정보를 제공하지만, 맥락을 결정하는 것이 이해와 적용에 결정적으로 중요하다고 주장하기는 쉽지 않아 보인다. 교회 문제에 대한 최종 권위를 지닌 성경 이외의 어떤 규범이나 상황이 해석에 적용될 수 있는가? 아래의 목적론적 해석과 더 자세히 비교해 보기 바란다.

사법적 행동주의

플레시는 사법적 행동주의에 대해 다음과 같이 정의한다. "온건한 형태에서 사법적 행동주의를 인정하고 정당화하며, 더 급진적인 형태에서는 사법적 행동주의를 강력히 옹호한다. 이는 판사들이 성문법 적용의 해석에 있어 창조적인 역할을 할 수 있다는 믿음에 기반한다"(Du Plessis, 2001:305). 이에 대한 비판은 법의 해석과 적용이 (일반적으로 그리고 교회 안에서) 매우 주관적이어서 교회적으로는 한 예배나 한 교회가 다른 예배나 다른 교회를 지배하는 것과 같다는 것이다(참고. 도르트 교회질서 제17조 및 제84조). 따라서 판단과 결정은 성경에 근거하여 수립된 관련 조항이나 결정의 올바른 해석과 적용보다는 주관적인 선택과 신념에 기반하게 된다. 교회적 관점에서 볼 때, 이는 때때로 상위 회의(上會)가 이유를 제시하지 않고, 단순히 직관과 청원이나 상소 당사자들의 영향에 따라 위원회나 대의원들의 적절한 권면을 거부할 때 발생한다.

객관주의

객관주의는 법률 텍스트의 해석이 그 자체로 완전히 명확하며, 어떠한 주관적 수단 없이 적용되어야 함을 의미한다(Du Plessis, 2001:306). 교회질서 해석학에서 잘 알려진 해석학적 규칙은 특정 텍스트나 조항이 특정 맥락에 속하며, 한 텍스트를 다른 텍스트와 비교해야 한다는 것인데, 이 또한 중요한 해석학적 요소이다. 교회질서는 절과 소절(小節)로 이루어진 하나의 전체이지만, 이를 해석할 때는 특정 조항과 다른 조항 간의 연관성을 고려해야 하며, 전체 교회법의 목적도 고려해야 한다. 이처럼 객관성은 중요하다. 하지만 교회질서의 특정 결정이나 조항 하나만으로 정확한 이해를 위한 충분한 명확성을 제공하는 것처럼 객관주의를 규정한다면, 그것 또한 극단적인 관점이다.

포스트모더니즘

두 플레시(2001:307)는 포스트모더니즘에 대해 다음과 같이 말한다. 법 해석의 언어적 전환과 관련된 이론적 입장은 기존의 관습법적 입장을 넘어서는 포스트모더니즘적 전환을 가리킨다. 그리고 포스트모더니즘은 법 해석이 일반적으로 적용이 가능한 법 규칙 및/또는 규범을 구축하고, 이를 당면한 사실에 적용하는 것을 특징으로 한다는 통념에 의문을 제기한다. 더 나아가, 이것은 의미는 텍스트에서 발견되는 것이 아니라 텍스트를 다루는 과정에서 형성된다고 보는 입장이다. 이는 문학 연구의 해석학적-철학적 발전과도 관련이 있는데, 그것을 여기서는 다루지 않을 것이다. 포스트모더니즘은 하나의 정확한 해석을 결정하는 것이 그렇게 간단하지 않으며, 더 많은 가능성이 존재할 수 있음을 보여준다. 이는 언어와 문학이 매우 복잡하기 때문이다. 그렇다고 이것은 해석이 판사의 변덕이나, 교회의 경우 교회 회의나 위원회의 판단에 맡겨진다는 것을 의미하지는 않는다. 포스트모더니즘에 대한 비판이 없는 것은 아니지만, 텍스트를 이해하고 해석할 때 고려해야 할 더 많은 요소에 대한 시각을 넓혀주었다. 또한 전통적으로 유일한 참된 해석으로 비판 없이 받아들여져 온 텍스트에 대한 관점과 해석이 더 큰 책임감과 비판성을 가지고 접근된다는 긍정적인 결과도 가져왔다.

요약하면, 위에서 논의한 다양한 이론들은 교회질서 해석학과 분명한 연관성을 가지고 있다. 각 이론에는 긍정적인 요소뿐만 아니라 부정적인 요소도 있다. 교회법에 있어서는 개혁파 교회질서와 같은 오래된 문서의 본문과 교회에서 유효한 기존 및 새로운 결정 및 규정들을 어떻게 다루는지 새롭게 성찰하는 것이 중요하다.

교회질서의 본문과 조항, 그리고 교회 회의의 결정에 대한 해석과

이해를 위한 규범적 전제와 규칙, 교회질서에 대한 해석학적 규칙의 타당성

서로 구별되는 해석학적 규칙들이 그런 규정이 의도한 바에 부합할 것임을 미리 밝히는 것이 중요하다. 이러한 규칙들은 교회 회의의 결정과 같은 본문 해석 과정뿐 아니라, 특별히 교회질서 조항의 해석에서 핵심적인 요소로서 타당하고 유효해야 한다. 일반법에서는 법률 해석을 위해 하나의 규칙에 쉽게 의존할 수 없다는 것이 잘 알려져 있다. 왜냐하면 이러한 규칙들은 모호하고 종종 복잡하기 때문이다(Dias, 1970:147-48). 교회법의 경우, 교회질서의 조항이나 더 큰 회의의 결정이 하나의 조정된 방식에 근거하여 해석되는 것은 바람직하지 않으며, 그런 해석 방식을 비판적으로 검토하도록 동기 부여가 되어야 한다. 이에 대해서는 아래에서 더 자세히 설명할 것인데, 특정 조항이나 총회 결정의 의미를 논할 때 이 점은 잘 고려되어야 한다.

교회질서 해석의 전제들

개혁주의 관점에서, 하나님의 말씀이 권위 있다는 것은 분명하고 명백한 출발점 또는 전제이다(참고. 네덜란드 신앙고백 제2-7조). 더 나아가 교회질서의 권위는 성경에 근거하며, 그 규정에서 교회와 정치에 대한 고백(네덜란드 신앙고백 제27-32조)을 성경의 뜻에 따라 실천한다는 것도 인정된다. 따라서 교회질서의 유효성은 교회질서를 해석하고 그것에 근거한 결정을 내리는 데 있어 중요한 출발점이다. 한 교단에 속한 교회들은 교회질서를 수용하고 적용하기로 자발적으로 약속했지만, 그것이 마치 그 자체로 정경인 것처럼 성경과 함께 별도의 법적 문서라고 말하지 않는다. 결국 교회질서는 성경과 신앙고백에 비추어 항상 검증될 수 있다고 말하며, 도르트 교회질서 제86조에 따라 조항을 변경하거나 증감할 수 있다고 명시한다(참고. 도르트 교회질서 제31조 및 제33조;[86] 교회질서 제33조에 대한 신임장; Coertzen, 1998:60-67). 더 나아가 교회질서를 제정한 교회들은 교회질서가 규범적이며, 교회의 교화(敎化)를 위한 것이고, 교회 안의 선한 질서에 기여하며, 교회법 조항들이 불의나 불합리, 또는 교회의 변질을 야기하지 않는다는 것을 받아들인다고 전제한다. 그리고 예수 그리스도 안에서의 상호 일치를 기반으로 하나의 공통된 교회질서를 받아들이는 것 또한 이러한 일치의 유지와 가시적 발전에 기여한다.

문법적 해석

두 플레시(2001:336-44)는 문법적 해석의 장단점을 논구하면서, 특정 본문을 문법적으로 올바르게 읽고 이해하는 것이 중요하다고 강조한다(참고. Smith, 2007:144-50). 이는 교회의 결의안이나 교회질서 조항과 같은 교회 문서를 읽는 데에도 적용된다. 문법적 해석은 해당 문서나 결의안에 사용된 언어가 일상 언어로 의도되었다는 점을 고려하며, '총회'(sinode)나 '큐레이터'(법률보좌인, kuratore)를 언급하는 것과 같이,

---

86 도르트 교회질서 '제33조: 대회에 보내는 안건들': 제안된 안건에 대해 이전 노회가 결의한 연관된 결정들이 있는지 조심스럽게 살핀 후에야 소회는 대회에 어떤 제안이나 설명을 할 수 있다. 한 번 결정된 안건들은 변경이 필요하다는 확신이 서지 않는 한 다시 제안될 수 없다(역자 주).

보다 전문적 성격을 띠는 경우에는 교회 생활의 영역에서 생소하거나 낯선 단어나 표현이 없다고 가정한다. 하지만 일부 단어나 표현은 너무 오래되어 현대 독자에게 그 의미가 더 이상 명확하지 않을 수 있다는 사실을 고려하는 것이 필수적이다. 교회질서에 사용되는 언어를 고려하여 옛말 표현을 제거하는 방안을 제안할 수 있다. 이것은 남아공에서 교회질서가 1927년에서 1930년 사이에 네덜란드어에서 번역된 후, 남아 있던 네덜란드어 표현을 아프리칸스어로 대체했던 방식과 유사하다. 더 나아가, 교회질서에 등장하는 특정 단어와 개념의 의미를 명확하게 설명하기 위해, 공식 용어집이나 간단한 정의를 교회질서의 부록으로 추가할 수 있다.

상황적 해석 또는 구조적 해석으로 알려진 체계적 해석

두 토잇(1992:17)은 법적 해석학과 관련하여, 진자(振子)가 텍스트에 대한 문자적(더 문법적) 이해에서 명확한 상황적(맥락적) 접근으로 빠르게 이동하고 있다는 사실에 주목한다. 또한 스미스(2007:144-45)는 계몽주의 시대에 과도한 해석은 텍스트의 왜곡으로 이어질 수 있으며, 해석이 거의 필요하지 않은 정확한 법률과 규정을 만들어야 한다는 경고가 있었지만, 문맥이 특별한 역할을 한다는 사실을 간과해서는 안 된다고 지적한다. 두 플레시(2001:345)는 "체계적 해석은 텍스트의 논리적 체계를 드러낸다"라고 설명한다. 특정 텍스트는 전체의 맥락에서 이해되어야 하기 때문에 맥락적 성격을 지닌다. 텍스트는 체계 또는 논리적 전체 중 일부이다. 이 체계 또는 전체는 교회질서와 같은 전체 문서뿐만 아니라, 실제로 특정 교회 조직이 서 있는 전체 전통, 정신 및 고백적 패러다임을 나타낸다. 이는 '세 일치 신조'와 같은 특정 고백이 교회질서가 시작되고 여전히 존재하는 체계를 결정한다는 것을 의미한다. 그것은 교회질서의 조항을 해석하는 데 중요한 역할을 한다. 이러한 맥락적 접근 방식은 텍스트 내 측면 외에도 텍스트 사이의 간본문적 측면도 있음을 의미한다. 텍스트 안의 측면은 성경 해석학에서와 마찬가지로 성경을 관련 성경 본문과 비교하거나 절과 절을 비교해야 함을 의미한다. 교회질서의 특정 조항은 다른 조항과 관련하여 그리고 교회질서 전체와 관련하여 읽으며 이해해야 한다. 따라서 특정 설계 및 논리 방식을 증거하는 교회질서의 구조는 교회법의 해석학과 매우 관련이 있다. 이러한 이유로 판 드 베이크(nd:63)는 구조적 해석학에 대해 말한다. 상호텍스트적이란 다른 유사한 본문들과 연결 또는 유사성이 있음을 의미한다. 교회법의 경우, 다른 개혁파 또는 비개혁파에도 자체 교회질서가 있으며, 이에 주목하고 그 공식화와 의도에 주의를 기울여야 한다. 여기서 비교 해석학에 대해서도 언급할 수 있다(Du Plessis, 2001:363).

교회질서 조항을 해석하고 적용할 때, 특히 교회적 상응 관계(도르트 교회질서 제52조) 또는 교회들과의 공교회성을 고려해야 한다. 또한 원본 텍스트가 기록된 시대와 상황의 맥락뿐만 아니라 역사를 통해 텍스트가 읽히고 이해되었던 맥락도 참조해야 한다. 또한 현재 텍스트가 적용되어야 하는 오늘날의 맥락도 고려해야 한다. 폴스터(1992:87-95)는 교회법 해석학과 관련하여 맥락의 관련성을 다루면서, 맥락 그 자체가 내용을 모두 다 결정할 수 있는 것은 아니지만, 반드시 고려되어야 한다는 사실을 바르게 지적한다. 고려되는 맥락은 한편으로는 교회를 절대주의로부터 벗어나게 해 주지만, 다른 한편으로는 교회법이 교회 통치 원칙을 제시하지 않는 것처럼 맥락이 상대주의로 이어지지 않도록 보장해야 한다. 폴스터는 절대주의가 시간에 얽매인 질서 체계를 원칙으로 승격시키려 한다면, 상대주의는 원칙을 부정하며 모든 것을 실천으로 결정하려 한다고 올바르게 비판한다.

목적론적 해석

교회법 해석학에서 목적론적 접근은 교회질서 안에 공식화되고 구현된 대로, 교회에서 법의 의도를 실현하려는 진지한 시도가 이루어진다는 것을 의미한다. 따라서 이것은 하나님의 뜻을 결정하고 적용하여 그분의 정의가 이루어지도록 의도되고 지향되어야 하는 극히 중요한 해석학적 규칙이다. 교회질서는 의도와 설명에서 이것에 종속되기를 원한다. 판드 베이크(nd:64)는 교회법의 목적은 바로 '하나님의 정의'가 이루어졌을 때 실현된다고 강조한다. 교회 회의의 특정한 결정이나 심지어 교회질서의 조항이 하나님의 정의를 이루기 위해 수정되어야 한다는 것을 의미한다면, 하나님의 말씀이 결정적이고 모든 다른 조항과 그것들의 결정이 성경에 의해 테스트 될 수 있다. 스미스(2007:164)는 조항의 의도와 취지에 대한 호소는 관련 규칙 제정자들이 그 조항의 최초 제정 당시에 가졌던 의도뿐만 아니라, 현재의 구체적 상황에서 그 조항이 가질 수 있는 의도와 범위까지 포함하는 것이라고 지적한다. 이러한 점에서 목적론적 측면과 맥락적 측면은 서로 밀접하게 연관된다.

역사적 해석

두 플레시(2001:357)는 역사적 근거가 없는 목적론적 해석은 공허하다고 올바르게 간파한다. 폰 자비니(F. K. von Savigny, d. 1861)에 의하면, 특정 법이나 규칙의 역사는 소위 '법 제정의 근거나 이유'(ratio legis)에 대해 많은 것을 알려준다(Du Plessis, 2001:357). 역사적 해석은 법 규칙이 유래된 역사적 맥락에 대해 고찰한다. 판 드 베이크(nd:63)는 역사적 해석학과 관련하여 세 가지 측면을 구분한다.

- 법사적(wetshistories) 해석: 실정법의 관점에서 볼 때, 관련 규정이나 조항이 원래 공식화되었을 때 무엇을 의미했는지를 확인해야 한다.[87]
- 법률사적(regshistories) 해석: 시대정신, 상황, 그리고 담론의 관점에 비추어 어떤 역사에서 규정이 생겨났는가? 남아공 개혁교회(GKSA)의 법은 종교개혁 당시, (감독제[episkopalisme]와 다른) 천주교와 재세례파에 반대하던 시대에 생겨났으며, 이 조항들을 해석할 때 이 점을 고려해야 한다.
- 기능적 역사: 해당 조항은 과거에 어떻게 적용되었으며, 과거에 해당 조항의 단어와 개념은 어떻게 이해되고 사용되었는가? 그리고 그 법은 어떤 사안에 적용되었는가?

합리성, 합법성 및 정당성

---

87   실정법(實定法, positive law, ius positum)이란 경험적이고 역사적인 사실을 통하여 현실적인 제도로 시행하는 법을 가리킨다. 이는 생득법, 즉 입법을 통해 만든 게 아닌 법을 말하는 자연법과 대비된다. 실정법은 입법기관에 의한 입법 작용·사회적 관습, 법원 판례 등에 의해 성립되는 인위적인 법이다. 일정한 때와 장소에 한하여 효력을 가지며 경험적으로 인식할 수 있다(역자 주).

교회질서는 특정 교회 맥락에서 교회를 위해, 그리고 교회 안에서 시행되어야 하는 법과 질서를 문서로 표현한 것이며, 교회의 교화를 위한 법과 질서의 요구에 합리적으로 부응하고, 성경에 근거하고 일반적인 상호 합의를 통해 수용되었기 때문에 합법성(법적 유효성)과 정당성(허용 가능성, 정당화)을 지닌다(Van de Beek, nd:66-68). 따라서 교회질서는 규범적 지위를 누리고 있으며, 예를 들어, 필요한 경우 교회 문제와 교회의 결정을 교회질서에 비추어 시험하고, 재판과 권징을 위해 사용하기 위해 성경과 함께 그리고 성경에 비추어 사용된다(도르트 교회질서 제31조). 따라서 교회질서는 법적 유효성 또는 합법성을 지닌다. 그러나 교회질서는 성경에 버금가는 독립적 권위를 가지고 있지 않으며, 그럴 의도도 있을 수 없다. 그것은 교회의 산물이기 때문에, 비록 하나님의 말씀과 성령님의 인도 아래 생겨났지만, 완벽하지 않고 오류에 빠질 수 있다. 이 사실은 네덜란드 신앙고백 제32조의 원칙에 따라서 제86조가 명확히 설명하는 바이다. 교회 회의는 교회질서가 규정하는 대로 질서 있게 개최되어야 한다.

교회의 교화와 웰빙이 교회질서에 대한 변경, 추가 또는 축소를 요구하지 않는지에 대한 질문을 비판적으로 연구하고 성찰할 필요가 있다. 법 조항의 합리성, 정당성 그리고 교회질서의 관련성은 변화하고 발전하는 상황에 비추어, 성경의 빛과 성령님의 인도 아래 합리적으로 평가되고 검증되어야 한다.

나오면서

교회질서의 해석에 관한 연구는 교회법 해석학이 아직 포괄적이고 체계적으로 연구되지 않았기 때문에 이 주제에 대한 간극(間隙)이 있음을 보여준다. 법학 분야에서는 이 주제가 광범위하게 발표되었으며, 법 해석에 대한 많은 저술이 교회법 해석에 특별한 가치와 중요성을 지닌다. 필자는 이 실험적 탐구를 통해 해석의 근본적 측면들을 강조하고 그 중요성과 관련성을 설명하려고 시도했다. 이 주제와 관련된 후속 연구는 이를 바탕으로 하고, 교회질서가 교회 생활과 교회 회의에서 실제로 어떻게 사용되고 해석되는지를 비판적으로 탐구할 것이다. 필자는 교회의 교화와 사역을 위해 교회 생활에서 교회질서를 활용하는 교회와 교회 회의들이 교회법 해석과 같은 문제의 중요성을 진지하게 인식하는 것이 특별히 중요하다고 확신한다.[88]

---

88   ChatGPT는 교회법 해석의 원칙을 총 1,752조항으로 구성된 가톨릭 교회법(Codex Iuris Canonici, 1983)에서 정해놓은 조문과 전통적인 법 해석에 근거하여 아래와 같이 제시한다. (1) 법문의 문자적 의미 우선: 교회법 제17조에 따르면, 법률은 우선 문자 그대로의 의미에 따라 해석해야 한다. 단어와 문장의 통상적인 의미를 우선하고, 특별한 법률적·신학적 의미가 있는 경우에는 그 의미를 고려한다. (2) 문맥과 목적 고려: 같은 조문 안에서의 맥락은 물론, 전체 법률의 목적과 교회의 사명을 고려한다. 즉, 단순히 문법적 의미에 머물지 않고, 해당 규정이 교회 안에서 무엇을 지향하는지 살핀다. (3) 병행 규정·유사 법률 참조: 법문이 모호할 경우, 같은 주제에 관한 다른 규정이나 유사한 상황에 대한 법규를 참조한다. 교회법 제17조 후반부에 명시된 방식이다. (4) 법의 정신과 전통 존중: 교회 전통, 교부들의 가르침, 교회의 신학적·사목적 정신을 따라 해석한다. 단순한 문법 해석보다 '교회의 공동선'(salute animarum)이라는 궁극 목적이 우선한다(CIC 제1752조). (5) 엄격·관대함의 해석 구분: 형벌법·제한 규정은 좁게 즉 엄격하게 해석한다. 그러나 권리 부여나 유익을 주는 규정은 넓게 즉 관대하게 해석한다. (6) 해석과 적용의 구별: 해석은 법의 의미를 밝히는 것이고, 적용은 그 의미를 구체적인 사건에 맞추는 것이다. 해석 과정에서는 자의적 확장이나 축소를 피해야 한다. 참고. *Codex Iuris Canonici: Codex des Kanonischen Rechtes* (Bonn: Verlag Butzon & Mercker Kevelaer, 1984; 역자 주).

참고문헌

Coertzen, P. *Church and Order: A Reformed Perspective*. Leuven: Peeters, 1998.

Coetzee, J. C. *Hermeneutics and Exegesis of the New Testament: Pt 1. Hermeneutical Rules*. Potchefstroom: Wesvalia, 1995.

Dias, R. W. M. *Jurisprudence*. 3rd ed. London: Butterworths, 1970.

Du Plessis, L. M. "Statute Law and Interpretation." In W. A. Joubert & J. A. Faris(eds). *The Law of South Africa First Reissue. l. 25, Pt 1*. Durban: Butterworths, 2001: 278-365.

Du Plooy, A. Le R. *Die Verband tussen die Skrif, Konfessie en Kerkorde volgens die Gereformeerde Kerkreg*. Potchefstroom: PU vir CHO, 1988.

_____. "Die Grondslag en Relevansie van die Gereformeerde Kerkreg as Teologiese Wetenskap." *In die Skrflig* 29/1-2 (1995): 135-60.

_____. "Kerkorde en Grondwet: In die Lig van God se Koninkryk." *Nederduitse Gereformeerde Teologiese Tydskrif* 49/1-2 (2008): 243-252.

Du Toit, D. C. "Die Probleem van die 'Korrekte Interpretasie' in die Wet, Vryheid en Humanisme in Interpretasie." *Tydskrif vir Regswetenskap* 17/2 (1992): 15-28.

Esser, J. *Vorverständnis und Methodenwahl in der Rechtsfindung: Rationalitätsgarantien der Richterlichen Entsheidungspraxis*. Frankfurt am Main: Athenäum Taschenburg Fischer Verlag, 1970.

Kerkordeboekie van die Gereformeerde Kerke in Suid-Afrika. Potchefstroom: Administratiewe Buro van die GKSA, 1998.

Kuyper, A. *Encyclopaedie der Heilige Godgeleerdheid, Pt. 3*, 2de Hersiende Uitg. Kampen: Kok, 1909.

Nerhot, P. "Interpretation in Legal Science." In P. Nerhot (ed.). *Law, Interpretation and Reality*. Dordrecht: Kluwer, 1990: 193-225.

Pienaar, G. J. *Die Regsposisie van die Gereformeerde Kerke in Suid-Afrika*. Potchefstroom: EFJS, No Date.

Plomp, J. *De Kerklijke tucht bij Calvijn.* Kampem: Kok, 1969.

Smit, C. J. "Kerkreg en Kerkorde in die Lig van God se Reg en Orde vir Sy Kerk." Th.D. Proefskrif. Potchefstroom: PU vir CHO, 1985.

Smith, C. E. *Regels van Rechtsvinding.* Tweede Herziene Druk. Den Haag: Boom Juridische Uitgewers, 2007.

Spoelstra, B. "Inleiding." In L. S. Kruger, B. Spoelstra, T. Spoelstra, T. & H. L. M. du Plessis (reds.). *Handleiding by die Kerkorde van die Gereformeerde Kerk in Suid-Afrika.* Potchefstroom: Pro Rege, 1966: 11-41.

Steyn, L. C. "Die Uitleg van Wette." 5de Uitg. In W. van 't Spijker & L. C. van Drimmelen (reds.). *Inleiding tot de Studie van het Kerkrecht.* Kampen: Kok, 1981: 59-72.

Van de Vyver, J. D. "Godsdiens." *LAWSA* 23 (1994): 175-202.

Van 't Spijker, W. *Goddelijk Recht en Kerkelijke Orde bij Martin Bucer.* Kampen: Kok, 1972.

_____. "Reformatie en Kerkorde." *Theologia Reformata* 36/3 (1993): 178-201.

Vorster, J. M. "Kerkreg en Konteks." *Studia Historia Ecclesiastica* XVIII/1 (1992): 87-95.

_____. *An Introduction to Reformed Church Polity.* Potchefstroom: Potchefstroom Teologiese Publikasies, 1999.

오늘날 개혁파 교회질서의 모습[89]

독일의 여러 대학에서 교수했던 루돌프 좀(Rudolph Sohm, 1841-1917)은 교회질서에 대해 가장 심각한 비판을 제기했다. "교회의 본질과 교회법의 본질은 서로 모순된다. …교회의 본질은 영적이고, 법의 본질은 세속적이다."[90] 이 글에서 필자는 좀과 논쟁을 벌일 여유가 없으므로, 그의 주장에 대해 두 가지만 언급하려 한다. 첫째, 좀의 비판은 그의 신학적인 맥락에서 이해해야 한다. 루터교 신자인 좀은 루터교의 교회 개념에 따라 의견을 개진했다. 루터는 참 교회를 비가시적 신자의 모임으로 보았다. 이 참 교회는 진정으로 거듭나서 예수 그리스도를 따르는 사람들이다. 그들은 선한 목자의 음성을 알고 그분을 따르기 때문에, 실제로 법이 필요할 리 없다.

이런 비가시적 교회의 반대편에는 말씀과 성례를 중심으로 신자, 가짜 신자, 구도자, 불신자가 섞여 있는 가시적 교회가 있다. 루터에게 가시적 교회는 성부 하나님께서 말씀과 성령님을 통해 그분의 참된 신자들

---

89 본 논문은 남아공 화란개혁교회(NGK) 목사 보타(C. J. Botha)의 "Die Stand van die Gereformeerde Kerkreg," *Skrif en Kerk* 14/1 (1993), 1-7을 번역한 것이다.

90 R. Sohm, *Kirchenrecht* (Leipzig, 1892), 439, 657.

을 구원하고, 양육하고, 보존하기 위해 사용하시는 설교 기관(preekin-stituut)에 불과하다. 루터의 두 왕국론에 비추어 볼 때, 기독교 국가의 의무는 가시적 교회의 복지를 감독하는 것이다. 루터가 중세를 지배했던 그리스도의 몸(Corpus Christianum)이라는 관점에서 자유롭지 못한 것은 분명하다.

필자의 두 번째 언급은 좀의 후기 저작 중 하나에서 발췌한 것이다. "그럼에도 불구하고, 가시적 공동체는 특정한 질서를 필요로 하며, 이러한 절대적인 필요성이 교회법을 탄생시켰다. 그 결과, 초대 기독교는 그리스도의 교회 전체에 적용될 것이라는 전제 아래 보편교회의 법을 제시했다. 함께 살아가야 하는 가시적인 인간 공동체는 그러한 질서 없이는 존재할 수 없다. 공동체라면 과거 어느 시점에 생겨났고 현재 상황을 지배하는 일반적으로 타당한 질서를 필요로 한다."[91] 이른바 '필요악'이라고 불리는 이 문제를 좀 더 명확히 할 필요가 있다. 모든 교회법 체계(여섯 가지로 구분되는 체계 중) 뒤에는 그리스도께서 교회의 왕이시라는 근본적인 사상이 자리 잡고 있다. 이 모든 체계는 성령님과 성경이 예수 그리스도의 통치에서 중요한 역할을 한다고 믿는다.

개신교와 개혁교회는 천주교나 교황의 교회정치 체제에 대한 저항에서 유래했다. 천주교에 따르면, 예수님께서 베드로를 지상 대리자로 임명하셨다. 이를 위해 그들은 마태복음 16:18-19를 인용한다. "너는 베드로라. 내가 이 반석 위에 내 교회를 세우리니, 음부의 권세가 이기지 못하리라. 내가 천국 열쇠들을 네게 주리니, 네가 땅에서 무엇이든지 매면 하

---

91   R. Sohm, *Das Altkatholische Kirchenrecht und das Dekret Grations* (Leipzig, 1918), 3-4.

늘에서도 매일 것이요, 네가 땅에서 무엇이든지 풀면 하늘에서도 풀리리라." 여기에 종교개혁자들이 항의한 이유는 천주교가 예수 그리스도를 천주교 주교(교황)에 너무 동화시켜서, "교회에 두 머리(그리스도와 교황)가 있을 수 없으며, 오직 한 분, 곧 대리자와 교감하는 그리스도만이 있을 뿐이다"라고 주장했기 때문이었다.[92]

천주교에 따르면, 예수님과 천주교 주교(교황)는 단순히 끊어질 수 없는 유대로 연결되며, 교황은 아무런 조건 없이 그리스도를 대표한다. "그리스도와 교황을 이렇게 동일시함으로써 교황의 모든 통치는 명백히 그리스도와 동등해진다. 그리스도께서 통치하시지만, 교황을 통해 통치하신다."[93]

루터의 항의는 그가 엘스토르포르트(Elstorpoort)에서 교황 칙서 "주님, 일어나소서"(Exsurge Domine) 뿐만 아니라 교회법 전문을 불태우면서 명백히 교회적 색채를 띠게 되었다. 하지만 이 사건을 너무 심각하게 받아들이지 않도록 주의해야 한다. 이것은 교회법 자체에 대한 항의라기보다는, '여기 그리고 지금'(hic et nunc)의 교회법에 대한 항의였다. 루터가 직접 교회법을 제정하지 않았다는 사실은 교회법이 존재하지 않았다는 것을 의미하지 않으며, 오히려 하나님께서 오직 당신의 은혜에 근거하여 죄인을 의롭게 하신다는 사실을 깨달은 그의 놀라움으로 해석해야 한다. 이러한 하나님의 판단에 비추어 볼 때, 교회, 교황, 그리고 교황이 강조한 모든 위계는 단지 인간의 법적 질서일 뿐이다. 플롬프(J. Plomp)는 다음과 같은 진술에서 루터의 교회법적 사고의 핵심을 드

---

92   W. D. Jonker, *Om die Regering van Christus in Sy Kerk* (Pretoria, 1965), 5.
93   Jonker, *Om die Regering van Christus in Sy Kerk*, 5.

러냄으로써 올바르게 판단한다. "복음이 올바르게 전파되고 성례가 올바르게 집행된다면, 새로운 교회질서는 그것으로부터 자연스럽고 순수하게 생겨날 것이다."[94]

이 모든 것이 실제로 잘 작동하지 않았을 때, 루터는 '비상 교회법'(noodkerkreg)을 시행했다. 이는 루터가 교회법을 구원의 메시지에 종속시켰음을 보여준다. 그에게 구원의 메시지는 신적 법(Ius divinum)이었고, 그것을 교회법으로 변환하는 것은 그의 사고 범위를 완전히 벗어나는 일이었다. 교회법은 그에게 비본질(adiaphoron)이었고, 신자들이 복음 설교를 통해 그의 주변에 모이기 시작하면서 어떤 종류의 질서가 절실히 필요해지자, 그는 비상조치로 국가 통치자들에게 교회질서를 만들고 유지해 줄 것을 요청했다. 이 또한 국가 통치자를 그의 영토의 최고 통치자(imperator in territoria sua)로 보는 중세 후기의 관점 안에서 이해되어야 한다.

법학자이자 평신도 신학자(leke-teoloog)인 존 칼빈은 교회법을 완전히 다르게 보았다. 그의 근본적인 생각은 하나님의 위엄이 모든 법질서의 기초라는 것이었다. 하나님은 이 지상의 존재에 일관성을 부여하신다. 주님은 교회를 포함한 모든 사회질서를 창조하셨다. 그렇기에 칼빈은 평생 교회의 올바른 질서를 위해 노력했다. 천주교의 위계질서에 대해 반대하면서, 칼빈은 아래로부터 즉 지역교회로부터 일어나는 상향식 교회질서를 발전시켰다. 그는 지역교회를 교회의 가시적인 형태로 봄으로써, 루터가 강조했던 교회의 비가시성을 피했다.

---

94   J. Plomp, *Beginselen van Reformatorisclie Kerkrecht* (Kampen, 1967), 10.

칼빈의 교회법의 출발점은 잘 조직된 지역교회였다. 이 사실은 1541년의 그의 교회법(Ordonnances Ecclesiastiques)에서 매우 명확하게 드러난다. 칼빈의 교회법의 근본 원칙은 지역교회 또는 교회의 자율성이지만, 그것은 모든 교회가 다시 하나의 교회를 이룬다는 또 다른 근본 원칙과 매우 신중하게 균형을 이룬다. 이 원칙은 개혁주의 교회법의 일부에서 간과되고 있다. 그가 원래 기독교 교회질서라고 주장했던 대로 개혁파 교회는 네 직분을 인정했다.

칼빈의 교회질서가 신자들의 만인 제사장직이 진정으로 그 자리를 차지하도록 허용했는지, 그리고 일반 교인들이 결국 뒷전으로 밀려나지 않았는지에 대해서는 논쟁의 여지가 있다. 회중을 최고 권위로 보는 독립파는 직분자를 본질적으로 회중의 봉사자로 보면서, 일반 신자의 직분을 정당하게 실현하려는 (논쟁의 여지가 있는) 시도를 한 것으로 볼 수 있다.

칼빈은 교회(회중)가 하나님의 창조적 작품이라고 믿었다. 하나님은 자신의 인간 종들의 입을 통해 세상에 자신의 말씀을 전하신다. 이 목회자들은 하나님으로부터 내적으로(그분의 말씀과 성령님을 통해) 자신의 말씀을 선포하도록 부르심을 받았으며, 이는 나중에 교회의 안수 또는 임직을 통해 확증된다. 말씀이 순수하게 전파되고 성례가 그리스도의 제정에 따라 올바르게 집행될 때마다, 그리스도께서는 신자들을 모으실 것이며, 이 회중 안에서 그리스도의 교회가 가시적으로 나타난다.

칼빈은 조직이 아니라 구원이라는 역동적인 사건에 중점을 둔 것처럼 보인다. 그러나 칼빈이 교회의 권징을 통해 이러한 가시적 교회의 형태를 비가시적 형태 즉 모든 참된 신자에 최대한 일치시키려 했다면(네덜란드 신앙고백 제27조), 그와 루터 사이에는 매우 중요한 긴장이 존재한다. 루터는 이러한 가시적 교회의 형태를 오직 하나님께만 보이는 비가시적 교회와 동일시하려는 모든 시도를 광신자(Schwärmerei) 또는 이단으로 규정하여 거부했다.

회중은 함께 사는 사람들의 공동체이기 때문에, 질서 있는 삶의 양식이 교회 안에서 가시화되어야 한다. 그것은 성령님의 재창조 사역의 열매이다. 이러한 질서는 교회에 법을 요청한다. 그렇게 함으로써 칼빈은 두 가지 입장을 취한다. 한편으로는 교회법이 구원에 필수적이라는 천주교의 주장을 거부하지만, 다른 한편으로는 교회나 국가에는 법이 없어야 하며 오직 성경의 가르침에 따라 살아야 한다는 재세례파의 입장도 거부한다.[95]

칼빈은 그러한 교회질서의 원칙을 기독교강요 4.10-13에서 설명한다. 교회질서에 대한 그의 대표 구절은 고린도전서 14:40이다. "그러나 모든 일은 품위 있고(decenter) 질서 있게(secundum ordinem) 행해져야 한다." 칼빈은 이 구절에서 실제로 두 종류의 교회법이 있다고 추론한다. 첫 번째는 실제 질서, 즉 진정한 의미에서의 교회질서와 관련이 있다. 두 번째는 교회의 예의범절과 관련이 있으며, 따라서 예전적 성격이 더 강하다.

이와 관련하여 플롬프의 설명은 매우 중요하다.[96] 칼빈은 우리의 승인을 받을 만한 인간의 법령은 성경에서 유래한 것이며, 따라서 전적으로 신적인 것(prorsus divinae)이라고 말한다. 플롬프는 인간의 법(humanae constitutiones)을 전적으로 신적이라고 말하는 것은 지나친 주장임을 인정한다. 그러나 그는 칼빈이 이 말로써 성경, 특히 신약

---

95   Plomp, *Beginselen van Reformatorisclie Kerkrecht*, 14.

96   Plomp, *Beginselen van Reformatorisclie Kerkrecht*, 14-15.

성경에서 불변하는 교회법 체계를 구축할 수 있으며, 이를 신적 법(iure divino)으로 간주할 수 있다는 것을 의미했다는 것은 아니라고 보았다.

플롬프는 칼빈이 교회질서를 작성할 때 성경의 지침을 매우 중요한 자료로 취급했지만, 초대교회의 질서(lordre de lesglise ancienne)도 진지하게 고려했다는 것을 받아들인다. 플롬프의 아래 진술은 진지하게 받아들여야 한다.

> 그러나 그분(우리의 유일한 스승)은 우리가 따라야 할 외적 질서와 의식(in externa disciplina et ceremoniis)에 관한 모든 것을 세부적으로 규정하기를 원하지 않으셨는데, 주님은 그것이 시대적 상황(temporum)에 달려있을 것이라고 예견하셨기 때문이다. 그리고 주님은 한 가지 형태가 모든 세대에 적합하다고 생각하지 않았기 때문에, 우리는 일반 규칙(generales regulas)에 의지해야 한다. 이후 교회의 필요(neccessitas Ecclesia)가 질서(ordo)와 적절성(decorum)과 관련하여 요구하는 모든 규정은 이에 따라 판단되어야 한다.[97]

이를 통해, 플롬프는 칼빈이 교회법은 때때로 바뀔 수 있을 뿐만 아니라, 반드시 바뀌어야 한다고 확신했다고 추론한다. 교회법은 모든 시대와 모든 민족에게 영구적으로 적용되어야 하는 것은 아니다. 칼빈은 갱신을 위해 성급하게, 피상적으로, 그리고 사소한 이유로 교회법을 만든다면

---

97 Plomp, *Beginselen van Reformatorisclie Kerkrecht*, 16.

교회에 해를 끼칠 수 있다고 본다. 하지만 칼빈은 '교회의 교화와 교회의 공익'이 요구할 때는 갱신이 가능하고 또 반드시 이루어져야 한다고 보았다. 이 원칙이 개혁주의 교회법에서 준수되었는지 여부에 대해 도르트 교회질서의 지위를 고려하여 의문을 제기하고자 한다.

개혁파는 칼빈의 신학, 특히 기독교강요에 나타난 그의 신학을 세 가지 신앙고백서로 정립했으며, 이 신앙고백서들은 도르트 총회(1618-19)에서 '세 일치 신조'로 명명되었다. 도르트 총회에서 오늘날 우리가 도르트 교회질서로 알고 있는 교회법이 승인되었는데, 이는 개혁파 교회에서 오늘날에도 여전히 교회법의 규범으로 여겨진다.

필자가 1979년, 남아공 화란선교개혁교회(Nederduitse Gereformeerde Sendingkerk)의 미래 목회자들에게 개혁주의 교회질서를 가르치는 임무를 맡았을 때, 도르트 회의가 개혁주의 신앙고백의 가장 순수한 형태를 교회법으로 정립했다고 확신했다.[98] 따라서 필자는 학생들이 교회법을 암기하는 방식을 실증주의적이라고 생각하며 지양했고, 도르트 교회질서의 모든 조항을 신학적으로 연구하는 데 전념했으며, 이를 통해 교회법이 신학 분야임을 강조했다. 바로 이 시기에 필자는 개혁파 교회법의 몇몇 문제점들에 눈을 뜨기 시작했다. 이 과정에서 교회법 신학에 진정으로 관심을 가진 학생들이 필자와 신학적-비평적 토론을 벌임으로써 필자에게 도움을 주었다. 그들의 질문은 때때로 해방신학의 분위기에서 비롯되었지만, 그들의 비판적 질문 중 상당수는 필자에게 타당한 근거를 가진 것처럼 보였다.

---

98 화란선교교회(NGS)는 화란개혁교회(NGK)가 성찬식을 백인 아프리카너만 별도로 진행하기 위해서 조직한 흑백 혼혈인 자매 교단이다(역자 주).

이 중요한 질문들을 간략하게 요약하면, 다음과 같다. 그들은 화란선교개혁교회(NGS)가 처한 상황을 다루지 않았기 때문에 교회법의 많은 부분이 그들에게 무의미하다고 지적했다. 그들은 도르트 교회질서가 17세기 네덜란드 상황을 다루며, 그 시대와 지역의 신학적 문제들에 대한 해답을 제공하는 17세기 신앙고백에 기반을 두고 있다고 지적했다. 그리고 그들은 세 일치 신조를 자신들의 마음속에서 우러나온 빛나는 신앙고백으로 인정하기는 매우 어렵다고 생각한다. 그들은 그 안에 담긴 위대한 일반 진리들을 인정하지만, 오늘날 우리 시대의 신학적 논쟁점들은 다루지 않기 때문에 도르트 회의가 화란선교개혁교회(NGS)에 역동적인 질서를 부여하는 데 거의 성공할 수 없는 이상한 회의라고 생각한다.

필자는 독서 작업을 통해 다른 각도에서도 의문점을 발견하기 시작했다. 몇 가지 예를 들어보자. 1985년에 포쳅스트룸대학교의 스폴스트라(B. Spoelstra)는 사고를 자극하는 글을 발표했는데, 그는 개혁교회의 교회 개념이 구조 안에서 굳어지지 않았는지 물었다. 그리고 그는 에클레시아 개념에 표현된 교회의 역동적인 특성을 필자에게 새롭게 인식하게 해 주었다.[99]

필자가 독일 교회의 갈등을 연구하면서, 특히 칼 바르트의 두 가지 중요한 교회법 저서인 『정당화와 법』(*Rechtfertigung und Recht*, 1938)과 『기독교 공동체와 시민 공동체』(*Christengemeinde und Burgergemeinde*, 1946)에 주목하게 되었다. 바르트는 교회 안에 법과 질서를 유지할 수 있는 교회정치 형태가 반드시 존재해야 한다는 데 의심을 품지

---

99   B. Spoelstra, "Het Ons Kerkbegrip in Strukture Gestol?" *Hervormde Teologiese Studies* 45/1 (1985), 94-110.

않았다. 그러나 그는 독특한 방식으로 교회가 스스로를 다스리는 것이 아니라, 예수 그리스도께서 교회를 다스리신다는 사실을 강조했다. 따라서 모든 교회법은 예수님의 음성에 귀 기울이는 것으로 귀결된다.

그는 교회법 전체를 봉사법, 예전법, 그리고 실천법이라는 세 가지 개념으로 체계화했다. 교회 안에서의 이러한 봉사는 기본적으로 모든 신자를 위한 만인 제사장의 임무이며, 교회는 본질적으로 그리스도께서 다스리시는 형제애를 지니고 있기 때문에, 특정 직분자에게만 위임할 수 있을 뿐이다. 따라서 교회법은 항상 성령님에 의해 움직이는 역동적이고 살아있는 법이어야 한다. 특히 개혁주의 교회법 관련 연구는 잘 알려진 교회법 원칙을 반복하는데 머물렀기 때문에, 바르트의 주장은 필자에게 특히 공감을 불러일으켰다. 이것은 박사 과정 학생들에게 과연 학문에 새로운 기여를 할 수 있을지에 대한 의문을 제기하도록 만든다. 개혁파 교회법은 마치 채굴된 갱도와 같다는 인상을 받는다. 사람들이 채굴된 금을 보면 감탄할 수 있지만, 새롭게 채굴할 금은 없기 때문이다.

루터교의 교회법에 대해 아래와 같이 언급할 수 있다. 교회법이 그 어떤 다른 전통보다도 루터교 세계에서 가장 활발하게 논의되고 있다는 인상을 받게 된다. 이것은 아마 루터가 교회법의 '모델'을 제시하여 자신의 추종자들이 성경 주해 분야에서의 엄청난 발전에도 불구하고 그것을 불가침의 영역으로 생각하지 않도록 했던 것이, 루터가 루터교 교회법에 기여한 가장 중요한 바였기 때문일 수 있다. 그 결과 루터교 교회법은 루터교의 교회 이해와 마찬가지로 굳어지지 않았다. 따라서 교회가 '길 위에 있는 교회'(Ecclesia in via)로 남아야 하듯이, 루터교 교회법은 '길

위의 교회법'(Kirchenverfassung in via)으로 남아 있다.[100] 그러나 이 것은 루터교 교회법 분야뿐만 아니라 독일 개혁파를 포함하는 복음주 의 교회법 전체에도 적용된다.

쿠르트젠(P. J. Coertzen) 역시 독일 교회법에 주목하면서, 독일 교회 의 분쟁이 볼프(E. Wolff)와 같은 독일 교회법 전문가들로 하여금 패러 다임 전환을 강요했음을 보여주었다. 그는 개혁주의 교회법의 패러다임 이 실제로 여성의 직분 참여를 허용하지 않는다는 점을 지적함으로써, 교회법 실행에 있어 패러다임이 얼마나 중요한지를 보여주었다.

그는 자신의 주장을 다음과 같이 결론지었다. "교회법과 교회정치의 발전은 하나님 나라, 삼위일체 하나님을 구성하는 교회, 교회의 머리이 신 예수 그리스도, 말씀과 성령님을 통한 그리스도의 교회 통치, 그리고 교회 안에서 베푸신 봉사, 그리고 교회법과 교회정치의 목표와 같은 출 발점들에 대한 지속적인 작업이 필요하다. 이러한 방식으로만 우리는 절 실히 필요한 문제들에 대한 해답을 얻을 수 있고, 진정한 발전이 이루어 질 수 있다."[101] 그러나 쿠르트젠은 개혁파 교회법의 실제 패러다임, 즉 신 앙고백을 충분히 탐구하지 못했다.

필자의 생각에 신앙고백은 성경해석 방식에 대한 특정 전통을 보여준 다. 이러한 성경해석이 교회법에 구속력을 가지는 한, 교회법은 발전할 수 없다. 왜냐하면 우리는 기본적으로 16세기의 주해에 매여 있기 때문

---

100   C. J. Botha, "Die Grondbeginsels van Luther se Kerkreg," *Studia Historiae Ec-clesiasticae* 15/1 (1989), 1-17.

101   P. J. Coertzen, "The Role of Paradigms in Church Law and the Government of the Church," in J. Mouton, A. G. van Aarde en W. S. Vorster (ed), *Paradigms and Progress in Theology* (Pretoria, 1988), 360.

이다. 우리와 도르트 총회 사이에는 인류 역사를 근본적으로 변화시킨 정신 운동인 계몽주의가 자리 잡고 있다.

기독교 신학은 계몽주의 이후 인간의 사고 세계에 성경적 해답을 제시하기 위해 온갖 방법을 동원해 왔지만, 개혁 신학은 이를 근대주의로 규정하며 근본적으로 거부했다. 그럼에도 불구하고, 역사비평적 주해 방법은 비록 완화된 형태였더라도 성경연구에 의해 일반적으로 수용된 것으로 보인다. 이는 성경 연구와 교회법 사이에 균열을 초래했다.

교회질서는 더 이상 구약학자들과 신약학자들의 주해에 의존하지 않는다. 흥미로운 점은 복음주의 교회법에는 이러한 공백이 없다는 것이다. 우리가 진정으로 개혁파 교회법을 실천하고자 한다면, 성경 연구가 제공하는 성경적 자료를 다시 활용하여 진지하게 연구해야 할 것이다.[102] 그러므로 우리는 신앙고백의 역할을 재고하는 것이 필수적이다. 다음과 같은 중요한 신학자들이 중요한 기여를 하면서, 이에 대해 흥미로운 토론이 진행 중이다. K. Barth, *Das Bekenntnis der Reformation und Unser Bekennen*(종교개혁 신앙고백과 우리의 신앙고백, 1935); H. Gollwitzer, *Die Bedeutung des Bekenntnisses für die Kirche*(교회에 대한 신앙고백의 의미, 1962); A. A. van Ruler, *Hoe functionneert de Belijdenis*(신앙고백은 어떻게 기능하는가? 1954); H. Volten, *Rondom het Belijden der Kerk*(교회의 신앙고백에 관하여, 1962); H. M. Kuitert, *Moeten We Een Nieuwe Belijdenis hebben?*(우리는 새로운 신앙고백서를 가져야 하는가? 1972); C. Augustijn, *Kerk en Belijdenis*(교회

102　본 논문의 저자는 계몽주의와 역사비평의 고등비평을 활용한 성경해석에 호의적이다(역자 주).

와 신앙고백, 1971) 및 J. van Genderen, *Confessie en Theologie*(신앙
고백과 신학, 1975). 이런 논쟁은 남아공에서도 철저하고 정직하게 이루
어져야 한다.

네덜란드에서는 네덜란드 개혁교회(Nederlandse Hervormde
Kerk), 네덜란드의 개혁교회(Gereformeerde Kerke in Nederland),
그리고 네덜란드 루터교회가 "함께 길을 걷다"(Samen op Weg)라는 표
어 아래, 진지하게 통합 논의를 진행하고 있다.[103] 그들은 무엇보다도 관
련된 세 교단 모두가 받아들일 수 있는 새로운 교회질서를 만들고자 노
력하고 있다. 이를 위해 그들은 교회법 신학에 대한 심도 있는 연구를 함
께 진행해야 했다. 이 보고서들은 남아공의 교회법에 대한 흥미로운 연
구 자료가 될 것이다.

필자는 교회법 전문가들이 교회질서에 대한 지식을 기초로 삼고, 20
세기의 모든 지식과 경험을 바탕으로 하여, 진정한 성경신학적 교회질서
를 확립하고 도르트 교회질서에 담긴 원칙을 훼손하지 않으면서도 몇 걸
음 더 나아갈 수 있는 새로운 교회질서를 제정할 수 있기를 바란다.

퇴트(H. E. Tödt, d. 1991)는 마태복음 28:18-20("하늘과 땅의 모든
권세를 내게 주셨으니, 그러므로 너희는 가서 모든 민족을 제자로 삼아
아버지와 아들과 성령의 이름으로 세례를 주고, 내가 너희에게 분부한
모든 것을 가르쳐 지키게 하라. 내가 세상 끝 날까지 너희와 항상 함께 있

---

103   1961년부터 네덜란드 개혁교회, 네덜란드의 개혁교회, 그리고 네덜란드 복음주의 루
터교회(Evangelisch-Lutherse Kerk in Nederland) 간의 긴밀한 협력이 있어 왔고, 2004
년 5월 1일에 '네덜란드 개신교회'(Protestantse Kerk in Nederland.)로 통합되었다(역자
주).

으리라")을 교회질서를 위한 대표 구절로 제시한다.[104] 이 본문은 고린도
전서 14:40보다 훨씬 더 적절하다. 이 구절을 새롭게 제정될 개혁파 교회
법의 근거로 사용할 수 있지 않을까?

---

104   H. E. Tödt, "Wege zur Identifizierung und Auslegung von Biblischen Recht,"
in K. Schlaich (red), *Studien zu Kirchenrecht und Theologie* (Heidelberg, 1987), 93.

3부

개혁주의 전통 속 교회질서

3부

개혁주의 전통 속
교회질서

아브라함 카이퍼와 교회질서의 신학[105]

1. 서론: 종합을 시도한 인물

정치인으로서 아브라함 카이퍼(1837-1920)는 의심할 여지 없이 위대한 아브라함이었다. 그는 교회법 학자로서 종합을 시도한 인물이었고, 놀라운 지적 능력으로 상반되는 철학적이며 신학적 조류를 흡수하여 새로운 길을 도출했다. 바로 여기에 카이퍼의 독창성이 있다. 그는 서로 모순되는 사상 학파들의 종합을 통해 옛 개혁파 교회법에 새로운 길을 제시하고, 시대의 요구에 따라 옛 교리를 발전시킬 수 있었다. 헤겔(d. 1831)의 정반합 사상은 카이퍼에게 영향을 미친 것 같다(Van Leeuwen, 1946:49, 89, 90, 105; Buys, 1970:175-79). 카이퍼(1919:319)는 다음과 같이 말한다. "조화는 대조를 통해서만 태어난다." 빙컬(1919:319)의 카이퍼 전기에 있는 마지막 문장도 이러한 의미로 이해되어야 한다. "그렇다. 카이퍼 박사는 기병으로 가득 찬 전차를 자신 안으로 통합한다."

---

105   본 논문은 남아공 개혁교회(GKSA) 목사 니엘스 스미트(Cornelis Johannes Smit, d. 2011)의 "Abraham Kuyper as Kerkregkundige," *In die Skriflig* 23/91 (1989), 24-44를 번역한 것이다.

카이퍼가 교회와 교회질서에 대한 이해에서 종합적으로 제시한 모순적인 흐름들은 다음과 같다. 윤리와 고백(Van Leeuwen, 1946:106), 내재적인 것과 초월적인 것(Van Leeuwen, 1946:88-100), 성공회와 개혁교회(Kuyper, 1873:39-43), 인간의 자유의지와 선택(Kuyper, 1884a:28, 29, 48; 1890a:9; 1890b:671; 1893:132, 158-95), 그리고 부흥과 개혁(Kuyper, 1884a:117, 121-34).

2. 카이퍼에게 미친 영향

오랜 기간에 걸쳐 카이퍼가 교회질서의 방향을 결정하게 되었던 가장 중요한 영향들을 여기에서 간략하게 살펴보자.

• 근대 신학: 젊은 시절 카이퍼는 레이든대학교 재학생으로서 스홀튼(J. H. Scholten)을 비롯하여 여러 스승으로부터 현대 신학을 접했다. 그는 교회에 대한 혐오감을 느꼈고, 어느 순간 신앙을 거의 잃을 뻔했다. 카이퍼는 현대 신학의 환경 속에서 교회의 변질됨을 예민하게 느꼈다. "교회는 교회가 아니었다"(Kuyper, 1873:35). 카이퍼는 1859년에 자신의 신학 형성기에 헤겔과 로테(Rothe)의 영향을 받아서, 교회는 어떤 경우든 일시적일 뿐이라고 생각하기까지 했다. 그는 종교 생활의 진화로 인해 교회는 시간이 지남에 따라 사라지고 순전히 내적인 종교가 자리를 잡을 것이라고 믿었다. 당분간 교회는 여전히 유용할 수 있지만, 시간이 지나면서 인간의 종교적, 도덕적 삶을 위한 이상적인 유기체로서 국가에 녹아 들어가야 한다(Doekes, 1986:36; Van Leeuwen, 1946:50; Buys, 1970:177-78). 그러나 카이퍼는 결코 현대 신학의 원리에 뼈와 살까지 완

전히 몰입하지 않았다. 그는 어린 시절부터 "내 영혼의 갈증을 여전히 해소시켜 주는" 확고하고 단호한 인도를 찾을 수 있는 교회를 갈망했다. 그는 또한 부모의 교회 사택에서 자라면서 느꼈던 하나님 말씀에 대한 깊은 경외심을 여전히 간직하고 있었다(Kuyper, 1873:35, 43). 현대 신학의 환경 속에서 교회에 대한 혐오감이 커지면서 그의 불안하고 탐구적인 정신이 다른 길을 모색하게 된 후, 말씀에 대한 이러한 변함없는 경외심이 그의 교회적 발전에 있어 결정적인 출발점이 되었다.

• 요하네스 아 라스코(J. a Lasco)의 교회 개념: 카이퍼는 자신이 수상한 글을 논문으로 변형하여 1862년 9월 20일에 박사학위를 취득했다. 이 논문에서 그는 아 라스코의 교회 개념과 칼빈의 교회 개념을 비교했다. 칼빈주의에 대한 그의 반대는 아 라스코의 '내재적' 교회 개념과 공명했다. 카이퍼는 '내재성'이라는 개념을 통해 교회 안에서의 하나님의 임재와 활동을 이해한다. 이와는 대조적으로, 그는 칼빈이 하나님의 사랑보다는 거룩함을 강조한다는 그의 해석에 따라 칼빈의 교회 개념을 '초월적 언어'로 제시한다. 칼빈은 자유로운 해석보다는 법적 원칙과 기록된 말씀의 권위의 가치를 더 강조한다(Kuyper, 1873:46; Doekes, 1986:37-38; Van Leeuwen, 1946:50). 카이퍼가 아 라스코의 교회 개념에서 발견했다고 믿었던 교회 안의 상호 사랑과 인간 정신의 자유를 위한 공간은 이후 예수 그리스도의 교회에서 인간의 위계와 양심의 규제적 구속에 맞선 그의 투쟁에 결정적인 영향을 미쳤다.

• 흐로닝언 신학: 카이퍼는 자신의 학위 논문을 통해 특히 흐로트(P. H. de Groot, d. 1886)와 파로(L. G. Pareau, d. 1866)가 실천했던 흐로

넝언 신학의 방향으로 나아갔다. 이 신학은 기독론적 교리가 아니라 예수 그리스도의 존재에 방점을 두었고, 교회는 '인류성으로 인도하는 여인'(Leidsvrouw tot humaniteit)이라 규정되었다. 이 이론에 따르면, 신자들의 진정한 일치는 '교단'(kerkgenootskap)에 있는 것이 아니라, 교회(kerk), 즉 시간과 장소에 얽매이지 않는 참으로 경건한 이들의 보이지 않는 교회에 있다(Van Leeuwen, 1946:9-12; Doekes, 1986:38). 이러한 교회관은 카이퍼에 의해 다듬어져 이후 유기체로서의 교회라는 그의 개념에 영향을 미쳤다. 카이퍼의 이런 사상은 그의 교회론에서 가장 중요한 측면 중 하나를 형성했다.

• '레드클리프(Redclyffe)의 상속자': 이 제목은 작가 샤를로테 메리 용어(Charlotte Mary Yonge)의 영국 소설 제목으로, 카이퍼(1873:39)는 이 소설이 "가치 면에서가 아니라, 내 삶에 의미 면에서 성경 옆에 있다"라고 말했다. 이 소설은 카이퍼를 영국 고(高) 교회에 구현된 성공회의 교회 개념과 연결시켜 준다. 어린 시절부터 신자들을 한 걸음씩 인도하는 어머니 교회라는 개념은 카이퍼에게 매력적으로 다가왔다. 사실, 이 책은 그가 나중에 칼빈의 교회 개념을 '우리의 어머니'로 이해하는 데 토대를 마련해 주었다(Kuyper, 1873:39-43; Van Leeuwen, 1946:52-53, 59).

• 경건주의적인 '콘벤티클'(작은 집회) 기독교인들: 1863년 8월, 카이퍼는 시골인 베이스트(Beesd) 교회의 청빙을 받아들인다. 그 교회는 진정한 열정이 대체로 결여되어 있었다. 그 교회 안에는 '불만자들'(malcontente) 혹은 '콘벤티클'(conventikel) 기독교인들이라 불리는 한 무리가

있었다. 이들은 오만한 광신자들로 여겨졌다. 라틴어 'conventus'(집회)에서 유래한 'conventikel'은 문자 그대로 '작은 모임'을 의미한다. 소수의 신자들이 교회의 공식 예배와는 별도로, 그리고 나중에는 교회에 대항하여, '훈련 실천가'(oefenaar)의 인도 아래 서로의 신앙을 세우기 위한 모임을 가졌다. 따라서 콘벤티클은 실상 '교회 안의 또 다른 작은 교회'였다(Nauta, 1957:295; Trimp & Veling, 1989:325).

처음에 '근대적인' 목사로 알려져 있던 카이퍼는 이들에게 냉랭한 대우를 받았다. 그러나 좀 더 깊이 교제하게 되면서 그는 이들 가운데서, 지금까지 이른바 '정통파'들 사이에서 헛되이 찾았던 것을 발견했다. 그것은 바로 참된 확신, 진실한 영적 삶, 그리고 종교개혁 시대의 정신적 분위기를 놀라울 정도로 계승한 신앙이었다(비교: Kuyper, 1873:43–45, 47; Van Leeuwen, 1946:56, 58, 59). 이들 신자들 가운데 특히 삐티에 발투스(Pietje Baltus)라는 여성은 카이퍼에게 큰 영향을 미쳤으며, 그녀의 영향은 그가 16세기 구(舊) 개혁교회 교회법으로 나아가게 되는 신학적 성장 과정에 결정적인 역할을 하게 되었다.

• 윤리적 및 중재(Vermittlungs) 신학:[106] 레이든대학교의 소세이(D. Chantepie de la Saussaye, d. 1920)와 허닝(J. H. Gunning, d. 1940)의 지도 아래 카이퍼는 한동안 윤리신학에 매료되었다. 비록 이 이론은 매혹적이기는 했지만, 그들의 교회관은 결국 너무 '상대적이고 정의가 불확실하며, 너무 유동적이고 떠도는' 것이어서, 카이퍼는 이것으로는 '영혼

---

106 중재신학(Vermittlungs theologie)은 신과 세계, 신학과 철학, 기독교와 문화, 신앙과 이성을 연결하고, 화해시키며, 매개하고자 시도한다(역자 주).

에 안정감'을 줄 수 없었다(Kuyper, 1873:46-47). 슐라이어마허의 해석을 모델로 삼은 이 신학자들에게 있어서 교회란 제도로서의 공동체보다는 오히려 고백이 없는 사랑과 도덕적 유대의 공동체였다.

또한 카이퍼는 마르텐센(H. Martensen), 니체(C. I. Nitzsch), 랑게(J. P. Lange)와 비네(A. Vinet)를 포함한 중재신학자들의 저술을 '드물게' 느끼는 즐거움으로 탐독했다. 그들의 교회관은 윤리 신학자들처럼 '영성주의적'이고 '내재적'인 관점을 공유했다(Kuyper, 1873:47). 이러한 신학적 경향에 대한 초기의 찬사 이후, 카이퍼는 특히 허닝에 대한 논쟁적인 저술에서 이에 대해 맹렬히 반대했다. 그는 스스로 이렇게 진술했다. "허닝, 소세, 마르텐센, 그리고 랑게의 체계가 가장 취약했던 것은 바로 교회론이었다. 다만 그는 이 주제를 가끔 가볍게 언급했다. 그들의 말은 모든 면에서 훌륭했으나, 이 점에서는 결정적이지 않았고, 아무런 방향도 제시하지 못한 채, 사람을 막막하게 남겨두었다!"(Kuyper, 1873:47-48). 그러나 윤리 신학자들과 중재 신학자들은 카이퍼에게 상당한 영향을 끼쳤다. 그들의 유동적이고 비고백적 교회관에 대한 카이퍼의 반감은 그를 칼빈의 교회 개념, 즉 '확고하고 무오한 노선'에 기초한 교회관으로 이끌었다. 그러나 동시에 그는 이들의 '영성주의적' 교회관의 요소들을 칼빈의 '신앙고백적'(confessionele) 교회관과 조화시키려 하였으며, 그런 시도는 그가 교회를 '유기체'(organisme)와 '제도'(instituut)로 구분하는 교회론적 발전 속에 반영되었다(Kuyper, 1873:46-47; Van Leeuwen, 1946:58-59; Doekes, 1986:40; Buys, 1970:143).

• 교회의 공동체적 개념: 19세기 네덜란드에서 태어나고 자란 개혁가로서, 카이퍼가 30대에 이미 자신의 체계에서 교회의 공동체적 개념을

습득했다는 것은 주목할 만한 일이다. 1960년대에도 그는 1970년대 초부터 맹렬히 반대하게 될 교회 개념에 대한 분명한 증거를 제시했다. 당시 그는 여전히 지역 회중의 이익을 '교회'의 이익을 위해 희생해야 한다는 의견을 가지고 있었다(Kuyper, 1867:1). 그는 모든 '교회'에 중앙 권위가 필수적임을 강조했다. 그에게 '교회'는 부분들로 구성된 전체, 즉 회중들을 의미한다(Kuyper, 1868:30, 34). 그러나 그의 후기 교회 이해는 회중의 연합이 단지 더 공식적인 행정이나 행정적 유대감에서만 발견되는 것이 아니라, 내적 연합을 위한 구속력 있는 요소로서의 영적인 토대에서도 발견된다고 선언할 때 이미 빛을 발하고 있다(Kuyper, 1868:31, 93).

• 브라이튼(Brighton): 1875년에 영국 브라이튼에서 국제 부흥 운동이 열렸다. 카이퍼는 이 운동의 위험성을 지적했지만, '개신교 교회의 비참함과 말할 수 없는 게으름' 때문에 참석했다. 그는 이 '부흥'이 종교개혁 이후로는 볼 수 없었던 매우 중요한 의미를 지녔다고 생각했으며, 마음속으로는 개혁을 갈망했다. 그는 나중에 이 매력적인 운동에 대해 자신이 착각했음을 인정했지만, 그 영향력은 간과하지 않았다. 그것은 교회 내 제도적 경직성에 대한 그의 저항이었다(Doekes. 1986:44-45).

3. 수 세기 전의 개혁파 교회정치 체제로 회귀한 카이퍼

카이퍼가 교회적 안정과 영적 자유를 끊임없이 추구했던 모습은, 주로 1816년 규정으로 인해 교회 생활이 위계적 통치 체계로 굳어지고, 신학적 근대주의로 인해 신앙이 인간의 자기 의지에 따라 권징이 없이 쇠퇴한 교회 환경에서 표현된다(Kuyper, 1886a:25-30, 32-37). 1816년 규정에 따른 정부의 교회 통치는 1852년 규정으로 수정되었지만, 1816년의 결사체적 교회 조직(kollegialistiese kerk organisasie)은 여전히 유지되었다. 개혁교회는 여전히 중앙위원회(본부)와 하위 지부를 갖춘 농촌 공동체(landelike genootskap)의 성격을 유지했다(Deddens, 1986:62).

예수 그리스도의 교회에서 규정을 통한 최악의 인간 통치 형태는 결국 그리스도께서 교회를 다스리기 원하시는 기관인 교회 치리회(ker-krade)의 완전한 해체로 이어질 것이다. 교회 치리회는 더 이상 교리적 오류를 근거로 성찬식 거행을 독립적으로 결정할 수 없게 되었다. 실제로 교회 치리회는 '열린' 성찬식을 시행했다. 그리고 교회 치리회는 자유주의 신자들에게 성찬식 사용을 위한 증빙을 거부할 권한도 박탈당했다. 시간이 흘러 1883년 이후로, 목사의 서명 양식은 복음 사역에 부지런하고 충실하게 일하고, 하나님 나라의 유익에 따라 최선을 다해 규칙과 규정에 따라 네덜란드 개혁파의 유익을 관리하겠다는 서약으로 대체되었다(Kuyper, 1886a: 14-35; Kuyper and Rutgers, 1886:73-75; Bouma, 1986:15-17).

카이퍼는 인간적 위계질서의 형태로 결사체주의가 만연했던 교회정치 체제에 깊이 빠져 있었다. 그의 본성과 배경은 그가 이러한 현실에 적응하는 것을 불가능하게 만들었다.

교회정치 체제의 기형화에 더하여, 카이퍼는 네덜란드 개혁교회에 만연했던 근대 신학과도 조화를 이룰 수 없었다. 이러한 흐름에 따라 움직인 목회자들은 그리스도의 영원한 신성을 부인하고, 선택을 거부하며, 성경의 신적 영감을 부인했다. 신앙고백은 무시되었다. 골고다의 십자가에서 어떤 목회자들은 예수 그리스도의 자기희생적 사랑의 가장 고귀한 표징만을 보았다. 예를 들어, 교단 지도부는 예수 그리스도의 부활을 부인한 것과 관련하여 자유주의 목사에 대한 고발을 기각했다. 그 이유는 교회 규정이 이러한 오류가 네덜란드 개혁교회(Nederduitsche Hervormde Kerk)의 정신과 가르침의 핵심 내용과 상충된다는 것을 보여주지 않는다는 것이었다(Bouma, 1986:11, 13; Kuyper, 1886a:25-30).

카이퍼는 교회와 교회정치에 대한 자신의 이해에 명확한 기준을 제시할 수 있는 성경에 기반한 신학의 안정성을 추구했다. 그는 마침내 칼빈에게서 이러한 안정성을 발견했다. 칼빈은 "빠른 교회 형태를 통해 수용적인 마음에 복과 평화를 전파하는 법을 알고 있다"(Kuyper, 1873:47).

카이퍼는 자신의 논문 발표 이후 여러 조류를 헤쳐 나갔지만, 하나님의 말씀에 대한 그의 변함없는 경외심 때문에, 마치 자신의 의지와 감사에 반하여 칼빈을 재발견했다. 콜브루흐(Kohlbrugge)의 '강력하고 사려 깊은 삶의 말씀'을 사용하여, 카이퍼는 칼빈의 "확고하고 틀림없는 선조들, 그들의 흔적은 완전한 신뢰를 불러일으키기 위해서만 추적될 필요가 있었다"라는 주장에 도달했다(Kuyper, 1873:47).[107]

마치 카이퍼는 고향에 온 것 같이 느꼈다. 그는 교부들의 집에 도착했다. 그의 영혼이 찾던 것은 16세기 장로교 정치의 기본 노선에서 발견되었다. 그는 종교개혁 시대의 교부들이 복음의 순수한 고백과 그런 고백

---

107   카이퍼는 1880년경 남아공에서 화란계 후손인 부어인들이 사령관 폴 크루거(Paul Kruger, d. 1904)를 중심으로 뭉쳐 영국군을 물리칠 수 있었던 요인들 중 하나로 불굴의 저항정신을 강조하는 칼빈주의를 계승한 것으로 보았다. 그렇다고 부어인들이 남아공의 원주민을 약탈한 행위는 정당화될 수 없다. A. Kuyper, 『칼빈주의 강연』, *Het Calvinisme*, 박태현 역 (군포: 도서출판 다함, 2021), 79-80(역자 주).

에 기반한 교회질서로 돌아갔던 것처럼, 주님의 복 아래 자신도 고대의 순수한 그 복음을 따라 그들의 발자취를 따라가며 그 위에 세워진 교회질서와 함께 다시 살아가고자 했다고 말한다(Kuyper, 1886b:6). 그러나 카이퍼는 칼빈에게서 멈추고 싶어 하지 않았다. 이것은 그에게 재신임을 의미했다. 카이퍼(1873:47)는 다음과 같이 말한다. "우리는 칼빈이 도달한 것보다 더 깊이 해석하고, 심리학적으로, 그리고 역사적으로 더 깊이 파고들어야 했다."

덧붙이면, 전우이자 영적 친구였던 프레드릭 럿헐스(F. L. Rutgers, 1836-1917)가 카이퍼에게 미친 동기 부여와 영향은 결코 과소평가 되어서는 안 된다.[108] 럿헐스는 법적 정밀성과 꼼꼼한 연구 정신으로 종교개혁 시대의 옛 교회법을 재발견하고, 정리하여 새롭게 분석했다. 카이퍼(1883:285)는 럿헐스를 '개혁주의 교회법에 대한 단연 최고이자 최고의 전문가'라고 묘사했으며, 럿헐스가 사망한 후, 그는 이 개혁파 교회법 거장의 업적에 대해 다음과 같이 썼다. "페이지를 넘길 때마다 그가 이 두려운 투쟁에서 얼마나 더 큰 몫을 차지했는지 알게 될 것이다"(Kuyper, 1917:244).

4. 카이퍼의 교회 개념

---

108   럿헐스는 24세 때인 1860년에 레이든대학교에서 "Disquisitio de fundamento quo Iohanne auctore fidem sibi habendam niti voluerit Christus"(그리스도께서 요한의 권위를 통해 어떤 기초 위에 자신의 믿음을 두고자 하셨는지에 대한 탐구)라는 주제로 박사학위를 취득했다. 그 후 그는 암스테르담 자유대학교에서 교회사와 교회법을 교수했다(역자 주).

1) 교회의 기초로서의 예정과 선택

카이퍼에게 신자들의 예정과 선택은 교회의 핵심이다. 교회는 어떤 구조나 제도를 통해서가 아니라 신자들을 통해 계시를 받는다. 하나님께서 당신의 백성으로 택하시고 보존하시는 신자들의 모임인 교회의 본질은 교회정치에 의해 왜곡되거나 파괴되어서는 안 된다. 교회의 이러한 본질은 바로 교회정치에 의해 유지되어야 한다. 따라서 지역교회는 더 큰 전체에 편입되거나, 선택에 의해 결정되는 교회의 본질이 위협받을 수 있는 더 공식적인 구조에 의해 지배되어서는 안 된다. 민족의 구성원이 국적에 따라 특정 교회에 속한다고 여기는 인민교회 개념의 모순은 교회가 세상에 뿌리를 둔 것이 아니라, 하나님의 뜻에 뿌리를 두고 있다는 성경적 진리를 부정한다는 사실에 있다(Kuyper, 1884a:1-3, 48; Buys, 1970:247-302).

카이퍼는 예수 그리스도의 성육신 이후로 인류의 삶이 두 길로 갈라진 진정한 원인으로 선택(예정)을 언급한다. 거듭난 자의 새 삶과 죄로 타락하여 그리스도의 몸으로 받아들여지지 않은 옛 피조물의 삶이다. 이러한 생각에 근거하여 카이퍼는 교회를 하나님의 손에서 나온 고유한 생명 원리와 독특한 존재를 지닌 유기체로서 이 세상에 온 재창조된 인류로 본다. 택함받은 자들이 교회에 모이는 방식은 그분의 영과 말씀을 통해 이루어진다. 교회는 선택에 뿌리를 두고 세워졌으며, 따라서 하나님으로부터, 하나님을 통해, 하나님께로 향한다. 그것은 시간 안에서 하나님의 영원한 집(ewige gebou)이다(Kuyper, 1893:132-33; 1913:113, 315-16).

2) 유기체이자 제도로서의 교회

유기체와 제도의 구분은 단순히 카이퍼의 교회 개념에 관한 판단이 아니라, 교회의 본질을 나타낸다(Buys, 1970:86). 이러한 구분은 카이퍼가 윤리신학과 고백신학을 종합적으로 이해한 데 기인한다. 윤리신학자들은 교회가 성장하고 발전하며 새로운 생명으로 충만해지는 것에 모든 역점을 두었다. 그들은 고정적이고 정적인 고백에 반대했다. 반면 고백신학자들은 교회를 위해 고정된 고백을 매우 중시하여 성도의 모든 삶이 그 고백에 따라 조직되어야 한다고 믿었다. 본질과 형태, 생명과 생명의 표현, 원리와 계시가 서로 연결되어 있듯이, 교회는 유기체로서 뿌리를 내리고 제도(기관)로서 설립되었다. 이런 방식으로 카이퍼는 교회를 사회 속에 해체하려는 '영성주의자들'과 교회의 본질을 고정된 구조로 고착시키려는 '제도주의자들'에게 답한다(Kuyper, 1879:56, 57; 1913:323-24; Van Leeuwen, 1946:106).

카이퍼는 교회를 유기체로 보는 자신의 관점을 인류가 원래 유기체로 창조되었다는 관점에 도출한다. 타락으로 인해 인간을 하나님과 연결해 주던 생명의 유대가 끊어졌다. 그 결과, 유기체로서의 인류는 해체되었다. 카이퍼는 교회가 이제 인류의 회복된 유기체라고 말한다. 따라서 교회의 본질은 영적인 유기체이며, 이 영적인 유기체는 두 가지 종류의 계시로 나타난다. 첫째, 유기체로서의 교회는 개인, 가족, 국가, 그리고 다양한 인간 삶의 표현 속에서 드러난다. 둘째, 유기체로서의 교회는 세상의 조직들과 구별되는 그 자체의 형성, 즉 기관 속에서 드러난다. 이렇게 하나님은 그리스도의 통치 아래 교회를 하나의 유기체로, 제도(기관)로, 그리고 신자들이 그리스도를 위해 모든 실재를 선포하라는 부르심을 이

행하는 사회생활로 모으신다.[109] 카이퍼에게 유기체는 교회의 본질이며, 제도는 유기체가 부분적으로 자신을 드러내는 고정된 형태이다. 제도화된 교회는 영적인 교회에 계시를 가져오는 한에서만, 그리고 그 안에서만 교회이다(Kuyper, 1898a:51; 1890a:4; nd:1, 2, 26-31; 1913:337; Buys, 1970:83-135; Trimp and Veling, 1989:327).

3) 교회의 보이지 않는 존재와 보이는 존재

카이퍼는 부분적으로는 지각 가능하고 부분적으로는 지각 불가능한 존재인 인간의 예를 들어 교회의 보이지 않는 존재와 보이는 존재가 교회의 일치를 가져오지 않는다는 것을 보여준다(Kuyper, 1884a:7, 8, 30, 32).

영적이고 보이지 않는 측면에서 교회는 온 땅 위에 하나이며, 지상의 모든 교회는 이미 하늘에 있는 교회와 하나이다. 따라서 보이지 않는 교회는 모든 시대의 택함받은 자들의 총합이다. 보이는 측면에서 교회는 특정 장소에서 조각조각 드러나므로 항상 지역적이다. 다시 말해, 교회는 보이는 계시 안에서 지역교회이다. 반면, 보이는 교회의 본질은 항상 보이지 않는 교회이다. 비가시적 교회는 그리스도의 몸, 즉 머리이신 그리스도 아래 성령님 안에서 모든 택함받은 자들이 유기적으로 연합된 것이다. 무형 교회는 오직 한 가지 근거, 곧 삼위 하나님의 선택하시는 은혜 위에만 존재한다(Kuyper, 1884a:7-8, 30, 32; nd;33-34, 55-

---

109 카이퍼는 거듭난 인간 생명은 하나의 몸 즉 하나의 유기체적 전체를 형성하는데, 그리스도는 그 몸의 머리이시고, 그리스도와의 신비적 연합은 그 몸을 묶는 끈이라고 보았다. Kuyper,『칼빈주의 강연』, 110(역자 주).

59; 1888:259-60). 따라서 가시적 교회는 교회 전체가 아니라, 말씀의 예배가 그 안에서 기능하는 무형 교회의 제도이다. 말씀의 예배를 제거하면 더 이상 보이는 교회가 존재하지 않는다. 제도는 무너진다(Kuyper, 1893:134-45).

개혁파 선배들이 네덜란드 신앙고백 제27조에서 내린 정의는 교회의 가시적 형태와 비가시적 형태 모두에 동일하게 적용되며, 따라서 각 지역 교회에도 일반교회와 마찬가지로 적용된다. 즉, "그리스도를 진실로 믿는 모든 사람, 예수 그리스도 안에서 온전한 구원을 기다리는 모든 사람, 주님의 피로써 씻음을 받고 성령님으로 거룩하게 되고 인침을 받은 모든 사람의 거룩한 회중"이다"(Kuyper, 1911:129-38).

4) 다원성 안에서의 교회

카이퍼에 따르면, 거듭난 인류는 본질적으로 한 몸을 이룬다. 예수 그리스도께서 머리이신 하나의 유기적 전체이며, 그 전체는 그분 안에서 연합의 유대를 경험한다. 그러나 이 한 몸은 다원성, 즉 다양성으로 계시된다. 이는 물질세계와 영적인 영역 모두의 자연적인 다양성 때문에 발생한다. 여러 민족의 존재 방식의 심오한 차이로 인해 하나의 기관 안에서 교회 계시의 획일성은 불가능하다. 국가적, 문화적 다원성은 교회의 다원성을 초래한다. "교회의 일치는 성령님의 하나됨 안에 흔들리지 않게 놓여있지만, 그것은 사람들의 마음속에 퍼져 나간다." 카이퍼는 그리스도의 교회가 나타나는 다양한 형태의 옷 이미지를 사용한다(Kuyper, 1891a:10; 1898a:52). 카이퍼는 모든 교회 분열을 승인하지 않는다. 따라서 그는 예수 그리스도의 교회 안에 있는 죄악된 분열을 묵인하고 싶어 하지 않는다. 그러나 죄악된 분열이 '풍요로운 삶의 발전을 위한 반박할 수 없는 요구'인 다원성의 원리를 아직 무효화하지는 않는다. 카이퍼에게 교회의 다원성은 그 자체로 죄의 결과가 아니라, 그리스도의 교회가 도달해야 할 발전의 한 단계이다(Kuyper, 1891a:33, 35).

교회의 다원성을 인정하면서도 연합을 포기하지 않기 위해, 카이퍼는 지역교회의 언어와 문화에 대한 독립성과 지역교회들의 영적 연합을 동시에 유지할 수 있는 교회 연합을 제안한다. 카이퍼는 서로 다른 언어와 문화적 관습조차도 그리스도 안에서의 영적 연합을 파괴하지 않고 교회 안에서 유지될 수 있다고 믿는다(Kuyper, 1884a;33, 35; Van Leeuwen, 1946:210-11).

5) 교회 안의 권위와 교회를 지배하는 권위

카이퍼는 권위 없는 어떤 기관이든 그것을 시멘트 없는 벽으로 생각한다. 교회 기관의 핵심 또한 권위이다. 교회 권위의 필수성 속에 기관의 필요성이 있다(Kuyper, 1884a:13). 판 리우웬(1946;186)은 교회 권위의 이러한 필수성을 카이퍼가 처음부터 고정된 교회 형태인 기관을 선호하게 된 동기로 지적한다.

교회가 호소할 수 있는 유일한 권위는 교회의 왕이신 예수 그리스도의 권위이다.[110] 그리스도께서는 자신의 권위를 부분적으로는 직접적으로, 때로는 간접적으로 행사하신다. 말씀과 성례전의 은혜라는 수단을 통해 직접적으로, 그리고 교회 구성원들 안에서 성령님의 역사를 통해

---

110 카이퍼는 러시아 차르의 황제교황주의(Caesaropapie)도, 천주교가 가르치는 국가의 교회 종속도, 루터파 법학자들의 '누군가의 지역이 그들의 종교'라는 것도, 프랑스 혁명의 비종교적인 중립적 입장도 아닌, 칼빈주의 입장에서 자유로운 국가에서 자유로운 교회의 체제만 존중했다. Kuyper,『칼빈주의 강연』, 185(역자 주).

직접적으로 행사하신다. 간접적으로는 교회에서 특별한 직분으로 부르시는 사람들을 통해 자신의 권위를 행사하신다(Kuyper, 1884a:42-43, 52-53).

교회 안의 사람들이 행사하는 권위는 그들 자신에게서 나오지 않는다. 직분자들의 부르심은 그들이 오직 예수 그리스도의 권위를 위해 봉사한다는 사실에서 드러난다. 카이퍼는 예를 들어 설명한다. 공무원이 권위를 행사하더라도 결코 자신의 이름으로써가 아니라 왕의 명령에 따라 왕에게 책임을 지고 행사하는 것처럼, 교회에서 행사되는 권위도 결코 공식적인 권위이며 봉사하는 권위일 뿐이다(Kuyper, 1884a:52-53).

권위를 행사하는 자는 아무것도 아니며, 그의 왕은 모든 것이다. 그러므로 교회에서의 권위는 거룩하다. 그것은 성부 하나님의 독생자이시자 중보자께서 홀을 쥐고 계신 하늘에서 직접 나온다. 교회에서의 모든 권위 행위는 말씀에 따라 행해질 때만 권위를 지닌다. 그러므로 말씀 밖에서는 어떤 교회의 행위에도 진정한 권위, 곧 예수 그리스도의 권위가 존재할 수 없다(Kuyper, 1886c:15; Coetzee, 1980:4-5).

5. 카이퍼의 교회질서

1) 직분을 통한 그리스도의 통치

카이퍼에 따르면, 예수 그리스도께서 교회 안에서 그리고 교회에 대해 행하시는 통치는 두 가지 방식으로 실현된다. 곧, 일반 직분, 즉 신자들의 직분과 특수 직분이다. 칼빈의 발자취를 따라 카이퍼는 특수 직분을 세 가지 기능, 즉 교사, 감독, 집사의 직분으로 유지한다(Kuyper, 1884a:15-22).

일반 직분은 특수 직분에 선행한다. 제도로서의 교회의 기원은 이러한 관점을 잘 보여준다. 여기서 특수 직분을 확립할 책임은 신자 공동체에 있다. 사실, 특수 직분은 일반 직분에서 발생하기 때문에, 그것은 일반 직분 밖에서는 존재할 수 없다. 그러나 교회는 공식적인 기관을 만드는 것이 아니라 받아들이는 것이다. 마치 몸이 귀를 만드는 것이 아니라, 하나님께서 눈과 귀로 장식하고 풍요롭게 하시는 것과 같다(Kuyper, 1884a:18-22, 24).

교회 안의 모든 통치권은 신자들의 공동체에 뿌리를 두고 있다. 신자들의 공동체에서, 그리고 신자들의 공동체를 통해 직분자들이 나온다. 신자들은 또한 직분자들이 길을 잃을 경우 올바른 길로 인도할 의무가 있다. 따라서 예수 그리스도의 권위를 섬길 책임은 교회, 즉 신자들의 공동체에 있다(Kuyper, 1884a:28-29, 41-44, 53-54, 68). 그러나 권위를 행사하기 위해 특정 사람들이 특정 직분에 배치된다. 본질적으로 그리스도께서는 신자들의 직분을 통해, 그리고 유기적으로는 임명된 종들을 통해 교회 안에서 자신의 권능을 행사하신다. "영적으로 엄격하게 군주제적이며, 그리스도의 절대적인 왕권 아래 있는 왕국인 교회는 가시적으로는 분명히 민주적이지만, 그 실행에 있어서는 귀족적 형태에 얽매여 있다."(Kuyper, 1884a;43)

회중은 종들 위에 서 있지 않고 종들은 회중 위에 서 있지 않다. 오히려 그리스도께서 회중 위에 계시며, 그분은 그들의 권위를 당신의 말씀에 묶어 두심으로써 상호 관계를 결정하신다(Kuyper, nd:284; 1890a:10-11, 25, 27; 1898a:55; 1888:262-65; 1898b;1-31).

2) 지역교회

카이퍼(1882:236)는 지역교회의 독립성을 개혁파의 '정치적 초석'이라 부른다. 그는 지역교회의 독립성을 성경이 특정 지역에 있는 교회를 반복적으로 언급하고 같은 지역 내의 여러 교회를 지칭하는 반면, 성경에서 '교회'는 결코 전체의 일부로서 여러 회중을 지칭하지 않는다는 해석에 근거한다. 카이퍼에게 각 지역교회는 완전한 교회, 예수 그리스도의 몸의 완전한 계시이다. 따라서 각 지역교회 안에 보편교회가 표현된다. 따라서 카이퍼에게 지역교회는 가시적 교회의 유일한 구현체이다.[111]

여러 지역교회의 연결은 부차적인 것이며, 자유로운 연합에 기반한다. 따라서 지역교회들을 더 큰 전체의 세포나 부분으로 표현하는 것은 오류이다. 지역교회들은 국가적 교회 개념으로 통합되지 않고, 서로 연합적인 유대감 속에서 독립적으로 존재한다. 그러나 지역교회의 독립성은 지역교회의 자율성을 의미하지 않는다. 카이퍼는 '자율성'이라는 용어와 '총회 법의 지배'(sinodonomie)를 명백히 거부한다. "총회가 입법을 하지만, 우리 주 예수 그리스도는 유일한 입법자이시다(Christonomie)!"(Kuyper, 1882:236; 1884a:19, 27, 33-36, 48, 77, 147-48, 176; nd:254-55; 1890a:23, 50; 1898a:54-55; 1888:260)

3) 지역교회의 통치

---

111   카이퍼는 교회법을 두 부분으로 나눈다. 첫째, 교회적 제도의 건축학: 교회적 기관의 구조. 둘째, 이 교회적 제도에 의해서 인정된 법적인 관계들: 교회 자체에 의해서 진척된 규칙들. 카이퍼에 따르면, 다양한 교회연합체가 가능한데, 여기에는 몇 가지 원칙이 있다. (1) 지역교회들의 독립성을 절대 훼손해서는 안 된다. (2) 교회연합은 지역교회들의 유익을 위한 것이다. (3) 교회연합의 조건과 보증은 동등함이다. 결론적으로 교회연합은 신앙고백과 교회정치 그리고 예배모범에 있어서 완전한 하나됨이 확보되어야 한다. 김재윤, "개혁 교회법이 한국교회에 가지는 의의: 엠던총회(1571)에서 아브라함 카이퍼까지, 지역교회의 보편성을 중심으로,"『한국개혁신학』35 (2012), 8-46(역자 주)

지역교회가 예수 그리스도의 몸에 대한 주요 계시(primére open-baring)이기 때문에, 카이퍼는 교회의 '권세'가 지역교회에 집중되어 있다는 것을 분명히 알고 있다. 지역교회의 행정은 목사, 장로, 집사로 구성된 교회 당회에서 담당한다. 더 넓은 의미에서, 집사들은 일반적인 문제(권징과 같은 특정 장로 사역은 제외)에 대해서는 교회 당회와 함께 모이며, 그들은 '식탁의 봉사'를 위해서는 별도로 모인다.

지역교회의 당회에서 다룰 수 있는 모든 문제는 다뤄진다. 지역교회에서 다룰 수 없는 문제만 더 확대된 회의에서 다른 교회들과 함께 다룬다. 당회는 통치권을 가지고 있지 않다. 당회원의 임무는 오직 예수 그리스도의 통치를 섬기는 것이다. 따라서 당회의 권위는 봉사하는 권위로 간주되어야 한다(Kuyper, 1884a:71-72; 1898b:20-24).

4) 연합 관계 속의 지역교회

카이퍼(1884b;356; 1884a:34, 47-48, 77)는 그리스도의 교회의 연합이 지역교회들이 서로 나란히 존재할 뿐만 아니라 서로 연합하여 살도록 한다고 말한다. 결국, 지역교회는 그리스도의 교회가 아니라 특정 지역에 있는 그리스도의 교회의 계시일 뿐이다. 따라서 같은 그리스도의 몸이 계시된 다른 지역의 교회 모임들은 서로에게 속한다. 이러한 원칙에 근거하여 교회들은 서로 연합 관계를 형성하며, 이를 통해 지역교회의 독립성은 폐지되지 않고 실제로 유지된다. 사실, 여러 회의들의 연합적 권위는 선거를 통해 제정된 신자들의 공동체인 교회의 본질을 결코 파괴할 수 없다. 따라서 여러 회의는 사실상 지역교회들과 분리되거나 더 높은 권위를 가진 별개의 회의들이 아니다. 여러 회의는 단순히 지역교회의 기관으로서 모이는 교회 협의회와 동일한 권위를 가진 교회들의 회의일 뿐이다. 교회의 교제가 표현되는 이러한 여러 회의는 한 지역의 노회(klassis)와 여러 지역의 대회 그리고 총회(sinode)이다.

연합적 교회 교제는 모든 나라의 모든 개혁교회가 예수 그리스도의 한 몸의 계시임을 표현한다. 교회 일치를 표현하는 데 필수적인 토대는 신앙고백의 일치이다. 신앙고백의 일치는 모든 교회의 서신 교환의 기초이며, 따라서 교회 교제가 수반하는 모든 것의 기초이기도 하다.

교회들의 연합과 관련하여, 감리교처럼 교회들이 나란히 존재하지 않도록 하는 가장 중요한 유대감은 바로 그리스도의 법(Christonomie)이다. "그리고 이러한 기독교의 정신 덕분에 모든 교회를 하나로 묶는 총회적 유대감도 생겨났다. 노회뿐 아니라 대회와 총회가 생겨났다. 네덜란드 개혁파의 연합은 결코 포기될 수 없다."(Kuyper, 1884b:356; 1884a:34, 47-48, 77; 1898b:364; 1898a:55; 1890c:668; 1911:170-80; 1891a:7).

5) 연합적 맥락에서의 교회정치

카이퍼는 교회적 맥락의 목적을 아래와 같이 공식화한다.

(1) 교회의 공통 신앙고백의 표현과 그에 반하는 중대한 문제 처리

(2) 공동 예배와 교육 예식의 규정

(3) 서로에 대한 상호 감독 유지

(4) 다른 당사자에 대한 교회 권리를 위한 공동 방어

(5) 교회 간의 분쟁 해결

(6) 필요하다면 신학교 설립, 후보자 선정, 청빙을 받은 목사의 승인, 떠나는 목사의 사임 등을 통해 말씀 사역을 돌봄

(7) 교인들이 한 교회에서 다른 교회로 이전하는 것을 이명증을 통해 규제함

(8) 각 교회의 모임에 대표자를 파견하여 공동체를 유지함(Kuyper, 1884a:78).

카이퍼에 따르면, 총회에 참석하는 교회 대의원들은 집단적으로 투표하지 말고 교회별로 투표해야 한다. 선출된 의장은 총회 후에는 더 이상 존재하지 않는다. 따라서 총회는 총회 후에도 운영을 지속하지 않고 완전히 해산된다. 총회는 총회 지시에 따라 미완료 업무를 처리해야 하는 대의원을 임명할 수 있다. 이 대의원들은 총회로부터 명확한 위임을 받으며, 그 위임을 받지 않은 이상 활동할 수 없다.

총회에서는 동일한 신앙고백적 기반을 가진 해외 교회들과 교회 간 서신을 유지하기 위하여 조치도 취해진다. 이렇게 하여 그리스도의 교회의 보편적 특성이 드러난다. 특정 국가뿐 아니라 전 세계가 교회의 영역이다. 권위는 지역교회에 집중되어 있고, 모든 지역교회는 예수 그리스도의 한 몸의 계시이기 때문에, 교회들이 공식적으로 모이는 여러 모임은 동등한 권위를 지닌다. 사실, 공식적으로 구성된 여러 회의는 그리스도께서 자신의 교회 전체에 대해 가지고 계신 권위를 나타낸다. 그러나 카이퍼는 이처럼 여러 회의의 결정을 인정하지만, 그것들을 성령님의 결정과 동일시하지는 않는다. 여러 회의의 결정은 여전히 이의와 항소를 통해 교정될 수 있다. 왜냐하면 성령님의 무오한 말씀과 오류에 빠진 인간의 말 사이에는 항상 간극이 존재하기 때문이다(Kuyper, 1884a;25, 78-80, 103; 1898a;5, 7; 1891a:7).

6) 인간적 위계질서에 반대

카이퍼는 교회가 실제 교회처럼 지속적인 통치 기구(제도)를 갖춘 영구적인 조직으로 조직될 때, 사람들이 그리스도의 교회에서 스스로 권력을 행사할 기회가 생긴다고 말한다. 그리고 이러한 교회 통치가 더 이상 하나님 말씀에 따른 결정에 관심을 두지 않고 자신의 자유의지에 따라 발언하기 시작할 때, 그리스도의 권위는 교회에서 밀려난다. 하나님의 말씀에 반하는 인간적 규정이 유지될 때, 교회는 그리스도의 참된 교회로서의 형태를 잃게 된다. 따라서 교회는 인간의 폭정에 굴복하게 된다. 이에 대해 신자의 직분을 맡은 교회 구성원들은 거룩한 항의를 해야 한다. 교회의 개혁은 구성원들로부터 시작된다.

카이퍼는 예수 그리스도의 통치가 교회 안의 모든 인간적 위계질서에 대한 해답이라고 말한다. 그는 인간 통치와 대조되는 그리스도의 교회 통치를 아래와 같이 요약한다.

(1) 왕으로서 그분은 직분을 제정하시고 사람들을 그 직분에 임명하신다.

(2) 교회는 무조건적으로 하나님 말씀의 법에 자신을 구속한다.

(3) 성령님께서 교회 당회, 노회, 대회, 그리고 총회에 임하셔서, 그 회의의 심의를 인도하시고, 진실로 의장의 자리를 맡으신다 (Kuyper, 1888:264-65; 1884a:52-53, 109, 110; 1886a:32-44; 1887:31-46; Kuyper and Rutgers, 1886:22-35).

7) 참 교회와 거짓 교회

카이퍼는 네덜란드 신앙고백 제29조를 따라 참된 교회의 특징을 다음과 같이 제시한다. (1) 하나님 말씀의 순수한 선포, (2) 성례전의 순수한 집행, (3) 권징의 순수한 집행. 하지만 카이퍼는 참과 거짓이라는 개념을 다루는 데 있어, 명확하고 절대적 입장을 취하지는 않았다. 사실, 그는 참과 거짓이라는 개념이 의심스럽게 만드는 것보다 더 상대적인 이 주제를 다루면서도, 흑백 사이의 회색 지대를 고려해야 한다는 뛰어난 감각을 가지고 있다(Kuyper, 1884a:167-78).

카이퍼는 신앙고백이 세 가지 표지(표징) 가운데 하나의 온전한 순수성을 결여한 모든 교회를 곧바로 거짓 교회로 선언하려는 의도로 말한 것이 아니라고 주장한다. 그는 신앙고백이 단지, 이 세 가지 표지가 두드러지게 드러나는 교회는 분명히 참된 교회로 인정되어야 함을 말하고자 할 뿐이라고 한다. 신앙고백에 따르면, 거짓 교회란 단지 하나의 표지를 결여한 교회가 아니라, 자기 자신과 자기의 결정에 하나님의 말씀보다 더 많은 권위와 권능을 부여하며, 따라서 사람에게 그리스도보다 더 의지하고, 하나님의 말씀에 따라 거룩하게 살고자 하는 이들을 박해하는 교회를 말한다(Kuyper, 1884a:173). '거짓 교회'라는 제목 아래, 카이퍼는 변형된 상태에 있는 본질적인 그리스도의 교회, 변형이 극에 달하여 더 이상 그리스도의 교회가 아닌 거짓 교회, 그리고 변형이 사탄의 손아귀에 잡혀 교회를 사탄적인 대항 세력으로 변질시키는 세력이 된 본질적인 거짓 교회를 구분한다(Kuyper, 1884a:111-14).

카이퍼는 더 이상 그리스도의 몸의 지체가 없는 모임만이 교회의 본질을 상실한다고 분명히 말한다. "교회의 가짜 이미지가 전혀 남아 있지 않은 그러한 교회는, 그 기관들이 아무리 대칭적으로 순수하다 하더라도, …거짓 교회가 되었다." 그리고 그는 반대로 말한다. 그리스도의 살아있는 지체들이 존재하는 한, 그러한 교회의 기관(제도)이 부패했더라도 교회는 여전히 교회로서의 본질을 유지한다. "나무가 완전히 잘려지더라도 뿌리에 생명이 남아 있다면 나무의 본질은 그대로 유지된다."(Kuyper, 1884a:31).

8) 교회의 권위와 정부의 권위의 구별

카이퍼는 정부의 권위와 교회의 권위에 관해 기원, 본질, 본성, 그리고 범위를 구분한다. 기원적으로 정부의 권위는 삼위 하나님의 주권에서 직접 나오는 반면, 교회의 권위는 교회의 머리이신 중보자로부터 나온다. 본질적으로 정부 권위는 몸, 법, 소유라는 측면에서 외적인 삶에 영향을 미친다. 반면, 교회의 권위는 영적인 존재라는 관점에서 내적 인간과 관련이 있다. 본질적으로 정부의 권위는 강제력을 행사하는 통치 권위인 반면, 교회의 권위는 봉사하는 권위일 뿐이다.

범위에 있어서 정부의 권위는 이생에서 하나님의 의와 영광을 유지하는 목적을 가지고 있는 반면, 교회의 권위는 택함받은 자들의 사역을 통해 하늘의 행복을 누리며 하나님께 영광을 돌리는 것이다(Kuyper, 1884a:56). 따라서 (1) 국가의 시민으로서 모든 성도는 국가 권세자가 신자든 불신자든 관계없이 국가의 권위에 복종해야 하며, (2) 국가 권세자는 교회에서 어떤 방식으로든, 어떤 이름으로든 권위를 행사할 수 없다. 따라서 국가와 교회의 권위 영역은 완전히 분리되어 있다. 교회의 권위는 결코 강제적이거나 지배적이지 않고, 항상 봉사한다. 사실, 교회 안에서 신자들이 자신의 영과 말씀을 통해 자신의 권위 아래 복종하도록 인도하시는 분은 바로 그리스도이시다. 그러므로 교회는 왕께서 자기 자녀의 마음을 자신에게 순종하게 하심으로써 통치하는 독특한 군주제이다(Kuyper, 1884:56-59; 1891b:681; 1890a:10; 1890d:674; 1890e:636; 1890f:638).

9) 교회정치와 교회질서

카이퍼에게 중요한 것은 교회질서를 위한 조치가 아니라 교회정치의 원칙이다. 교회정치의 원칙은 교회법에서 비롯되는데, 그에 따르면 교회법은 오로지 교회의 법적 관계만을 다룬다. 이러한 교회의 법적 관계는 그리스도께서 말씀으로 권위를 부여하신 대로 교회를 섬기기 위해 사람들에 의해 제정된다. 교회법은 교회라는 기관(제도)에 적용되며, 교회의 영적인 면에는 적용되지 않는다(Kuyper, 1884a:133; 1890a:5). 그리스도의 교회에서 행사되는 모든 권리와 권한은 그리스도 안에 뿌리를 두고 있으며, 따라서 그분의 말씀에 완전히 귀속된다. 따라서 교회가 실제로는 자체적인 법을 제정하려 하지 않을 수 있지만, 그리스도로부터 받은 권한만을 행사하고 말씀의 요구에 따라 규제해야 한다. 교회의 권리와 직분의 권리는 교회 제도에서 나오는 것이 아니라, 그분의 말씀을 통해 그리스도에게서 나온다(Kuyper, 1890a;5: 1891c:682). 거의 모든 교회정치, 그리고 교회질서는 설교와 성례전을 순수하게 유지하는 데 그 목적이 있다. "이 두 가지와 관련된 교회질서를 제거한다면, 거의 모든 교회질서가 무너질 것이다"(Kuyper, 1888:262). 개혁파 교회질서는 거의 모든 다른 교회질서와 달리, 교회 구성원과 직분자들이 끊임없이 하나님의 말씀을 고수하도록 함으로써 교회의 영적 삶을 활성화한다(Kuyper, nd:292-93).

10) 지속적 개혁

교회 회복을 위한 투쟁에서, 카이퍼는 개혁에 대한 부르심이 모든 시대와 상황에서 동일하게 시급함을 항상 강조했다. 각 신자가 매일 회개해야 하듯이, 그리스도의 교회는 이 땅에서 눈에 보이는 모습으로 끊임없이 개혁되어야 한다. 교회는 악하고 불완전한 이 세상에 살고 있으며 죄로 인해 항상 변형의 징조를 보일 것이기 때문에 개혁의 의무는 계속된다. 교회가 스스로 지니고 있는 불경건하고 거짓된 것들을 묵묵히 받아들여서는 안 된다. 카이퍼는 여기서 우리가 거룩함의 티끌만큼도 만들어 낼 수 없음을 고백해야 한다고 말한다. 어둠 속으로 다시 가라앉은 교회는 오직 하나님의 은혜로운 역사를 통해서만 다시 빛을 바라볼 수 있다. 오직 성부 하나님만이 자신의 성령님을 통해 새 생명을 주시며, 자신의 말씀에 대한 새로운 순종을 통해 이를 행하신다(Kuyper, 1884a:116-21, 157).[112]

6. 카이퍼의 여러 교회정치 제도에 대한 평가

1) 천주교 제도

카이퍼는 특히 교회를 유기체이자 기관으로 보는 자신의 관점을 바탕으로 천주교 제도를 평가한다. 그는 천주교 제도에서 교회의 제도적 성격을 지나치게 강조하기 위해 교회의 유기적 성격을 부정하는 모습을 발견한다. 카이퍼는 천주교 제도를 네 가지 주요 특징으로 설명한다.

(1) 지상의 가시적 교회 전체를 위한 하나의 정부가 수립되었다.

(2) 교회는 성직자와 평신도 계층으로 나뉘고, 평신도는 교회정치에서 완전히 배제되었다.

(3) 천주교 정치는 원칙적으로 엄격한 군주제였다.

(4) 교회의 권위는 국가 위에 확립되었다.

---

112   카이퍼는 칼빈주의를 아이올리스 하프(Aeolusharp)에 비유하면서, 칼빈주의자들은 성령님의 바람이 불도록 우리 조상의 하나님께 기도해야 하고, 또한 그 하프가 완벽하게 조율되어 하나님의 거룩한 시온의 창가에 구비되어, 성령님의 바람이 다시 불기를 기다려야 한다고 시적으로 강조했다. Kuyper, 『칼빈주의 강연』, 353-54(역자 주).

천주교는 전 세계 교회를 위한 하나의 통일된 통치를 목표로 하며, 따라서 민족적 특수성으로부터 자유하려 한다. 천주교는 외부적인 결속 수단을 통해 교회의 일치를 보장하려고 시도하기에, 그리스도 안에서 교회의 유기적인 일치를 무시한다. 이렇게 되면 교회의 영적인 특성이 크게 희생된다.

평신도 요소(leke-element)는 민족적 차이(nasionale verskille)를 교회정치에 침투시키기에, 교회 통치에 평신도가 아니라 성직자가 참여한다. 또한 성직자는 독신제를 도입함으로써 민족적 연대에서 벗어날 수 있다.

공의회 제도(konsiliestelsel)에는 세계 교회의 일치를 표현하기에 무력하다. 오직 교황제만이 그것을 감당할 수 있다. 공의회(konsilie)에서 민족적 구별이 다시 드러나지만, 민족적 차이는 교황 안에서만 사라진다. 결국 그리스도 안에서의 일치는 공의회 안에서 결코 발견되지 않고 교황에게서만 발견된다. 그래서 엄격한 교황 중심의 군주적 체제가 확립된다.

천주교 정치는 교회를 하나님 나라와 동일시하기 때문에, 교회 위에 어떤 권력도 용납될 수 없다. 따라서 천주교 정치는 국가에 대한 교회의 권위를 확립하는 것을 목표로 한다(Kuyper, 1884a:44-45; 1890a:21-22).

2) 루터교와 에라스투스 체계

카이퍼에게 루터교 체계의 두드러진 단점은 특히 에라스투스 또는 알미니우스를 지지한 항론파(Remonstrantse) 체계와의 연관성인데, 이는 교회 권위의 부정을 수반한다. 루터교 체계는 또한 영토 체계라고도 불리는데, 단일 세계 교회가 군주 영토의 수만큼 많은 조각으로 나뉘어 각 지방 교회를 형성하고, 각 지방 군주의 주권 아래 있기 때문이다. 이에 따르면, 그리스도께서는 교회에 대한 자신의 권위를 그 나라를 다스리는 군주의 손에 맡기셨을 것이다. "그 땅의 주인은 종교를 자기 손에 맡긴다"(Kuyper, 1884a:46). 교회는 자체적인 권위를 가지고 있지 않다. 따라서 17세기 초에 항론파가 총회에 저항하고 지역 또는 교구 총회를 요구하게 된 것이다. 또한 교회가 이를 감당할 수 없다고 여겨 규율 도입에 대한 저항도 있었다.

카이퍼는 1816년 규정이 도입된 19세기 초 네덜란드에서 지역 제도와 에라스투스 제도가 항론파의 관점에서 강력한 영향을 미쳤다고 본다. 즉, 전체 지역에서 교회는 중앙 관리 하에 하나가 되어야 했고, 교구장 계급이 그런 분위기를 조성해야 했다. 따라서 소위 평신도 계층은 고려되지 않았다. 총회 위원회는 루터교 교구 의회를 구성했다. 교회의 모든 활동은 단지 훈계에 그쳐야 했고, 모든 고백의 양상은 용인되어야 했다. 그래야 교리 문제에 대한 교회의 권위 문제가 다시 제기되지 않을 것이기 때문이다(Kuyper, 1884a:46-47).

3) 독립교회 제도 또는 회중교회 제도

카이퍼는 독립교회 정치에 대해 특별한 감사를 표한다. 그는 이 제도 덕분에 칼빈주의가 특정 부분에서 발전할 수 있었다고 주장한다. 이는 교회의 핵심은 선택이며, 교회의 규범은 하나님의 말씀이며, 지역교회의 독립성과 지역교회들 간의 연합적 관계가 유지된다는 관점을 견지한다. 그러나 독립교회 제도가 개혁교회 정치와 다른 점은 아래와 같다.

(1) 이 제도의 출발점은 지역교회가 아니라, 교회적으로 조직된 모든

신자 공동체이다. 이러한 집단을 '회중'이라고 부른다.

(2) 일반적인 의미의 교회 권위뿐만 아니라 통치 권위도 교인들에게
있다. 이에 따르면, 모든 문제에 대한 결정적인 권위는 교회 의회가
아니라 회중에게 있다.

(3) 가르치는 장로와 다스리는 장로의 구분이 폐지되어 모든 장로가
교사가 될 수 있고, 따라서 평생 직분을 수행할 수 있게 된다.

(4) 여러 교회가 권위 있는 상회가 아닌, 단순한 회의만 개최한다. 이
로 인해 전체 교회 위에 계신 그리스도의 권위, 그리고 개별 교회
들이 하나님의 말씀의 길에 머물도록 붙들어 주는 상회의 권징이
훼손된다.

(5) 신앙고백, 교리문답, 또는 예전을 통해 이단적 신념에 맞서 성경의
진리를 옹호할 교회의 모든 권리는 논쟁의 대상이 된다. 이 체계에
따르면, 성경은 일치의 '상징'으로 남아야 했다.

카이퍼는 독립주의가 사실상 교회의 가시적인 형태를 그림자로 축소
하고, 택함받은 자들의 모임이라는 영적인 성격으로 완전히 물러나게 하
려는 시도라고 비판한다. 결과적으로, 그리스도 교회의 법적 영역은 신
자들의 공동체 뒤로 밀려나게 된다(Kuyper, 1884a:50-51).

4) 결사체주의(협력주의) 체제

카이퍼에게 결사체주의(협력주의) 체제는 프랑스 혁명의 사상을 교회
에 적용한 것에 다름 아니었다. 그는 그리스도 교회의 모든 권위의 근원
으로서 '국민 주권' 사상을 이 체제의 주요 특징으로 여긴다. '협력'(kol-
legia)이라는 용어는 결사체를 의미하며, 이교 로마에 존재했던 결사법
에서 유래했다. '콜레지아 리치타'(Collegia licita)는 법으로 인정된 합법

적 결사체를 가리켰다. 이런 체제에서는 그리스도의 주권적 권위는 사라지고, 하나님의 말씀은 더 이상 권위를 갖지 못하며, 인간의 위계질서가 그리스도의 교회를 지배한다. 진리의 기준과 권위의 행사는 다수결에 의해 결정된. 만약 절반에 한 표를 더한 표가 예수 그리스도를 지지한다면 그런 교회는 기독교 교회이지만, 만약 다수결 결과가 이와 다르다면 교회는 기독교적 성격을 완전히 잃게 될 수 있다. 결사체주의(협력주의) 체제는 카멜레온처럼 주어진 상황에 따라 스스로를 적응시킬 수 있다. 왜냐하면 그리스도의 권위가 인간의 자유의지의 권위로 대체되기 때문이다(Kuyper, 1884a:51-52; 1890a:35-37).

7. 요약: 교회정치 전문가의 관점에서 본 카이퍼

카이퍼는 교회법 전문가로서 성장하는 동안 여러 모순적인 영향을 받았고, 그 영향 중 일부는 나중에도 간과되지 않았다! 하지만 16세기와 17세기 초의 옛 개혁파 교회법은 그의 궁극적인 기원으로 여겨져야 한다. 교회의 경직성과 신앙의 침체기에 카이퍼는 개혁 교회법의 뿌리로 돌아가는 길을 설계하고 건설하는 주요 인물이었다.

그는 칼빈주의자가 되고 싶어 하지 않았지만, 하나님의 말씀에 대한 경외심 때문에 칼빈의 토대를 자신의 출발점으로 삼을 수밖에 없었다. 따라서 카이퍼는 단순히 칼빈의 필사자가 아니었다. 그는 자신만의 방식으로 옛 개혁 교회법을 당시 상황에 맞게 해석하고, 자신만의 뚜렷한 강조점을 가미하여 자신만의 해석을 제시했다. 여기에 대한 비판이 있어왔다(Bavinck, 1883:555; Ten Hoor, 1890:11, 21, 37-42, 49, 90, 109-154; Beuker, 1890:87-100, 413, 551-52; Doekes, 1913:443-50; Haitjema, 1931:345; 1933-1934:138-202; 1970:151; Batteau, 1984:119-35; Trim and Veling, 1989:335).

카이퍼는 교회법의 본질과 본질에 대한 자신의 견해를 성경에 충분히 근거하지 않았다. 권위 있는 '신학 백과사전'(Encyclopedie der Heilige Godgeleerheid)에도 불구하고, 그는 교회법을 '교회의 법적 행위와 사람들이 교회를 섬기면서 수립하는 법적 관계에만 관련된' 신학으로 보았다(Kuyper, 1890a:5).

교회질서를 교회 생활의 모든 측면과 본질적으로 자신의 교회에 대한 하나님의 법으로 보지 않았기 때문에, 이러한 편협함은 카이퍼로 하여금, 부분적으로는 젊은 시절의 다양한 영향으로 인해, 예를 들어 교회를 유기체나 기관으로 설계하는 등의 작업을 하게 만들었다. 바로 앞서 언급한 영향들 때문에, 그는 종종 철학적 구성에서 출발점을 찾은 후, 이를 하나님의 말씀과 조화시키려고 노력했다(Van Leeuwen, 1946:221). 이로 인해 그의 귀중한 신학 저작 곳곳에서 그늘이 드리워졌다. 이로 인해 하이체마(Haitjema)는 개혁파 관점에서 문화 철학자 카이퍼를 신학자 칼빈과 비교할 수 없다고 예리하게 지적한다(Haitjema, 1931:340, 341, 344-45).

카이퍼가 교회를 유기체와 기관 그리고 보이지 않는 교회와 보이는 교회로 분류한 것은 어떤 의미에서 교회의 일치와 모순된다. 이는 고백적인 의미에서의 교회 교리가 아니라, 카이퍼 자신의 풍부한 사상 세계에서 탄생한 것이다. 텐 호어(1990:21-90)는 카이퍼가 기관으로서의 교회와 유기체로서의 교회를 분리함으로써, 사실상 두 개의 그리스도인 집단을 형성한다고 주장한다. 이 두 집단은 매우 독립적으로 기능하기 때문에, 유기체는 완전히 왜곡된 기관에서도 여전히 참일 수 있다. 마찬가지로, 보이지 않는 교회와 보이는 교회는 각각 고유한 본질을 가지고 있으므로 사실상 두 교회이다. 보이는 교회는 항상 교회의 보이는 면이 아니라, 보이지 않는 교회의 '영역'(kring)과 구별되는 별도의 '영역'이기 때문이다.

카이퍼는 보이지 않는 교회와 보이는 교회를 동일한 교회를 바라보는 두 가지 다른 방식으로 명확하게 규정하지 않았기 때문에, 이 두 개념은 종종 서로 분리되거나, 심지어 서로 반대되는 개념으로 기능한다. 존재와 형성, 유기체와 제도(기관), 지역교회와 보편교회처럼 말이다(Buys, 1970:150-51; Van Leeuwen, 1946:223-25). 다우마(1984:133)도 마찬가지로 카이퍼의 유기체 개념이 지지될 수 없음을 지적하며, 이를 '사실을 산산이 조각내는' 19세기 낭만주의로 규정한다.

바빙크 역시 유기체와 기관이라는 개념을 사용하지만, 카이퍼와는 분명히 다른 방식으로 사용한다. 그에게 유기체는 보이는 교회, 즉 신자들의 모임과 동일한 개념이다. 그에게 유기체와 기관은 서로 다른 두 영역을 가리키는 것이 아니라, 동일한 가시적 교회를 바라보는 두 가지 방식을 가리킨다. "따라서 교회가 기관, 즉 직분과 사역, 말씀과 성례전, 그리고 모든 형태의 교회정치를 통해서만 가시화된다는 의견 또한 옳지 않다. 이 모든 것을 잊더라도 교회는 여전히 가시적이다. 모든 신자는 삶의 모든 영역에서 고백과 실천을 통해 자신의 신앙을 드러내며, 모든 신자는 자신의 신앙과 삶으로 세상에 맞서 함께 서 있기 때문이다"(Bavinck, 1911:331).

판 베이크(1968:16)는 카이퍼의 기관(제도)과 유기체 구분이 타당하지 않다고 지적한다. 그는 이것이 성경적 구분이 아니라 신학적-교리적 성찰의 산물이라고 본다. 그는 '기관으로서의 교회' 또한 유기체로 보고,

'유기체로서의 교회' 또한 기관적 형태를 취한다고 본다. 이러한 구분을 통해 "우리는 이제 일요일 교회(기관)와 월요일 교회(유기체)라는 천주교적 이원론에서 벗어나게 된다." 유기체와 기관의 구분 대신, 판 베이크는 훨씬 더 명확하고 웅변적이고 더 성경적 개념인 "한편으로는 천국이 교회를 생산하고, 다른 한편으로는 교회가 천국을 소개한다"(Van Wyk, 1968:16)로 신학화하는 것을 선호한다.

바빙크(1883:555)도 카이퍼의 교회 공동체 표현에 대해 비판을 표명했다. 바빙크는 지역교회가 그리스도의 몸의 계시이며, 일반 교회나 교회 공동체로부터 본질을 받지 않는다는 기본 원칙에 대해 카이퍼에 동의한다. 바빙크는 또한 지역교회의 독립성에 전적으로 동의하지만, 카이퍼가 교회 공동체의 힘과 의미를 희생하면서 일방적으로 강조한다고 비판한다. 즉 모든 교회의 연합과 연대만으로는 충분하지 않다는 입장이다. 교회가 다른 교회들과의 연결을 통해 생겨나거나 존재하지 않는 것처럼, 다른 교회들을 다스리시는 대왕 예수님의 교회는 다른 교회들과 무관하게 그 자체로는 완전할 수 없다(Dodden, 1986:95; Van Leeuwen, 1946:228-30).

교회의 다양성에 대한 질문에 대한 답을 찾으려는 카이퍼의 다원성 교리 또한 심각한 비판을 불러일으킨다. 스킬더(1933-1934:138, 146-202)는 이 문제에 대해 예리하게 주장한다. 그는 다원성이 교리나 이론이라는 이름을 가질 자격이 없으며, 교회 내의 분열과 분열에 대한 심각한 어려움을 피하기 위한 생각의 도피에 불과하다고 간주한다. 그것은 "추한 것에 대한 듣기 좋은 단어이다"(Van Leuwen, 1946:227). 다우마(1984:135)는 카이퍼의 다원성 교리에 대한 평가에서 이에 동의한다. 그는 교회들이 다양한 꽃과 하나의 화단처럼 아름다운 색깔을 띠는 것이 아니라, 서로 거짓과 진실 속에서 번성하기 때문에, 이 교리를 '매우 추측'에 기반한 것이어서 "받아들일 수 없다"라고 말한다(Douma, 1984:134). 그러나 후대에 카이퍼가 기억할 만한 내용으로 마무리하자면, 카이퍼의 교회법에서 가장 중요한 요점 중 하나는 예수 그리스도를 교회의 왕으로 온전히 인정하고 모든 인간적 고려 사항을 그분께 종속시켜야 한다는 사실이다. 이러한 근본적인 출발점에서 카이퍼가 모든 형태의 단체주의, 특히 교회 공동체를 말씀과 신앙고백보다 우선시하는 단체적(결사체주의적) 관점에 대해 격렬하게 반대했던 것은 이해되어야 한다.

카이퍼는 교회의 일치를 하나의 국가적 교회, 제도적 일치, 규제적 유대에서 찾지 않고 오직 신앙의 일치에서 찾았다. 그러므로 예수 그리스도 안에서 여러 곳에서 그분의 유일한 교회의 왕으로서의 연합이 필요하다. 카이퍼는 또한 당시 교회라는 개념의 주류를 신자들 외부의 구조에서 벗어나 그리스도를 믿는 신자들의 모임이라는 본질로 이끌었다.

카이퍼의 지속적인 공적, 즉 100년이 지난 지금도 네덜란드를 훨씬 넘어, 그가 여전히 상당한 영향력을 행사하는 이유는 그가 16세기와 17세기 초의 옛 개혁파 교회법으로 향하는 길을 열어주었기 때문이다. 그가 제시한 가장 탁월한 사항 중 하나는 지역교회의 독립성이다.

필자가 보기에, 이것은 옛 교회질서들에 분명히 드러난다. 카이퍼는 교회 안의 권위의 본질과 사역 방식, 교회 연합의 연합적 성격, 그리고 지속적인 개혁을 추진했다. 종합의 인물이자 길을 설계하고 건설했던 카이퍼의 가장 훌륭한 점은 교회가 개혁된 삶을 살아가도록 만든 것이다. 그것도 교회의 그 왕을 섬기면서 말이다.

참고문헌

Bavinck, H. *Gereformeerde Dogmatiek IV.* 2de Hersieneen Vermeerderd-
edruk. Kampen: Kok, 1911.

_____. "Reformatie der Kerken." *De Vrije Kerk, Vereeniging van Christelijk
Gereformeerde Stemmen* IX (1883): 542-75.

Batteau, K. "De Theologie van Abraham Kuyper: Een Beoordeiing." *Radix*
13/4 (1987): 188-218.

Beuker, H. "Het Tractaat van de Reformatie der Kerken en het Artikel van
Ds. Ten Hoor." *De Vrije Kerk, Vereeniging van Christelijk Gereformeerde
Stemmen* XVI (1890): 87 en verder.

Bouma, H. "Wederkeer in Doleantie." In Deddens, D. en Kamphuis, J. red.
Doleantie-Wederkeer, Opstellen over de Doleantie van 1886. Haarlem:
Vijlbrief, 1986: 9-33.

Buys, P. W. "Die Ekklesiologiese Onderskeiding Organisme en Instituut as
Antwoord op die Problematiek van die Volkskerk." Proefskrif (ThD)-
PU vir CHO, 1970.

Coetzee, P. J. *Luther, Kuyper en Ons: 'N Perspektief op die Roeping tot Refor-
masie.* Potchefstroom: PU vir CHO, 1980.

Deddens, D. "Het Doleantiekerkrecht en de Afgescheidenen." In Deddens, D
en Kamphuis, 1. red. *Doleantie Wederkeer, Opstellen over de Doleantie
van 1886.* Haarlem: Vijlbrief, 1986: 57-150.

Doekes, C. l. "Een Averechtsche Bewijsvoering." *Gereformeerde Theologisch
Tijdschrift* XIII (1913): 443-50.

Doekes, L. "Het is Mijn Moeder." In Deddens, D. en Kamphuis. J. red.
Doleantie-Wderkeer, Opstellen over de Doleantie van 1886. Haarlem:
Vijlbrief, 1986: 35-56.

Douma, J. *Politieke Verantwoordelijkheid.* Kampen: Van den Berg, 1984.

Haitjema, Th. L. "Abraham Kuyper und die Theologie des Hollandischen
Neucalvinismus." *Zwischen den Zeiten* IX (1931): 331-54.

Kuyper, A. "Bij het Afsterven van Mijn Trouwen Vriend Rutgers." *De Heraut* 244 (1917), 25 Maart.

_____. *Predicatien in de Jaren 1867 tot 1873 tijdens Zijn Predikantschap gehouden te Beesd, te Utrecht en te Amsterdam.* Kampen: Kok, 1913.

_____. *Pro Rege: Of het Koningschap van Christus. Dl. 2.* Kampen: Kok, 1911.

_____. *Het Calvinisme. Zes Stone-Lezingen.* Amsterdam: Hoveker en Wormser, 1998a.

_____. "Van het Kerkelijk Ambt." *Gereformeerde Stemmen uit Vroeger en Later Tijd.* 2de Serie 1 (1898b): 1-45.

_____. *E Voto Dordraceno: Toelichting op den Heidelbergschen Catechismus. Dl II.* Amsterdam: Wormser, 1893.

_____. *De Heraut* 758 (1892), 3 Julie.

_____. *Calvinisme en Revisie.* Amsterdam: Wormser, 1891a.

_____. *De Heraut* 681 (1891b). 11 Januarie.

_____. *De Heraut* 682 (1891c). 18 Januarie.

_____. *Seperatie en Doleantie.* Amsterdam: Wormser, 1890a.

_____. *De Heraut* 671 (1890b). 2 November.

_____. *De Heraut* 668 (1890c). 12 Oktober.

_____. *De Heraut* 674 (1890d). 23 November.

_____. *De Heraut* 636 (1890e). 2 Maart.

_____. "Collegiaal Stelsel." *De Heraut* 638 (1890f). 16 Maart.

_____. *Het Werk van den Heilige Geest. Dl I.* Amsterdam: Wormser, 1888

_____. "Derde Referaat: Wat Ons Tegenover de Tweede Hierargie te doen Staat." In Rutgers, F. L, De Savornin Lohman, A. F., Kuyper A. red. *Gereformeerd Kerkelijk Congres: Het Juk der Tweede Hierargie.* Drie Referaten. A'dam: Wormser, 1887: 31-46.

_____. *Het Dreigend Conflict: Memorie van de Gevolmachtigde Commissie uit den Amsterdamsche Kerkeraad ter Voorlichting der Gemeente in Zake de Attesten.* Amsterdam: Kruyt, 1886a.

_____. *Afwerping van het Juk der Synodale Hierargie.* A'dam: Wormser, 1886b.

_____. *Het Conflict gekomen, II: Ons Vrij Beheer bedreigd en beveiligd.* 3de Druk. Amsterdam: Kruyt, 1886c.

_____. *Tractaat van de Reformatie der Kerken: Aan de Zonen der Reformatie Hier te Lande op Luthers Vierde Eeuwfeest.* Volksuitgawe. Amsterdam: Hoveker en Zoon, 1884a.

_____. *De Heraut* 356 (1884b). 14 Oktober.

_____. *De Heraut* 385 (1883). 10 Junie.

_____. *De Heraut* 236 (1882). 2 Julie.

_____. *Revisie der Revisie Legende, met Bijlagen: Voorafgaat Een 'Publyckepistel' met Twee Annexen aan JJ van Toorenenbergen.* Amsterdam: Kruyt, 1879.

_____. *Confidentie.* Amsterdam: Hoveker en Zoon, 1873.

_____. *Kerkvisitatie te Utrecht in 1868.* Utrecht: Van Peursen, 1868.

_____. *Wat moeten Wij doen-Het Stemrecht aan Ons Zelven Houden of den Kerkeraad Machtigen?: Vraag bij de Uitvoering van Art. 23.* Culemborg: Blom, 1867.

_____. "Locus de Ecclesia." In *Dictaten Dogmatiek, Dl. IV.* College Dictaat van Een der Studenten. 2de Druk. Kampen: Kok, Nd.

Kuyper, A. en Rutgers, F. L. *Contra-Memorie: In Zake Amsterdamsch Conflict, volgens Opdracht van de Geschorste Leden van den Kerkeraad.* 2de Druk. Amsterdam: Kruyt, 1886.

Nauta, D. "Conventikel." In *Christelijke Encyclopedic, dl II*, red. Grosheide, F. W. en Van Itterzon, G. P. 2de Hersiene Druk. Kampen: Kok, 1957: 295.

Schilder, K. "Pluriformiteit en Epigonisme." *De Reformatie* XIV (1933-1934): 138-202.

Ten Hoor, F. M. *Afscheiding en Doleantie in Verband met het Kerkbegrip.* Leiden, 1890.

Trimp, C en Veling, K. "A Kuyper. De Reformatie." *Weekblad tot Ontwikkeling van het Gereformeerde Leven* 64/16 (1989): 322-36.

Van Leeuwen, P. A. *Het Kerkbegrip in de Theologie van Abraham Kuyper.* Franeker: Wever, 1946.

Van Wyk, J. H. "Hoeveel Kerkbegrippe is by Ons in Swang?" *In die Skriflig* 2/7 (1968): 12-26.

Winckel, W. F. A. *Leven en Arbeid van Dr. A. Kuyper*. Amsterdam: Ten Have, 1919.

4부

교회 공동체를 세우는 질서

4부

교회 공동체를
세우는 질서

교회의 머리이신 그리스도[113]

1. 서론

장로회 정치는 교회를 '유기적인 연합체'로 유지하며, 이 연합체는 교회 안에서 살아 계시고 현존하시는 예수 그리스도를 중심으로 살아가며, 그분께 종속된다.[114] 장로회 정치의 전형적인 실례인 도르트 교회질서(1619)는 근본적으로 그리고 역사적으로 그리스도가 하나님 교회의 유기적이고 따라서 유일한 머리라는 성경적 고백에 기초하고 있다(골 1:18).

교회질서의 조항들은 이러한 생명의 근원 위에 원칙적인 유기체를 형성한다. 따라서 한 조항을 다른 조항을 희생하면서 유지할 수는 없다. 또한 책임 있는 개혁 행위가 아니라면, 전체를 훼손하지 않고는 한 조항을 폐기할 수 없다. 교회질서의 원리적-유기적 통일성은 교회질서의 모든 조

---

113   이 글은 남아공 개혁교회(GKSA) 킴벌리교회 목사 판 덜 발트(J. J. van der Walt)의 "Christus as Hoof van die Kerk en Art. 46 van die Kerkorde," *In die Skriflig* 8/32 (1974), 5-9를 번역한 것이다.

114   좀 더 광범위한 설명을 보려면, 다음을 참고하라. J. J. van der Walt, "Christus as Hoof van die Kerk en die Presbiteriale Kerkregering"(교회의 머리이신 그리스도와 장로회 정치), (Th.D. Proefskrif, PUCHO, 1974).

항이 교회법의 첫 번째 원칙, 즉 그리스도께서 머리이심을 '성별하고 보존하며, 실현하고 보존'하기 위해 일치해야 한다는 요구를 강조한다.[115]

그리스도께서 그분의 몸인 교회의 머리이심을 핵심으로 하는 의미는 필연적으로 교회정치가 교회가 여전히 참으로 예수 그리스도의 교회인지를 평가하는 결정적인 요소임을 수반한다. 아버지 하나님의 아들 예수 그리스도만이 교회의 유일하고 살아계시며 참된 머리이심을 교회정치에서 일관되게 고수하지 않는 교회는 참된 교회의 특성을 침해하는 것이다.[116]

2. 교회 조직에 대한 그리스도의 머리되심이 요구하는 바[117]

예수 그리스도께서 교회의 머리이심을 고백하는 것은 아래와 같은 근본 원칙들이 교회질서에서 실현되어야 함을 요구한다.

- 그리스도께서는 자기 몸인 교회에서 머리로서 유일하고 유기적인 통치권을 가지고 계신다.
- 이 통치권은 그리스도께서 하늘과 땅에서 그분의 절대적인 권능을 통해 행사하신다.
- 그리스도께서는 또한 성경과 함께 성령님을 통해 교회에서 직접 통치권을 행사하신다.

---

115   J, Hovius, *Het Verband tussen Onze Belijdenis en Onze Kerkorde*, 20.

116   참고. 네덜란드 신앙고백서 제29조.

117   Van der Walt, "Christus as Hoof van die Kerk en die Presbiteriale Kerkregering"의 제2-3장.

- 그리스도께서는 중재적 교회정치(middellike kerkregering)에서 성령님의 역사로 회중의 선거를 통해 사람들을 부르시어, 교회에서 주님 자신의 말씀의 권위를 행사하는 사역을 하신다. 장로들이 이 사역을 직접 행하거나, 장로들이 교회 당회원으로서, 또는 교회의 여러 회의의 대표로서 행한다.
- 머리와 교회의 유기적인 일치 안에서, 신자들은 신앙의 권위 안에서 장로들의 사역적 개입 없이, 성령님과 말씀을 통해 그리스도의 통치 아래 서 있으며, 본질적으로 장로들과 동일한 통치 지침을 받는다.

위의 기본 원칙을 충족하기 위해 교회질서는 각 조항의 규정을 일관되게 지배하는 특정 요건을 충족해야 한다. 이러한 요건은 세 가지로 요약할 수 있다.

- 교회 내 특정 예배를 담당하는 목사들 사이에는 평등이 있어야 한다.
- 성인 회원으로서 신자들은 그리스도와 직접적인 관계를 유지해야 한다.
- 교회에서 공식적으로 행사되는 권세와 권위는 하나님의 말씀을 절대적인 한계로 삼아야 한다.

3. 도르트 교회질서 제46조의 유기적 위치[118]

---

118   남아공 개혁교회(GKSA)가 사용하는 것과 동일함.

개혁자들의 발자취를 따라 교회는 교회정치에서 교회질서의 권세를 자기 것으로 삼는다. 주 예수님께서는 천국의 열쇠들을 당신의 종인 사람들에게 맡기심으로써 교회를 인도하신다. 교회의 이 힘과 권위는 "형언하지 못할 정도로 영광스럽다."[119] 여기에는 '부르심과 책망과 성례 집례와 권징 집행'이라는 권세가 포함된다. 따라서 이 권세가 무제한적이고, 불확실하며, 무조건적이라면, 이는 교회의 유일하고 참된 머리이신 그리스도의 보좌를 빼앗는 것과 다름없다. 그러나 교회질서는 이 권세에 대해 명확한 한계를 정해둔다.

1) 교회 권세의 한계로서의 말씀

교회질서의 출발점은 도르트 교회질서 제1조에서 찾을 수 있다. '선한 질서'에 대해 이야기할 때, 고린도전서 14:40에 대한 숨겨진 언급이 포함되어야 한다. 이는 두 가지 의미를 지닌다. 첫째, 재세례파가 교회질서에 저항하는 것을 거부하는 것이고, 둘째, 교회질서를 성경에 결속시키는 것이다. '질서'는 고린도전서 14:40의 문맥에서 '무질서'(14:33)와 반대되는 개념이며, '무질서'는 '평화'의 반대말이다. 따라서 사도 바울은 "하나님은 평화의 하나님이시며, 따라서 질서의 하나님이시다"고 말한다. '질서'는 교회와 교회의 머리 사이의 유기적인 일치 안에서 조화로운 평화를 의미한다. 왜냐하면 그분은 교회의 평화이기 때문이다(참고. 엡 2:14 이하). 따라서 교회질서 전체는 말씀에 종속되고 의존한다. 말씀 안에서 예수님께서 주시는 평안을 누리는 삶이 결정될 것이다.

---

119   W. D. Jonker, *Die Regering van Christus in Sy Kerk*, 9.

말씀은 규정과 신약교회의 본보기를 통해 교회질서를 결정한다. 이 질
서는 교회법의 골격을 이룬다. 또한 그리스도의 명령을 가장 질서 있게
수행하는 데 필요한 것만이 결정된다. 불필요한 규제는 삶을 경직되게
만든다. 왜냐하면 그것은 율법주의, 결의론(kasuïstiek),[120] 성령님을 소
멸, 그리고 세속적인 문자적 율법 준수를 조장하기 때문이다. 교회질서
는 규제에서 벗어나 머리이신 그리스도의 진정한 통치와 주님의 종들의
마음과 생각 속에서 말씀을 통해 성령님께서 역사하실 수 있는 여지를
남겨둔다.

2) 말씀과 교회 안의 정의의 집행

성령님과 말씀을 위한 공간은 명백히 제31조에서 드러난다.[121] 이 조항
은 소위 '지역교회의 비준권'(ratificatiereg)을[122] 상급 회의(meerdere
vergaderings)의 권한(auctoritas)에 대한 한계로 규정하지 않는다. 이
조항은 하나님의 말씀을 모든 교회의 권위와 권력의 한계로 제시하며,
이는 상급 회의뿐 아니라 지역교회에도 동일하게 적용된다. 이 점에서
교회는 자기 고유의 권력과 권위를 주장하는 거짓 교회와 구별된다. 하
나님의 말씀 안에 교회의 권위와 권력의 한계가 놓여있다는 사실은 제
31조에서 '상급 회의에의 상소'가 어디에서, 그리고 어떤 방식으로 비성경

---

120 결의론은 사회적 관습이나 교회 혹은 성경의 법에 비추어 도덕 문제를 해결하려는
중세 스콜라 철학의 윤리학 이론이다(역자 주).

121 도르트 교회질서 제31조: "교회 회의에서 다수결로 결정된 것은 그것이 하나님의 말
씀과 상반된다는 것이 증명되지 않는 한 확고하고 구속력이 있는 것으로 간주되어야 한다."

122 참고. H. Meulink & J. de Wolff, *Korte Verklaring van die Kerkenordening*, 78; L.
S. Kruger et als, *Handleiding by die Kerkorde van die Gereformeerde Kerk in Suid-Afri-ka*, 195, 210; F. L. Bos, *De Orde der Kerk*, 124.

적임을 입증해야 하는가를 규정하는 근거가 된다. 즉, 결정을 내린 회의는 말씀에 근거한 상급 회의의 판단에 직면하게 된다. 이러한 판단(재판)은 그리스도의 통치가 통과되도록 해야 한다. 따라서 그것은 결코 법률적(juridiese) 방식으로, 더군다나 율법적(wettiese)이나 세속적 방식으로 행사되어서는 안 된다.[123] 그 재판은 교회의 정치가 만들어내는 질서가 그리스도의 평화를 실현하도록 이루어져야 한다.

3) 교회의 심판자로서의 머리 자신

교회질서는 또한 제삼자가 판단을 내리지 않는 방식으로 그리스도의 교회 통치를 위한 여지를 마련한다. 두 당사자는 하나님의 말씀으로 함께 나아가 교회의 머리 앞에 즉 "우리가 상관할 분의 눈앞에서 공개적으로 서게 한다"(히 4:13). 여기서 문제는 재판이 아니라 설득이다. 그리고 이것은 교회질서 제46조에서 규정된다.[124]

교회질서에서 항상 적용되어야 하는 진실성이 여기서 강조된다. 그리스도께서 교회의 권위 있는 머리이시라는 사실은 사랑이 교회정치의 방식을 결정함을 의미한다. 진리는 사랑 안에서 존중되어야 한다. 교회가 진리에서 벗어나거나 교회정치가 냉정한 법적 절차로 전락할 때, 교회의 머리께서는 뒷전이 되고 만다. 이는 부정한 계략이나 조작을 통해 상대방을 이기는 교활함과 간계에도 동일하게 적용된다(엡 4:14).[125]

123　Jonker, *Die Regering van Christus in Sy Kerk*, 12.

124　"여러 회의에서 심의할 사항은 이전 총회의 제안된 사항에 관한 결정이 검토되기 전에는 작성되어서는 안 된다. 즉, 한 번 결정된 사항은 변경할 필요가 있다고 판단되지 않는 한 다시 제안되어서는 안 된다."

125　Hendriksen, *Ephesians*, 202.

제46조의 취지는 원래 불필요한 결정의 반복을 방지하는 것이었다.[126] 그러나 개혁파 교회질서는 처음부터 이 조항에서 교회의 결정에 필요한 변경을 할 권리와 의무를 온전히 인정한다. 이는 교회질서에서 독특한 점이다. 이는 조항의 마지막 문장인 '변경이 필요하다고 판단되는 경우를 제외하고'에 명시되어 있다.

여기서는 여러 회의의 이름만 언급한다. 교회 당회도 오류가 있을 수 있다. 따라서 제29조와 마찬가지로 이 조항은 '교회 회의들'로 수정되어야 한다. 또한 이 조항이 1964년 GKSA 총회 결정과 명확히 일치하도록 해야 한다. "문제가 되는 결정을 내린 회의에 중대한 사안을 제기해야 한다."[127]

변경 요청은 다양한 방법으로 교회 회의에 제출될 수 있다. 설명의 요점, 호소, 불평(gravamen)과 같은 협소한 선택지만 있는 것은 아니다. 푸시우스는 다음과 같이 말했다. "불만 사항은 교회에서 발생한 소송이나 모든 교회에 직접 또는 어떤 방식으로든 영향을 미치는 사건에 대한 증거를 요구한다. 이러한 불만 사항은 한 교회나 그룹만으로는 완전히 해결할 수 없다."[128]

공식적 근거에 따른 이의제기를 거부하는 행위는 결코 가볍게 이루어질 수 없다. 그리고 이의제기 사례는 거의 무제한이다. 이것을 마치 이의를 고집하여 반영하는 것처럼 보아서는 안 된다. 그럴 수도 있지만, 일반

---

126 Bos, *De Orde der Kerk*, 174.
127 I. van Dellen & M. Monsma, op. cit., 129.
128 Gisberti Voetii, *Politica Ecclesiastics (3 Parts, 4 Volumnia)*, IV, 124. 더불어 J. Jansen, *Korte Verklaring*, 205도 참고하라.

적으로 그것은 교회의 성숙과 삶의 정신을 반영한다. 신앙고백과 교회질
서조차도, 그리고 가장 공식적 행위조차도, 고린도교회 여성들이 머리에
쓴 숄을 벗은 것처럼 그리스도의 머리 되심을 손상시키는 경우라면 이의
를 제기할 수 있다(고전 11:3).[129]

이 '매우 실용적 조항'의 독특한 점은 무엇인가? 이 모든 것은 무엇을
말하고 있는가? 그것은 아래와 같이 말한다.[130]

- 개혁파 교회질서에는 하나님의 말씀에 얽매인 가장 고상하고 가장
  낮은 문제에 있어서 양심의 자유가 있다.

- 개혁교회 지도자들은 (가장 영광스러운 권세를 행사하고 그리스도
  의 통치 사역을 감당하면서) 여전히 겸손하게 고백한다. 우리는 죄인
  이며, 일시적이고, 시간에 얽매이며, 종종 모든 지혜를 잃고, 문제에
  대한 통찰력이 부족하며, 따라서 항상 하나님께 전적으로 의존한다.
  하나님께서는 당신의 아들을 우리의 머리로 우리에게 계시해 주셔
  야 한다(마 11:25-27).

- 주 예수님께서는 비록 인간의 약하고 불완전한 섬김을 통해서일지라
  도, 당신의 교회를 친히 다스리신다.

---

129   Van der Walt, "Christus as Hoof van die Kerk en die Presbiteriale Ker-
kregering," 28.

130   Bos, *De Orde der Kerk*, 174.

장로회 정치와 교회의 질서[131]

서론

남아공 개혁교회(Gereformeerde Kerke van Suid-Afrika; 이하 GKSA)는 1618-1619년 사이의 장로회 정치 제도를 예수 그리스도를 교회의 머리로 인정하는 것으로 해석한다. 이러한 인정은 하나님의 말씀과 성령님을 통해 전달되며, 신학교 교수, 박사, 하나님의 말씀을 맡은 목사, 장로, 집사를 포함한 다양한 직분을 통해 이루어진다. 각 교회는 지역적으로 활동하지만, 연합을 강조하는 교단과 같은 더 넓은 교회 공동체(kerkverband)의 일부이다. 교회 공동체 내의 이러한 연합 의식은 노회(Classis), 대회(Regional Synod), 총회(General Synod)라는 상위 회의(higher assemblies)의 형성을 촉진한다. 이러한 회의들은 지역교회들이 함께 모여 그리스도의 교회 내에서 질서를 유지하는 데 서로 돕는 발판이 된다.

---

131 본 논문은 남아공 개혁교회(GKSA) 목사 마쑨델라(Chaka C. Mathundela)의 "An Open Declaration [*Openlike Verklaring*] concerning the Presbyterian Church Government System," *In die Skriflig* 58/1 (2024), 1-7을 번역한 것이다.

개혁교회 또는 장로회 정치 제도는 그리스도께서 친히 교회를 다스리신다는 성경의 원리에 근본적으로 뿌리를 둔다. 합리주의와 같은 여러 도전 속에서, 특히 GKSA 내에서 이 원리를 이해하는 것은 필수적이다. 현재 교회 내에서 민주화를 요구하는 움직임이 두드러지고 있으며, 이는 그리스도의 몸인 교회에 대한 주권에 중대한 도전을 제기할 수 있다.

본 논문에서 다루는 '공개 선언'(Open Declaration[Openlike Verklaring], RCA, 2009)의 중요성은 이러한 지속적인 대화와 관련이 있다.[132] 이러한 맥락에서 중요한 질문이 제기된다. 그리스도의 머리되심은 교회 회의에서 구속력 있는 결정을 둘러싼 복잡한 상황에 어떤 영향을 미치는가? 성경은 그리스도를 교회의 머리로 분명히 묘사한다. 이는 에베소서 5:23(이는 남편이 아내의 머리인 것과 같이 그리스도께서도 교회의 머리이심이라)과 골로새서 1:18(그리스도께서 몸인 교회의 머리이심

132　본 논문에서 GKSA 즉 'RCA'(Reformed Church of Africa)와 'RCSA'는 같은 교파를 가리킨다. 다만 별도로 표기하는 이유는 연도와 내용이 다른 문서들을 구분하기 위해서다(역자 주). '공개 선언' 전문은 아래와 같다(역자 주). 남아공 개혁교회 총회는 공개적으로, 그리고 각 회원이 스스로 다음과 같이 선언한다: 우리는 성경에 자신을 계시하시는 삼위일체 하나님, 곧 성부, 성자, 성령을 진심으로 믿는다. 우리는 예수 그리스도께서 교회의 유일한 머리이시며, 그분의 말씀과 성령님을 통해 교회를 다스리신다고 믿는다. 우리는 1618-1619년 도르트 총회에서 채택된 세 일치 신조, 즉 하이델베르크 교리문답, 네덜란드 신앙고백, 그리고 도르트 신경을 진심으로 받아들인다. 우리는 하나님의 말씀에 따라 성령님의 자비로운 인도와 깨달음을 통해 이 진리를 고수할 것을 약속한다. 우리는 남아공 개혁교회 총회에서 개정된 도르트 교회질서가 정한 예전을 예배에 적용한다. 우리는 교회질서에 있어서 1618-1619년에 채택되고 남아공 개혁교회 총회에서 개정된 도르트 교회질서를 고수한다. 우리는 하나의 모임으로서 참된 공동의 일치를 위해 노력하며, 그리스도의 몸으로 세상에 참된 신앙을 고백한다고 선언한다. 성령님의 자비로운 사역을 통해 동일한 소중한 신앙을 받았고, 우리와 함께 그 신앙을 고수하고자 하는 모든 사람은 진심으로 교회적 친교로 부름받는다. 우리는 우리와 동일한 신앙을 고백하는 모든 교회와 가장 가까운 신앙의 친교와 교회의 교제를 갖기 원한다. 주님께서 자비로우셔서 성령님의 역사를 통해 많은 사람이 그분의 말씀을 받아들이게 하시기를 기도한다. 택함받은 모든 사람이 참된 신자로 부르심을 받고 하나의 교회 공동체로 연합되기를 기도한다. 이것이 우리의 소망이며 기도이다(헌장 1863:8; 헌장 2009:498).

이라)과 같은 구절에서 분명하다. 하웰(2004:v)은 아래와 같이 주장한다.

> 개혁파 정치의 전통 안에서 신자들은 공유된 신앙과 신앙고백에 따라 특정 사안에 헌신한다. 교회의 결정을 준수하겠다는 신자들의 공동 동의는 자발적이며, 성경, 신앙고백, 그리고 교회질서에 대한 헌신에서 비롯되며, 이는 교회 결정의 기초가 된다.

하웰은 이러한 공유된 신앙과 신앙고백이 그리스도께서 직접 행하시는 교회 통치를 중심으로 한다고 강조한다. 신약성경에 묘사된 교회 내 그리스도의 통치에 대한 내러티브는 설립(형성), 왜곡(변형), 그리고 회복(개혁)의 단계를 거쳤다. 교회의 연합에도 불구하고, 교회 구성원들은 본질적으로 결함이 있으며, 자신의 공로보다는 예수 그리스도께서 전가하신 의에 의존한다. 형성, 변형, 그리고 개혁의 맥락에서, '공개 선언'(Open Declaration)이라는 개념은 18세기 합리주의에서 유래했다. 이런 합리주의 시대의 분위기는 1816년 남아공 화란개혁교회(NGK 혹은 DRC)의 분리 운동에 영향을 미침으로써, 교회는 공동의 목적을 가진 개인들의 연합이라는 관념을 세웠다. 결과적으로 다수의 의견이 교회의 방향을 결정하게 되었다. 계몽주의의 압력으로 그들은 16세기 개혁파 교리, 예배, 그리고 권징에서 벗어났다. 보스(1950:189)는 아래와 같이 덧붙인다.

> 1834년, 기독개혁교회(CGK: Christelijke Gereformeerde Kerk)는 다시 옛 개혁주의 교리와 삶을 보존하고자 했고, 이로

인해 서로 다른 '교회' 또는 '교파' 현상이 나타나기 시작했다. 이후 기독개혁교회는 1854년 즈볼러(Zwolle) 총회에서 기독개혁교회(CGK)를 명확히 하기 위한 공개 선언문을 작성했다.

포스트마(D. Postma) 목사는 1858년 기독개혁교회(CGK)에서 남아공으로 건너왔고, 1862년 제1차 총회에서 공개 선언(Openlike Verklaring)의 초안을 제출했는데, 이 초안은 오늘날에도 GKSA 총회에서 사용되고 있다. 이 선언은 1618-1619년 도르트 교리, 예배, 그리고 교회정치를 고수하고자 하는 모든 사람에게 GKSA와 교회 친교 또는 서신 교환(제52항)을 하도록 권고한다(GKSA 1862: 제12조). 피서(1999:45)는 아래와 같이 설명한다.

> 교회 회원 자격(Kerkverband)을 규정하는 신앙고백, 예전, 그리고 교회정치의 일치로 인해 다양한 모임과 대회들(major assemblies)이 열린다. 이러한 일치는 '공개 선언'(openlijke verklaring)으로 상징되는데, 이 선언문은 모든 교회 회의가 시작될 때 낭독되는 것이 이상적이다. 대의원들은 일어서서 자신의 헌신을 확인해야 하며, 이를 거부하는 사람은 배제될 수 있다.

GKSA에서는 공개 선언이 중요한 이슈를 다루는 노회, 대회, 총회와 같은 주요 회의에만 국한되어왔다.[133] 신앙고백, 예배, 그리고 교회정치의

---

133 GKSA는 대회(regional synod)를 시(city)가 아니라, 주(province) 규모로 총 6개를 운영 중이다(역자 주).

일치는 지역의 개 교회 차원에서 평가되어야 한다. 이는 당회에서 서로에게 질문하여 신앙과 실천에 있어 더 넓은 교회 공동체와의 일치를 보장하는 것을 포함한다. 또한, 지역교회의 결정이 노회, 대회, 그리고 총회 차원의 결정과 조화를 이루도록 공개 선언의 정신을 활용해야 한다. 이로써 GKSA 교회질서 제31조의 중요성과 유지는 지역교회의 당회에서 강조되고 자세히 설명된다(Vorster, 1999:55). 제31조는 아래와 같이 규정한다.

> 교인 총회(공동의회)에서 과반수 찬성으로 이루어진 결정은 확정적이며 구속력이 있는 것으로 간주되는데, 추후 그것이 하나님의 말씀이나 교회질서의 조항들과 상충된다는 것이 입증되지 않는 한 그러하다. 만약 누군가가 소회(minor assembly)의 결정으로 인해 부당함을 호소하는 경우, 노회가 총회에 상소하는 것은 성경, 신앙고백, 교회질서 또는 총회의 판결에 대한 상소일 때에만 가능하다.

현재 GKSA는 비준 문제로 고심하고 있다. 메이어(1995:6)는 이 맥락에서 세 가지 기본 원칙을 고려해야 한다고 주장한다. 첫째, 대의원들은 심의하고 투표할 권한과 권리를 가지고 대회(major assembly)에 파견된다. 그들은 각자 지역교회의 관점을 옹호할 의무가 있다. 둘째, 대회는 교회 일치의 표징 역할을 한다. 셋째, GKSA 교회질서 제31조와 제46조에 규정된 바와 같이, 개인, 회중, 그리고 교회 회의는 모든 결의안에 대해 항소하거나 항의 청원(petition of protest)을 제기할 권리가 있다.

메이어(1995)의 원칙을 바탕으로 하여 폴스터(1999:56)는 개혁교회정치에서는 비준권(ratification rights)이 수용될 수 없다고 추론한다. 비준권의 거부는 주요 총회에서 내린 결정이 성경, 신앙고백, 그리고 교회질서에 위배된다는 것이 입증될 때까지 구속력을 가진다는 것을 의미한다.

신앙고백과 서약

공개 선언은 세 가지 주요 부분으로 나눌 수 있다. 여기서 중점적으로 다루는 첫 번째 부분은 '신앙고백과 서약의 선언'으로, 다음과 같이 명시되어 있다(RCA, 2009:498).

> 남아공 개혁교회(GKSA) 총회는 공개적으로, 그리고 각 회원이 스스로 성경에 자신을 계시하시는 삼위일체 하나님, 곧 성부, 성자, 성령을 진심으로 믿는다고 선언한다. 우리는 예수 그리스도께서 교회의 유일한 머리이시며, 말씀과 성령님을 통해 교회를 다스리신다고 믿는다. 우리는 1618-1619년 도르트 총회에서 채택된 세 일치 신조, 즉 하이델베르크 교리문답, 네덜란드 신앙고백, 그리고 도르트 신경을 온 마음과 선한 양심으로 받아들인다. 우리는 하나님의 말씀에 따라 성령님의 자비로운 인도와 깨달음을 통해 이 진리를 옹호할 것을 약속한다.

이 공개 선언의 서문은 교회의 핵심 신앙을 확증함으로써 토대를 마련한다. 이 선언은 성경에 자신을 계시하신 삼위일체 하나님, 곧 성부, 성자, 성령에 대한 믿음의 선언으로 시작된다. 삼위일체 하나님을 믿는 신앙으로의 부르심은 성령님의 강력한 사역을 통해 이루어지는 연합을 촉진하기 위해 교회가 그분께 의존해야 함을 강조한다.

교회들은 요한복음 17:11-12에서 강조된 이 선언으로 모임을 시작한다. "거룩하신 아버지여, 아버지의 이름의 권능으로 그들을 보전하옵소서." 거룩하신 아버지의 이름은 하나님의 거룩하심을 상징하며, 교회들을 거룩함으로 부르신다. 분열을 조장하려는 자들은 거룩함을 받아들임으로써 질서를 유지하도록 부름받는다. 그분의 이름의 권능을 믿는 것은 교회들이 하나님의 권위와 주권을 인정함을 반영한다. 따라서 하나님의 이름을 부르는 것은 그분의 권능, 임재, 그리고 능력을 신뢰하고, 그분의 뜻에 따라 행동하겠다는 교회의 헌신을 의미한다. 칼빈(1972:23)은 성부를 향한 기도가 아래와 같은 점을 강조한다고 주장한다.

교회가 보존되는 방식과 관련하여, 하늘에 계신 아버지께서 보존하기로 작정하신 이들을 믿음과 영의 거룩한 일치로 하나로 모으신다. 우리의 일치는 마치 밀랍이 그 위에 찍힌 인장의 형태를 띠듯이 하나님 아버지와 그리스도의 형상을 이룰 때 참으로 복될 것이다.

공개 선언의 서두는 예수 그리스도께서 교회의 유일한 머리이시며, 말씀과 성령님을 통해 교회를 다스리신다는 믿음을 더욱 강조한다. 즉 그리스도의 권위를 강조하고 성경, 신앙고백, 그리고 교회질서를 고수하는 것의 중요성을 강조한다. 칼빈(1972:21-24)은 그의 책에서 이 원리를 아래와 같이 웅변적으로 피력한다.

분열된 교회는 본질적으로 지속 불가능하며, 그리스도 안에서의 일치를 강조한다. 그는 교회의 본질이 보편적이거나 보편적인 특성에 있으며, 그러한 분열은 그리스도 자신의 분열을 의미할 것이라고 주장하는데, 이는 상상조차 할 수 없는 개념이다. 광범위한 파괴로 인한 만연한 결속력 약화에도 불구하고, 칼빈은 하나님의 교회의 회복력에 대한 확고한 믿음을 고수한다. 그는 그리스도의 구속적 희생이 끊임없이 열매를 맺고, 겉보기에 파괴된 모습 속에서라도 교회를 보호하며, 마치 숨겨진 피난처에서 기적적으로 보존된 것과 같다고 생각한다.

스미트(2009:447-71)는 다음과 같이 주장한다. "지난 세기 후반부터 교회는 이 세상에서 사실적인 분열의 배경과 현실에 맞서 에큐메니즘이라는 용어를 통해 일치를 촉구해 왔다." 2023년에 포첵스트룸에서[134] 열린 GKSA 총회 이후, 프레토리아 대회(Regional Synod Pretoria)의 일부 위원들이 대회 시작 전과 도중에 일시적으로 회의장에서 이탈했다는 사실이 드러났다. 이는 교단 총회 기간에 수많은 호소와 논의 속에서, 연합을 촉구하는 공개 선언에도 불구하고 GKSA가 두 개의 뚜렷한 분파로 분열되어 있음을 드러냈다. 한 분파는 여성을 장로와 말씀의 사역자로

---

134   대학 도시인 '포첵스트룸'(Potchefstroom)은 'Potgieter'+'Chef'+'stroom'에서 비롯되었다. 이는 대이주(Voortrekker)의 지도자이자 도시의 설립자인 안드리스 포트히터(Andries Potgieter)를 가리키며, 'chef'는 대이주 지도자를, 'stroom'은 모이강(Mooi River)을 의미한다. 포첵스트룸은 1838년 12월 대이주자들에 의해 공식적으로 선포되었으며, 실제 정착은 1839년 6월경부터다. 이 도시는 팔강(Vaal River) 북쪽에서 대이주자들이 세운 가장 오래된 마을로 일반적으로 인정받고 있다. 가장 오래된 유럽인 정착지는 포첵스트룸에서 약 40km 서쪽에 위치한 클레르크스도르프(Klerksdorp)이다. 1840년까지 포첵스트룸과 윈버그(Winburg) 두 마을 및 그 주변 지역은 윈버그-포첵스트룸공화국(Republic of Winburg-Potchefstroom)이라는 부어(Boer)공화국을 형성하고 있었으며, 안드리스 헨드릭 포트히터(Andries Hendrik Potgieter)가 최고 사령관으로 선출되었다(역자 주).

임명해야 한다고 주장하는 반면, 다른 분파는 여성을 장로와 말씀의 목사로 안수하는 것에 격렬히 반대한다.

임시 확대 총회(Extended Synod)가 이미 여성을 장로와 말씀의 목사로 안수하는 것에 반대하는 결정을 내렸다는 점에 유의해야 한다. 그러나 이러한 결정에도 불구하고 GKSA 내 일부 교회들은 여성을 장로로 안수하여 임직시켰다. 어떤 교회는 임시 총회 이전에, 그리고 어떤 교회는 총회가 진행 중일 때 여성을 장로로 임직시켰다. 이러한 행동은 공개 선언의 정신에 부합하지 않는다. 스네이만(1977:85)은 이 문제를 해결하기 위한 세 가지 단계를 제안한다.

경계선 안팎에서 교회 일치를 보존하고 보호하는 것, 둘째, 교회 일치가 존재하지 않는 곳에서 교회 일치를 회복하기 위한 논의, 마지막으로 합의된 내용에 대한 협력 촉구이다.

네이언하이스(1959:277)는 아래와 같이 덧붙인다.

기독교 신앙에서 가장 특이하게 보이는 것은 신자가 동료 신자들과 거리를 두고 분리하여 기독교 신앙의 핵심 교리를 공격하고 그것에서 벗어나는 것이 아니다.

그는 이러한 분리와 교회 공동체로부터의 이탈 행위가 기독교 신앙의 맥락에서 흔하지 않다고 주장한다. 공개 선언에 비추어, 그리고 그 정신에 따라, 총회의 결정을 따르지 않는 GKSA 교회들은 삼위일체의 일치를 반영하는 선언에서 강조된 바와 같이, 교회 일치를 보존하고 보호하는 것의 중요성을 깨달아야 한다. GKSA가 두 분파로 나뉘어 있다는 것은 부인할 수 없는 사실이다. 이미 여성 장로를 두고 있는 분파와 '여성 장로는 없음'이라는 총회의 결정을 고수하는 분파이다. GKSA 내에서 교회 일치를 회복하기 위한 논의는 노회 차원이건 대회 차원에서건 꼭 필요하다. 교회 간의 분열을 극복하기 위해서는 협력이 필수적이다. 대의원들은 안건에 대해 성급하게 투표하기보다는 인내심을 가지고 논의에 임해야 한다.

예전의 인식과 교회정치

이 단락에서 논의되는 주제인 공개 선언(GKSA, 1862; RCA, 2009)의 두 번째 부분은 '예전의 인식'과 교회 통치에 관한 것이다. GKSA(1862:8)와 RCA(2009:498)는 아래와 같이 규정한다.

우리는 도르트 교회질서(Canons of Dordtrecht)에 따라 정해진 예전의 원칙을 예배에 적용한다. 교회를 다스림에 있어, 우리는 1618-1619년에 채택되어 남아공 개혁교회 총회에서 개정된 도르트 교회질서를 준수한다.

레초사(2005:1)는 '예전'을 아래와 같이 정의한다.

'예전'은 그리스어에서 유래한 명사이다. 이 용어는 구약성경에서 발견되는 성전 제사 뿐 아니라(눅 1:23; 히 8:2), 동료 인간에 대한 개인적 봉사(빌 2:25), 그리스도에 대한 봉사(롬 15:16), 그리고 제자들의 모임을 포괄한다(행 2).

판 덜 발트(1982:5)는 레초사에 동의하며, 예전을 '하나님 말씀의 발전소'라 명명한다. 예전은 '바라보는 것'(looking)과 '살펴보는 것'(examining)을 포함한다. 예전은 신자의 제사장적 예배이다. 예전은 장로교 정치체제에서 가장 중요한 측면 중 하나이다. 왜냐하면 예전의 핵심에는 그리스도와 주님의 교회, 그리고 서로를 섬기는 그리스도인들의 관계와 연합이 있기 때문이다. 이러한 정의는 예전이 개인 및 공동체 예배와 봉사활동을 포함하는 공유된 목표를 포괄함을 시사한다. 교회 대의원들은 당회를 포함한 다양한 교회 회의들인 노회, 대회, 총회에 참석하며, 공개선언이 영적 지침을 제공한다는 것을 서로 이해한다. 공개 선언에 대한 이러한 공유된 이해는 대의원들 간의 연합을 증진하고, 이러한 회의에서 내려진 결정들을 일치시키고 확인하는 것의 중요성을 강조하는 것을 목표로 한다. 직분자들의 제사장적 봉사인 예전은 이러한 개인들의 영적역할을 강조한다. 이러한 단체들의 모임은 대의원들이 결정과 토론을 통해 그리스도를 경배하는 봉사에 참여할 수 있는 기회를 제공한다.

도르트 총회에서 결정된 예전을 수용하는 것은 GKSA 대의원들(총대)이 예전과 노회 정치 및 예배의 풍부한 전통 사이의 연관성을 인정하고 강조함을 의미한다. 이러한 회의에서 회원들은 우리가 여전히 예전을 인정하고 있는지 성찰하는 것이 중요하다. 이러한 예전을 인정하는 것은 교회질서 제48조와 제52조에서 찾아볼 수 있다.

제48조는 다음과 같이 규정한다. "각 노회, 대회, 그리고 총회는 자체 판단에 따라 이웃 노회, 대회, 그리고 총회와 서신을 주고받을 수 있으며, 이는 교회의 전반적인 복지 증진에 기여할 것이다."

제48조를 자세히 살펴보기 전에, 그 안의 모순을 인지하는 것이 중요하다. 1618-1619년과 그 이후 개정된 GKSA 교회질서에는 제29조에 따라 당회, 노회, 대회, 총회 등 네 종류의 교회 회의가 있다고 명시되어 있다. 제48조는 서신을 노회, 대회, 총회에 보내야 한다고 규정하고 있는데, 이는 본 연구의 목적이기도 하다. 모든 문제는 지역교회에서 해결해야 한다. 지역 교회 당회는 공개 선언의 정신과 예전 및 교회 운영의 인정에 따라, 특히 여성의 장로직과 같은 문제가 발생할 경우 적극적으로 협력해야 한다.

판 델런과 몬스마(1954:207)는 제48조가 1618-1619년 도르트 교회질서에서 이러한 방식으로 공식화되었다고 주장하지만, 한 지역교회가 다른 지역교회와 문제가 발생할 때, 그 문제를 해결해야 하는 것은 지역교회라는 점에 유의해야 한다. 두 플로이(1982:182)와 스폴스트라(1989:284) 또한 교회들이 서로를 위계적으로 지배하지 않고 한 가족처럼 살아야 한다고 덧붙인다.

필자가 제48조에 대해 기여하고 싶은 점은, 서신 교환이 지역 차원에서 원활히 이루어져야 함을 강조하는 제29조의 원칙에 비추어 해석해야 한다는 것이다. 이 원칙은 마태복음 18:15의 "네 형제가 네게 죄를 범하거든 가서 너와 그 사람 앞에서만 그의 잘못을 지적하라. 만일 그가 네 말을 들으면 네가 네 형제를 얻은 것이다"와 일치한다. 칼빈(1845)은 마태복음 18:15의 세 단계를 따르는데, 필자는 이를 교회 서신의 모델로 적용한다. 특히 주요 회의에서 내린 결정에 불복종하는 GKSA의 문제가 되는 상황을 다루는 데 적용하려 한다. 칼빈(1845:352)은 아래와 같이 설명한다.

첫째, 잘못을 저지른 사람에게 개인적으로 조언을 해 주는 것이다. 둘째, 그가 완고함을 보이면 증인 앞에서 다시 조언하는 것이다. 셋째, 그렇게 해도 아무런 이득이 없다면 그를 교회의 공적인 결정에 넘기는 것이다. 그는 이 세 단계의 의도가 열렬한 열심을 가장하여 사랑이 훼손되는 것을 막기 위한 것이라고 계속해서 주장한다. 대다수 사람이 야망에 사로잡혀 형제의 잘못을 지나치게 열렬히 퍼뜨리고 싶어 하지만, 그리스도께서는 우리가 할 수 있는 최대한 형제의 잘못을 덮어주라고 명하심으로써 이러한 잘못을 적절히 해결하신다. 형제의 수치와 불명예를 즐기는 자들은 의심할 여지 없이 증오와 악의에 사로잡혀 있다. 그들은 사랑의 영향을 받았기에 형제들의 수치를 막고자 노력할 것이다.

형제들 간의 서신 교환은 칼빈의 발자취를 따라야 한다. 첫째, 형제들과 직접 소통해야 한다. 교회들은 교회 공동체의 일치를 서로에게 상기시키기 위해 노력해야 한다. 그렇게 함으로써 교회들은 예배와 교회정치를 수수하게 보존하게 될 것이다.

일치와 교회 공동체를 위한 호소

공개 선언(GKSA, 1862:8; RCA, 2009:498)의 세 번째 부분인 '일치와 교회 공동체를 위한 호소'는 여기서 논의되는 주제이다. 이 부분은 아래와 같이 규정한다.

우리는 모임으로서 참된 공동의 일치를 위해 노력하며, 그리스도의 몸으로서 세상에 참된 신앙을 고백함을 선언한다. 성령님의 자비로운 사역을 통해 동일한 귀중한 신앙을 받고 우리와 함께 그 신앙을 고수하고자 하는 모든 사람은 진심으로 교회 공동체로 부르심을 받는다. 우리의 소망은 우리와 같은 신앙을 고백하는 모든 교회 공동체와 가장 가까운 신앙의 교제와 교회적 소통을 갖는 것이다. 자비로우신 주님께서 많은 사람이 성령님의 역사를 통해 그분의 말씀을 받아들이게 하시기를 기도한다. 모든 택함받은 이들이 참된 신자로 부르심을 받고 하나의 교회 공동체로 연합되기를 기도한다.

공개 선언의 세 번째이자 마지막 부분은 네 부분으로 나눌 수 있다. 첫째, 직분자들에게 세상에 참된 신앙을 고백하도록 권고한다. 둘째, 같은 신앙을 공유하는 이들이 교회 공동체에 참여하도록 권면한다. 셋째, 같은 신앙을 고백하는 교회 공동체와의 긴밀한 친교를 갈망한다. 마지막으로, 하나님 말씀의 수용과 신자들의 일치를 위한 기도로 마무리된다.

이 글의 목적상 "우리는 모임으로서 -를 선언한다"라는 개념이 당회, 노회, 대회, 그리고 총회를 지칭한다는 점을 고려할 때, 지역교회가 진정으로 그리스도의 교회를 구현하는 것은 이러한 회의들 간의 진정한 연합을 기반으로 한다.

GKSA는 설립 이래 끊임없이 연합과 교회 공동체를 옹호해 왔다. 예를 들어, 1866년(GKSA, 1866:50:14)과 1873년(GKSA, 1873:3) 총회에서 GKSA는 전 세계 개혁교회들과 연합하고 친교를 이루며, 이들 교회를 위한 적극적인 포교 활동에 참여하고 있음을 재확인했다. 1873년 총회에서는 총회 결의문의 서문에 교회의 보편성이 웅변적으로 표현되었다.

교회의 일치와 교회적 친교를 증진하는 동시에 세상에 참된 신앙을 충실히 고백하기 위해서는 GKSA 교회적 친교 간의 의도적인 노력과 진정한 대화가 필요하다. 이 공동체 안에 있는 교회들은 일치를 증진하기 위해 다양한 접근 방식을 채택할 수 있다.

첫째, 공개 선언 재검토: 교단 내의 교회들은 공개 선언과 이것의 의미를 연구하기 위해 워크숍이나 회의를 개최하여 공유된 가치와 신념을 강화할 수 있다. 이러한 방식은 교회 연합을 강화하고 오해를 해소하는 초석이 된다.

둘째, 지역교회 간의 대화: 교단 안의 교회들 간의 지속적인 협력과 대화를 증진한다. 여기에는 상호 이해와 교회 연합을 증진하기 위한 컨퍼런스, 협의 모임, 캠프 개최가 포함될 수 있다. 이러한 접근 방식을 채택함으로써, 교회는 펜터(2024:1)가 경고한 바와 같이 독립주의와 결사체주의(협력주의, collegialism)의 함정에 빠질 위험을 줄일 수 있다.

> 확대 회의(상회)의 결의안은 교회 자체의 모임이 아니므로 제한 없이 수정될 수 있어야 한다. 개혁주의 저자들의 영향력 있는 의견은 자유주의적 사고의 영향을 받아 독립주의와 협력주의 사이에서 맴돌고 있다.

개혁파 저자들의 영향력 있는 의견은 개혁주의적 사고에 확고히 뿌리내려야 하며, 분열적 경향을 피하면서 연합을 증진하는 것을 목표로 하는 공개 선언의 본질에 부합해야 한다.

셋째, 신학 교육과 훈련은 교회 일치와 교회 공동체 형성에 중추적인 역할을 한다. GKSA에서 제공하는 신학 훈련은 16세기 종교개혁 신학에 깊이 뿌리를 두고 있다. 공개 선언문(498페이지)은 다음과 같이 명확하게 규정한다.

> 우리는 1618-1619년 도르트 총회에서 채택된 세 일치 신조, 즉 하이델베르크 교리문답, 네덜란드 신앙고백, 그리고 도르트 신경을 진심으로 받아들인다.

신학 훈련은 말씀 사역자들이 16세기의 원리들을 깊이 있게 탐구하고 17세기의 합리주의에서 벗어나도록 이끌어야 한다. 이는 지역교회들이 오해를 줄이고 교회 공동체의 정신을 함양하는 데 도움이 될 것이다.

넷째, 6개월에 한 번씩 한 교회 건물에서 성찬식을 거행할 것을 권장한다. 이는 공동의 신앙과 교회 연합을 가장 잘 표현하는 행위이다. 십자가 위에서 그리스도의 희생을 묵상하는 것은 그리스도의 몸 안에서 화해와 분열의 치유를 촉진할 수 있다.

다섯째 마지막으로, 대안적 분쟁 해결(Alternative Dispute Resolution)을 추구해야 한다. 교회질서는 제31조를 통해 이러한 메커니즘을 제공하지만, 지역교회들은 두 교회 간에 발생할 수 있는 갈등을 해결하기 위한 성경적 방법과 절차를 모색해야 한다. 양 교회의 대표들로 구성된 지역 위원회를 설립하는 것은 치유와 화해를 증진할 수 있다. 스풀스트라(1989:205)가 강조했듯이, "교회들은 임명된 대표들을 통해 서로 소통한다." 이러한 회의에 참석하는 대표들은 공개 선언의 정신에 따라 문제 해결 태도를 취해야 하며, 이를 통해 일치와 교회적 친교를 호소해야 한다.

결론

그리스도의 교회는 설립(형성), 왜곡(변형), 그리고 회복(개혁)이라는 세 가지 뚜렷한 단계를 거친다. 분열과 회의에서의 지속적인 의견 불일치가 특징인 이 시기를 왜곡(변형)이라고 부를 수 있다. 교회 회의에서 내리는 결정의 근거는 성경, 신앙고백, 교회질서, 그리고 당회, 노회, 대회, 총회의 결정을 포함한 교회 회의의 결정에 뿌리를 두고 있다.

GKSA는 공개 선언에 따라 합리주의와 민주화의 영향에 맞서 16세기 교리와 삶의 방식을 고수할 책임을 진다. GKSA와 분리된 교회는 없어야 하며, 오히려 GKSA는 일치를 유지하기 위해 노력해야 한다. 교회적 친교의 개념은 합리주의와 민주화라는 개념으로부터 보호되어야 한다.

공개 선언에 대한 이러한 공동의 이해는 대의원들 간의 일치감을 고취하는 것을 목표로 한다. 그들은 당회, 노회, 대회, 총회가 회의로 결의한 바를 정돈하고 실행하는 것이 중요하다는 것을 인식한다.

GKSA 소속 교회들은 몇 가지 접근 방식을 고수해야 한다. 첫째, 공개 선언을 재검토해야 한다. 둘째, 지역교회와의 대화에 참여하여 교단 내 교회들 간의 지속적인 협력과 대화를 증진해야 한다. 셋째, 신학 교육과 훈련은 교회의 일치와 교단의 공동체를 증진하는 데 매우 중요하다. GKSA에서 제공하는 신학 훈련은 16세기 종교개혁 신학을 계승한다. 넷째, 한 교회 건물에서 성찬식을 거행해야 한다. 마지막으로, 지역교회 분쟁 해결(ADR)을 추진해야 한다. 도르트 교회질서 제31조를 통해 관련 메커니즘을 제공하지만, 지역교회들은 교회들 간에 발생하는 갈등을 해결하기 위한 성경적 방법과 절차를 모색해야 한다.

참고문헌

Bos, F. L. *De Orde der Kerk, Toegelicht met Kerkelijke Besluiten uit Vier Eeuwen.* Gravenhage: Guido de Bres, 1950.

Calvin, J. *Commentary on the Harmony of the Evangelists, Matthew, Mark, and Luke. Vol 1.* Trans. W. Pringle. Grand Rapids: Baker, 1845.

_____. *Uitlegging op den Eersten en Tweeden Zendebrief van Paulus aan de Corinthiers.* 2e Dl. Kampen: De Groot, 1972.

Du Plooy, A le R. "Kerkverband: 'N Gereformeerde-Kerkregtelike Studie." PhD-Proefskrif. Potchefstroom: PU vir CHO, Potchefstroom, 1982.

Gereformeerde Kerke van Suid-Afrika (GKSA). *Handelinge van die Eerste Algemeene Sijnodale Vergadering der Gereformeerde Kerk, van de Zuid-Afrikaansche Republiek den Oranje Vrijstaat en de Kaap-Kolonie in Zuid-Afrika, 27-31 January.* Kaapstad: Solomon, 1862.

_____. *Handelingen van de Derde Algemeene Synodale Vergadering der Gereformeerde Kerk van de Zuid-Afrikaansche Republiek, den Oranje Vrijstaat en de Kaap-Kolonie in Z.A.* Kaapstad: Solomon, 1886.

_____. *Handelingen van de Vijfde Algemeene Synodale Kerkvergadering Samengesteld uit al de Gereformeerde Gemeenten van Z.A.* Kaapstad: Solomon, 1873.

Howell, J. H. "Binding aan Kerklike Besluite: 'N Gereformeerde Kerkregtelike Studie." Ph.D. Thesis. Potchefstroom: Noordwes-Universiteit, 2004.

Letšosa, R. S. "A Relevant Liturgy for Reformed Churches in Synod Midlands." PhD. Thesis. Potchefstroom: North-West University, 2005.

Meijer, G. J. *Ratifikasie in Gereformeerde Kerkreg.* Potchefstroom: PU vir CHO, 1995.

Nijenhuis, W. *Calvinus Oecumenicus: Calvijn en de Eenheid der Kerk in het Licht van Zijn Briefwisseling.* Gravenhaege: Nijhoff, 1959.

Reformed Churches of South Africa (RCSA). *The Acts of the First General Synod: Open Declaration of the Synod of Reformed Churches in South Africa(RCSA).* Potchefstroom: Potchefstroom Theological Publications, 2009.

Smit, C. J. "Kan die GKSA na 150 Jaar Beskou word as 'n Stagnante Kerkgemeenskap?: Ekumenies Beoordeel." *In die Skriflig* 43/3 (2009): 447-71.

Snyman, W. J. *Nuwe en Ou Dinge.* Potchefstroom: Pro Rege, 1977.

Spoelstra, B. *Gereformeerde Kerkreg en Kerkregering: 'N Handboek by die Kerkorde.* Hammanskraal: Hammanskraal Theological Seminary, 1989.

Van Dellen, I. & Monsma, M. *The Church Order Commentary.* Grand Rapids: Zondervan, 1954.

Van der Walt, J. J. *Soek die Here in Sy Tempel.* Potchefstroom: Potchefstroomse Teologiese Publikasies, 1982.

Venter, F. "Besluitneming in die Gereformeerde Kerkverband." *In die Skriflig* 58/1(2024): 1-10.

Visser, J. *Die Kerkorde in Praktyk.* Roodepoort: Dr. J. Visser, 1999.

Vorster, J. M. *An Introduction to Reformed Church Polity.* Potchefstroom: Potchefstroom Theological Publications, 1999.

교회질서와 목회적 돌봄[135]

서론

'개혁파 정치 시리즈'의 네 번째 책에서, 클라인한스는 목회적 돌봄에 대한 장을 펠리시에(Pellisier)를 인용함으로 시작한다(Kleynhans, 1988:105). 클라인한스에 따르면, 펠리시에는 가정 방문을 교회의 '공식적인 의무'로 여긴다. 가정 심방은 '주님의 양 떼를 직접 만나 알고 영적으로 돌보는 첫 번째이자 가장 분명하고 직접적 방법'이다(Kleynhans, 1988:105). 펠리시에에게 있어서 주 예수님은 교회에 이에 대한 모범을 보여주셨다. 그는 수가성 우물가에서 사마리아 여인과 나눈 예수님의 대화를 통해, 그녀가 자아를 발견하게 되었다고 말한다. 그녀에게 이것은 진정한 의미의 가정 심방이었다. 그리고 마리아가 마르다의 집에서 주 예수님의 발치에 앉아 그분의 말씀을 들은 것은 놀라운 가정 심방의 형태이다.

---

[135] 본 논문은 프리스테이트대학교 교회질서 교수 피터 스트라우스(Pieter J. Strauss)의 "Kerkorde en Herderlike Sorg: Artikel 51 van die Kerkorde van die Nederduitse Gereformeerde Kerk van 2015," *Verbum et Ecclesia* 41/1 (2020), 1-8을 번역한 것이다.

클라인한스는 바울이 밀레도 해변에서 에베소 장로들에게 한 말을 인용하면서, 자신이 그들에게 공개적으로 설교하고 그들의 집에서 가르쳤다는 것을 상기시킨다. "목자가 하나님의 교회를 돌보듯이"(행 20:20, 28; 1953년의 아프리칸스어 성경에서는 목자에 대해 언급함). 베드로는 '동료 장로'로서 그들에게 (주님께서) 맡기신 하나님의 양 떼를 잘 돌보라고 권면한다. 하나님의 양떼에 대해 목자의 지팡이를 잡으라는 명령은 주님으로부터 직접 나온 것이다. "감독을 하되 억지로 하지 말고 주님의 뜻대로 자원함으로 하며, 이기적인 이익을 위하여 하지 말고 기꺼이 하며, 하나님께서 여러분에게 맡기신 사람들을 지배하려 하지 말고 오히려 양떼의 본이 되라"(벧전 5:1-3).

이 부분에서 클라인한스는 바우만의 주장을 따르는데, 바우만은 별다른 표현 없이 요한복음 10장에 근거하여 직설적으로 다음과 같이 말한다(Bouwman, 1985:556). "가정 심방은 성경에 근거한다. 그리스도는 선한 목자로서, 양떼를 먹이고 돌보시며, 양들을 위해 목숨을 내어주시고, 그들을 멸망에서 구원하신다."

바우만, 펠리시에, 그리고 클라인한스는 목회적 돌봄이 성경에 의해 장로에게 공식적인 임무로 위임되었다고 본다. 목자로서 장로들은 양떼를 말씀의 발자취로 인도하고 악과 멸망으로부터 보호해야 한다. 바우만은 도르트-개혁주의적 접근 방식을 통해 '개혁파'가 처음부터 가정 방문의 필요성을 강조해 왔다고 말한다. 말씀은 회중 모임에서 선포되는 것 외에도 양떼의 거처에도 전해져야 했다. 그래야 회중은 그리스도 안에서, 또는 그리스도를 위해 행하는 거룩함을 실천적으로 증명할 수 있고, 교인들은 교회의 질서와 규율을 따를 수 있다. 따라서 가정 방문을 통한 목회적 돌봄은 말씀 선포의 연장이자 개별화이며, 양떼가 하나님께 순종하는 삶을 살도록 하는 데 중점을 둔다. 특히 장로들은 목자로서 교인들을 감독하고, 그들이 성경에 따라 삶을 조직하도록 해야 했다(Bouwman, 1985:556). 바우만의 주장에 따르면, 이것이 가정 방문이 목회자의 임무가 아니라는 것을 의미하지는 않는다. 목회자는 또한 회중의 감독자 또는 목자이기도 하다(행 20:20-21). 목회자는 교회에서 인정을 받았기 때문에 말씀 교육을 통해 양떼를 개별적으로 그리고 공동체적으로 돌본다. 따라서 도르트 교회질서(1619) 제16조는 말씀의 사역자가 주로 말씀과 성례를 집행해야 한다고 규정했다. 성례는 말씀의 공식적이고 가시적인 선포로서(Strauss, 2010:97-100), 기도를 인도하고 동료 직분자들과 회중을 감독해야 한다(DKO, 1619; Biesterveld & Kuyper, 1905:230). 목사는 바로 가르치는 장로이기 때문에 하나님의 말씀을 안내자이자 목자의 지팡이로 삼아 회중을 영적으로 돌보아야 한다. 목자와 교사로서 목사들은 양떼를 성경적으로 잘 돌보도록 부름받았다.

바우만은 목회자의 직무 또는 직분의 이러한 측면을 성경과 도르트 교회질서 제16조의 예시 및 지침과 연결하며, 이미 '우리의' 얀 판 리비에크(Jan van Riebeeck) 시대에 있었던 네덜란드의 개혁교회(GKN)의 1652년 프리지아(Friese) 총회가 다음과 같이 결정했다고 지적한다. "교인 심방을 소홀히 하고 포기하는 설교가들은 비난받아 마땅하다." 도르트 교회질서가 가정 심방을 세부적으로 규제하지는 않지만, 네덜란드의 개혁교회 신자들은 목회자의 가정 심방에 대해 진지하게 생각했다. 그들 중 많은 사람들에게 목회자가 가정 심방을 하지 않는 것은 '직무상의 포기'이며 처벌받아 마땅한 직분 위반이었다(Bouwman, 1985:557; Jansen, 1952:75-76).

바우만은 목사와 장로가 목자로서 회중을 다스리고 돌보는 일을 공동으로 담당한다고 올바르게 판단한다. 회중은 그들의 공동 수고를 통해 세워진다.

　가정 심방은 회중뿐 아니라 말씀 사역자에게도 매우 유익하고 필요한 것이다. 이를 통해 목자와 양떼 사이의 유대가 유지되고 강화된다. 목자는 양떼의 필요를 아는 법을 배운다. 그는 설교가 원하는 열매를 맺는지 판단할 수 있으며, 설교와 가르침에서 목사 자신이 주의를 기울여야 할 중요한 사항을 파악한다. 회중이 겪고 있는 많은 슬픈 경험 이외에도, 목사는 하나님 백성의 삶과 경험 속에서 하나님의 은혜에 대한 소중한 증거들을 알게 된다. 그리하여 가정 심방은 목사 자신에게도 풍성한 열매를 맺게 되며, 자신의 영적 삶을 더욱 깊이 하고 공식적인 봉사를 위해서도 그러하다(Bouwman 1985:489).

이러한 배경과 1962년 남아공 화란개혁교회(NGK) 제1차 총회 교회질서(약칭 NGKO 1962)의 저자 중 한 명인 폴스터(J. D. Vorster)의 발언을 바탕으로, 본 논문에서는 NGKO 제51조(NGKO 2015:15에도 여전히 NGKO 1962 제51조가 포함되어 있지만, NGKO 1964:11에 따라 수정된 형태)가 NGK의 공식 목회 돌봄에 관한 내용을 분석한다(Langner, 2007:87).[136] 폴스터는 NGKO 1962를 당시의 요구에 맞춰 '수정된 도르트 교회질서'라고 지칭했다(Vorster, 1960:13-14). 본 논문이 다루는 질문

136　폴스터는 아마도 여섯 장 중 처음 네 장을 썼고, 나머지는 편집했을 것이다(Langner, 2007:87).

은 다음과 같다. "NGKO 2015 제51조의 역사적 배경은 무엇이었는가?" "본 논문은 교회 직분에 대해 무엇을 말하고 있으며, 개혁파 교회질서인 NGKO 2015에서 어떤 사안들이 그대로 유지될 수 있는지에 관해 무엇을 말하고 있는가?" "개혁파 교회질서는 이러한 문제에 대해 무엇을 제시할 수 있는가?"

남아공 화란개혁교회(NGK) 교회질서의 기원, 제51조

목회 돌봄과 그에 따른 가정 방문 또는 모든 교인의 삶의 현장을 방문하는 것에 대한 성경적 지침은 이미 언급되었다. 특히 목사와 장로, 그리고 자비의 사명을 수행하는 집사들은 목자로서 양떼를 돌보고 각 교인 또는 그들의 가족에게 관심을 기울여야 한다. 장로의 직분은 주로 왕적이고, 목사의 직분은 주로 예언자적이며, 집사의 직분은 주로 제사장적이라는 원칙은 장로의 직분을 다른 직분이나 사역으로부터 고립시키지 않는다. 집사의 행동은 어떤 상황에서 왕적, 예언적, 또는 제사장적 측면을 드러낼 수도 있다.

NGKO 제51조의 목회적 돌봄은 개혁교회에서 역사적 선례가 있다. 칼빈은 1537년 교회질서의 계승인 1561년 제네바 교회질서(Ordonnances Ecclesiatiques)에서 제네바 교회를 방문하는 교회 시찰관들이 말씀의 사역자가 설교를 주의 깊게 하는지의 여부 뿐 아니라, 병자를 방문하고, 도움이 필요한 사람들을 훈계하며, 회중이 하나님의 영광을 위해 노력하지 않는 부분에도 주의를 기울이는지에 그 여부를 확인해야 한다고 규정했다(Pont, 1981:27). 네덜란드 개혁파 전통에서 처음으로 열린 총회 또는 공동 총회인 1568년 베젤(Wesel) 총회에서는 목사와 장로가 교인들을 '집집마다' 방문해야 한다는 것이 기정사실이었다. 이러한 방문은 매주, 특히 회중의 성찬식을 중심으로 이루어져야 했다(Biester-veld & Kuyper, 1905:8, 16-17). 1581년 미델부르흐 총회는 목회자에게 가정 방문을 공식 임무라고 분명히 밝히지 않았지만, 당시 네덜란드 개혁파에서는 이 임무가 여전히 유효했다(Kleynhans, 1988:106).

도르트 교회질서 제16조는 목사에게 부여하는 임무와 관련하여 동일한 구체적이지 않은 경로(ongespesifiseerde pad)를 따른다. 장로는 말씀의 사역자와 함께 회중 구성원의 감독과 징계를 담당하며, 따라서 베젤 총회는 가정 심방도 담당한다고 결정했다. 장로의 임무는 도르트 교회질서 제23조에 명시되어 있다(Pont, 1981:178-79).

'시대의 요구에 맞춘 도르트 교회질서'라는 자격을 갖추려면 NGKO 1962가 완전히 새로운 NGKO가 되는 것은 아니다. 반대로, 1957년 네덜란드의 개혁교회 연합 위원회(Federale Raad)의 결정에 따라 NGKO 1962는 1959년 네덜란드의 개혁교회 질서(약칭 GKN-KO 1959)를 모델로 사용하여 개정했다. 남아공 화란개혁교회(NGK)가 수용한 이 교회질서는 도르트 교회질서의 주요 노선과 장 구분을 따르지만, 그 시대만의 독특한 특징을 담아낸다(NGK, 1957:73-74; Langner, 2007:87). 결과적으로 NGKO 1962의 특정 공식은 거의 GKN-KO 1959에서 유래했다. GKN-KO 1959는 제3장의 '교회의 사역'에 해당하는 조항을 배치한 반면, NGKO 1962는 제4장의 '교회의 사역'이라는 제목에 동일한 유형의 조항을 포함시켰다(Nauta, 1971:239; NGKO, 1964:10). 그는 NGKO 1962 제51조의 '목회적 돌봄'이라는 제목을 GKN-KO 1959 제82조의 제목에서 따왔다. NGKO 1962 제51조에는 GKN-KO 제82조의 목회적 돌봄에 대한 여러 문구가 반영되어 있다. NGKO 1962 또한 '목회적 돌봄'이라는 표현을 GKN-KO 1959에서 따왔다(Nauta, 1971:288; NGKO, 1964:11).

GKN-KO 제82조는 목회자와 관련된 직분자의 가정 심방에 대한 규정을 제공한다. '가정 심방'이라는 단어는 GKN-KO 제82조에는 나오지 않지만, GKN-KO 제24조에서 장로의 직무를 언급할 때 목회적 돌봄을 '신실하게 심방을 받아야 할 (개별) 회중 구성원들'과 직접적으로 연관시킨다(Nauta, 1971:103, 288). 제82조에 따르면, 목회적 돌봄은 모든 회중 구성원을 대상으로 한다. 충실하게 섬겨야 할 이 목회적 돌봄은 목사와 장로에게 맡겨진다. 특히 더 이상 교회에 올 수 없는 병자와 노인, 그리고 교회를 떠난 사람들에게도 돌봄이 확대되어야 한다. 구성원들은 살아있는 신앙으로 깨어나야 하며, 역경 속에서 위로를 받고, 오류와 세속적인 행실, 그리고 악한 행위로부터 보호받아야 한다(Nauta, 1971:288).

나우타(1971:289-92)는 GKN-KO 제82조의 목회 돌봄에 대한 표현이 대체로 '옛것', 더 정확히는 도르트 교회질서에 기반한 GKN-KO를 확장하고 개선한 것이라고 지적한다. '목회적 돌봄'이라는 용어는 옛 교회질서(Jansen, 1952:74-78)에도 등장하지 않지만, 직분자들의 영적 임무를 지칭하는 적절한 명칭이자 성경적 은유이다. 1959년 GKN-KO에서 교회의 임무와 같은 용어로 목회 돌봄을 포함한 것은 이득이었다. GKN-KO는 목회적 돌봄의 임무를 목회자와 장로 모두에게 연결하면서, 그 부담을 특정 직분자에게만 지우지 않는다.

나우타(1971:289-92)는 가정 심방을 목회 돌봄의 첫 번째 주제로 삼고, 스스로를 '직접적인 교회질서적 측면'(de direct kerkordelijke aspecten)으로 제한한다. 따라서 그는 가정 방문의 시간과 구성에 대해서는 언급하지 않는다. 그는 자신이 '가정 심방 기법'(die tegniek van huisbesoek)이라고 부르는 것과 그 안에서 '교회질서적 측면'(kerkordelike kante)을 올바르게 구분한다.[137]

GKN-KO 제82조에서 나우타(1971)가 지적한 첫 번째 사항은 방문의 신실성이다. 신실성은 '가끔씩' 또는 '우연한' 심방과 다르다. 신실성은 방문을 적절한 영적 돌봄과 연결한다. GKN-KO는 이러한 방문의 빈도를 규정하지 않지만 신실함은 심방의 진중함을 강조한다. 그것은 양떼의 목자가 실질적인 영적 돌봄을 목표로 하는 필수적인 방문이다.

나우타(1971:289-92)는 GKN-KO 1959가 제82조에서 DKO 1619보다 심방이 필요한 사람들을 더 광범위하게 언급한다고 지적한다. 여기서 언급된 교인들, 즉 병자와 노인의 이유는 주일에 교회당에 올 수 없는 사실상의 어려움 때문이다. 나우타(1971)는 이러한 이들을 교회가 심방이 필요한 특별한 경우에 민감하게 반응해야 하는 사례로 인용한다. 다시 말해, 가정 심방은 특정한 배경을 가진 가족이나 개인, 또는 소그룹을 돌보는 것이다. 심방의 성격과 내용은 이를 고려해야 하며, 메시지와 기도는 그런 상황을 염두에 두어야 한다.

개혁교회 신자로서의 출발점(uitgangspunt)에 충실한 나우타(1971)는 목회 돌봄은 '항상' 하나님의 말씀을 전하는 것으로 이루어져야 한다고 믿는다. 그리스도의 복음이 돌봄의 중심에 있어야 한다.[138] 말씀은 구성원들이 처한 상황이나 자신의 맥락을 고려하여 전달되어야 한다. 이는

---

137 Haitjema(1951:274)는 교회질서의 임무를 교회의 기초에 영향을 미치는 오류로부터 교회를 보호하는 것으로 보았다. Nauta(1971:9)도 같은 개념을 사용한다.

138 스트라우스(2010:29)는 그리스도의 권위는 말씀의 권위이며, 이것만으로도 건강한 교회생활에 충분하다고 말한다.

가정 심방에서 '상당히 드러나야 하는' 개인적인 요소이다. 스풀스트라 (1989:112)는 가정 심방에서 말씀의 사역자는 신실한 교사여야 하며, 그 사역은 그 상황에서 하나님 말씀의 진리를 선포하는 데 집중되어야 한다고 덧붙인다.

방황하는 사람들에게는 세심한 주의를 기울여야 한다. 그들은 소위 '운명'(lot)에 맡겨져 교회 사역의 대상으로 남아서는 안 된다. 가능한 한 양떼로 돌아오도록 이끌고 다시 받아들여야 한다. 나우타(1971)에 따르면, GKN-KO 82조가 역경 속에서 살아 있는 신앙과 위로로 회복되는 것은 자명한 사실이다. 더욱이 오늘날 기독교 신앙은 훼손되고 있으며, 거짓 가르침과 오류는 과거의 일이 아니다. 교회 안에서도 세속적인 삶과 불경건한 행위가 흔히 일어난다(Nauta, 1971:291).

남아공 화란개혁교회 교회질서 제51조의 역사

NGKO 1962년은 직접적인 사례로 1959년 GKN-KO 질서를 인용하지만, 제82조와는 대조적으로 제51조는 그 나름의 노선을 취하고 있음을 보여준다.

NGKO 1962년 제51조의 '목회적 돌봄'(Die herderlike sorg)이라는 제목은 제82조에서 유래했다. 제82조와 마찬가지로, NGKO 1962년 제51조는 모든 교인에 대한 직분자의 가정 심방에 관한 규정을 포괄하는 용어로 이 단어들을 사용한다. 단순히 뉘앙스만 놓고 보면, '목회적 돌봄'은 '가정 심방'보다 더 엄숙하고 품위 있는 표현이다. 그러나 많은 목회자와 일반 교인들에게 NGKO 1962 질서 제51조에서 다루는 내용은 잘 알려져서, 그들은 역사적인 '가정 심방'과 곧바로 연결할 것이다. NGKO

1962 제51조는 삭제되었으며(NGKO, 1964:11), 이 직무는 "신실한 가정 심방을 통해 모든 교인에게 목회적 돌봄을 제공한다"라는 짧고 간결한 조항이 추가되었다.

NGKO 1962 제51조에 따르면, 가정 심방은 목회적 돌봄의 한 형태이며 세 가지 특별 직분의 공식 업무에 필수적인 부분이다. '신실한 가정 심방'이라는 개념은 나우타(1971:290)가 '신실함'을 통해 의미 있는 수준에 도달하는 양질의 심방이라는 개념과 일치한다. 신실한 가정 심방은 방문의 진지함과 필요성을 함축한다. 모든 교인이 교인 자격과 감사하는 삶의 일환으로 예배와 공식적인 말씀 사역에 정기적으로 참석해야 하듯이, 직분자도 모든 '공식' 교인 또는 정식 교인을 정기적으로 방문해야 한다. 예배와 가정 심방 모두, 전체 교회에서 말씀과 성령님의 통치에 관한 것이다.[139] 양떼가 말씀에 순종하는 것은 교회의 머리이신 예수 그리스도께 순종하는 것을 의미한다(Jonker, 1965:6).

NGKO 1962는 이러한 심방을 가르치고 다스리는 장로인 목사와 장로뿐 아니라 집사와도 연결함으로써, 모든 공식 심방에서 말씀이 직간접적으로 중심이 되어야 함을 시사한다. 교회의 머리이신 그리스도께서는 결국 이 교회 사역의 중심이다. 그리고 그분은 말씀과 성령님을 통해 교회를 다스리신다(Strauss, nd:16-20). 가난한 자와 병든 자를 돌보지 않거나 하나님께 영광을 돌리지 않는 것 등은 마땅히 사라져야 한다. 모든 물질적, 영적 필요에 대한 선한 목회적 돌봄은 말씀을 인도하는 목자의 지팡이로 사용된다(Strauss, 2010:61).

139　Barnard(1989:459)는 주일 예배와 삶의 예배 사이에 '가장 긴밀한 협력'이 있어야 한다고 주장한다.

NGKO 1962 제51조(NGKO 1964:11)는 '특히' 도움이 필요한 사람들, 병든 사람들, 노인들을 특별히 언급한다. 이러한 방문의 개별화는 방문객들에게 격려, 위로, 지지를 제공해야 한다는 지침에서 분명하게 드러난다. 심방자는 개인적으로 또는 마음으로 다가가야 한다. 이러한 원칙과 사례들은 직분자들이 회중 내 개인과 소그룹의 필요에 민감하게 반응하도록 해야 한다. 하나님의 말씀에 기초한 목자의 개인적인 말씀과 하나님께서 중보하시는 도움이 필요한 사람들을 위해 확신에 차서 드리는 기도는 헤아릴 수 없는 영적 유익을 가져다준다. 따라서 NGKO 1962 제51조는 GKN-KO 제82조에서 분명히 차용하고 있다. 그러나 동시에 독립적인 사고의 흔적도 보인다.

GKN-KO 1959와 달리, NGKO 1962는 방문 대상을 목사와 장로로 제한하지 않는다. 세 가지 특별 직분 모두 그리스도의 도구인 말씀으로부터 개인의 필요와 욕구를 다루어야 한다. 따라서 NGKO 1962에 따르면, 가정 심방은 GKN-KO처럼 처음 두 직분뿐만 아니라 '말씀의 사역자, 장로, 집사'에게도 명령이다. 물론 이 조항은 각 직분자가 가정 심방 시 직분의 특성에 따라 고유한 접근 방식을 사용하는 것을 금지하는 것은 아니며, 구성원들은 각 직분에 대한 필요를 구체적으로 제시할 수 있다(Kleynhans, 1988:109; 1991:86). 궁핍한 자, 병든 자, 노인이라는 개념은 병든 자와 노인으로만 대상을 제한하는 GKN-KO보다 더 명확하게 보여준다. 이는 목록에 제한을 두지 않고도 도움이 필요한 사람들의 예가 있음을 보여준다. 따라서 '궁핍한 사람'이라는 일반적인 개념이 생겨났다. 거짓 가르침, 오류, 세속적인 태도, 경건하지 않은 생활 방식에 대한 경고는 GKN-KO 제82조와 매우 일치하며, 별도의 설명이나 동기 부여가 필요하지 않다. NGKO는 GKN-KO와 마찬가지로 삶의 모든 영역에서 기독교와 비기독교 사이의 개혁파 입장에서의 대조를 옹호하며, 교회가 공동체 안에서 예언자적 목소리를 내도록 격려한다(Strauss 2010:125-30). NGKO 1962에 따르면, 특히 궁핍하고 병들고 연로한 교인들은 격려와 위로, 그리고 지지를 마땅히 받아야 한다. 이러한 격려는 GKN-KO가 살아있는 신앙으로 깨어나는 데 밑거름이 된다. 심방을 통해 주어지는 위로는 역경에 맞서는 '검증된 갑옷'이며, 오류에 맞서는 지지는 살아있는 신앙과 순종하는 삶을 목표로 한다.

1962년경 직분자의 가정 심방은 화란개혁교회에서 오래된 문제였다. 이 문제는 1962년에 총회에 이미 제출되었다. 따라서 1842년의 화란개혁교회 케이프 총회는 목사들에게 '적절히 가정 심방을 하라는 교회질서적 지침'을 제시했다(Kleynhans, 1988:107). 가정 심방은 종교적 문제에 관한 것이지 일반적인 농장이나 소와 송아지와는 관련이 없다. 1842년 총회에서 가정 심방은 기독교 신앙을 가지고 있는 하나님의 가족의 문제와 관련이 있다. 이후 1873년 케이프 총회는 가정 심방과 병자 심방을 목회 돌봄이자 목회자의 직무 중 일부로 여겼다(Kleynhans, 1988:107). 또한 이 총회는 장로들에게 가정 심방과 감독을 부여한다(Kleynhans, 1988:107). 이런 방식으로 NGK는, 이후 NGKO 1962에서처럼, 이러한 '가정 심방'을 통해 도르트 전통과의 친밀함을 보여준다.

요약하면, NGKO 1962 제51조는 목사, 장로, 집사와 같이 특별한 교회 직분자들이 가정을 방문하여 모든 교인에게 목회적 돌봄을 제공할 것을 밝힌다. 그것은 '특히' 병자와 노인과 관련있다. 이러한 돌봄이나 심방이 말씀 중심이고 영적 특성을 가지고 있음은 그 목적에서 분명히 알 수 있다. 교인들은 격려받고, 위로받고, 지원을 받아야 하며, 동시에 비기독교적 태도와 생활 방식에 대해서는 경고를 받아야 한다(NGKO,

1964:11).

남아공 화란개혁교회 교회질서 제51조는 50년 동안 이상 없이 유지됨

1990년의 사소한 편집 수정을 제외하고, 화란개혁교회(NGK) 교회질서 제51조는 2011년까지 내용이 동일하게 유지되었다. 이러한 교회질서는 여러 총회를 거치면서도 거의 50년 동안 유지되고 있다![140]

2011년 총회는 NGKO 제51조에 '목회적 돌봄'이라는 제목 아래 두 조항을 추가했다. 기존 제51조는 제51조 제1항이 된다. 새로운 제51조 제2항은 하나님의 제도인 '기독교 혼인'을 거룩하게 지켜야 하며, 교회 당회(kerkrade)가 이를 목양 차원에서 감독해야 한다고 규정한다. 또한, 새로운 NGKO 제51조 제3항은 교회 당회가 사망한 교인의 장례를 '기독교 방식'으로 매장하거나 화장하도록 보장해야 한다고 규정한다(NGKO, 2011:15; 참고. NGKO, 2015:15).

문제는 왜 NGKO 제51조가 오랫동안 그대로 유지되었는가 하는 것이다. 이에 대한 가장 분명한 답은 전형적인 교회적 관점에서 NGKO의 이 조항은 논란의 여지가 없으며, 화란개혁교회 회중이 없이는 안 될 진리와 관습을 다루고 있다는 것이다. 화란개혁교회에서 가정 심방과 목회적 돌봄의 목회적 필요성은 화란개혁교회 당회와 회중들 사이에서 광범위한 합의를 통해 강조되고 있으며, 각 부서에서도 이를 적극적으로 추

---

140 필자(Strauss 1997:172)는 약 25년 전의 논문에서 NGKO의 내용, 개정안 및 이행과 관련하여 화란개혁교회의 광범위한 맥락에 대한 관심이 부족하다는 점을 언급했다.

진하고 있다. 화란개혁교회에서 이 조항이 오랫동안 유지되어 온 이유는 이 교단에서 그 내용이 인정되고 검증된 관행이기 때문이다. 1652년에 얀 판 리베이크(Jan van Riebeeck)의 케이프 상륙과 네덜란드 개혁교회의 총회 역사에서 유래한 '네덜란드'(Nederduits) 개혁교회인 화란개혁교회는 1652년 프리지아 총회처럼 가정 심방을 하지 않는 것은 직무유기이며 따라서 처벌받아야 한다고 확신한다.

화란개혁교회 회중의 공식 가정 심방(직분자의 가정 심방) 통계를 확보하기는 어렵다. 그러나 전반적으로 화란개혁교회 회중의 직분자의 가정 심방은 항상 제대로 된 평가를 받지 못하고 소홀히 여겨진다는 인상을 준다. 가정 심방이 거의 없거나 전혀 없다는 사실이 교구의 교회 심방 보고서에서 단순히 직무 유기로만 강조되는 것은 아니다. 화란개혁교회에서 목사의 가정 심방이 없는 것을 직무 유기의 한 사례로 보는 것은 교회 모임에서 쉽게 접할 수 없는 이상한 개념이다. 직분자의 가정 심방 문제 또한 교회 심방에서 일반적으로 제기되는 문제는 아니다.

만약 이런 일이 실제로 발생한다면, 가정 방문이 부족한 여러 가지 이유, 그리고 그와 함께 모든 교인에 대한 목회 돌봄이 마치 지나가는 것처럼 제기된다. 그러나 이 문제는 충분히 논의되지도 않았고, 그 문제점들이 조사되지도 않았으며, NGKO 제51조에 따라 가정 방문의 우선순위와 시정 조치가 결정되지도 않았다. 가정 심방은 현재 관행상 권징의 부재, 공식적인 권한의 부족과 직분자들 사이의 소명 의식의 부재, 소위 '교회'에 대한 교인들의 비성경적이고 개인주의적인 취향, 그리고 무관심하고 더 이상 신경 쓰지 않는 심방 제도 등의 문제로 어려움을 겪고 있는 것으로 보인다(Strauss, 2008:242). 그리고 말씀의 사역자는 '다른 직분자들과 함께' 회중의 목회 돌봄을 책임진다고 명시한 NGKO 제9조의 적용은 마땅히 받아야 할 관심을 받지 못하고 있다(NGKO, 2015:4). 목사와 당회 간의 '사역 계약'(diensooreenkoms)의 일환으로서의 목회 돌봄에 대한 지속적인 평가는 당회원 간의 관계를 손상시킬 수 있다. 교인, 직분자(목사 포함), 심지어 회중조차도 훈계를 받고 싶어 하지 않는다(Kleyn & Viljoen, 1988:267; Strauss, 2010:109). 전통적인 성경 묵상과 기도는 아무리 준비되고, 적절하고 목회적으로 보일지라도, 그들에게는 일상생활의 우선순위도 아니고 필수적인 것도 아니다.

혼인 및 장례에 관한 목회 지침

DKO 1619(도르트 교회질서) 및 GKN-KO 1959와는 달리, NGKO 1962에는 혼인과 관련된 교회의 역할에 대한 조항이 없다. 이는 2011년 총회에서 변경되었다. 그러나 이러한 변경은 NGKO 1962 이전의 위에 언급된 교회질서에서 기인한 것이 아니다.

NGKO 2011 제51조 제2항은 '하나님의 제도로서의 기독교 혼인', 즉 회중 내 모든 기혼자의 소명인 혼인은 '거룩하게 여겨져야' 하며, 교회 당회는 이에 대해 '필요한' 목회적 감독을 행사해야 한다고 명시한다(NGKO, 2011:15). 이와 함께 NGKO 2011은 혼인을 하나님 앞에서 그리스도인의 포괄적인 삶 또는 순종하는 삶의 일부로 보는 예외 조항을 두고 있다.

교회질서의 관점에서 이는 거의 반세기 만에 NGKO가 도르트 전통을 따르는 개혁교회들, 즉 교회질서에 혼인을 포함하는 교회질서에 합류했음을 의미한다. 혼인에 있어 교회의 역할에 초점을 맞추는 다른 교회질서와는 달리(Kruger et al, 1966:412-14), NGKO 제51조 제2항은 문제의 핵심에 초점을 맞춘다. 즉, 하나님의 제도인 혼인은 성경적 기독교 규범을 존중함으로써 거룩하게 지켜져야 하며, 교회 당회는 이 부분에서 교인들에게 주의를 기울여야 한다는 것이다. 혼인은 신자가 하나님의 영광에 집중해야 하는 하나님께 순종하는 삶의 일부이다. 그렇기 때문에 교회 당회가 혼인에 참여하는 것이다(NGKO, 2015:15). NGKO 2015에는 또한 교회의 감독이 세례받은 교인과 신앙을 고백하는 교인(직분자 포함)의 '전 생애'에 걸쳐 확장된다는 조항이 포함되어 있다(NGKO, 2015:17). 따라서 NGKO 2015:15에서 채택된 NGKO 2011:15는 하나님의 제도인 혼인이 거룩하며, 교회 당회가 이를 목양적 배려로 돌보아야 함을 다시 한번 선언한다.

NGKO 2015 제51조와는 대조적으로, DKO 1619는 '혼인 조례'에 관한 조항에서 네덜란드 국가 당국이 관여해야 하는 혼인 절차를 다룬다. 종교개혁의 원칙에 따라, DKO 1619는 국가 당국이 본질적으로 혼인에 법적 효력을 부여하는 기관임을 암묵적으로 인정한다. 이 조항 없이는 교회가 혼인을 성사시킬 수 없다. 교회 스스로 이 문제에 관여하고 있기에, 개혁교회는 네덜란드 당국에 모든 교회가 함께 모여 '하나님의 말씀'과 '교회 규정'에 따라 혼인을 축복할 수 있는 일반적인 혼인 조례를 제정해 줄 것을 요청한다. 혼인의 성립 여부와 법적 측면을 규정하는 국가법을 존중하고 그러한 성립에 따라야 복된 혼인이 마무리된다. 결국 교회는 법적으로 성립되지 않았고 국가가 사회의 일반적인 법적 기관으로 인정하지 않는 혼인을 축복할 수 없다. 네덜란드 사회에서 그러한 행위는 바람을 쫓아가는 것과 같다(Pont, 1981:184; De Klerk, 1982:112, 114-15; Trimp, 1983:247-50의 혼인의 성립 또는 확인에 있어서 교회와 국가의 역할). 하나님의 말씀에 따라 복된 혼인을 설명하는 DKO 1619는 하나님께서 제정하신 '거룩한 혼인'을 행하는 NGKO 2011 제51조와 동일한 광범위한 노선을 따른다. 그러나 두 교회가 이러한 규정을 만드는 상황은 서로 다르다. DKO 1619가 혼인의 법적 성립에 있어 통일성을 규정하는 국가 조례 제정을 요구하는 반면, NGKO 2011은 기독교 혼인이 큰 압박을 받고 이혼율이 급증하는 현실에 직면해 있다.

개혁주의 교회의 전형적인 특징인 DKO와 NGKO는 모두 그 조항에서 시대적 배경을 고려하고 있으며, 교회의 사명을 위해 봉사해야 하는 상황과 밀접한 관련이 있다(Strauss, 2010:1-6, 15-20). 또한 NGKO 2011은 목회적 돌봄의 이러한 측면과 관련하여 근본적으로 용인될 수 있는 독자적인 방향을 취하고 있다는 점도 사실이다.

NGKO 2011의 새로운 제51조 제3항에는 장례에 대한 목양적 설명이 포함된다. NGKO 1962가 GKN-KO 1959를 직접적인 예로 사용했던 배경에서, 장례에 대한 새로운 NGKO 2011의 제51조 제3항은 1962년 이후 NGKO 개정에 대한 새로운 접근 방식을 보여준다. 1962년 이후 GKN-KO 1959와 DKO 1619를 더 이상 고려하지 않는 NGKO의 자유로운 개정과는 대조적으로, NGKO 2011의 제51조 제3항은 다시 한번 GKN-KO 1959의 제87조와 상당한 유사성을 보여준다(Nauta, 1971:305; NGKO, 2011:15).

열악한 서비스 때문에 대중의 강한 반발이 일어나고, 묘지 관리와 고인에 대한 문제가 제기되는 남아공에서, NGKO 2011은 1962년 NGKO 설립 이후 처음으로 장례 관련 조항을 포함하고 있다. NGKO 2011 제51조 제3항은 교회 당회가 사망한 신도들을 '기독교적 방식'으로 매장하거나 화장하도록 요구한다. 2011년 이전에는 이 문제가 일반적으로 교회에서 용인하는 관습에 따라 결정되었기 때문에 NGKO는 이 문제에 대해 침묵할 수 있었다. 수년 전 사람들이 매장된 교회에도 고인의 유골을 위한 틈새 공간이 있는 추모 벽이 세워지고 화장이 크게 증가하면서 고인의 유해를 더 잘 관리할 수 있게 되었고, 이로 인해 장례식에 새로운 관습이 생겨났다. 전통적인 매장이나 문자 그대로의 매장은 화장으로 대체되어 유골을 보다 안전하고 체계적으로 관리하게 되었다. 과거에는 '성경에 기반한' 저항과 논쟁을 불러일으켰던 것이 이제는 받아들여진 관습이 되었다. 새로운 환경과 관습의 도래와 함께 그 바람직함에 대한 의문은 사라졌다. 결과적으로, NGKO 2011 제51조 제3항은 교회 당회가 사망한 교인들이 '기독교적 방식으로 매장/화장'되어야 한다는 것을 '교회적으로 수용'해야 한다고 명시한다.

장례식은 순전히 교회적인 일이 아니라 개인과 가족의 일이지만(De Klerk, 1982:116; Nauta, 1971:307), NGKO 2011은 그럼에도 불구하고 새로운 상황에서 교회 당회에 이러한 지침을 제공한다. 관에 넣어 매장하는 방식 외에도 NGK는 화장을 교회질서로 인정한다. 이 지침의 목적은 가능한 한 새로운 상황 속에서 신자들에게 명확성을 제공하는 것이다. 그의 견해에 따르면, 혼인에 관한 조항과 마찬가지로 NGKO 제51조는 말씀에 충실하면서도 현대적이라고 말한다.

GKN-KO 1959 제87조는 또한 교회 당회가 사망한 교인들을 '기독교 방식으로 장례'하는 데 협력해야 한다고 규정한다(Nauta, 1971:305). 이러한 GKN-KO 1959의 문구는 예언적인 것이었을까? NGKO 2011을 채택한 2011년 NGK 총회가 취했던 경향을 반영한 것이었다.

본질적으로 NGKO 2011은 GKN-KO 1959와 거의 동일한 공식을 사용한다. GKN-KO 1959 제87조에서 당회는 고인의 장례에 기독교적 방식으로 협력해야 하며, NGKO 2011 제51조 제3항에서는 동일한 조치가 이루어지도록 보장해야 한다. '감독하다'(toesien)는 기독교적 방식을 실제로 결정하는 것을 의미하며, '협력하다'(meewerk)는 특정 사례, 가족 또는 장소의 상황과 관습을 의도적으로 존중하는 것을 의미한다(Nauta, 1971:306). GKN-KO 1959 제87조에 대한 주석에서 나우타(1971:307-308)는 기독교 장례식에서 회중 예배가 아닌, 말씀 설교와 위로와 격려의 기도를 통해 부활과 부활에 대한 믿음을 통해 영생을 보장하시는 주 예수님께 중점을 둔 예식을 옹호한다. 고인에 대한 설교나 조의를 표하는 추도사가 되어서는 안 되며, 이 땅에서 하나님 나라를 위해 그가 보여준 헌신을 언급해야 한다. 나우타(1971:307-308)는 GKN-KO를 절제된 장례 관습 및 기독교 신자들의 슬픔과 연관 짓는다. 개혁주의는 절제를 하나님에 대한 경외심과 연관시키기 때문이다.

나우타(1971:307-308)에 따르면, 성경은 이에 대해 명확한 언급을 하지 않기 때문에, '화장'은 교회에서 용인될 수 있으며, 교인들의 선택으로 존중받을 수 있다. 이는 NGKO 2011에서 직설적으로 표현되었으며 허용되는 사항으로 간주된다. 따라서 이 점에 대해 교인들과 의견이 다른 교회 당회와 목사는 장례 참여를 거부할 수 없다(Nauta, 1971:307-308).

주목할 점은 GKN-KO 1959가 장례를 가족 문제로 인정하는 여지를 남겨두고, 따라서 제87조에서 당회가 결정하는 것이 아니라 당회의 협조에 대해 언급하고 있다는 점이다. 이와는 대조적으로, NGKO 2011과 그 후속 조항들은 기독교 장례 방식이 교회적으로 마련되며, 총회에서 승인한 예식 및 예배 순서에 대한 편람에서 광범위하게 규정된다고 암시한다(Strauss, 2013:77-78). 16세기 네덜란드의 개혁교회 총회들은 고인의 시신을 교회당에 안치한 채 추도사를 읽던 천주교 방식의 장례 설교를 폐지했다. 악령을 쫓기 위한 교회 종을 울리고 고인을 위한 기도 역시 천주교 방식이었다(Jansen, 1952:284).

결론

개혁교회는 직분자를 통해 주 하나님의 양떼인 회중 구성원들을 목회적으로 돌본다. 이런 성경적 원칙에 근거하여, 개혁교회는 가정 방문을 통해 말씀에 기반하여 개인, 소그룹 또는 가족을 집중적으로 돌본다. 따라서 NGKO 2011은 제51조 가정 심방을 혼인과 장례의 기독교적 본질에 대한 조항과 함께 '목회적 돌봄' 항목에 포함시켰다. NGKO에 따르면 목회적 돌봄은 구성원들의 기독교적 삶의 회복 또는 안녕을 목표로 한다. 목회적 돌봄은 말씀으로써 구성원들이 하나님께 일평생 동안 순종함을 증진하도록 살핀다. 또한, 충실하고 질 높은 가정 심방은 교인들이 믿음의 공동체를 더 깊이 개인적으로 경험하고 참여할 수 있는 가능성을 열어둔다. 이는 목회자와 교인 모두에게 현대 공동체 생활(moderne gemeentewees)의 근본적인 측면이다. 가정 심방이나 교인과의 개인적 접촉은 목사에게 설교를 포함한 목회 사역에 대한 적절한 피드백을 제공할 수 있다. NGKO 2015에서는 목회적 돌봄이 과거 네덜란드의 개혁교회 질서처럼 목사와 장로에게만 국한되지 않는다. 모든 교인에 대한 공식적인 개인적 돌봄은, 비록 특정한 경우 물질적 필요를 돌보는 것과 같더라도, 반드시 목회적이어야 하며, 따라서 영적인 돌봄을 포함해야 한다.

주 하나님께서 특정 장소에 개인 혹은 공동체로 존재하는 자기 양떼의 목자로 직분자들을 세우심은 교회 공동체의 삶에 지금도 중요하다.

참고문헌

Barnard, A. C. *Die Erediens*. Pretoria: NG Kerkboekhandel Transvaal, 1989.

Biesterveld, P. & Kuyper, H. H. *Kerkelijk Handboekje*. Kampen: Bos, 1905.

Bouwman, H. *Gereformeerd Kerkrecht I.*, 3de Onveranderde Druk. Kampen: De Groot Goudriaan, 1985.

De Klerk, J. J. *Liturgiese Grondlyne*. Kaapstad: NG Kerk-Uitgewers, 1982.

Haitjema, T. L. *Nederlands Hervormd Kerkrecht*. Nijkerk: Callenbach, 1951.

Jansen, J. *Korte Verklaring van de Kerkorde der Gereformeerde Kerken*. Kampen: Kok, 1952

Jonker, W. D. *Om die Regering van Christus in Sy Kerk*. Pretoria: Unisa, 1965.

Kleyn, D. & Viljoen, F. *Beginnersgids vir Regstudente*. 2de Druk. Kenwyn: Juta, 1999.

Kleynhans, E. P. J. Gereformeerde Kerkreg IV. Pretoria: NG Kerkboekhandel Transvaal, 1988.

_____. "Die Drie Besondere Ampte nog Houdbaar?" In P. J. Strauss (red.). *Byderwets en Gereformeerd*. Bloemfontein: Pro Christo, 1991: 77-89.

Kruger, L. S., Du Plessis, H. L. M., Spoelstra, B. & Spoelstra, T. T. *Handleiding by die Kerkorde*. Potchefstroom: Pro Rege, 1966.

Langner, D. *Teen die Hele Wêreld Vry: Koot Vorster, Segsman of Profeet?* Pretoria: Griffel, 2007.

Nauta, D. *Verklaring van de Kerkorde van de Gereformeerde Kerken in Nederland*. Kampen: Kok, 1971.

Nederduitse Gereformeerde Kerk (NGK). *Handelinge Raad van Kerke*. Np: 1957.

Nederduitse Gereformeerde Kerk (NGKO). *Kerkorde van die Ned Geref Kerk 1962*. Pretoria: NG Kerk-Uitgewers, 1964.

_____. *Die Kerkorde van die Ned Geref Kerk*. Np: 2011.

_____. *Die Kerkorde van die Ned Geref Kerk*. Np: 2015.

Nederduitse Gereformeerde Kerk Algemene Diensgroep Gemeen-te-Ontwikkeling(NGK-ADGO). *Handleiding vir die Erediens.* Welling-ton: Bybelmedia, 2010.

Pont, A. D. *Die Historiese Agtergronde van Ons Kerklike Reg I.* Pretoria: HAUM, 1981.

Spoelstra, B. *Gereformeerde Kerkreg en Kerkregering.* Hammanskraal: Teolo-giese Skool van die Gereformeerde Kerke in Suid-Afrika, 1989.

Strauss, P. J. "Die Krisis rondom 'Meerdere' Vergaderings in die Ned Geref Kerk: Eenkele Aantekeninge en Raakpunte met Teologiese Opleid-ing." *Ned Geref Teologiese Tydskrif* 38/3 (1997): 171-79.

Strauss, P. J. "Die 'Kerklike Gesag' van Kerkvergaderings soos in die Kerkorde van die Ned Geref Kerk." *In die Skriflig* 42/2 (2008): 239-52.

Strauss, P. J. *Kerk en Orde Vandag: Met die Klem op die NG Kerk.* Bloemfon-tein: SUN Media, 2010.

Strauss, P. J. "Kerkwees in die Branding: Die Nederduits Gereformeerde Kerk in Algemene Sinodale Verband 1994-2011." *Acta Theologica Sup-plementum* 18 (2013): 1-154.

Strauss, P. J. *Die Gees werk soos Hy wil ···* Bloemfontein: VCHO, 1995.

Trimp, C. *De Gemeente en Haar Liturgie.* Kampen: Van den Berg, 1983.

Vorster, J. D. "Die Kerkorde van die Ned Geref Kerke: Besware Daarteen en Betekenis Daarvan." *Ned Geref Teologiese Tydskrif* 1/1 (1960): 12-18.

교회질서와 신앙고백[141]

교회질서와 신앙고백의 연관성은 성경에 확립되어 있다. 교회질서는 성경에 주된 근거를 두고 있으며, 신앙고백은 전체적으로 성경의 메아리이다(Bouwman, 1970:325, 326). 신앙고백은 성경과 일치하는데, 교회는 신앙을 표현하고 고백하기 위해 신앙고백서에서 성경을 반복한다(ὁμολογέω).

"예수님은 그리스도이시다"라는 고백의 공개적인 행위는 신앙의 행위로서 인간의 존재 전체에 뿌리까지 영향을 미치는 실존적 결정이다. "이를 내게 알게 하신 이는 혈육이 아니요, 하늘에 계신 내 아버지시니라"(마 16:17). 고백의 내용은 전적으로 규범적이다. 왜냐하면 그것은 하나님의 아들에 대한 강력한 계시의 순수한 메아리이기 때문이다. 신약성경 어디에도 고백 행위가 자발적이고 제한 없는 일, 즉 자유롭게 떠도는 일로 설명된 곳은 없다. 신앙의 행위로서, 문자적으로 "같은 것을 말한다"라는 뜻의 그리스어 동사 '호몰로게오'(ὁμολογέω)는 복음과 실제로 일치하는 것이며, 복음에 의해 온전히 결정된다(Polman, nd:6, 7).

---

141 이 글은 남아공 개혁교회(GKSA) 목사 니엘스 스미트(Cornelis Johannes Smit, d. 2011)의 "Kerkorde en Belydenis," *In die Skriflig* 18/70 (1984), 41-46을 번역한 것이다.

고백이 말씀에 대한 답이듯, 교회질서는 이 답을 확증한다. 신앙고백은 "나사렛 예수님은 누구인가?"라는 질문에 명확한 성경적 용어로 답한다. "그분은 그리스도시요, 살아 계신 하나님의 아들이십니다"(마 16:16). 교회질서는 오직 그분만이 자신의 말씀과 성령을 통해 자신의 교회 안에서 그리고 교회를 다스릴 수 있음을 강조함으로써 이 답을 확증한다(Hovius, 1962:24).

교회질서는 구조적으로나 본질적으로 고백에 관여한다(Hovius, 1962:24). 교회의 고백적 형성은 자연스럽게 질서 형성을 요구한다. 즉, 교회가 고백에 따라 예수 그리스도의 주권 아래 순종하며 살 수 있도록 하는 교회 생활의 질서이다. 이는 교회질서가 고백에서 범위와 규범을 모두 발견하며, 신앙고백은 교회질서에서 구조적으로 볼 때 실질적인 구체화를 이룬다는 것을 의미한다.

고백에 의한 교회질서의 규범화는 교회질서가 고백에 비해 부차적인 것으로 여겨져야 함을 시사한다. 교회질서는 교회 교리에 의존하는데, 교리는 성경에서 비롯된 것이다. 그러나 이는 나우타(1971:43)가 이해하는 것처럼 교회가 교회질서가 아니라 고백으로만 알려진다는 것을 의미하지 않는다. 이러한 관점은 교회가 질서 있는 기능을 위해 자체 규칙을 수립해야 하는 일반적인 공동체라는 교회 개념의 결과이다(Nauta, 1971:9).

고백에 근거한 교회질서는 교회 제도와 조직의 윤곽이 뿌리내린 것으로, 교회를 실제적으로, 외부적으로, 그리고 형식적으로, 그 유사성에 따라 알려줄 것이다(Hovius, 1962:24). 그러나 교회질서는 고백을 기초로 하기 때문에, 단순히 획일성을 추구하는 형식적인 것보다 훨씬 더 교회를 위한 것이다. 사실, 교회질서는 분명히 예수 그리스도의 통치 아래 있는 새 삶의 교회 조직과 질서이다(Spoelstra, 1981a:6). 교회들이 고백에서 하나이기 때문에, 그리스도의 한 몸의 가시적으로 제정된 많은 계시처럼 교회질서에서도 하나여야 한다(Van der Linde, 1980:36). 그리고 교회질서는 고백의 열매이기 때문에, 조직과 정치에 관한 교회의 성경적 순종은 교회질서로써 검증될 수 있다. 그러므로 교회는 교회질서에 의해 제도적으로 알려지게 되고, 교회의 신앙고백 내용은 원칙적으로 교회 질서에 의해 알려지게 될 것이다.

신앙고백이 예수 그리스도 안에서 신앙의 일치를 표현하는 교회질서보다 앞서기 때문에, 교회질서가 아니라 신앙고백이 교회들이 총회에 함께 모이는 근거가 된다. 교회질서는 실제로 교회들이 함께 모여 함께 통치하는 방식(modus quo)이다. 예를 들어, 신앙고백에 근거하여 하나 된 교회들이 1862년 남아공에서 만나 그 신앙고백에 근거하여 교회질서를 수립했다(Van der Linde, 1977/78:2). 교회질서는 성경적 교회 제도, 교회 조직 및 교회 통치의 정의이므로 머리가 자신의 몸이 기능하기를 원하는 방식은 교회질서에서 규정된다. 따라서 교회질서는 교회 공동체의 합의가 아니라 그것을 위한 마련이다(Nauta, 1971:12-13). 만약 교회질서가 교회 공존의 기반이었다면, 교회질서는 그 자체로 권위를 지녔을 것이며, 그에 따른 법의 구속력을 지녔을 것이다(Kuyper, 1928/29:1).

럿거스(1880:43) 또한 교회질서가 교회적 맥락에서 교회들을 포괄하는 기반은 고백의 일치임을 보여주었다. 따라서 고백은 교회들 사이의 '공동 합의'이다. 엠덴 총회(1571)는 이미 교회질서를 통해 모든 교회가 따라야 할 규칙을 규정했는데, 이는 모든 교회가 고백 안에서 하나이기 때문이다(Pont, 1981:94; Spoelstra, 1981b:4). 따라서 엠덴 교회질서(제2, 4, 5조)는 신앙고백, 즉 교리의 일치가 예수 그리스도께 순종하는 모든 사람을 하나로 묶는 구속력 있는 끈이라고 명시적으로 선언한다. "네덜란드 교회들 간의 교리적 일치를 입증하기 위해, 형제단(Broederen)은 네덜란드 교회의 신앙고백을 승인하는 것이 적절하다고 생각했다"(Pont, 1981:111). 이로부터 종교개혁 이후 교회들이 공존할 수 있었던 근거와 토대가 분명해진다. 따라서 스풀스트라(1981b:4)가 교회질서를 "고백과는 다른 성격을 지녔지만" 명백히 공동체의 합의라고 결론지을 수 있는지는 불분명하다. 교회질서의 권위는 교회적 맥락에서 특정 사안들을 공동으로 처리하는 근거가 되지만(Spoelstra, 1967:26), 필자의 생각에는 교회질서가 교회들이 교회적 맥락에서 함께 모이는 근거가 되지는 않는다.

교회정치에 대한 결사체협의주의적(sinodokratiese kollegialisties, 총회협력주의적) 관점은 교회질서를 그룹 단위로서 교회가 기반을 두는 '언약'이라고 본다(Van der Linde, 1965:122). 이에 따르면, 교회질서는 그룹 단위의 교회에 가입한 교회들을 포함한다. 따라서 교회질서가 그렇게 할 권리를 부여하는 경우에만 교회가 교회 가입을 종료할 수 있다. 따라서 교회질서는 교회 공동체의 합의, 즉 교회가 세워지는 토대로 여겨진다. 이러한 토대 덕분에 총회는 최고 권위를 가지는데, 오직 총회만이 교회질서를 개정할 수 있기 때문이다(Van der Linde, 1965:123).

교회질서의 유용성은 종교개혁 이후 항상 한 가지 조건, 즉 교회들이 하나님의 말씀에 함께 복종함으로써 신앙고백 안에서 하나됨을 유지해야 한다는 조건에 달려 있었다(Rutgers, 1890:43). 결과적으로 교회질서는 신앙고백과 일치의 표현이자 증진이다. 바로 교회질서가 신앙고백과 일치를 전제하고 요구하기 때문이다. 교회질서가 신앙고백적 측면을 지니고 신앙고백에 기반을 두고 있음에도 불구하고, 개혁교회들은 교회질서를 결코 추가적이거나 보충적인 신앙고백으로 보지 않았다(De Jong, 1967:17). 이전에 교회질서가 종종 신앙고백의 부록으로 여겨졌다는 사실이 그러한 견해를 불러일으켜서는 안 된다.

교회질서는 신앙고백과 동일한 권위를 가지고 있지 않으며, 따라서 교회의 직무 수행을 위한 유일한 혹은 결정적인 협약으로 사용될 수 없다. 이 사실은 교회질서와 신앙고백의 각각의 목적에 나타난 차이점에서 더욱 분명하게 드러난다. 신앙고백의 목적은 하나님 말씀의 진리를 체계적으로 요약하여 다루는 것이다. 반면, 교회질서의 목적은 그리스도의 교회 안에서 좋은 질서를 유지하는 것이다. 결국, 교회 일치를 필요로 하고 명시적으로 요구하는 것은 '좋은 질서'가 아니라 무엇보다도 하나님의 말씀이다. 원칙적으로 교회 공존의 기초로서 신앙고백을 대체하면 새로운 위계를 낳는다. 본질적으로 그리스도의 권위는 '상응하는 조직' 즉 총회의 권위로 교체된다(Van der Linde, 1965:123).

칼빈이 열정적으로 강조했던 교회질서의 근본 원리, 즉 하나님 말씀의 유일한 통치는 명백히 신앙고백의 문제이다(1956; 기독교강요 4.2.4; 4.7.23; 4.8.1-4, 7-8). 사실, 이 근본 원리는 신앙고백의 출발점으로도 기능한다(Hovius, 1962:7). 본질적으로 교회질서는 그리스도께서 영원한 왕이시며, 그분의 말씀을 통해 자신을 다스리시고, 그 말씀 안에서 그분의 의식을 제정하셨다는 신앙고백에 기초한다. 이로써 교회질서의 본질은 하나님 말씀의 유일한 통치를 실현하고 보존하는 데 있으며, 따라서 인간의 법을 거부하고 그것에 신적 권위를 부여하는 데 있지 않다. 구조적으로 교회질서는 하나님 말씀의 유일한 통치가 직분이나 예배, 교회 회의나 모임, 교리, 성례, 예식의 감독, 그리고 교회 권징을 통해 실현된다는 신앙고백에 기초한다. 이로써 교회질서의 구조적 범위는 신앙고백에 명시된 대로, 하나님의 택하신 자녀들의 양심을 구속하는 인간의 법의 '정경화'에 맞서 하나님 말씀의 유일한 통치를 보존하고 유지하는 데 있다. 따라서 도르트 교회질서가 신앙고백에 대한 확고한 입장을 분명하게 표명하는 것도 이해할 만하다. 예를 들어, 제53-55조, 61조, 68조에서 볼 수 있다.

호피우스(1962:24)에 따르면, 신앙고백에 대한 이러한 깊은 확고한 입장은 교회질서가 각 조항에 대한 성경적 증거를 생략할 수 있는 바로 그 이유이다. 신앙고백과의 이러한 중요한 유대는 주님의 교회에 속한 모든 사람을 성경에 대한 순종과 봉사로 묶으며, 교회정치의 모든 권위는 성경에 따라 행사되어야 한다. 심지어 교회의 질서에 따라 교회의 자유에 맡겨진 측면조차도 고백적으로 근거를 두고 있으며, 이와 관련하여 호피우스는 한편으로는 하나님 말씀의 명령, 즉 그리스도 자신의 명령과 제도, 사도 교회의 예, 그리고 여기에 포함되거나 합법적으로 파생될 수 있는 모든 것, 그리고 다른 한편으로는 교회 자체가 그리스도의 몸을 세우기 위해 만들 수 있는 마련, 즉 그분이 명령하신 것과 상충되지 않는 마련을 명확히 구분한다(Hovius, 1962:11). 그는 교회 생활을 위한 하나님의 적극적인 규정과 명령을 'jus divinum positivum'이라고 부르고, 교회 자체가 장소와 시간의 상황에 따라 실제적이고 제도적인 규정을 공식화할 수 있도록 허락된 하나님의 명령을 'jus divinum permissivum'이라고 부른다. '하나님의 실정법'(jus divinum positivum)과 '하나님의 허용법'(jus divinum permissivum), 둘 다 신앙고백에 근거한다. 전자는 제30조에서 참된 교회는 "우리 주님께서 당신의 말씀으로 우리에게 가르쳐 주신 영적인 통치 방식에 따라" 다스려져야 한다고 명시하고, 후자는 제32조에서 "교회 지도자들이 교회 공동체의 유지를 위해 서로 일정한 법을 제정하고 확인하는 것은 유익하고 선하다"라고 명시한다(네덜란드 신앙고백 제30, 32조).

도르트 교회질서가 전체적으로 신앙고백에 어떻게 근거하고 있는지 보여주기 위해, 필자는 아래와 같은 개요를 제시한다.

(1) 교회질서의 기본 원칙은 신앙고백서에 근거해 보면, 예를 들어, 네덜란드 신앙고백(제27, 29, 31-35조)에서처럼, 그리스도께서 몸의 머리로서 권위와 권능을 가지고 계심을 명시적으로 표현한다.

(2) 교회질서(제2-28, 83조)에 명시된 직무는 네덜란드 신앙고백(제30-32조)에 근거하며, 본 사안은 이 신조에 적절하게 규정되어 있다.

(3) 교회질서(제29-52조)에 명시된 교회 치리회(당회)와 상급 회의는 네덜란드 신앙고백에 근거하며, 교회 치리회는 제30조에서, 그리고 상급 회의는 원칙적으로 제32조에서 명시되어 있다.

(4) 교회질서(제53-70조)에 명시된 교리, 성례 및 기타 예식은 네덜란드 신앙고백(제33-35조)에 명시적으로 기초한다.

(5) 교회질서(제71-81조)에 명시된 권징은 네덜란드 신앙고백(제32조)에 근거한다.

마지막으로, 도르트 교회질서와 네덜란드 신앙고백 사이의 소위 불일치를 언급할 필요가 있다. 이 불일치는 반복적으로 제기되어 왔다(Hovius, 1962:17-19; Polman, nd:24-29). 이 '불일치'는 세 가지 요점으로 아래와 같이 요약된다.

(1) 도르트 교회질서(제29조)는 교회 당회와 네 개의 다른 교회 회의를 언급하는 반면, 네덜란드 신앙고백(제30조)은 교회 당회만 언급한다.

답변: 상급 회의의 원칙은 네덜란드 신앙고백(제32조)에서 분명히 발견되는데, 여기서는 교회 연합에 대한 교회 규례를 전제로 한다. 이는 신앙고백서가 원칙을 확립하는 반면, 교회질서는 그 원칙과 그 차별화와 기능까지 구체화한다는 사실에 비추어 보아야 한다.

(2) 네덜란드 신앙고백(제30조)은 세 가지 직분을 언급하는 반면, 교회질서(제2조)는 네 가지 직분을 언급한다.

답변: 신학 교수라는 직분은 원칙적으로 다른 봉사가 아니지만, 말씀 사역자의 봉사를 원칙적이고 실질적으로 차별화한 것이다.

(3) 네덜란드 신앙고백(제30조)은 집사를 당회원의 일부로 간주하는 반면, 교회질서(제5조)는 당회원과 집사를 처음부터 끝까지 명확하게 구분한다.

답변: 신앙고백서는 원칙적으로 직무의 통일성에 근거하는 반면, 교회질서는 기능적으로 직무의 차별화에 근거한다.

결론

신앙고백은 교회질서의 기준이다. 그러나 교회는 신앙고백서와 교회질서 둘 다를 통하여 알려진다. '교회적 교회의 합의'는 교회질서가 아니라 신앙고백이다. 교회질서는 본질적으로나 구조적으로 신앙고백 위에 세워진다. 교회질서의 측면에서 교회의 자유에 맡겨진 부분조차 신앙고백에 기초하고 있다. 교회질서와 신앙고백 사이의 소위 '불일치'는 정당하게 설명될 수 있다.

참고문헌

Bouwman, H. *Gereformeerd Kerkrecht, dl. 1.* Kampen: Kok, 1970.

Calvin, J. *Institutie of Onderwijzing in de Christelijke Godsdienst,* 3 die., 4 de Dr. Uit Latyn Vertaal deur A. Sizoo. Delft: Meinema, 1956.

De Jong, P. Y. *The Genius of Reformed Church Policy.* In "Church Order and Church Union." Conference Papers of the Reformed Ecumenical Synod Conference on Church Order. Glenside, 1967.

Hovius, J. *Het Verband tussen Onze Belijdenis en Onze Kerkorde.* Sneek: Weissenbach, 1962.

Kuyper, H. H. *College Dictaten: Gereformeerd Kerkrecht.* Ongepubliseerde Klasaantekeninge, 1928-29.

Nauta, D. *Verklaring van de Kerkorde van de Gereformeerde Kerken in Nederland.* Kampen: Kok, 1971.

Polman, A. D. R. *Onze Nederlandsche Geloofsbelijdenis: Verklaard ult het Verleden Geconfronteerd met de Heden, dl. 4.* Franeker: Wever, Nd.

Pont, A. D. *Die Historiese Agtergronde van Ons Kerklike Reg.* Pretoria en Kaapstad: Haum, 1981.

Rutgers, P. L. *De Geldigheid van de Oude Kerkordening der Nederlandsche Gereformeerde Kerken.* Amsterdam: Wormser, 1890.

Spoelstra, B. *Die Verhouding van Kerkreg en Kerkorde.* Ongepubliseerde Gaskollege, 1981a.

_____. "Calvyn se Kerkreg en Invloed op Kerke in Suid-Afrika." *In die Skrlflig* 15/59 (1981b): 4-23.

_____. "Die Gesag van Meerdere Kerkvergaderings." *In die Skriflig* 3 (1967): 23-34.

Van der Linde, G. P. L. *Kerkreg, dl. 2.* Potchefstroom: Teologlese Skool, PU vir CHO, 1980.

_____. *Die Kerkorde van die Gereformeerde Kerk in Suid Afrika.* Potchefstroom: Teologiese Skool, PU vir CHO, 1977/78.

_____. *Die Grondbeglnsels van die Presbiterlale Kerkregeringstelsel.* Potchefstroom: Pro Rege, 1965.

선교적 교회와 새로운 교회질서[142]

교회론 개요

남아공 네덜란드 개혁교회(Nederduitsch Hervormde Kerk van Afrika; 이하 NHKA)의 교회질서의 주요 주창자 중 한 사람은 폰트(A. D. Pont)였다.[143] 폰트는 1957년부터 1992년까지 프레토리아대학교에서 교회사 및 교회질서학 교수로 재직했다. 그는 교회정치에 관한 두 권의 책, 『우리 교회법의 역사적 배경』(*Historiese Agtergronde van Ons Kerklike Reg*, Pont, 1981, 1991)를 저술했다. 이 책에는 네덜란드와 남아공 개혁파의 가장 중요한 교회질서에 대한 전문과 논의가 수록되어 있다.

폰트는 개혁파 전통에 속한 교회인 NHKA는 칼빈주의와 노회-총회 교회론적 패러다임 안에서만 교회가 될 수 있다고 생각했다(Pont,

---

142 본 논문은 프레토리아대학교 교회사 및 교회질서 교수 빔 드레이어 (Wim A. Dreyer)의 "Missional Ecclesiology as Basis for a New Church Order: A Case Study," *HTS Teologiese Studies* 69/1 (2013), 1-5를 번역한 것이다.

143 1963년에 세 교단이 합병하여 시작된 아프리카 NHKA는 영어로 'Dutch Reformed Church in Africa' (DRCA) 혹은 'The Netherdutch Reformed Church in Africa'이다. 이 교단은 남아공 화란개혁교회(NGK 혹은 DRC)와 다르다(역자 주).

1995:771-91). 오랜 기간 교회정치학 교수로 상당한 영향력을 행사했던 그의 노력으로 인해, 노회-총회 교회론은 NHKA 교회질서(NHKA 1997)에 구조적으로 깊이 뿌리내리게 되었다.

1997년 교회질서의 집필 및 편찬은 1983년에 시작되었는데, 이 과정에서 폰트는 중요한 역할을 했다. 그러나 이 과정과 동시에 다른 의견과 비판이 제기되었다.

중요한 비판적 목소리 중 하나는 프레토리아대학교 신학부 학장이자 구약학 교수이며 NHKA의 총회장을 역임한 오버홀처(J. P. Oberholze)의 일성이었다. 1995년 전국 목회자 대회 개회사에서 오버홀처는 교회론과 교회 실천에 있어서 새로운 접근 방식을 촉구했다.

그의 발언은 시대에 뒤떨어진 교회론에 대한 점점 더 심해지는 조바심을 반영했다. 그는 수년 동안 교회론에 관하여 보다 현대적 접근이 필요하다는 인식이 만연해 있었으며, 이는 NHKA의 변혁과 사역에 대한 단순화된 접근으로 이어질 수 있다고 지적했다(Oberholzer, 1995:851). 오버홀츠(1999:449)는 아래와 같이 더 예리하게 비판했다.

> 새로운 천년은 교회를 사로잡았던 거의 모든 것의 실패와 마주하게 된다. 교회는 점점 작아지고, 경제적으로 생존하기 위해 고군분투하며, 교회의 신학은 쓸모없어지고, 교회의 정치 역사는 산산이 조각났다.

거의 같은 시기에, 프레토리아대학교 신약학 교수인 펠서(G. M. M. Pelser)는 신약성경에 등장하는 다양한 교회론에 대한 광범위한 연구 프로그램에 착수했다(Pelser, 1995). 그의 연구는 신약성경에서 구별되는 교회론의 다양성을 분명하게 보여주었다. 그의 결론은 신약성경에 단 하나의 교회 모델만 존재하는 것처럼 '교회'를 이야기할 수 없다는 것이었다(Pelser, 1995:647-73). 그의 연구를 통해, 아래와 같은 핵심 개념들이 발전되었다.

- 교회가 된다는 것은 제자도를 의미한다.
- 교회가 된다는 것은 하나님 나라를 위해 특정한 관심사를 계속해서 포기하는 것을 의미한다.
- 교회는 역사 속에서 항상 나그네로 남을 것이며, 이 세상에 결코 영구적인 거처를 갖지 못할 종말론적 공동체이다.
- 그리스도와의 연합과 성령님의 내주는 교회가 존재하는 데 필수적이다.
- 교회는 그리스도 안에서 친구, 형제, 자매, 하나님의 종, 예수님의 제자가 되어 기꺼이 그분에게서 배우려는 신자들의 공동체이다.
- 교회가 된다는 것은 '그리스도 안에' 있다는 것, 즉 그분의 죽음과 부활 안에서 그분과 하나 된다는 것을 의미한다.
- 초기 기독교 공동체의 심각한 문제였던 가난과 가족의 상실은 교회를 돌보는 공동체 또는 '하나님의 가족'으로 이해하도록 도왔다.
- 교회는 그리스도의 몸으로서 그분의 통치 아래 살아간다. 이러한 방식으로 교회는 하나님 나라의 반영이 되었다.
- 교회는 그리스도 안에서, 그리스도를 통한 구원이 실현되는 영역이다. 이는 하나님과 그분의 백성 사이의 화해, 그리고 사람들 사이의 화해로 이어진다.
- 교회는 성령님의 전이다.
- 후대 신약성경 사본들(목회서신 등)에서 하나님의 가족은 특정한 은

사를 가진 구성원들을 포함했는데, [144] 이는 그들이 초기 공동체의 지도자들이 되었음을 의미한다. 그리스도의 미래 종말론적 재림은 뒷전으로 밀려났다. 그 결과, 교회의 성장과 유지가 중요해졌다. 초점은 선교적 선교에서 목회적 돌봄으로 옮겨갔다. 신약성경이 기록되던 시대에도 점진적 변화가 있었음이 분명하다. 교회는 영적인 운동에서 특정한 규칙, 직분, 그리고 전통을 가진 조직으로 발전했다.

또 다른 NHKA 신학자인 펠트헤이슨(G. C. Velthuysen)은 NHKA의 만연한 교회론에서 벗어나는 움직임을 전파했다. 펠트헤이슨은 프레토리아대학교 교의학 교수였다.

1988년 초, 펠트헤이슨(1988:489)은 '교회론에 대한 실험적 접근'을 제안했다. 오트(H. Ott)와 크라우스(H-J. Kraus)를 따르면서, 펠트헤이슨은 자신의 교회론을 기독론에 기반하여 구축했다. 교회는 오직 예수 그리스도와의 관계 속에서만 이해될 수 있다. 그리스도와 그분의 교회 사이에는 깨지지 않고 본질적인 연합이 존재한다.

펠트헤이슨은 또한 회중을 그리스도의 지상적이고 역사적인 존재로 지칭한 칼 바르트(Barth, 1953:738)의 견해에 동의한다. 이는 바르트가 교회를 '확장된 그리스도'(Christus prolongatus)로 이해했다는 것을 의미하지 않는다. 왜냐하면 펠트헤이슨은 그의 전형적인 변증법적 접근 방식으로 그리스도와 교회를 엄격하게 구분하기 때문이다. 그리스도와 교회는 하나이지만, 교회가 신격화되지 않는다. 그리스도와 교회의 동일

144　필자는 목회서신을 '제2 바울서신'으로 간주하여 편집 연대를 후기로 잡는 듯하다(역자 주).

시는 또 다른 차원에서 기능하지만, 여전히 교회와 그리스도 사이의 근본적인 동일시를 함축한다.

펠트헤이슨은 또한 회중을 그리스도의 존재(Christus existierend als Gemeinde)로 지칭한 본회퍼(D. Bonhoeffer)를 언급한다(Velthuysen, 1988:501). 따라서 회중은 선험적으로 계시의 한 형태이다. 교회는 지상에 있는 그리스도이다. 교회가 된다는 것은 그리스도와 하나 되고, 그리스도 안에 있다는 것이다. 동시에 그는 몸의 머리이신 그리스도와 그의 몸인 교회를 구분한다.

펠트헤이슨은 교회가 '확장된 그리스도'(Christus prolongatus)가 아니라는 결론에 도달하지만, 동시에 교회는 결코 예수 그리스도가 없이는 존재할 수 없다고 주장한다(Velthuysen, 1988:502). 그리스도와 교회의 일치는 오직 믿음을 통해서만 경험할 수 있는 실재이다. 이러한 방식으로 펠트헤이슨은 제도화된 교회 형태에 근본적으로 반대했다. 또 다른 관점에서, 스티언캄프(L. J. S. Steenkamp)는 교회에 대한 우리의 이해에 패러다임 전환을 제안했다(1995:604-622). 기독교계의 기존 패러다임은 사라졌다. 21세기에 적합한 새로운 패러다임이 개발되어야 한다.

하나님의 가족으로서의 교회, 그리스도께서 모퉁이 돌이 되신 건물로서의 교회, 하나님의 백성으로서의 교회와 같은 성경적 은유에 대한 논의 후, 스티언캄프는 교회를 그리스도의 몸으로, 그리고 다른 이들과 함께, 21세기에 접어들면서 교회의 회심과 급진적인 개혁의 필요성을 거듭 강조한다(Steenkamp, 1995:619).

스티언캄프는 새로운 패러다임을 '하나님의 선교'(Missio Dei)라는 관점에서 정의했다. 교회의 핵심은 예수 그리스도에 대한 살아있는 믿음에서 비롯되는 선교적이고 봉사적인 현존이어야 한다(Steenkamp

1995:620).

교회론에 대한 새로운 접근

비판적인 목소리가 있었지만, 교회질서는 1997년 NHKA 총회에서 승인되었다. 그러나 더욱 현대적이고 적절한 교회론과 교회질서가 필요하다는 생각은 여전히 남아 있었다. 이는 1997년 이후 교회 지도자와 신학자들의 출판물에 반영되었다.

2000년 베이튼닥(J. Buitendag)이 프레토리아대학교 교의학 교수로 부임한 이후, 그의 강의와 저서에서 교회론이 특별한 주목을 받았다(Buitendag, 2008). NHKA의 총회장(moderato)이자 신학부 학장으로서 그는 교회에 대한 새로운 이해를 가져오는 데 중요한 역할을 했다. 베이튼닥의 교회론은 베르코프(Berkhof), 딩게만스(Dingemans), 큉(Küng), 몰트만(Moltmann), 판넨베르크(Pannenberg), 지지울라스(Zizioulas)와 같은 신학자들의 영향을 반영한다. 그는 또한 교회론에 대한 에큐메니칼 접근, 특히 신앙과 직제(Faith and Order, 1998, 2005)의 연구를 강조했다. 교회에 대한 그의 에큐메니칼 이해는 당시 세계개혁교회연맹(WARC)에 NHKA가 다시 가입하도록 노력하면서 더욱 두드러졌다.

베이튼닥의 지도 아래 NHKA 총회는 2006년 4월 27일부터 29일까지 전국 콜로키움을 개최했다. 콜로키움의 주제는 '21세기 NHKA의 정체성과 적합성'이었다. 전국 콜로키움 개회사에서 베이튼닥(2006)은 NHKA에 명확하고 분명한 도전 과제를 제시했다. 교회는 변혁의 과정에 들어가야 하며, 그렇지 않으면 21세기에 완전히 무의미해질 것이다. 그가 언급한 저자 중 한 명은 피트 워드(Pete Ward)로, 그는 '유동적 교회'(liquid church)라는 개념을 제시했다(Ward, 2002). 베이튼닥은 교회가 맑고 생명을 주는 시냇물처럼 더욱 적응력 있게 흘러야 한다고 보았다. 교회는 성령님과 말씀의 인도 아래 참여적인 성격을 지닌 역동적이고 소통적인 네트워크가 되어야 한다. 교회는 오직 예수 그리스도와의 살아있는 관계 안에서, 그리스도의 한 몸의 일부로서 존재할 수 있다.

NHKA의 또 다른 영향력 있는 인물은 드레이어(T. F. J. Dreyer)이다. 드레이어는 NHKA의 총회장을 여러 차례 역임했다. 그의 지도 아래 2001년 NHKA는 "우리의 꿈은 모든 사람이 예수 그리스도를 세상의 유일한 희망으로 믿는 것이다"라는 비전을 채택했다. 이는 더욱 개방적이고 선교적이며 포용적인 교회론을 보여준다.

21세기의 첫 10년이 지나면서 드레이어(2009:427-31)는 교회론에 대한 전통적인 접근 방식에 대한 비판을 더욱 거침없이 펼쳤다. 봉사신학 교수로서 그는 헤르번 헤이틴크(Gerben Heitink)의 사상에 크게 영향을 받은 실천적 교회론을 발전시켰다(Heitink, 2007). 그는 헤이틴크의 교회론적 틀을 활용하여 NHKA의 심각한 정체 상태와 새로운 맥락에 적응하지 못하는 모습을 지적한다. 그는 헤이틴크의 관점에서 교회가 '근본적 개혁'의 과정에 들어가야 한다는 결론에 도달했다.

질문은 다음과 같다. '근본적 개혁'은 어떻게 이루어지는가? 무엇이 문제의 근본적 쟁점인가? 일반적으로 변화는 우리가 현실에 대한 이해를 바꾸고, 새로운 언어를 창조하고, 새로운 사상과 현실을 창의적으로 다룰 때만 일어난다고 여겨진다. 이러한 관점에서 '개혁'은 교회의 본질에 대한 새로운 이해에서 시작되어야 한다는 결론을 내릴 수 있다. 앞서 언급했듯이 NHKA에서는 교회를 신학적으로 재구성하는 이러한 과정이 이미 수십 년 전에 시작되었으며, 이는 전통적인 개혁주의 교회의 이해와 병행하여 진행되었다. 교회론적 패러다임의 전환과 사역과 교회질서에 대하여 보다 선교적인 접근 방식이 필요하다는 인식에 따라, 제68차 총회(2007년)는 교회질서를 재작성하는 과정을 시작했다. 이는 교회질서가 승인된 지 불과 10년 후의 일이다.

성경적 은유

이 과정의 일환으로 새로운 교회질서의 기초가 될 수 있는 교회론을 연구하기 위한 위원회가 임명되었다. 보고서 전문은 제69차 총회(NHKA 2010:522-34) 의제에서 '교회질서 재편을 위한 교회론적 윤곽'(Ekklesiologiese Kontoere met die oog op die Herskryf van die Kerkorde)이라는 제목으로 찾아볼 수 있다. 교회론 보고서의 본문을 살펴보면 그것의 기반이 되는 원칙들이 분명해진다.

• 이 보고서는 선교적 교회론에 기반한다.
• 이 보고서는 교회론적 해설에 성경적 은유를 사용한다. 성경적 은유는 삼위일체, 즉 성부, 성자, 성령으로 자신을 계시하신 유일하신 하나님에 따라 구성되었다.
• 이러한 접근 방식에 반영된 기본 원칙은 하나님에 대한 우리의 이해가 교회를 이해하는 데 근본적이라는 확신이다. 우리가 교회에 대해 말하는 방식은 하나님에 대한 우리의 이해를 반영한다.

성경적 은유는 아래 제목과 같이 배치되었다.
• 하나님의 백성으로서의 회중:

- 우리는 하나님의 백성이다.

- 우리는 언약의 일부이다.

- 우리는 이 세상에서 하나님의 백성이다.

- 우리는 순례의 여정에 있는 하나님의 백성이다.

• 아버지의 가족으로서의 회중:

- 우리는 아버지의 가족이다.

- 우리는 한 가족이다.

- 우리는 서로를 돌본다.

- 우리는 한 식탁에서 먹는다.

• 그리스도의 몸으로서의 회중:

- 우리는 그리스도의 몸이다.

- 우리는 그리스도 안에서 하나이다.

- 우리는 봉사를 위해 부름받고 준비된다.

- 우리는 그리스도의 몸으로 세례를 받는다.

• 성령님의 전으로서의 회중:

- 우리는 성령님을 받았다.

- 우리는 성령님의 인도를 받고 준비된다.

- 우리는 성령님의 인도하심 아래 하나님을 예배한다.

남아공 교회질서의 주요 주창자인 피터 쿠르트젠(Pieter Coertzen)은 이런 은유를 언급하기는 하지만 다소 주저한다(Coertzen, 1991:80). 그는 다양한 성경적 은유가 교회와 교회정치를 이해하는 데 중요하다는 점에는 동의하지만, 모든 은유와 교회질서와의 관련성을 모두 조사하는 것은 불가능하다고 주장한다. 그런 다음 그는 '에클레시아'라는 용어와 교회정치와의 관련성에 대해 계속해서 논의한다.

여전히 다음과 같은 질문이 남는다. 우리는 교회에 관련된 다양한 성경적 은유를 실행 가능하고 실용적인 교회질서로 번역해야 하고, 또 번역할 수 있는가?

필자는 교회가 직면한 도전들을 고려할 때, 이러한 은유들이 매우 어려운 질문들에 대한 답을 줄 수 있다고 믿는다. 우리는 은유의 복잡한 본질을 고려하여 성경적 교회론을 기능적인 교회질서와 관련된 회중 사역으로 번역해야 한다. 은유는 온전한 의미의 세계를 떠올리게 한다. 시간이 지남에 따라 일부 미묘한 의미는 사라지지만, 은유에는 새로운 의미가 부여된다. 모든 세대와 문화는 은유에 새로운 의미를 부여한다. 성경적 은유를 사용할 때 이 점을 고려해야 한다.

선교적 교회론

필자의 생각에 NHKA는 전형적인 노회-총회 교회론적 패러다임에서 선교적 교회론에 기반한 '하나님의 선교'(Missio Dei) 패러다임으로 전환해야 한다. 그렇다면 선교적 교회론이란 무엇인가? 많은 정의가 제시되고 상당히 자세하게 정리되었는데, 예를 들어, 허쉬(Hirsch, 2006)와 니만트(Niemandt, 2007)가 있다. 후커(Hooker, 2008:1-2)는 (개혁파 관점에서) 선교적 교회론에 대한 실용적이고 간결한 정의를 제시했다.

선교적 교회론은 교회가 어떤 지역 사회 봉사 사업을 수행할지 결정하거나 내년도 교회의 우선순위를 정하는 것 이상을 요구한다. 선교적 교회론은 교회를 이해하는 한 가지 방식이다. 그것은 '미시오 데이', 즉 창조물을 구원하고 변화시키기 위해 성령님으로 그리스도 안에서 '스스로를 보내시는' 하나님 자신의 사역에서 시작된다. 선교적 교회론에서 교회는 건물이나 기관이 아니라, 하나님으로부터 부름받고 준비되었으며, 그리스도의 사역을 증거하고 참여하도록 세상으로 파송된 증인의 공동체이다. 교회가 선교하는 것이 아니라,[145] 하나님의 선교가 교회를 창조한다. 교회는 세 가지 범주, 즉 하나님 말씀 선포, 세례와 성찬 집례, 그리고 언약공동체인 제자들의 양육을 통해 하나님의 선교 부르심에 봉사한다. 교회는 자신의 의제나 생존을 고려하지 않고 이 선교를 수행한다.

선교적 교회론의 핵심은 하나님의 선교(Missio Dei)라는 신학적 개념이다. 교회 존재의 본질은 세상을 향한 하나님의 선교에 참여하는 데 있다. 따라서 하나님의 선교는 회중 사역의 기초이자 출발점이다(Bosch, 1991:467). 여기서 고려해야 할 또 다른 측면은 지역교회에 관한 관심의 증가이다. 전 세계적으로 '회중주의화'(congregationalisation) 과정이 뚜렷하게 나타나고 있다(Chandler, 2001:210; Volf, 1998:13). 이러한 현상은 NHKA에서도 나타나고 있다. 점점 더 많은 교회가 총회나 임원회(moderature)의 결정을 따르기를 거부하고 있다.

선교적 교회론은 교회의 지속적인 회심과 회중적 실천을 강조한다(Guder, 2000:150). 변혁의 근본은 교회의 유지에서 세상에 대한 개방성

145　교회는 하나님의 선교의 동참자로서 선교한다(역자 주).

과 하나님의 선교와 하나님 나라에 대한 참여로 초점을 옮기는 것이다.

질문은 다음과 같다. 이러한 추세를 어떻게 수용하고 선교적 교회론과 연결할 수 있는가? 그리고 이것이 NHKA의 정체성에 어떤 영향을 미치는가? 지역교회의 자율성 확대는 하나의 국가적 교회로서 NHKA의 연합에 어떤 영향을 미치는가? 허쉬(2006:17, 64) 등이 근본적으로 반제도적이라고 정의한 선교적 교회론이 과연 교회질서의 교회론적 기반으로 활용될 수 있을까?

교회론-교회질서-사역

교회론, 교회질서, 그리고 사역은 직접적인 상호 의존성을 지닌다. 교회정치와 교회질서는 교회론, 즉 교회가 누구이고 무엇이 되어야 하는지에 대한 이해에 기반한다(Koffeman, 2009:16-21). 우리가 교회를 이해하는 방식은 교회정치를 정의하고, 그것은 다시 회중의 실천과 사역에 영향을 미친다. 더 나아가, 우리가 하나님을 이해하는 방식은 교회와 이 세상에서 교회의 소명을 이해하는 방식에 반영된다.

노회-총회 교회론과 교회질서에 근거할 때, NHKA의 사역은 근본적으로 목회적이라고 할 수 있다. 1997년 교회질서는 회중 활동의 90%가 목회 사역에 집중되는 상황을 만들었다(NHKA, 1997, 교회질서 2.1.5, 2.3 & 2.4). 이는 목사, 장로, 집사의 활동을 중심으로 하는 일반적인 개혁파 목회 형태를 반영한다. 목회 사역의 특징은 아래와 같다.

•목회 사역은 주일 예배 참석 교인들에게 큰 초점을 맞춘다. '좋은' 교인은 주일 예배에 정기적으로 참석하는 신자이다. 수 세기 동안 주일 예배는 사역의 확실한 초점이 되었다. 세상은 주일에는 교회당에 와야 한

다. 하지만 교회가 평일에 세상을 향해 나아가야 하는가? 사역은 목사, 장로, 집사의 책임이다.

• 일반 교인들은 교회 사역에서 매우 제한적인 역할을 한다. 루터와 칼빈이 만인제사장직의 중요성을 강조했지만, 일반 교인과 교회 직분을 맡은 사람들의 책임 사이에는 명확한 차이가 있다. 그러나 시간이 지남에 따라 직분에 대한 과도한 강조와 교회의 지속적인 제도화는 교회 구성원의 역할을 축소시켰다.

• 목회 사역은 주로 지역 목사(pastor loci)의 역량에 달려있다.

• 목회 사역은 내면에 집중되어 목회적 돌봄과 회중 구조를 유지하는 데 우선순위를 둔다.

• 목회 사역은 선교적 사역이라는 측면에서 본질적인 약점을 가지고 있다. 연구 결과에서 알 수 있듯이, 목회적 돌봄에 중점을 둔 전통적인 개혁교회에서는 선교적 사역에 대한 관심이 매우 적다(Dreyer 2011:109-115).

제68차 NHKA 총회(2007:36-38)는 선교적 사역을 강조해야 한다는 결론을 내렸다. 목회자들은 교회 내 목회적 돌봄을 저해하지 않으면서 목회 사역에서 선교적 사역으로의 전환을 촉진하도록 권고받았다. (1) 총회는 선교 사역이 교회 사역의 중요한 부분이며, 충분한 시간을 할애해야 함을 확인한다. (2) 총회는 교회들이 변화와 발전의 과정부터 시작하도록 권장하며, 그 과정에서 선교적 사역에 주된 초점을 맞춰야 한다.

선교 사역에 대한 논의는 제69차 총회(2010)에서도 계속되었다. 이 토론에서 용어가 명확해지고, 두 형용사 '선교적'(missionêr)과 '선교적'(missionaal) 사이의 구분이 이루어졌다.

첫 번째 'missionêr'(missionary)는 선교를 다른 곳에서 수행되는 선교 활동에 중점을 둔 외적 활동으로, 특정 프로젝트나 선교 활동을 지원하는 형태로 정의한다.

두 번째 'missionaal'(missional)은 선교적 존재 양식과 패러다임을 나타내며, 선교적 접근 방식이 회중의 일상 기능에 포함되는 것을 의미한다. 회중의 DNA는 선교적이어야 하며, 이는 회중(하나님의 백성, 하늘 아버지의 가족, 그리스도의 몸, 성령님의 전)이 세상에 존재하는 방식을 결정한다(NHKA, 2010:235)

총회는 선교 사역의 출발점이 예수 그리스도의 대위임령(마 28)이라는 사실을 분명히 밝히고, 선교 사역이 개혁파 사역의 필수적인 부분을 형성해야 한다는 결론에 도달했다.

결론: 새로운 교회질서

21세기에 필요한 교회 개혁은 아무것도 손상시키지 않으며, 교회의 가장 깊은 곳부터의 변화를 요구한다(Niemandt, 2007:52). 적응적 변화는 교회가 무엇을 의미하는지에 대한 새로운 이해에서 시작된다. 적응적 변화는 개별 교인뿐만 아니라 교회 전체의 마음과 생각을 변화시키는 것이다. 이와 관련하여 우리는 알란 허쉬(Alan Hirsch, 2006:54)가 쓴 다음 내용을 고려해야 한다. "조직을 재구조화하고 시스템 스토리(the systems story)를 그대로 둔다면 조직에는 아무것도 변하지 않는다. 시스템을 바꾸지 않고 교회나 교단에 활력을 불어넣으려는 것은 헛된 일이다." 허쉬(2006:53)는 '시스템 스토리'를 다양한 대화에서 비롯되고 문화의 통일성을 유지하는 핵심 신념의 집합으로 정의한다. 이는 아래에서 분명해진다.

- 교회에서 신학이 가르쳐지고 기능하는 방식
- 신화[146]
- 상징
- 공식 권위에 내재된 구조
- 조직 구조
- 통제 시스템
- 예전

허쉬의 분석과 정의를 NHKA 사례 연구에 적용하여, 필자는 최근 수십 년간의 지배적인 시스템 이야기는 일반적으로 받아들여지는 장로회 교회론과 교회질서의 관점에서 설명될 수 있으며, 그 결과 내적으로 집중된 목회 사역과 예전이 이루어진다고 주장한다.

필자는 NHKA가 (내적 과정으로서) 변혁의 과정과 (구조적 과정으로서) 개혁의 과정에 참여해야 한다고 생각한다. 이것은 지배적인 시스템 이야기가 목회적 돌봄의 질을 손상시키지 않으면서 교회와 사역에 대한 선교적 이해로 옮겨갈 때만 가능할 것이다. 이는 매우 복잡한 과정이며, 극도로 신중하게 진행되어야 하며, 그 과정의 일부는 새로운 교회질서의 수립이 될 것이다. 선교적 교회론이 권징, 직분의 기능, 모든 신자의 만인 제사장직 등과 같은 문제들에 어떤 영향을 미칠지, 그리고 몇 가지 예를

---

146 '신화'라는 개념은 저자가 논의하는 맥락에서 이탈하는 듯하다(역자 주).

들어 설명해야 할 것이다. 따라서 새로운 교회질서를 만드는 것은 피상적이고 표면적인 변화가 아니라, 교회와 교회의 사명, 그리고 사역의 구조에 대한 우리의 이해를 깊고 근본적으로 변화시키는 데 기반을 두어야한다.

참고문헌

Barth, K. *Kirchliche Dogmatik IV/1*. Zürich: EVZ-Verlag, 1953.

Bosch, D. J. *Transforming Mission*. New York: Orbis Books, 1991.

Buitendag, J. *Openingsrede, Nasionale Colloquium 27 April 2006, Nederduitsch Hervormde Kerk van Afrika*. Pretoria: Kerkargief, 2006.

_____. "Ecclesia Reformata Semper Reformanda: Die Ongemaklike Eis." *HTS Teologiese Studies* 64/1 (2008): 122-38.

Chandler, R. *Racing towards 2001: The Forces Shaping America's Religious Future*. Grand Rapids, Zondedrvan, 2001.

Coertzen, P. *Gepas en Ordelik: 'N Teologiese Verantwoording van die Orde van en in die Kerk*. Pretoria: RGN, 1991.

Dreyer, T. F. J. "'N Kerk met Karakter: Die Perspektief van Gerben Heitink." *HTS Teologiese Studies* 65/1 (2009): 427-31.

Dreyer, W. A. "Praktiese Ekklesiologie en Bedieningspraktyk met Verwysing na die Nederduitsch Hervormde Kerk van Afrika." PhD. Proefskrif. Universiteit van Pretoria, 2011.

Faith & Order. *The Nature and Purpose of the Church*. Geneva: World Council of Churches, 1998.

_____. *The Nature and Mission of the Church*. Geneva: World Council of Churches, 2005.

Guder, D. L. *The Continuing Conversion of the Church*. Grand Rapids: Eerdmans, 2000.

Heitink, G. *Een Kerk met Karakter: Tijd voor Heroriëntatie*. Kampen: Kok, 2007

Hirsch, A. *The Forgotten Ways: Reactivating the Missional Church*. Brazos, Grand Rapids: Brazos, 2006.

Hooker, P. "What is Missional Ecclesiology." In Northeast Georgia Presbytery, viewed 20 March 2010, from http://www.negapby.org/missionalecc.pdf.

Koffeman, L. J. *Het Goed Recht van de Kerk: Een Theologische Inleiding op het*

Kerkrecht. Kampen: Kok, 2009.

Nederduitsch Hervormde Kerk van Afrika (NHKA). *Kerkorde van die Neder-duitsch Hervormde Kerk van Afrika.* Pretoria: Nederduitsch Hervorm-de Kerk van Afrika Kerkargief, 1997.

_____. *Besluitebundel van die 68e Algemene Kerkvergaderingbundel.* Pretoria: Nederduitsch Hervormde Kerk van Afrika Kerkargief, 2007.

_____. *Agenda van die 69e Algemene Kerkvergadering.* Pretoria: Nederduitsch Hervormde Kerk van Afrika Kerkargief, 2010.

Niemandt, N. *Nuwe Drome in Nuwe Werklikhede: Geloofsgemeenskappe in Pas met 'n Postmoderne Wêreld.* Wellington: Lux Verbi, 2007.

Oberholzer, J. P. "Die Kerk." *HTS Teologiese Studies* 51/3 (1995): 851-57.

_____. "Terug op die Pad." In D. J. C. van Wyk (red.). *20ste Eeu Hervormde Teologie.* Pretoria: SENTIK, 1999:449-62.

Pelser, G. M. M. "Die Kerk in die Nuwe Testament." *HTS Teologiese Studies* 51/3 (1995): 645-76.

Pont, A. D. *Historiese Agtergronde van Ons Kerklike reg. Deel 1.* Pretoria: HAUM, 1981.

_____. *Historiese Agtergronde van Ons Kerklike Reg. Deel 2.* Pretoria: Kital, 1991.

_____. "Die Reformatoriese Kerkbegrip: Enkele Groot Lyne op Grond van Calvyn se Uiteensetting." *HTS Teologiese Studies* 51/3 (1995): 771-91.

Steenkamp, L. J .S. "Die Kerk Onderweg na die 21e Eeu: 'N Kritiese Besin-ning oor Kerkwees in 'n Veranderende Konteks in Suid-Afrika." *HTS Teologiese Studies* 51/3 (1995): 604-622.

Velthuysen, G. C. "'Die Wese van die Kerk: 'N Teologiese Antwoord op 'n Filosofiese Vraag." *HTS Teologiese Studies* 44/2 (1988): 489-513.

Volf, M. *After Our Likeness: The Church as an Image of the Trinity.* Grand Rap-ids: Eerdmans, 1998.

Ward, P. *Liquid Church.* Carlisle: Paternoster Press, 2002.

선교적 집사직[147]

서론

교회는 개인, 집단, 그리고 공동체의 사회적 필요에 대한 참여를 설명하기 위해 서로 다른 용어를 사용한다. 천주교는 '카리타스'(caritas)를 선호하는 반면, 개신교는 '디아코니아'(diakonia)를 흔히 사용한다. 또한 교파마다 집사직과 집사 사역에 대해 서로 다른 견해를 가지고 있다. 이러한 '언어의 혼란'으로 인해 교회들은 서로 다른 의견을 내놓거나, 세상의 사회적 필요에 대한 교회의 소명에 대한 에큐메니칼 담론에서 서로 다른 의견을 제시할 수 있다(Stoppels, 2005:12). 비록 그들이 종종 같은 의도를 가지고 있음에도 불구하고 말이다.[148]

---

147 본 논문은 프레토리아대학교 봉사신학 및 선교학 교수 빌리 판 덜 메르베(Willie van der Merwe)의 "Diens van Barmhartigheid of Diakonaat: Hoe Belangrik is 'n Naam?" *Verbum et Ecclesia* 44/1 (2023), 1-9를 번역한 것이다.

148 이 담론에 대한 중요한 논의는, 예를 들어, 2013년 한국 부산에서 개최된 세계교회협의회(WCC) 제10차 총회와 2014년 말라위에서 WCC와 ACT(Action by Churches Together Alliance)가 공동으로 개최한 교회와 전문 기구 간의 관계에 관한 국제회의에서 이루어졌다. 루터교세계연맹(LWF)에서 이 주제에 대한 논의는 무엇보다도 *Diakonia in Context: Transformation, Reconciliation, Empowerment*(2009)의 출간으로 이어졌다. 이와 관련하여 디트리히 베르너와 매튜 로스의 논문(2021)도 참고하라.

20세기 말, 북유럽과 발트해 연안 국가들의 성공회와 루터교회는 교회 간의 협력을 강화하기 위한 절차를 밟았다. 이 합의의 최종안은 1996년 핀란드 포르보(Porvoo)에 있는 복음주의 루터교회당에서 서명되었다. 홀(2014:259)은 '기독교 교회 연구를 위한 국제 저널'(IJSCC)의 서론 논문에서 세계교회협의회(WCC)가 세례, 성찬 및 사역(1982)과 포르보 선언(1996)을 문서화했지만, 이 두 선언은 에큐메니칼 맥락에서 집사 사역의 발전에 많은 가능성을 제시하고 결과적으로 '집사 사역에 대한 공통된 이해'를 제공하지만, '집사 사역'(diaconal ministry)이라는 용어는 실제로 많은 문제를 야기한다고 언급한다.

남아공 개혁파에서도 같은 문제가 존재한다. 화란개혁교회(이하 NGK)는 '자비의 봉사'(diens van barmhartigheid)라는 포괄적 용어를 선호하는 반면,[149] 남아공 연합개혁교회(VGKSA)는 '집사직'(diakonaat)과 '집사의 봉사'(diakonale dienste)라는 용어를 선호한다.[150] 아프리카 네덜란드 개혁교회(NHKA, since 1963)는 이 용어로 단순히 교회 사역을 지칭한다.

본 연구는 NGK 자매 교회들, 더 구체적으로 NGK에 초점을 맞춘다. NGK의 맥락에서 지교회 집사 용어 개발과 관련된 쟁점을 조사하여, 이 교회가 지역 사회의 사회적 필요에 참여하는 개념화에 대한 심도 있는

---

149 남아공에서 네덜란드 개혁교회들에 남아공 화란개혁교회(NGK)를 비롯하여, 남아공 연합개혁교회(VGKSA), 남아공 네덜란드 개혁교회(NHKA), 그리고 남아공 개혁교회(GKSA)가 포함된다. 후자의 세 교회는 NGK의 선교 활동을 통해 시작되었다.

150 이 글에서 'NG Kerk'라는 용어는 이 교단 전체를 통틀어 NGK를 지칭한다. 또한 여기에 남아공의 'NGKSA'에 대한 언급도 포함되어 있다. 후자는 NGK를 구성하는 대회들 중 하나인 'NGK 서부 및 남부 케이프'의 공식 명칭이다. NGKSA는 이전에는 '케이프 대회'라 불렸다.

논의를 촉진하는 데 기여하고자 한다. 본 연구는 사역의 개념화, 그리고 결과적으로 사역을 설명하는 포괄적인 용어가 특정 기준 틀에 의해 영향을 받는다는 가설을 설정한다. 이러한 기준 틀은 역사, 교회 전통, 특정 신학, 특정 맥락 또는 다른 학문 분야의 영향에 기반할 수 있다. 예를 들어, 최근 NGK의 여러 기관을 대표하는 사람들이 이 교회의 사회 사역을 언급할 때 어떤 용어를 사용하는지 질문했다.[151]

다음과 같은 여러 목록은 간단히 정리된 것이다. 자비의 봉사, 집사직, 디아코니아, 선교적 집사직, 선교, 증거 봉사, 예언적 집사직, 공공신학, 지역 사회 개발, 지역 사회 참여, 능력 강화, 정의, 빈곤 완화, 빈곤 근절, 그리고 교회의 사회 봉사. 이러한 활동은 NGK의 사회 참여에 대한 논의를 위한 공통 언어 또는 용어의 필요성을 확인시켜 준다.

본 논문은 네 개의 단락으로 구성된다. 먼저 NGK에서 '자비의 봉사'라는 용어가 확립된 과정을 간략한 역사적 개괄을 통해 설명한다. 두 번째 단락에서는 NGK 자매 교회들의 사회 봉사를 위한 공통된 명칭을 모색하는 과정을 간략하게 설명한다. 세 번째 단락에서는 디아코니아(dia-konia) 개념에 대한 에큐메니칼 논의를 다루고, 네 번째 단락에서는 교회의 사회 사역과 다른 학문 분야 간의 학제 간 논의에서 특히 중요한 핵심 개념의 개념화를 간략하게 논의한다. 본 논문은 추가적인 논의를 촉진하기 위한 몇 가지 결론으로 마무리된다.

---

151   2021년 4월 6-8일 베노니의 엠세니 컨퍼런스센터에서 NGK 총회 사회봉사협의회와 총회의 선교적 집사회 테스크포스팀 간의 토론회가 열렸다.

화란개혁교회(NGK) 안에서
'자비의 봉사'(diens van barmhartigheid)라는 용어의 정립

많은 개신교 교회와 에큐메니칼 단체들이 '디아코니아'라는 용어를 사용하지만, NGK는 '자비의 봉사'라는 용어를 선호한다. 이러한 선호를 이해하기 위해서는 NGK의 자비 사역의 역사적 발전 과정을 살펴볼 필요가 있다.

17세기에 설립된 이래, NGK는 교인들의 사회적 필요뿐만 아니라 지역 사회의 필요에도 참여해 왔다. 이러한 참여는 주로 돌봄에 초점을 맞추었지만, 여러 자료에는 기술 훈련과 같은 개발 지향적인 사업의 흔적도 있다. 이러한 사역은 주로 집사회에 의해 수행되어 왔다(Nieuwoudt, 1990:75).

19세기 말, 백인 아프리카너의 대규모 문맹률과 낮은 교육 수준은 영국 제국주의의 강화로 인한 정치적 위기, 제1차 남아공 전쟁(1880-1881)과 제2차 남아공 전쟁(1899-1902)으로 인한 교인들의 경제적 어려움, 그리고 열악한 농업 환경으로 이어졌다.[152] 이러한 상황으로 인해 '가난하고 멸시받는 우리 동포들'에 대한 필요성이 NGK 사역의 핵심 측면으로 자리 잡았다(Van Der Merwe, 2021:191). 여러 교회에서 제기된 구체적인 주장들을 바탕으로 1915년 NGK(웨스턴케이프) 총회는 '멸시받는 동료 신자들의 교육'에 관한 강력한 조치를 촉구했다. 이러한 설명적인 사항들에 대한 응답으로, 교회의 소외 계층 구성원 교육 및 종교 보호 위원

---

152 '우리 국민의 침몰하는 부분'에 대한 이러한 특징은 1894년 케이프 노회가 모든 교회에 보낸 목회서한에서 나온 것이다(Botha, 1957:144).

회는 총회에 "이러한 활동을 위한 규정을 제정할 때가 되지 않았는지" 질의했다(NGK 웨스턴 케이프, 1915). 이 위원회가 '내부 선교를 위한 일반 위원회'를 설립해야 한다고 제안하자,[153] 케이프 총회는 다음과 같은 지시를 내리고 위원회를 설립하기로 결정했다.

> 기존 교회 구역 안팎에 있는 성인과 어린이를 포함한 우리의 다음 세대 신자들의 권익을 더욱 증진하며, 수시로 필요하다고 판단되는 경우, 활동을 적절히 조직, 확장 및 수행하기 위한 모든 조치를 취할 권리를 갖는다(78페이지 참조).

1919년 케이프 노회의 다음 회의에서 이 위원회의 명칭을 '총회 빈민돌봄위원회'(Commissie vir Algemene Armesorg)로 변경하자는 제안이 있었다. NGK의 다른 노회들도 케이프 노회의 모범을 따라 총회 빈민돌봄위원회를 임명했다. 1947년, 트란스발 노회의 빈민돌봄위원회는 총회에 위원회 명칭을 '사회돌봄위원회'(Kommissie vir Maatskaplike Sorg)로 변경해 줄 것을 요청했다. 그러나 총회 빈민돌봄위원회는 '빈민돌봄'이라는 개념을 유지하기를 원했다. 이듬해, 트란스발 노회의 빈민돌봄위원회는 총회 빈민돌봄위원회에 '사회돌봄'(maatskaplike sorg)이라는 용어를 다시 고려하도록 설득했지만, 이 시도는 또다시 실패했다.

---

153 '내부 선교'라는 개념은 19세기 독일에서 요한 비헤른(Johann Wichern, 1808-1881)에 의해 확립되었다. 독일 개신교 교회의 내부 선교 중앙위원회는 1849년에 설립되었다. 2015년 남아공 웰링턴에 소재한 위그노대학교에서 NGK 총회 자선 활동 100주년을 기념하는 학술대회에서 하이델베르크대학교의 요하네스 유리히(Johannes Euric) 교수는 이 개념이 독일 개신교의 해외 선교 활동을 통해 남아공에 알려졌을 가능성이 있다고 지적했다.

그러나 10년 후, 총회 빈민돌봄위원회는 '빈민돌봄'이라는 개념을 버리고 '자비의 봉사'라는 용어를 사용할 준비가 되어 있었다. 1957년 NGK 총회에서 빈민돌봄위원회의 명칭 변경의 이유를 아래와 같이 밝혔다(NGK-SA, 1957a:410).

- 사회 문제의 기원, 본질, 접근 방식 및 처리 방식의 변화
- 국가와 수많은 복지 기관이 사회복지 서비스 제공 분야에 진출
- 새로운 요구가 제기되고 있으며, 더 많은 과학적 성찰이 필요함
- 이 사역은 더 이상 물질적 필요를 위한 돌봄이나 구제에 국한되지 않음
- 그리스도의 자비는 주로 궁핍한 인류의 사회적, 영적 필요에 헌신한다는 것을 깨달음

이 위원회는 명칭 변경을 지지했지만, 새로운 명칭이 필요하다는 조건이 있었다. 기독교적 사랑과 신앙의 열매인 예배의 특징이 될 것이며, 일반적인 국가적 돌봄 및 현대적 인본주의적 복지 사업과 더불어 교회 예배로 규정될 수 있다(NGKSA, 1957a:410). 또한 1957년판 NGK 교회질서에는 위원회의 명칭인 '총회 빈민돌봄위원회'를 그대로 유지하지만, 이 위원회의 위임 사항에는 '자비의 봉사'라는 개념이 사용된다는 점이 주목할 만하다. 케이프 노회는 해당 문서에서 총회 빈민돌봄위원회의 위임 사항을 아래와 같이 설명한다.

- 자비의 봉사를 통해 하나님 나라를 세우고 확장하는 것
- 그리스도의 사랑과 하나님 말씀의 교훈에 순종하여 소외되고 궁핍한 동료 신자들과 사람들을 영적, 사회적, 경제적으로 돌보고 향상시키

는 것(NGKSA, 1957b:79).

1962년 NGKA 제1차 총회에서 채택된 교회질서는 '자비의 봉사'라는 용어를 처음부터 끝까지 사용했다. 이 교회질서 제54조는 자비의 봉사를 아래와 같이 정의한다(AS, 1962:11).

> 교회는 가난한 사람들과 도움이 필요한 사람들을 제사장적 관심으로 돌보고, 그들을 영적으로 돕고, 위로하고, 고양시켜야 한다. 범위와 상황이 요구하는 경우, 노회와 총회의 교회적 맥락에서 여집사들은 돌봄이 필요한 사람들을 위한 기관을 설립해야 한다.

최근 교회질서 제54조는 아래와 같이 여전히 명시한다(AS, 2019:17).

> 교회는 제사장적 애정으로 가난한 이들과 도움이 필요한 이들을 돕고, 위로하고, 영적으로 고양시켜 돌보아야 한다. 사역의 범위와 기타 상황상 필요한 경우, 회중은 교회적 맥락에서 자비의 사역을 수행해야 한다.

1962년 이후 NGK 총회는 교회질서 제54조의 내용에 두 가지 중요한 변화를 주었다. 첫 번째 변화는 교회의 자비 사역에서 집사의 역할에 관한 것이다. 1962년의 내용은 구체적으로 지역 노회(대회)와 총회라는 교회 맥락에서 돌봄이 필요한 사람들을 위한 기관을 설립해야 하는 집사(diaconia)를 언급하는 반면, 2019년의 내용은 각 회중이 자비 사역을 담당해야 함을 명시하고 있다. 두 번째 변화는 교회적 맥락에서 수행되어야 하는 예배의 성격을 명시하고 있다. 1962년의 내용은 기관 돌봄을 명시하는 반면, 2019년의 내용은 일반적으로 자비 사역을 언급한다.

이 논의를 마무리하기 위해, '자비 사역'이라는 용어 선택의 근본적 신학을 간략하게 언급할 필요가 있다. 드 클레르크(1976:1)는 이 단어가 '봉사'(디아코니아)와 히브리어(헤세드)의 번역어인 '자비'라는 두 단어로 구성되어 있다고 설명한다. 구약에서 후자의 개념은 하나님께서 이스라엘과 맺으신 언약의 맥락에서 자주 발견된다(예. 신 7:9, 12). NGK 총회 자비의 봉사위원회(AKDB: Algemene Kommissie vir die Diens van Barmhartigheid)의 간행물에서 드 클레르크(1990:9)는 NGK가 '디아코니아'라는 용어를 더 보편적으로 사용하는 것보다 '자비'라는 용어를 선호하는 이유를 설명한다. 그에 따르면, 자비는 아래와 같은 이유로 구체적이다.

• 성경적 자비 개념은 하나님의 은혜롭고 자비로운 언약적 신실하심을 보여주며, 너그러운 자비를 통해 도움이 필요한 사람들에게 적극적으로 도움을 제공한다.

• 우리는 그리스도께서 이 땅에 오셔서 성령님을 통해 선포하시고 영광을 받으시는 일에서 아버지 하나님의 자비에 대한 가장 분명한 표현과 요약을 발견한다.

• 우리는 하나님의 자비 안에서 도움이 필요한 회중이 전능하신 아버지의 도움과 지원을 구할 수 있는 근거를 발견한다(시 146).

• 그것은 회중이 서로에게 그리고 다른 사람들에게 자비를 베풀 의무에 대한 동기와 이유를 제공한다.

• 이 개념은 교회의 자선과 나눔이라는 사명에 대한 하나님 중심적인
토대를 제공하는 종교적이며 성경적 용어이다.[154]

새로운 용어 찾기

20세기 후반에 NGK 내에서는 교회의 자선 봉사에 관한 새로운 개념
을 확립하기 위한 다양한 논의와 과정이 진행되었다. 이러한 노력의 중요
한 촉매제는 1986년 NGK의 네 지역교회가 '선교란 무엇인가?'라는 주제
로 개최한 학술대회였다.

연합 안에서 봉사하고 증언함

위에서 언급한 선교에 관한 재정의에 따라, '선교와 복음화를 위한
총회위원회'(AKSE)는 AKDB와 협력하여 1994년 총회에 '교회 간 원
조'(interkerklike hulpverlening)와 '교회 경계를 넘는 집사직'(diako-
naat oor kerkgrense)의 구분에 대한 권고안을 제출했다. 이 권고안은
총회가 '교회 간의 원조'와 '교회 경계를 넘는 집사직'을 선교 활동으로 간
주하는 NGK의 정책을 변경하도록 요청했다. 언급된 두 위원회에 따르
면, '교회 간 원조'의 범위가 '교회 경계를 넘는 집사직'을 초과하기에, 이
활동은 각 교회 모임에 속하게 된다. 이와 대조적으로, '교회 경계를 넘는
집사직'은 빈곤, 정의, 사회 관계, 사회 병폐와 같은 자선 봉사와 관련이

---

154 1976년에 출간된 '자비와 나눔'이라는 출판물에서 드 클레르크는 '자비와 나눔'(히
13:16)을 제사장적 희생의 핵심 개념이자, 교회의 자비 봉사의 핵심 개념이라고 본다.

있으므로 교회의 집사직에 속한다(AS, 1994:214).

교회 선교에 대한 새로운 정의에 대한 논의는 NGK가 선교와 자비의 봉사 사이에 만들어 놓은 분리를 더더욱 불가능하게 만들었다(AS, 2002a:230). ASSK의 보고서에서 이 위원회는 이러한 분리의 불가능성이 단순한 실행(기능적 구분)을 넘어, 세상에서 하나님을 섬기는 데 있어 말과 행동으로 실천하라는 교회의 소명에도 위배된다고 설명했다. 이러한 견해는 AKDB에서도 공유되었으며, 2004년에 두 위원회는 그해 열린 총회에 '봉사의 증언'이라는 제목의 보고서를 제출하기로 결정했다. 이 보고서에서 두 위원회는 또한 이전 총회(2002년) 이후로 대부분 함께 모임을 가졌다고 보고했다.

2006년에 NGK, VGKSA, NHKA, 그리고 GKSA의 자비의 봉사와 선교 사역으로 구성된 '봉사와 증거를 위한 연합 봉사 그룹'(VDDG)이 결성되었다. 이 공동 토론의 결과로 '연합하여 봉사하고 증거하는 우리의 소명: 네덜란드 개혁교회 가족의 선교 사역을 위한 신학적 기초'라는 문서가 나왔다. 이 문서에서 VDDG는 선교의 관점에서 자비의 봉사와 선교가 삼위일체 하나님의 선교라는 동일한 것의 두 측면임을 보여준다. VDDG는 불행히도 나중에 네덜란드 개혁교회 가족에 속한 네 교단의 합동 중재 회의에서 해체되었는데, 이는 연합하여 봉사하고 증거하는 개념이 네덜란드 개혁교회 가족 내에서 더 이상 확립되지 않았음을 의미했다.

선교적 집사직(Missionêre diakonaat)[155]

---

155 'Missionêre'(missionary)는 선교를 다른 곳에서 수행되는 선교 활동에 중점을 둔 외적 활동으로, 특정 프로젝트나 선교 활동을 지원하는 형태이다(역자 주). 신칼빈주의와

선교위원회(ASSK)와 자비의 봉사위원회(AKDB)가 통합되어 탄생한 봉사와 증언을 위한 총회봉사단(ADD)은 2007년 총회에 제출한 보고서에서 선교적 집사적 교회(missionêr diakonale gemeente)를 어떻게 이해하는지에 대한 정의를 제시했다(AS, 2007a:83-85).[156] 이 정의의 신학적 근거는 하나님의 선교와 교회가 이 선교에 있어 하나님의 동역자로 부르심을 받았다는 사실이다. 이는 '증언'이 교회의 존재 이유이며, 증언은 말과 행동을 통해 이루어진다는 것을 의미한다. 크누체(Knoetze, 2002:205)는 그의 논문에서 선교적 집사직을 '교회의 감사 행위'(dank-baarheidsdade van die kerk)라고 설명하며, 이는 하나님의 사랑과 세상에 대한 참여를 표현하는 다양한 형태의 집사직으로 표현된다고 설명한다.

봉사와 정의

1990년대 초, NGK 가족 교회들의 자비 사역 대표들이 "우리는 어떻게 서로에게 봉사할 수 있는가"(AS, 1994:258)에 대한 논의에 참여하면서 또 다른 노력이 시작되었다. 이 논의는 1992년 3월 18일부터 20일까

개혁신학에 입각한 공공신학과 선교적 교회론이 정립되고 있다. 그러나 이에 대한 근본주의에 가까운 비판도 있다. "신칼빈주의는 복음전도와 구령의 필요성을 배제하지 않는다. 그러나 점차 WCC의 '하나님의 선교'를 닮아가는 경향을 보인다. 복음전도와 영혼구원에 탁월성을 보이지 않는 칼빈주의 교회와 선교 단체 그리고 학생신앙운동은 '신학적 간음'이라는 위험에 노출되기 마련이다. '하나님의 선교'의 버금 무리인 공공신학, 선교적 교회, 마을목회, 윤리실천운동 따위에 기웃거리면 생명력을 상실하게 된다." 최덕성, 『종교다원주의: WCC의 신앙고백』(서울: 본문과현장사이, 2025), 96(역자 주).

156   이 정의의 제목은 '봉사와 증언'이다. 이는 교회의 본질적 임무이며, 봉사하는 그룹의 핵심 주장을 잘 요약한 것이다. 즉, 모든 회중은 본질적으로 선교적 집사의 성격을 지닌다.

지 '남아공 상황 속의 집사직'이라는 주제로 진행되었다. 이 논의를 통해 NGK의 자비 사역에 대한 비전은 아래와 같이 구체화되었다.

> 우리의 비전은 연합된 남아공의 자매 화란 개혁교회들의 화평 케하는 집사(vredesdiakonaat)로서 예수 그리스도를 따르고, 지역 사회 내 다른 교회들과 협력하여 정의와 자비의 실천을 통해 부서진 남아공 공동체 전체를 변화시키는 것이다.

이 논의에 이어 의향 선언문(Verklaring van Voorneme)이 작성되었고, 이를 통해 '총회 자비와 정의 사역위원회를 위한 개념 규정'이 작성되었다. 이 규정에는 목표, 구조, 그리고 집사 프로그램이 명시되어 있다. 이 규정은 1994년 NGK 총회에서 승인되어 NGK 교회질서에 포함되었다. 안타깝게도 이 위원회는 구성되지 않았고, 자비와 정의가 하나의 평화 집사직(vredesdiakonaat)의 두 요소로서 함께 속한다는 개념은 NGK 내에서 더욱 발전되거나 구현되지 못했다.

선교적 집사직(Missionale diakonaat)[157]

20세기 말, NGK에서 남아공의 새로운 맥락에서 교회의 역할 또는 소명에 대한 담론이 제기되었다. 이에 대한 논의는 NGK의 다양한 포럼과 위원회에서 진행되었다. 앞서 언급했듯이, 2007년 총회에 선교적 집사의

---

157 'Missionale'(missional)는 선교적 존재 양식과 패러다임을 나타내며, 선교적 접근 방식이 회중의 일상 기능에 포함되는 것을 의미한다(역자 주).

정의를 제공한 NGK(ADD)의 보고서는 선교적 집사의 정의를 담고 있다. 2002년, 총회 사역위원회(AKG)는 21세기 교회가 되기 위한 신학적, 실천적 신학적 출발점에 관한 20개의 성명서 형식의 토론 문서를 총회에 제출했다. 이에 따라 총회는 "더욱 명확하고 실천적인 공동체적 교회론(gemeentelike ekklesiologie)을 발전시켜야 한다"(AS, 2002b:615)라고 지시했다. 이 임무에 따른 보고서는 2007년에 총회에 제출되었다. 이 보고서에 관하여, 판 덜 메르베(2014:108)는 보고서가 회중의 선교 사명의 몇몇 측면을 제기하고 있지만, 이 문제가 더 큰 관심을 받지 못하는 것은 주목할 만한 일이라고 지적한다.

2011년 NGK 총회에서도 교회의 선교적 본질에 대한 성찰이 이어졌다. 이 총회에서 '교회 발전을 위한 총회 봉사 그룹'(ADGO)은 '선교적'(Missionale) 교회론을 설명하는 보고서를 발표했다.[158] 서론에서 봉사 그룹은 NGK가 교회의 본질과 본질에 대한 이해에 있어 분수령에 도달했다고 언급한다(AS, 2011a:103). ADGO(133)에 따르면, 아래 인용문은 NGK의 교회론이 '확장'되고 있음을 보여준다.

> 교회는 하나님의 새 경륜의 메시지를 선포하는 동시에, 새 경륜을 섬기는 도구로서 일상생활 속에서도 존재한다. 궁극적으로 교회는 세상에서 하나님의 나라 또는 통치에 관한 것이며, 이것이 교회가 증거하도록 부름받은 궁극적인 목표이다.

---

158   이 봉사 그룹은 2004년에 처음 언급된 '교회사역을 위한 총회위원회'(die Algemene Kommissie vir Gemeentebediening)를 대체했다.

새로운 시대와 맥락 속에서 교회의 소명에 대한 성찰을 통해 나타난 다양한 문서들을 고려하여, NGK 2011년 총회(AS, 2011b:114)는 다양한 문서들을 하나의 문서로 통합하기로 결정했다.

> 이 문서는 모든 맥락(총회, 대회, 노회, 지역교회)에서 교회의 틀 역할을 할 것이다. 이 문서는 신학적 성찰뿐만 아니라 실천 지침도 포함해야 한다.

NGK의 '선교적 본질과 소명에 관한 틀 문서'라는 제목의 이 문서는 2013년 총회에 접수되었다(AS, 2013b:8).

> 지난 10년 동안 교회의 본질 그리고 세상에서 교회의 증언에 주목해 온 신앙적 구별 과정들을 표현하는 문서로 인정받았다.

이 틀 문서는 NGK 공동체의 다양한 포럼에서 진행된 심도 있는 논의의 정점일 뿐만 아니라, 이후 NGK에서 새로운 교회론이 발전하기 시작한 기본 신학이기도 하다.[159] 봉사와 증언, 즉 말과 행위가 본질적으로 하나님의 선교의 두 가지 측면이라는 점은 이미 위에서 언급한 바 있다. 이러한 맥락에서 판 덜 메르베(2014:214)는 '선교적 집사직'이라는 개념이 집사의 유형이나 방식으로 이해될 가능성이 있으며, 이로 인해 말

---

159   이와 관련하여 핸드릭스(2007:1002)는 다음과 같이 언급한다. "선교 패러다임은 선교적이고 실천적인 교회론을 추구한다. 즉, 상황에 맞는 교회가 되는 방법에 대한 방법론적 전략을 개발한다."

과 행위가 얽히는 힘이 상실될 수 있다고 경고한다. 따라서 그는 집사가 하나님의 선교에 협력하고 봉사하는 교회적 소명의 본질적인 측면임을 강조하기 위해 '선교적'이라는 형용사를 선호한다. 틀 문서(NG Kerk, 2013a:207)에 정의된 집사의 정의에 근거하여, [160] 판 덜 메르베(2014:214)는 선교적 집사의 개념을 아래와 같이 정의한다.

> 선교적 집사직은 세상에서 하나님의 통치를 회복하는 것을 목표로 한다. 선교적 집사직을 통해 교회는 다양한 형태로, 하나님의 선교에 참여하는 종이며 봉사자로서 개인, 단체, 공동체의 고통과 사회적 필요를 예방하고 해결하는 데 참여하며, 교회와 사회 내에서 정의로운 관계를 증진한다.

디아코니아에 대한 새로운 이해

'집사 사역'이라는 용어는 문제가 있다는 것이 위에서 언급되었다. 그이유 중 하나는 헬라어 '디아코니아'가 신약성경에서 다양한 맥락에서 사용되어 특정 사역과 연결되지 않기 때문이다. 또 다른 이유는 '디아코니아'라는 용어가 종종 여러 관련 사역을 포괄하는 용어로 사용되기 때문이다. 예를 들어, 이 용어는 집사의 사역, 회중의 자선 사역, 교회의 사회 봉사 또는 신학 연구 분야를 지칭할 수 있다. NGK에서는 '디아코니

---

160 2013년 틀 문서에서는 교회의 집사직을 다음과 같이 설명한다. "교회의 집사직은 다면적이며, 하나님의 자비와 사람과 자연에 대한 보살핌의 사역, 하나님의 화해와 평화의 사역, 하나님의 정의의 사역 등 다양한 유형의 집사직을 구별할 수 있다"(제10항)

아' 또는 '집사직'이라는 개념이 사회 봉사 제공을 지칭하는 데 일반적으로 사용되지 않는다. 그러나 지난 세기의 마지막 10년 동안 이 용어는 교회 사역에 대한 논의에서 흔히 언급되었는데, 디아코니아(종으로서의 교회)가 케뤼그마(메신저/설교자로서의 교회), 레이투르기아(성찬으로서의 교회), 코이노니아(공동체로서의 교회)와 함께 교회의 중심 측면으로 언급되었다(Burger, 1999:116).

개신교 세계에서 'diaconia'(영어), 'diakonie'(독일어),' diaconaat'(네덜란드어)라는 단어는 일반적으로 기독교 자선과 교회의 사회 봉사 프로그램을 지칭하는 데 사용된다. 노르드흐라프(2009:11)는 1935년 키텔(G. Kittel)의 신약신학사전(TWNT)이 출판되어 독일에서 'diaconia'라는 단어의 사용이 확립되고 나중에 사전이 영어로 번역된 후에는 더 넓은 세계에서 사용되는 데 중요한 기여를 했다고 생각한다. 이 사전에서 '집사'라는 단어 그룹을 다루는 해설은 바이어(H. W. Beyer)가 썼다. 그는 1931년에 "신약성경에서의 봉사와 섬김"(Service and Serving in the New Testament)이라는 제목으로 출판된 빌헬름 브란트의 박사학위 논문을 많이 참조했다. 이 연구에서 브란트는 '디아코니아'(diaconia)라는 단어가 기독교 자선만을 지칭한다는 결론에 도달한다(Houtepen, 2005:373; Noordegraaf, 2009:11; Nordstokke, 2011:43). 이 사전은 신학에서 중요한 표준서가 되었고, 콜린스(1990:6-8)는 몇 가지 예외를 제외하고, 바이어와 브란트를 따라 디아코니아에 대해 글을 쓴 모든 사람이 디아코니아를 기독교의 자선과 관련하여 사용한다고 지적한다.

거의 60년 후인 1990년, 호주 신약학자 존 콜린스(J. Collins)는 '집사'(deacon) 단어군에 관한 연구물을 발표했는데, 그는 이 연구에서 디아코니아를 겸손하고 급이 낮은 식탁 봉사로 이해하는 고전적 의미에 의

문을 제기했다.

콜린스에 따르면, 고대 사회에서는 '집사'라는 단어를 누군가를 대신하여 중개자 역할을 하는 사자(使者)라는 맥락에서 사용했다. 세계교회협의회(WCC)에서 디아코니아 개념화에 대한 논의는 이미 1986년 라나르카 협의회(Lanarca Konsultasie)에서 새로운 국면을 맞이했다.[161] 놀스톡(Nordstokke, 2011:226)에 따르면, 이 협의회가 주도적 역할을 했다.

> 디아코니아라는 용어를 다소 전통적인 북유럽 배경에서 분리하고, 디아코니아를 자선과 겸손한 봉사로 이해하는 방식에서 벗어나 오히려 빈곤과 불의라는 세계적 도전, 그 근본 원인에 대한 철저한 분석, 그리고 소외 계층을 옹호하는 과감한 옹호 활동과 연결시켰다.

20세기 말, 디아코니아의 정의와 실천에 대한 새롭고 예리한 논의가 시작된 것은 분명하다. 네덜란드를 예로 들 수 있다. 2001년, '전국 디아코날 연구회'(Landelijke Diaconale Studiekring)는 '디아코놀로지'에 대한 새로운 개론서를 집필하기로 결정했다. 그래서 단행본『자비와 정의: 디아코놀로지 핸드북』(Barmhartigheid en Gerechtigheid: Handboek Diaconiewetenschap)은 2004년에 출판되었으며, 다양한 신앙 전통의 기여를 담고 있다. 책의 마지막 부분에 집사직에 대한 정의는 아래와 같다.

---

161   이 협의의 주제는 '디아코니아 2000'으로, 이웃이 되라는 부름을 받았으며, 키프로스의 라나르카(Lanarca)에서 개최되었다.

집사직이라는 용어는 교회와 복음에서 영감을 받은 다른 단체 및 운동을 통해, 그리고 교회를 통해 행하는 행위를 의미한다. 이러한 행위는 개인과 집단의 고통과 사회적 괴로움을 예방하고, 해소하고, 감소시키며, 교회와 공존 안에서 정의로운 관계를 구축하는 것을 목표로 한다(Van Well & Stoppels, 2005:392).

지난 수십 년 동안, 특히 유럽과 스칸디나비아 지역에서 디아코니아를 학문 또는 신학 하위 분야로 확립하려는 움직임이 나타났다.[162] 2011년에는 네덜란드 학자들이 『역동적 집사직』(*Diaconie in Beweging*)이라는 제목의 두 번째 책을 출판했다. 이 책에서 노르드흐라프와 비신크(2011:390)는 이 연구 분야를 아래와 같이 정의한다.

> 디아코니아학(Diaconiewetenschap)은 집사직(diaconate/de diaconia)을 반영한다. 여기에는 설명, 이론화, 분석, 평가, 그리고 행동 관점의 개발이 모두 포함된다. 이 연구는 학제간 방식으로 진행될 것이다. 여기서 '학제간'이란 신학의 하위 분야와 다른 학문 분야의 통찰과 정보 처리를 의미한다.

---

162 이 분야의 선구자는 아마도 1954년 초에 설립된 독일 하이델베르크대학교 신학부의 봉사학 연구소(Diakoniewissenschaftliches Institut)일 것이다. 유럽과 스칸디나비아에는 디아코니아 연구와 신학을 전문으로 하는 수많은 (기독교) 대학들이 있다. 2010년에는 디아코니아와 기독교 사회 실천 연구 및 학습을 위한 국제 학회가 설립되었다. 이 연구 단체는 또한 디아코니아(Diaconia)라는 제목의 학술지인 '기독교 사회 실천 연구 학술지'(*Journal for the Study of Christian Social Practice*)를 발행하고 있다.

다른 학문 분야의 영향

디아코니아의 개념화 및 실행에 관한 현재 담론 또한 학제 간 대화이다. 본 연구는 집사직과 사회복지, 집사직과 개발 연구 사이의 대화에 대한 몇 가지 발언으로 마무리된다.

교회 사회복지 사역

NGK의 빈곤층 지원에 전문 사회복지사의 지식과 기술을 활용하려는 아이디어는 1932년 트란스발 빈민돌봄위원회 사무총장 두 토잇 목사(1971:135)가 미국으로 파견된 연수 여행을 다녀오면서 비롯되었다. 이 여행의 목적은 대규모 빈곤 퇴치를 위한 새로운 방안을 모색하는 것이었다. 두 토잇은 미국에서 사회복지사라는 새로운 직업을 접하게 되었다. 사회복지사들의 교육과 삶에 대한 관점은 본질적으로 인본주의적이었지만, 그는 NGK가 이 새로운 직업에 주목해야 한다고 판단하여 당시 트란스발 빈민돌봄위원회에 제출한 보고서에서 이 문제를 강력히 강조했다.

남아공의 사회복지 사업의 확립에 중요한 촉매제가 된 것은 1934년 남아공 킴벌리에서 열린 국민대회였다. 이 회의는 특히 다음과 같은 내용을 결의했다. "대회는 전문적인 사회복지와 자문의 필요성에 깊이 공감하며, 정부 부처에 가능한 한 훈련된 인력을 활용할 것을 요청한다"(-Du Toit, 1971:135).

케이프 지역교회 여성선교연맹(Vroue-Sendingbond van die Kaapse Kerk)은 이미 이러한 필요성을 인지하고 있었으며, 1924년 프리덴하임에서 여성 선교사 양성 과정을 확대하여 가사 노동자(빈곤층 노동자)를 위한 지원도 제공했다. 프리덴하임 안내문에 따르면, 이 과정의 목표는 아래와 같았다.

우리 교회의 젊은 여성들이 사회복지 분야에서뿐만 아니라 영적으로 그들을 격려하고 도울 수 있도록 훈련하는 것이다(Du Toit, 1971:136)

교회(기독교) 사회복지사의 양성 및 임명에 대한 또 다른 자극은 1940년대 중반 남아공 연방빈곤위원회가 아프리카너의 도시화에 대해 실시한 포괄적인 조사였다. 이 보고서는 1947년 『교회와 도시』(*Kerk en Stad*)라는 제목으로 출간되었다. 교회 사회복지와 관련하여 이 보고서는 아래와 같이 권고한다(Kerk en Stad, 1947:320).

NGK는 사회복지사, 수녀원장 및 기타 기관 종사자, 청소년 지도자, 심지어 남성 종사자까지 모든 종류의 기독교 사역자를 양성하기 위한 자체적으로 잘 갖춰진 학교를 설립해야 할 때가 왔다.

이 꿈은 1951년 초 웰링턴에 위그노대학교(Hugenote Kollege)가 개교하면서 실현되었다. 교회의 사회복지는 교회라는 특수한 환경에서 제공되는 전문적인 사회복지이다(Lindeque, 1990:159; Yancey & Garland, 2014:1). 갈란드(1997:97)에 따르면, 교회의 사회복지는 전문화된 실천 영역(맥락)이며, 전문 사회복지사의 가치관이나 신념 체계가 아니다. 이러한 관점은 연방 사회복지위원회가 '기독교 일꾼'을 양성하고자 했던 꿈과는 다소 다르다. 갈란드의 이해는 기독교인이 아닌 사회복지사도 교회 사회복지 기관에서 일할 수 있다는 것을 시사한다. 단, 해당 기관의 정체성, 사명, 그리고 정신을 받아들이고 그러한 맥락에서 일하기를 원한다면 가능하다.

실제로 이는 교회의 사회복지사가 사회복지의 전문적 가치 체계와 교회 조직의 가치 체계 내에서 동시에 활동해야 함을 의미하며, 바로 여기에 교회 집사회의 일부로서의 교회 사회복지와 전문 분야로서의 사회복지 사이에 긴장이 존재한다. 집사회와 사회복지 모두 사회 변화와 발전, 사회 통합, 그리고 사람들의 권한 부여와 해방에 초점을 맞추고 있다. 그리고 사회 정의, 다양성 존중, 인권과 같은 원칙들이 두 분야의 핵심을 이루고 있다. 그러나 집사회와 사회복지 사이에는 상당한 차이가 있다. 교회의 집사회가 직면한 과제는 직분자들이 전문적 가치와 실천을 포기하지 않으면서도, 조직의 신학과 에토스 안에서 일할 수 있도록 보장하는 것이다.

교회의 사회복지 서비스

새로운 사회복지사전(Vactaalkommissie vir Maatskaplike Werk 1995:37)에 따르면, '사회복지'라는 용어는 모든 사회복지 서비스 또는 프로그램을 지칭한다. 따라서 교회의 사회복지는 사회복지 서비스를 포함하는 포괄적인 용어이다.

지역사회 개발

NGK에서 선교적 교회라는 담론은 교회가 세상에서의 소명을 다시 한번 인식하게 했고, 사회 개발에 대한 관심을 불러일으켰다(Hendriks, 2007:1014). 2002년 총회(2002b:584)에서 NGK는 '우리 대륙, 특히 남아공에 자신을 추천'하며 다음과 같이 선언했다. "우리는 또한 변화를 만들고 싶다. 따라서 우리는 사회를 위한 해결책을 찾기 위해 노력할 것을 약속한다." 그러나 에큐메니칼 교회는 이미 '개발에 대한 관심을 통해 빈곤과 저개발이라는 현대 사회경제적 문제에 대한 새롭고 진전된 참여' 방향으로 움직이기 시작했다(Swart, 2006:31).[163] 그러나 지역 사회 개발은 더 큰 개발 주제(경제 개발, 정치 개발, 사회 개발)의 한 측면이다. 집사직에 대한 에큐메니칼 논의에서는 개발적 접근이 집사직의 핵심이 되어야 한다는 데 의견 일치를 보지만, NGK 집사의 봉사에서는 이러한 측면이 제대로 발전되지 않았다.

예비적 결론

NGK에서 남아공 사회 곤경에 대한 교회의 개입을 개념화하고 실제화하는 것에 대한 더 많은 논의와 연구를 촉진하기 위해 아래와 같이 예비적 결론을 도출한다.

• 그리스도께서 사랑으로 섬기심으로써 구현된 아버지 하나님의 자비는 NGK의 핵심 모티브이다. 세상의 사회적 필요에 대한 교회의 참여. 이 교회에서 디아코니아(봉사)라는 개념은 오히려 교회가 자비를 실천하는

---

163   2015년 암스테르담 자유대학교에서 마친 박사 학위 연구에서 카를로스 스텐나드(Carlos H. Stannard)는 지난 40년간 세계교회협의회(WCC)에서 이루어진 개발에 대한 성찰에 관하여 좋은 개요를 제공한다.

방식을 나타낸다. 이러한 이유로 NGK는 세계교회협의회가 '디아코니아'라는 용어의 확장된 개념화를 시도한 것에 부정적이었다.

• 교인들뿐만 아니라 지역 사회의 사회적 필요에 대한 참여는 NGK의 본질의 일부이다. NGK 교인들과 더 넓은 19세기 말 아프리카너가 남아공으로 이주하면서 교회의 자비 사역은 동료 신자들과 사람들에게만 점점 더 집중되었다. 이러한 초점과 선교에 대한 모호한 정의로 인해 NGK는 선교와 자비의 봉사 사이에 잘못된 구분을 두기 시작했다.

• NGK는 복잡한 백인의 빈곤 문제에 대처하기 위해서는 총체적이고 학문적인 접근이 필요하다는 것을 일찍이 깨달았다. 이로 인해 교회는 교회가 수행하는 자비의 봉사를 보완하고 강화하기 위해 전문적으로 훈련된 사회복지사를 임명했다. 안타깝게도 이러한 조치로 인해 교회의 자비 사역은 점차 '자선 사업'과 단기적인 아웃리치 활동으로 축소되었고, NGK 총회에서 조직된 교회의 사회복지 단체는 주로 국가가 규제하는 공식 사회복지 분야에서 활동하는 발전되고 전문적 사회복지 단체로 전락했다. 그 결과, 교회의 집사직에 대한 신학적 성찰은 점점 더 주목받지 못하게 되었다.

• NGK는 교회론적으로 선교적 교회를 지향하는 것처럼 보이지만, 미셔널 신학은 아직 이 교회의 집사직에 대한 사고에 널리 반영되지 않은 것으로 보인다.

결론

본 연구는 NGKA 세계 봉사에 대한 사회 참여를 자비, 즉 집사직(diaconate)이라고 부르는 것이 얼마나 중요한지를 묻는다. NGK가 교회의

부제직에 대한 지속적인 에큐메니칼적 성찰에 참여하고자 한다면, 디아
코니아(diakonia)라는 개념을 진지하게 고려하는 것이 매우 중요해 보
인다.[164]

---

164 본 글의 필자와 유사하게 주장한 바는 프레토리아대학교 봉사신학 및 선교학 교수 니오마 펜터(Nioma Venter)의 설명이다. "선교적 운동은 남아공 화란개혁교회를 목회 일 반뿐 아니라 집사직에 있어서도 교회 중심적인 출발점에서 하나님 중심적인 출발점으로 전환시켰다. 선교적 집사직은 하나님 자신의 본질, 즉 스스로 관계를 맺는 삼위일체 하나 님, 인도하시는 삼위일체 하나님, 그리고 모든 창조물을 다스리시는 삼위일체 하나님, 그리 고 교회가 그 통치의 도구이자 표징인 삼위일체 하나님 안에서 의미를 찾는다. 화란개혁교 회가 세상에 집사로서 참여함에 있어 분열에서 통합으로 나아가는 움직임은 이 전략에 대 한 세계적인 에큐메니칼 감수성과 일치한다. 궁극적으로 통합은 교회가 이루고자 하는 영 향력에 관한 것이며, 이 점에서 성경적 이미지와 개념은 차별화된 접근 방식을 뒷받침한 다. 통합적인 접근 방식으로 나아가는 과정에서 리더십에 주목해야 한다. 팀과 네트워크 내 의 관계는 각 개인이 자신의 특정 기술을 발휘할 수 있도록 명확하게 정의된 역할과 책임 을 통해 구축되고 강화된다. 화란개혁교회는 집사직의 신학적 발전을 도모할 뿐만 아니라, 선한 의도가 행동으로 이어질 수 있도록 실질적 모델 개발에도 세심한 주의를 기울여야 한 다." N. Venter, "Missionale Diakonaat: Van Fragmentasie na Integrasie en Impak," *Verbum et Ecclesia* 44/1 (2023), 7. 그리고 집사는 교회 밖의 사람들도 섬길 수 있어야 하기 에, 'missionary'에서 'missional'로의 전환이 필요하며, 특히 이주민을 환대하는데 앞장서 는 '선교적 봉사 교회론'을 긍정하는 주장은 Hannes (J. J.) Knoetze, "Missionary Diacon-ate: Hope for Migrated People," *Missionalia* 41/1 (2013), 40-52를 참고하라(역자 주).

참고문헌

Albertyn, J. R., Du Toit, P. & Theron, H. S. *Kerk en Stad: Kommissie van Ondersoek oor Stadstoestande*. Stellenbosch: Pro Ecclesia, 1947.

Algemene Sinode van NG Kerk (AS). *Die Kerkorde van die Nederduitse Gereformeerde Kerk*. Pretoria: Algemene Sinode, 1962.

_____. *Agenda vir die Negende Vergadering van die Algemene Sinode van die Nederduitse Gereformeerde Kerk*. Pretoria: Algemene Sinode, 1994.

_____. *Agenda vir die Elfde Vergadering van die Algemene Sinode van die Nederduitse Gereformeerde Kerk*. Pretoria: Algemene Sinode, 2002ab.

_____. *Agenda vir die Veertiende Vergadering van die Algemene Sinode van die Nederduitse Gereformeerde Kerk*. Pretoria: Algemene Sinode, 2011ab.

_____. *Agenda vir die Vyftiende Vergadering van die Algemene Sinode van die Nederduitse Gereformeerde Kerk*. Pretoria: Algemene Sinode, 2013ab.

_____. *Die Kerkorde van die Nederduitse Gereformeerde Kerk*. Pretoria: Algemene Sinode, 2019.

Botha, L. L. N. *Die Maatskaplike Sorg van die NG Kerk in Suid-Afrika (1928-1953)*. Paarl: Paarlse Drukpers, 1957.

Burger, C. W. *Gemeentes in die Kragveld van die Gees*. Stellenbosch: BUVTON, 1999.

Collins, J. N. *Diakonia. Re-interpreting the Ancient Sources*. New York: Oxford University Press, 1990.

De Klerk, J. J. *Weldadigheid en Mededeelsaamheid*. Pretoria: NG Kerk-Uitgewers, 1976.

_____. "Inleiding." In J. J. de Klerk (red.). *Die Diens van Barmhartigheid van die NG Kerk*. Kaapstad: NG Kerk-Uitgewers, 1990: 3-10.

Du Toit, P. *Die Salf van Eie Gom*. Kaapstad: NG Kerk-Uitgewers, 1971.

Eurich, J. "From the Past to the Future: The Development of Diaconia in Germany since the 19th Century and Its Influence on the Church in South Africa." Ph.D. Thesis. Heidelberg University, 2015.

Garland, D. R. "Church Social Work." *Social Work and Christianity* 24/2 (1997): 94-113.

Hall, C. "Research on the Diaconate; A Retrospective View of Promise and Challenge." *International Journal for the Study of the Christian Church* 13/4 (2014): 258-69.

Ham, S. C. E. *Empowering Diakonia: A Model for Service and Transformation in the Ecumenical Movement and Local Congregations*. Amsterdam: Vrije Universiteit, 2015.

Hendriks, H. J. "Missional Theology and Social Development." *HTS Teologiese Studie* 63/3 (2007): 999-1016.

Houtepen, A. "Diaconia Opniew Geïnterpreteerd." In S. Stoppels et als (reds.). *Barmhartigheid en Gerechtigheid: Handboek Diaconiewetenschap*. 2de Uitg. Kampen: Kok, 2005: 366-79.

Knoetze, J. J. *Teologiese Motiewe vir 'n Missionêr Diakonale Bediening van die Kerk: Op Weg na 'n Begronding van die Missionêr Diakonale Ekklesiologie*. Pretoria: Universiteit van Pretoria, 2002.

Lindeque, R. C. "Kerklike Gesinsorg." In J. J. de Klerk (red.). *Die Diens van Barmhartigheid van die NG Kerk*. Kaapstad: NG Kerk-Uitgewers, Kaapstad, 1990: 147-71.

Nieuwoudt, M. M. "Praktiese Implementering in die Vaderlandse Kerkgeskiedenis(die Nederduitse Gereformeerde Kerk)." In J. J. de Klerk (red.). *Die Diens van Barmhartigheid van die NG Kerk.* Kaapstad: NG Kerk-Uitgewers, 1990: 74-102.

NG Kerk in SA (NGKSA). *Skema van Werksaamhede, Sinode 1915.* Kaapstad: NG Kerk in Suid-Afrika, 1915.

_____. *Handelinge van die Drie-en-Dertigste Vergadering van die Sinode van die NG Kerk in Suid-Afrika.* Kaapstad: NG Kerk in Suid-Afrika, 1957ab.

Noordegraaf, A. "Inleiding." In G. C. Den Hertog & A. Noordegraaf (red.). *Dienen en Delen, Basisboek Diaconaat.* Zoetermeer: Boekecentrum, 2009:9-26.

Noordegraaf, H. & Wissink, J. "Een agenda voor de diaconiewetenschap." In

H. Crijns, E. Hogema, L. Miedema, H. Noordegraaf, P. Robbers-Van Berkel, H. van Well et al. (reds.). *Diaconie in Beweging. Handboek Diaconiewetenschap*. Kampen: Kok, 2011: 390-404.

Nordstokke, K. "Reflections on the Theology of Diakonia." *Diakonian Tutkimus* 2(2011): 223-33.

Stoppels, S. "In het Begin was Diakonia." In S. Stoppels et als (reds.). *Barmhartigheid en Gerechtigheid: Handboek Diaconiewetenschap*. 2de Uitg. Kampen: Kok, 2005: 392-98.

Swart, I. *The Churches and the Development Debate: Perspectives on a Fourth Generation Approach*. Stellenbosch: SUN Press, 2006.

Vaktaalkommissie vir Maatskaplike Werk. *Die Nuwe Woordeboek vir Maatskaplike Werk*. Kaapstad: CTP Book Printers, 1995.

Van der Merwe, W. C. "Met Woord en Daad in Diens van God: Die Diakonaat van die NG Kerk in Postapartheid Suid-Afrika." Ph.D. Proefskrif. Stellenbosch Universiteit, 2014.

_____. "Examples and Concepts of Diaconia in Southern African Christianity." In G. Ampony et als (eds.). *International Handbook on Ecumenical Diakonia*. Oxford: Regnum Books International, 2021: 191-96.

Van Well, H. & Stoppels, S. "De Definitie Opnieuw Beschoud." In S. Stoppels et als(reds.). *Barmhartigheid en Gerechtigheid: Handboek Diaconiewetenschap*. 2de Uitg. Kampen: Kok, 2005: 392-98.

Werner, D. & Ross, M. "Terminologies, Learning Processes and Recent Developments in Ecumenical Diakonia in the Ecumenical Movement." In G. Ampony et als (eds.). *International Handbook on Ecumenical Diakonia*. Oxford: Regnum Books International, 2021: 8-25.

Yancey, G. & Garland, D. R. "Congregational Social Work." In T. Mizrahi & L. E. Davis (eds.). *Encyclopedia of Social Work*. Oxford: Oxford University Press, 2014: 1-17.

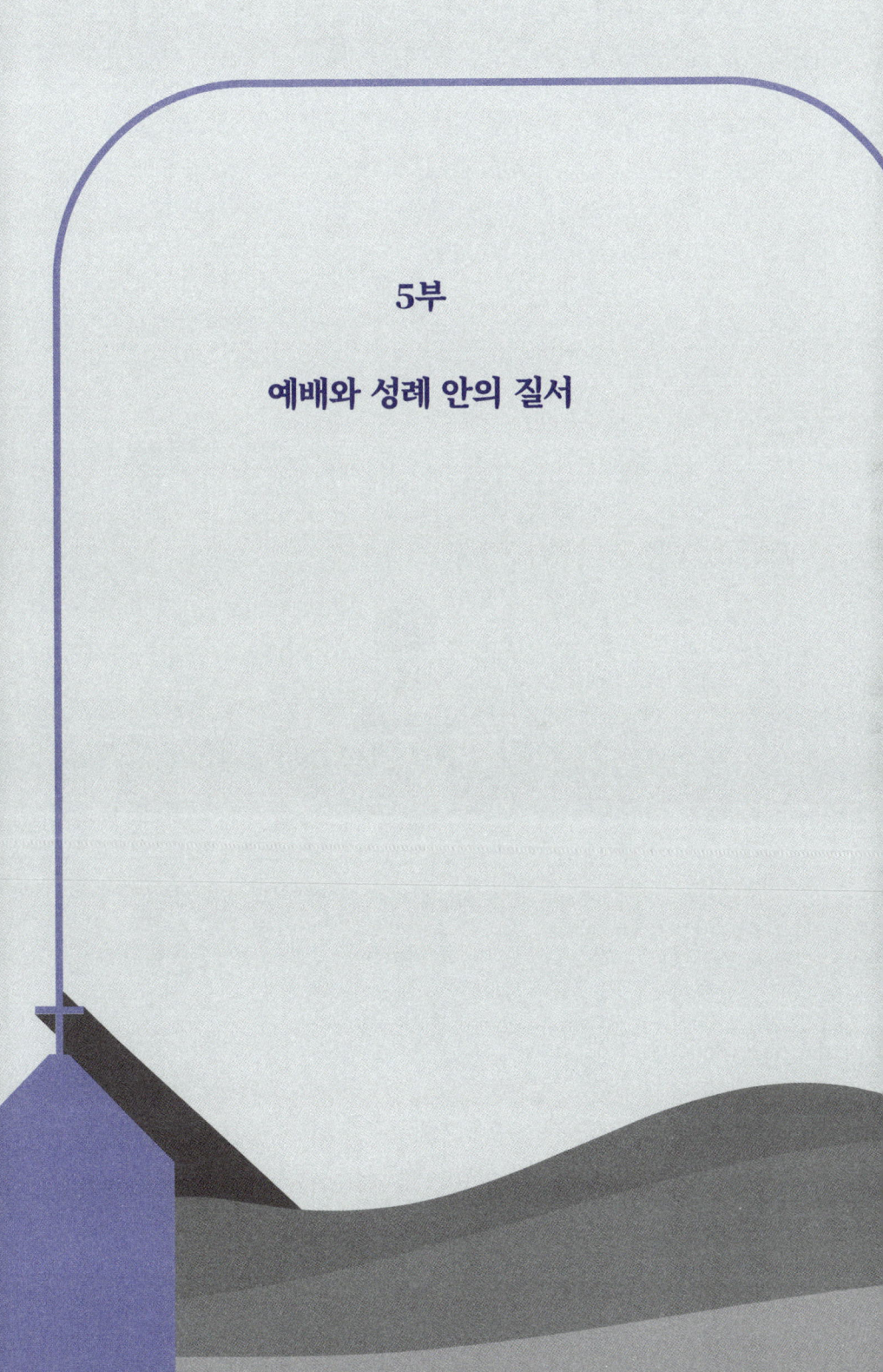

5부

예배와 성례 안의 질서

5부

**예배와 성례
안의 질서**

교회질서와 예배[165]

문제 제기

개혁파 교회질서 전문가들이나 교회법 학자들 사이에서 교회법은 봉사하는 법 또는 교회 '봉사법'이라는 견해가 널리 받아들여지고 있다 (Plomp, 1992:38-40; Strauss, 2010:1-6). 이러한 관점은 좋은 교회질서가 성경적 원리에 기초하여 교회의 포괄적이고 말씀에 충실한 활동을 조직하거나 그 활동을 '확보'하는 질서 있는 통로를 만들어낸다는 것을 시사한다(Nauta, 1971:8-9). 상황에 대한 성경적 규정을 갖춘 교회질서는 설교와 신앙의 사명을 수행하는 교회에 도움이 된다. 교회질서는 교회의 머리이신 예수 그리스도를 섬기는 다양한 말씀 사역을 돕고 봉사하는 규정이어야 한다. 일부 저자들은 이러한 접근 방식을 '기독론적-교회론적 관점'이라 부른다(Barth, 1967:679; Wolf, 1961:8, 24, 73).

교회질서는 예전과 긴밀하다. 교회질서는 교회로 하여금 예배의 질서

---

165 본 논문은 프리스테이트대학교 교회질서 교수 피터 스트라우스(Pieter J. Strauss)
의 "Kerkorde en Erediens: Kerkorde Artikel 48 van die NGK Geweeg," *Stellenbosch
Theological Journal* 7/1 (2021), 1-21을 번역한 것이다.

를 성경적으로 수행하도록 도와야 한다(Kritzinger et al, 1972:526).[166]
교회질서는 예배의 주의를 법적인 측면이나 질서 있는 측면, 즉 예전과
성경적으로 옳은 측면에 집중시킨다(참고. 예배의 모든 것이 '적절하고
질서 있게' 이루어져야 한다고 명시한 고전 14:40). 이 본문은 칼빈이 교
회질서의 이유로 사용한 것이다(Sizoo III, nd:229; Nauta, 1971:11, 14;
Kruger et al, 1966:11; Van der Linde, 1983:7; NGKO, 2015:1). 교회
질서는 예배의 주해적, 교리적, 예전적으로 책임 있는 조직을 위한 공간
을 만들어낸다(De Klerk, 1982:61; De Klerk, 2007:393). 교회질서는 예
배의 세부적인 내용보다는 예배가 기능하는 지속적인 지침이나 윤곽 또
는 예배가 거행되는 교회 회중 간의 합의의 주요 내용에 초점을 맞춰야
한다(Strauss, 2010:91). 이 점에 대해 2002년 화란개혁교회(NGK) 총회
는 예배 위원회의 권고에 따라 말씀의 권위와 교회가 정한 예전 양식의
권위 사이에는 차이가 있다고 결정했다.

성령님의 영감으로 된 불변하는 하나님의 말씀과는 달리, 신앙고백
문과 예전 양식은 '예배의 예전적 의복이 형성되는 가변적 수단'이다
(NGK, 2002:538). 교회 예식서에서 예전을 위한 교회질서도 예전을 형
성하는 가변적 수단이다. 2007년에 같은 예배 위원회는 예전의 발전
은 '계속되는 과정'이며 예배지침서는 결코 완성될 수 없다고 말했다
(NGK, 2007:42). 또한, 개혁파의 관례인 교회질서는 교회 회의에서 정
기적으로 수정된다.[167] 이러한 수정은 예배 규정에도 적용되어야 한다

166　욘커는 예배를 회중이 모이는 순서로 정의하는데, 여기서 하나님 말씀의 역동성이
일어나고 회중은 죄를 고백하고, 예배하고, 찬양하고, 성례전에 참여하고, 친교를 나누며,
회중 안팎에서 봉사할 기회를 얻는다(Jonker, np:45).

167　이 점에 대해서는 클라인한스(E. P. J. Kleynhans)가 교회법을 'ius constituen-

(NGK, 2011:58-59). 저자들은 예배를 교회 생활의 '심장'(Harmannij, 1990:84)이자 회중의 영적 상태를 '보여주는 것'이라고 부른다(Strauss, 2010:89).[168]

코프만(Koffeman)은 예배를 교회법이 교회 안에서 첫 번째로 착륙한 곳 즉 '자리'(Sitz)라고 부른다. 예배에 하나님과 사람의 만남으로 이끄는 예전의 기본 원칙이 없다면, 교회법은 존재할 수 없다고 그는 말한다. 회중은 하나님의 말씀을 중심으로 함께 모이는 것으로 살아간다. 우리는 예배에서 회중의 참된 모습을 발견한다. 살아 계신 하나님께서 여기서 말씀하시고, 이 사실이 회중을 통해 확증되기 때문이다. 따라서 이러한 만남의 특징은 교회 안에서 성경적으로 충실한 질서에도 반영되어야 한다(Koffeman, 2009:105).[169] 클라인한스(Kleynhans)에 따르면, 교회법은 교회질서와 교회정치를 통해 말씀과 성례전적 사역의 질서, 유효성, 권위, 교회적 구속력, 그리고 이와 관련된 문제들을 결정한다(Kleynhans, 1988:1).

개혁교회의 이러한 태도에도 불구하고, 도르트-개혁파 전통에 속한 모든 교회가 예배에 대한 교회질서 조항을 가지고 있는 것은 아니다. 화

---

dum'(말씀에 따라 마땅히 그래야 할 교회법)과 'ius contitutum'(기존 교회질서에 구현된 교회법)으로 구분한 것을 참고하라(Kleynhans, 1982:5). 예전의 발전과 마찬가지로 개혁파 교회질서의 확립 또한 지속적인 과정이다. 현대 교회질서의 필요성에 대해서는 Strauss(2010:15-20)를, NGKO의 지속적인 개정에 대해서는 NGK(1994:455, 480)를 참고하라.

168   Barnard(1989:459)는 그의 저서 『거룩한 예배』에서 주일 예배와 삶의 예배 사이에는 반드시 '가장 긴밀한 협력'이 있어야 한다고 강조한다.

169   코프만은 교회법의 대상을 예전에서 찾는 칼 바르트를 언급한다. 예전을 듣는 것이 (luister na die liturgie) 예배의 형식을 결정하고 예배에 참여하는 지체들의 교회질서적 권한을 확립한다(Koffeman 2009:106).

란개혁교회는 교회질서(NGKO) 제48조에 예배에 대한 조항을 포함하고 있다. 개정된 NGKO 제48조는 1962년에 제정되었으며 도르트 교회질서 또는 NGKO-1962의 일부로서 '당대의 요구에 맞게 조정된' DKO-1619의 일부가 되기를 원했다(Vorster, 1960:13). 반면 남아공 개혁교회 교회질서(GKSA-KO)는 DKO-1619의 예를 따라 예배에 관한 조항을 제공하지 않는다(도르트 교회질서에 대한 Pont, 1981:182; GKSA-KO에 대한 Visser, 1999:223). 이와 대조적으로, 도르트 전통의 북미 기독개혁 교회 질서(CRC-KO)는 NGKO와 마찬가지로 예배에 대한 규정을 포함하고 있다(Engelhard and Hofman, 2001:13; Van Dellen and Monsma, 1967:198-220의 CRC-KO 제51-55조; Engelhard and Hofman, 2001:295-346). NGKO와 CRC-KO는 GKSA-KO처럼 DKO-1619를 문자 그대로 따르지 않는다. 화란개혁교회와 북미기독개혁교회(CRCN)는 모두 도르트-개혁파의 노선을 따르고자 하지만, 1618-1619년 도르트 총회에 존재했던 성경적 상수들을 기반으로 갱신에 열려 있다. 이 상수들은 신앙고백으로서의 세 일치 신조와 교회질서로서 규정된 분명한 상수들을 지닌 1619년 도르트 총회에서 비롯되었다(Strauss, 2010:15-20).

여기서 탐구되는 문제는 예배란 무엇인가이다. 또한, NGKO 제48조는 예배에 대해 무엇을 규정하며 어떻게 이해해야 하는가? 도르트 전통을 따르는 개혁파 예배를 위한 적절한 교회질서는 어떤 모습이어야 하는가? 예배가 무엇인지 설명할 때, 방대한 논의를 하려는 것이 아니라 수용할 만한 핵심을 제시하는 것이 목적이다. NGKO는 이러한 핵심을 위한 일관되고 질서 있는 틀로서 그 규정을 제공한다. 이에 부합하게도, NGKO 제48조는 1962년에 처음으로 채택된 이후로 본질에 있어 거의 변경이 안 되었다. 이는 아래 또는 이후 예배의 요소들을 통해 간략하게 설명되는 핵심이다. 이러한 과정에서 NGKO 제48조는 그 핵심에 비추어 평가된다.

NGKO 제48조 제1항은 NGK 교회의 예배를 성령님의 은혜로운 역사 아래 '하나님과의 만남'과 서로의 교제를 위한 '회중의 공식적인 모임'이라고 규정한다. 이 모임은 '특정 직분'(목사, 장로, 집사)의 인도 아래 '삼위일체 하나님의 말씀인 말씀과 성례전'의 사역과 기도, 찬송, 감사를 통한 회중의 응답을 통해 이루어진다. 제48조 제2항은 교회 당회가 '총회가 정한 예전 원칙을 사용하여' 예배를 주관한다고 명시한다. 제48조 제3항은 당회가 초청한 화란개혁교회 '개혁파'의 공인된 목사 또는 장로에게 예배 인도권을 부여한다. 이어서 제48조 제4항은 설교가 교회력과 화란개혁교회의 신앙고백인 세 일치 신조를 고수함으로써, 하나님의 뜻 전체를 다루어야 한다고 규정한다(NGKO, 2015:13-14).

예배란 무엇이며, 예배의 본질은 무엇인가?

트림프는 주님께서 교회에 예배의 형태에 대한 끊임없는 출발점을 부여하여 자유를 주셨다고 확신하면서, 예배를 회중이 하나님과 서로 만나는 '만남의 틀'이라고 부른다(Trimp, 1983:56). 클라인한스는 교회질서의 관점에서 예배를 바라본다. 그는 NGKO 제48조의 말씀을 인용하면서, 회중의 공적 모임을 하나님과의 만남, 그리고 믿는 이들, 즉 '성도'로서 서로의 만남으로 정의한다(Kleynhans, 1988:3).

드 클레르크는 하나님의 보좌를 중심으로 하는 하나님의 백성의 '예배 모임'에 대해 이야기한다. 그에게 이 모임의 기원 또는 비밀은 '영원한 보좌의 왕이신 삼위일체 하나님의 뜻과 사역'에 있다. 하나님 아버지께서는 그리스도를 위한 은혜로운 선택에 근거하여, 말씀과 성령님을 통해 온 인류 가운데서 자신을 위한 회중을 모으시고, 보호하시고, 유지하신다(De Klerk, 1982:19; NG Kerk-Uitgewers, 1982:53의 하이델베르크 교리문답 제21주일).

이 저자들에게 예배는 기독교 신앙을 통해 주 하나님과 그분께 속한 사람들이 만나는 것이다(롬 1:7). 이는 NGKO 제48조 제1항에 명시되어 있다. 로마서 12:1의 맥락에서, 예배는 그리스도인이 하나님의 자비와 구원에 대한 감사의 제사로서 주님께 드리는 전체 삶의 일부이다(롬 3-11, 12-15; 특히 8:32; 12:1).

주님과 그분의 백성 간의 만남인 예배에서, 예배의 순서와 형식, 즉 예전 안에서 그분의 이름에 합당한 찬양을 드려야 한다. 따라서 NGK 총회에서 마련한 예배지침서는 예배를 하나님의 행위이자 인간의 응답으로 명확하게 언급한다(AS-NGK, 1976:3).[170]

또한 트립프(1983:83)는 예배에서 신령한 찬양을 제물과 연결한다. 그에게 있어서 찬양의 의미는 아래와 같다.

> …'설교와 함께하는 구절' 그 이상이다. 교회의 노래에서 회중은 하나님 앞에 '입술의 제사'를 바친다(히 13:15). 노래하는 사람은 누구든 자신과 자신의 작은 세상에서 벗어나 노래한다. 그는 하나님의 위대한 역사의 넓은 공간에 서서 마음을 하나님께 연다. …하나님의 회중은 영원한 설교가 아니라 영원한 노래로 가

---

170 'AS'는 '교단 총회'(Algemene Sinode)의 약어이다(역자 주).

는 길에 서 있다. 그러므로 교회의 노래가 영원한 기쁨을 미리 맛보는 것이라고 불리려면, 찬양은 회중의 관심사가 되어야 한다.

이것은 삼위일체 하나님께 영광을 돌리는 예배이며, 그분께서 믿는 자들을 구속받은 죄인이라는 '명예로운 지위'로 높이셨다. 루터에 따르면, 현세에 사람이 살면서 내세에서 얻을 수 있는 가장 높은 지위는 'simul iustus et peccator'(하나님에 의해 의롭다고 인정받지만 동시에 죄인)로서 무죄 선고를 받는 것이다(De Jong, 1987:170; Strauss, 2010:111). 구속받은 죄인들은 그리스도께서 부활하신 날인 주일에 예배를 드리며 주님을 경배한다. 예배는 부활에 대한 믿음으로 자극받고, 죄에 대한 내적 또는 영적 죽음과 연결된 새로운 마음에서 나오는 공경이다(골 2:20-3:4; NG Kerk-Uitgewers, 1982:49-51; Trimp, 1983:62: Strauss, 2010:90). 그리스도인은 죄로부터 쉬고, 매일 새로운 삶을 살기를 원하며, 예배를 삶의 예배로 만들기 원한다. 예배를 하나님의 영광을 위해 '우리의 모든 삶의 실천'과 통합하는 트림프(1983:60)는 이를 다음과 같이 놀랍게 표현한다. "모든 날이 주일로 규정되지만, 그렇다고 해서 모든 날이 주일이 되는 것은 아니다"(Trimp, 1983:62). 이러한 배경에서 예배는 하나님과 주님께 속한 사람들 사이의 만남, 즉 주님과 그분의 백성 사이의 만남에 관한 것이다. 고린도전서 3:9, 16, 17에서 교회, 즉 주님께 '속한' 사람들(고전 1:2)에 대한 이미지는 '하나님의'라는 단어와 연결된다(AS-NGK, 1976:4-6). 그리고 들판, 건물, 성전과 같은 예배 이미지들도 중요하다.

하나님께서 주도적으로 그들의 하나님이 되시고, 믿음을 통해 구원을 받아들이는 깔때기나 작은 팔이 되어 그들을 용서하고 새롭게 하시기 때문에, 그들의 삶이 그분의 것이 되고 새롭게 된 것이다. 무에서 만물을 창조하신 그분께서, 죄와 영적 죽음으로의 포괄적이고 통합적인 타락 이후, 말씀과 성령님을 통해 그들을 재창조하시고 영적으로 온전히 살아나게 하시기 때문이다(Trimp, 1985:23). 이러한 구원의 사실에 근거하여 예배는 양방향 대화가 된다. 새 하늘과 새 땅을 창조하시고 재창조하신 주님께서 주도적으로 말씀하시고 사람이 응답하는 양방향 대화이다. 예배에서 하나님은 그분의 말씀을 통해 '그분의' 신자들의 응답이나 반응을 불러일으켜 참여시키신다. 드 클레르크는 예전 행위를 통해 말씀하시는 하나님의 구원의 은혜를 기다리고 있으며, 회중은 마찬가지로 예전으로 응답한다는 점을 언급한다(De Klerk, 1982:60).

트림프는 하나님의 말씀을 '그분의 백성의 삶과 예배의 중심'이라 부르며 이에 동의한다. 그에게 설교는 예수 그리스도의 복음이 모든 측면을 통해 세상에 영향을 미친다는 것을 공개적으로 선포하는 것이다. 설교는 세상의 모든 민족이 들어야 할 공적 증언이다. 이 증언은 정치-사회적 관련성을 지닌 '교회의 규범적 특징'이다(Trimp, 1985:7, 13, 21, 23). 코프만에게 있어 세상과 하나님의 대화는 예배에서 직분과 회중 사이의 대화에 '상응'한다. 교회질서가 예전적으로 규정된다면, 직분과 회중 사이의 관계는 교회질서의 첫 번째 '관심 지점'이 된다(Koffeman, 2009:113).

프레일란트(1989:81)는 예배를 하나님의 말씀과 행위가 '드러나고' 사람들이 자유로워지는 장소라고 말한다.

> 직분은 교리와 실천 모두에서 말씀을 집행하여 교회가 영적 연합체로서 거룩하고 순결하게 기능할 수 있도록 하는 것이다. 성령님께서는 교회를 성경에 묶어 두시고, 예전적 용어를 통해

자유롭게 하신다. 이해되지 않는 예전은 폐지될 수 있다.

따라서 프레일란트에 따르면, 하나님의 말씀과 성령님은 교회나 회중을 성경이 약화되는 현상으로부터 건져내시고, 성경에 묶여 있는 교회가 주변 세상의 예배에서 벗어나 하나님의 말씀에 순종하는 행위를 하도록 자유롭게 하신다. 말씀과 성령님으로 영감을 받은 교회는 헤인스(J. A. Heyns)가 말했듯이, 삶을 포용하는 '길 위의 새 사람'이 된다(Heyns, 1970). 예배에서 이해하기 어렵고 따라서 쓸모없는 관습들은 폐지될 수 있다.

하나님의 말씀과 회중의 응답

코프만은 개혁교회를 포함한 모든 교회가 예배의 중요한 측면으로 사용하는 것에 대한 광범위한 개요를 제시한다. 그에 따르면, 개혁파 교회와 비개혁파 교회를 막론하고 '실질적으로' 모든 교회에서 설교하고 고백하며, 세례를 베풀고 성찬을 집례하며, 결혼하고 장례를 치른다. 그는 이러한 행위들 가운데 예배, 말씀과 성례의 사역, 그리고 '예배'를 중요하게 여긴다(Koffeman, 2009:103). 코프만에 따르면, 교회들 간의 에큐메니칼 활동은 반드시 개혁파 접근 방식을 취하는 교회들과만 교류하는 것은 아니다. 그동안 더 많은 교회를 참여시키려는 그의 에큐메니칼 접근 방식은 내부적으로는 모순이지만, 많은 교회와 교회질서 학자들의 관심을 불러일으켰다. 클라인한스는 예배의 '다양한 요소' 또는 측면을 언급할 때 NGKO-1986 제48조의 내용을 인용한다. 즉 '말씀의 사역, 거룩한 성례의 사역, 기도, 찬송, 그리고 헌금'이다(Kleynhans, 1988:3, 8).

드 클레르크는 예배의 행위를 두 가지로 구분한다. 하나는 선포 또는 하나님의 말씀으로 해석되는 행위이고, 다른 하나는 인간의 응답, 즉 그의 표현대로 기도로 해석되는 행위이다. 그는 예배의 시작과 마무리 행위를 성경과 연결하여 시작하고 마무리한다. 기도 아래의 '부름'(votum)과 마무리 찬송, 그리고 설교 아래의 복의 선포이다(De Klerk 1982:67-68).

이 저자들은 예배의 예전, 즉 예배와 관련된 신학과 실천이 동일한 신앙고백과 교회질서 전통을 가진 개혁파 교인들 사이에서도 완결된 것이 아니라 지속적인 문제임을 보여준다. 예배지침서에서, 화란개혁교회 총회 예배 위원회(혹은 이후의 교회 발전 봉사 그룹)는 예배가 이 땅에 있는 믿는 이들 중 그들과 주님이 만나는 자리라는 점을 출발점으로 삼았다. AS-NGK 1982는 그러한 만남을 예견한다(AS-NGK, 1982:19). '예배지침서 2007'은 예배를 회중 삶의 중심에 둔다. 이 문서에 따르면, 하나님께서 이 만남의 주도권을 쥐신다. 하나님은 말씀을 통해 회중을 '일상적인 삶의 흐름'에서 불러내시고, 그들에게 말씀하시며, 그들을 다시 삶으로 인도하신다.

예배지침서-2007(Handleiding-2017)에 따르면, 예배 중에 하나님께서는 말씀과 성례전을 통해 자기 백성에게 말씀하신다. 말씀을 듣는 사람들은 경이로움, 감사, 겸손, 죄책감의 인정, 그리고 실제로 언급되는 삼위일체 하나님에 대한 신앙고백으로 응답한다(Handleiding-2007:11). 예배지침서-2010은 이러한 출발점을 유지한다(Handleiding-2010:18-48). 예배지침서-2007과 예배지침서-2010은 동일한 20가지 '예배 요소'를 제시하지만, 예배에서 실제로 사용될 수 있는 것에 대한 해석이나 예시는 서로 다르다. 이러한 방식으로 예배의 고정된 요소 또는 상수의 표준화와 안정화가 이루어지며, 그 갱신은 예배의 형식적 표현(inkleding)으로 옮겨가게 된다. 즉 예배의 기본 요소들은 유지되되, 그 안에서 시대적 인물들(예. 예배 인도자와 회중)이 자신들의 역할을 수행하면서 현대적 특성을 부여하는 것이다(Handleiding-2007:18-49; Handleiding-2010:18-51). 이는 화란개혁교회의 결정에 대한 신뢰성과 신뢰도를 강화하는 갱신이다. 앞서 예배지침서-1982는 예배에서 '단호함과 다양성, 구속성과 유연성' 사이의 '건강한 균형'을 강조했다(AS-NGK, 1982:19; NGK, 1982:1285).

예배의 요소

교회질서에 따르면 예배는 시작하는 말씀, 즉 부름(votum)으로 시작한다. 인간의 무력함, 의존, 그리고 헌신에도 불구하고, 삼위일체 하나님의 임재와 전능하심을 고백하는 부름을 통해, 앞으로 다가올 일, 곧 하나님의 말씀과 회중의 응답에 대한 기대감이 형성된다. 고백으로서의 이 시작하는 말씀은 낭송하거나 기도하거나 노래할 수 있다.

교회질서는 이에 대한 다양한 예시를 제시한다. 이어서 구약과 신약 서신에서 발췌한 예시들을 통해 복이 이어진다. 신약 서신들은 1차 수신자들을 향한 하나님의 복으로 시작한다. "하나님 아버지로부터 은혜와 평강이 너희에게 있을지어다." 부름은 회중으로부터 의존과 신뢰의 고백으로 나오고, 복은 전능하신 하나님에게서 나온다. 이를 위해, 하나님께서는 모든 신자를 사용하시는 것이 아니라, 부르심을 받고 교회가 인정하는 직분자들을 사용하신다(De Klerk, 2007:394-95, 401). 주님의 인사가 '공식적으로' 이루어진다고 해서, 그 영향력이 개별 신자에게 약해지는 것은 아니다. 오히려 공식적 사역은 큰 가치와 중요성을 암묵적으로 인정하는 것이 된다. 결국 이것은 직분을 공동으로 인정하는 신자들의 공동체로서의 교회에 관한 것이다. 개인주의를 거부하는 교회의 질서 있는 접근 방식이다.

주님께서 주시는 복 즉 강복 선언은 회중의 찬양과 예배로 이어진다. 구약의 성전 예배와 신약의 회당 예배에서 예배와 찬양은 중요한 요소였다. 찬양과 예배는 노래, 낭독, 기도 또는 응답하는 찬양의 표현을 통해 전달되었다. 개혁파는 운율이 있는 시편보다 그것이 없는 시편을 부르는 것을 좋아했는데, 이는 그것들이 말씀의 본문에 더 가까이 다가가도록 만든다고 믿었기 때문이다. 찬양과 예배는 하나님의 말씀을 집중하여 기다리는 침묵으로 이어질 수 있다.

처음에는 기독교 예배에 하나님의 율법이 있을 자리가 없었다. 천주교는 1506년에 하나님의 법이 자리 잡을 관습을 도입했다. 마틴 부서와 칼빈은 율법을 인정했고, 칼빈 역시 율법을 노래했다(AS-NGK, 1976:11). 그 이후로 하나님의 법(십계명)은 개혁교회 예배에서 다양한 방식으로 나타났다. 하이델베르크 교리문답에 따른 십계명의 해설과 이해에 따라, 이 법은 예배에서 말씀의 해설이나 설교 이전 혹은 이후에 올 수 있다. 회중은 설교 전에 하나님께서 징계하시는 아들로서 범죄를 고백하고, 설교 후에 구원에 대한 감사를 표현하며, 설교 이전, 중간, 이후에 하나님께 순종하는 삶을 꾸준히 살아야 한다고 다짐한다. 성경에서 발췌한 내용이나 하나님의 십계명에 대한 공식적인 해석을 사용할 수 있다(예. 출 20; 신 5; 미 6; 롬 13; 약 2). 회중은 말이나 노래로 죄를 고백하거나 구원에 대한 감사의 노래나 말로 응답한다. 회개와 헌신의 고백이나 주님께 새롭게 다짐하는 것이 십계명 낭독 다음에 올 수 있다. 이러한 죄의 고백이나 감사의 표현 후에는 은혜와 사죄의 선포, 즉 주 하나님께서 인도하시는 일관된 그리스도인의 삶에 대한 부르심이 이어진다. 부르심에 이어 삼위일체 하나님에 대한 일반적 또는 에큐메니칼하게 인정된 신앙고백(사도신경, 니케아신경, 아타나시우스신경)이 이어진다. 이 고백은 하나님의 사죄 또는 은혜에 대한 말씀에 이어지며, 회중은 '아멘'으로 화답하고, 노래하며, 확언한다. 이것은 하나님의 사죄와 은혜에 대한 말씀에 대한 적절한 신앙의 응답이다. 하나님의 은혜 또는 사죄에 대한 말씀에 대한 응답으로서 회중의 신앙고백은 설교 전이나 후에 이루어질 수 있다. 이는 하나님의 은혜 선포에 대한 응답 또는 반응이다.

마틴 부서와 칼빈은 12개 신조 고백, 즉 사도신경을 설교 다음에 둔다(AS-NGK, 1976:14). 이 단계에서 예배의 흐름은 하나님의 말씀과 회중의 응답을 중심으로 이루어지며, 예배에서 그 리듬을 신실하게, 그리고 간략하게 동기를 부여하며 따라야 한다는 점을 강조하는 것이 중요하다. 이렇게 예배를 이해하면 예전 집례자와 회중의 신앙 경험이 증진된다.

우리 시대의 예배에 하나님께서 말씀하시고 회중이 이해하며 응답하는, 이해하기 쉬운 리듬과 원활한 흐름이 필요하다. 보좌 위의 거룩한 왕께서 말씀하시고 시작하시며, 언약의 회중은 절하고, 받아들이고, 순종적으로 응답해야 한다(De Klerk, 1982:19). 예배지침서-1976은 프레일란트의 의견에 동의한다. "예배에서 불필요한 것은 제거되어야 한다!"(AS-NGK, 1976:14).

신앙고백, 또는 다른 방식으로 진행될 경우 찬양과 예배 후에는 성경봉독과 설교가 이어질 수 있다. 드 클레르크는 이를 간결하고 강력하게 표현한다. "성경 봉독과 설교는 서로 연결되어 있다"(De Klerk,

1982:87). 결국 설교는 사용된 성경 본문으로부터 주해적이고 교리적으로 흘러나와야 한다. 예배의 규범적인 측면은 성경과 말씀의 선포이다. 예배는 하나님의 말씀이나 말씀에 관한 것이며, 성경 봉독과 설교는 예배에서 하나님 말씀의 핵심이기 때문이다. 말씀하시는 하나님과 응답하는 언약 백성은 은혜 언약의 두 측면, 즉 은혜에 대한 약속과 삶의 순종, 그리고 신자들의 응답을 구체화한다. 예배지침서-2010은 통합적인 접근 방식을 선호한다. "주제적으로나 내용적으로 설교와 예배의 나머지 부분은 건강한 통일성을 형성해야 한다"(Handleiding-2010:41).

회중은 성경 봉독과 설교에 기도, 찬송, 그리고 헌상(獻上)으로 응답한다. 물론 헌상은 주님께서 주시는 복이나 십계명에 앞서 바칠 수도 있다. 예배는 평화의 인사 또는 복으로 마무리되는데, 이는 예전 집례자만이 주님을 대신하여 공식적으로 부름받은 이로서 선포하고, 회중은 이것을 말이나 찬송으로 받는다(NGK, 1998:409; NGKO, 1998:17; NGK, 2011:121). 그리고 복은 응답 기도로 표현될 수 있다.

요약하면, 예배는 하나님과 그의 언약 백성 사이의 만남이다. 하나님께서 시작하시고 말씀하시면 백성은 적절하게 응답하고 대답한다. 고린도전서 14:40에 따르면, 이 만남은 하나님 앞에서 적절하고 질서 있게 이루어져야 한다(NGKO, 1964:1; AS-NGK, 1982:19).

이 모든 논의는 교회의 예배를 엄격하게, 형식적으로, 외재화하려는 것이 아니라, 하나님의 영광을 위한 예배로서 방향을 제시하는 것이다. 예배는 회중이 위대하신 하나님 앞에 나아가 그분의 행하심에 대한 반응으로 그분께 경의를 표하는 것이다. 주님께서 말씀하실 때 말씀과 찬송, 그리고 적절한 자세로 응답하는 것은 무분별하고 무질서한 '즐거운 순찰'(jollie patrollie)이 되어서는 안 된다. 현대적이고 동시대적인 양식으로 부르는 회중 찬송은 멜로디, 화성, 그리고 리듬을 통해 노래로 불리는 성경적 진리를 가치 있고 적절하게 전달하는 것이어야 한다. 교회의 찬송은 현존하시는 하나님을 위해 부르는 것이지, 사람들에게 감명을 주거나 감정을 자극하기 위해 부르는 것이 아니다. 예배는 하나님께서 이해하고 감당하시는 나의 기쁨, 감사, 그리고 고난에 관한 것이 아니다. 그런 것들은 예배에서 부차적이다. 오히려 우선적인 것은 주님의 말씀에서 분명히 드러나는 하나님으로서의 그분의 영광과 존엄성에 관한 것인데, 이 점은 필자가 하나님의 말씀과 찬송을 통해 포착하고 표현하고 전달하려는 바이다. 하나님의 존엄성과 명예는 회중이 자신의 비참함과 인간성을 이해하고 그것들에 대한 올바른 관점을 갖게 해 준다(AS-NGK, 1976:81–84; Strauss, 2010:90).

정기적인 예배 외에도, 예배지침서-2007과 예배지침서-2010은 성례가 거행되고, 공적인 신앙고백이 이루어지고, 일부 교회에서 볼 수 있는 '동기 없는 간증'(ongemotiveerde getuienisse)이 시행되는 예배에 주목한다. 하나님과 그분의 백성 사이의 만남이자 말씀하시는 분과 응답하는 회중의 리듬이라는 예배의 중심은 여전히 유효하다(Manualeiding-2007:39,–45; Manualeiding-2010:45-48).

문제는 다음과 같다. NGKO-2015는 교회질서의 측면을 지닌 예배에 대한 이러한 이해에 어떻게 응답하는가? NGKO-1962부터 NGKO-2015까지 수십 년 동안 이러한 이해에 어떻게 응답해 왔는가? 그러면 이러한 예배의 정의에 비추어 볼 때, 이러한 반응은 어떻게 평가되어야 하는가?

NGKO-1962부터 NGKO-2017까지: 제48조 본문

NGKO 제48조의 내용은 지난 몇 년간 거의 수정되지 않았으며, 내용 면에서도 거의 변화가 없었다. NGKO 1962 제48조의 본질은 NGKO 2015 제48조까지 변함없이 유지되었으며, 조항 번호도 마찬가지이다. NGKO-1962 제48조 제1항은 예배가 회중이 하나님과 만나는 것이며, '성도의 상호 교제' 안에서 서로 만나는 것이라고 명시한다. 이 만남은 직분자의 인도 아래 말씀과 성례전, 찬송, 그리고 봉헌을 통해 이루어진다.

교회 당회의 감독 아래에 예전을 디자인하기 위해, 총회가 '결정한' 공식 아프리칸스어 성경 번역본, 시편 및 찬송가집, 그리고 예배지침서가 사용된다. 예배의 인도는 지역교회 목사, 자문 위원, 또는 당회의 초청을 받은 '유능한'(bevoegde) 말씀 사역자, 또는 목사의 설교를 대독하여 예배(leesdiens)를 인도하는 장로에게 있다. NGKO 제48조에 따라 설교 내용은 '항상 성경에 대한 설명과 적용'이어야 한다. 하이델베르크 교리문답에 근거하여 '최소' 1년에 12회 이상 '순서대로' 설교해야 한다 (NGKO, 1964:11).

주 하나님과 믿는 백성 사이의 만남, 즉 교회적으로 유능하고 인정받는 말씀과 성례전의 사역과 회중의 응답을 중심으로 이루어지는 예배의 본질은 변함없이 유지되어 왔지만, NGKO는 때때로 변경되어 당시 총회의 태도와 신념을 엿볼 수 있게 해 주었다. 결국 NGKO를 결정하는 당사자는 화란개혁교회 총회이다(NGKO, 2015 표지).

남아공의 변화와 인종, 민족, 국가, 교회와 사회에 대한 NGK의 새로운 접근 방식 속에서, 1986년 총회는 NGKO 제48조를 개정했다. 제48조의 본질은 그대로 유지되지만, '다른 유능한' 복음 사역자는 '개혁파 신앙고백'에 속해야 한다는 조항이 추가되었다. 다른 개혁교회들과 달리, 이는 해당 목사에 대한 교회의 태도나 이 교회를 자매 교회로 공식적으로 인정하는 것이 아니라, 목사의 개인적인 신념에 관한 것이다. 결국 설교하는 사람은 목사이다. 이를 통해 NGKO는 교회 회의가 NGK 자체와 다른 개혁교회에서 '덜 개혁된' 목사나 의심스러운 설교자에게 설교를 거부할 수 있는 여지를 마련한다. 예를 들어, 남아공 개혁교회(GKSA)의 회중들이 '잘 개혁된' 화란개혁교회 목사를 초빙하고 다른 목사에게 맡기지 않도록 하는 개혁교회의 변화이다. 화란개혁교회 1986년 총회는 또한 제48조에서 신학생이 관련 교수진의 지도와 교회 당회의 허가를 받아 설교할 수 있다고 규정한다.

4년 후, 화란개혁교회 1990년 총회는 하이델베르크 교리문답에 근거하여 연 12회 설교해야 한다는 조항을 삭제하고 노회에 보고서를 제출해야 했다. 아마도 좋은 의도로, NGKO-1990 제48조 제5항은 '연 12회'라는 조항을 삭제하고 네덜란드 신앙고백, 하이델베르크 교리문답, 도르트 신조라는 세 일치 신조를 설교에서 "체계적으로 다루어야 한다"라고 규정했다. '하나님의 완전한 권고'가 설교단에서 선포되어야 한다는 개혁교회의 믿음은 NGKO 제48조 4.1에 표현되어 있다. 그러나 이 조항은 고백적 설교의 빈도와 노회에 대한 보고에 대한 교회의 질서 있는 조항이 없이 언급된다면 '완전한 권고'에 대한 서두에 불과하다. 따라서 NGKO-1990은 도르트 교회질서나 NGKO-1962의 발자취를 따르지 않는다. 따라서 NGKO-1990은 모호하고 구체적이지 않은 '결의'로 인해 마지 못해 실천하는 목회자들과 회중에게 굴복한다. NGK의 소외된 이방인과 같은 하이델베르크 교리문답은 버림받은 존재가 된다(Strauss, 2015:75).

다음 두 가지 설명적 요점(Twee beskrywingspunte)은 이 문제를 화란개혁교회 1990년 총회에 상정했다. 첫 번째는 노던케이프 노회가 세 일치 신조가 설교에서 '가능한 한 순서대로' 다뤄질 때 더욱 적절한 위치에 있을 것이라고 판단한 것이다. 교리문답만 따로 떼어내서는 안 되며, 이에 대한 보고서를 노회에 제출해야 한다. 보고서라는 개념은 설명 사항의 심각성을 강조한다. 반면, 동부 트란스발 노회는 연 12회 교리문답 설교를 삭제해 달라고 요청하는데, 교회력으로는 불가능하기 때문이다 (NGK, 1990:437). 동부 트란스발 노회는 52주 동안 104회 예배에서 가능한 12회 교리문답 설교를 위한 여지를 주기를 꺼린다. 그동안 하이델베르크 교리문답은 교회력의 특정 랜드마크, 예를 들어 그리스도의 낮아짐(수난주간)과 승천(부활과 승천)에 추가되어 새롭고 풍요로운 방식으로 사용될 수 있었다. 고백적 진리는 한 명의 설교자의 생각보다 더 큰 무게를 지닌다. 왜냐하면 그것은 교회가 보편적으로 그리고 광범위하게 받아들일 수 있어야 하기 때문이다. 따라서 NGKO-1990 제48조 제5항은 노던케이프 노회와의 영적 일치를 보여주지만, 구체적인 것을 결정하지 않는 그 규정은 동부 트란스발 노회의 손에 좌지우지된다. 이로 인해 종교개혁의 정신을 따르는 성도를 위로해 온 하이델베르크 교리문답의 목소리는 화란개혁교회 설교단과 교회 회집에서 더욱 줄어들고 말았다 (Strauss, 2015:75).

이전에 NGKO-1986은 아프리칸스어 시편 및 찬송가집과 마찬가지로, 화란개혁교회 안의 외국어를 사용하는 교회들에게 그들 자체적으로 승인된 헌금(goedgekeurde bundel)을 위한 여지를 제공했다. 이는 개혁된 진리에 대한 교회의 더 폭넓은 판단을 반영하는 조항이다(NGKO, 1986:12-13). 그런데 이 조항은 NGKO 1990의 교리문답 설교 12편과 함께 사라졌다(NGKO, 1990:11-12). NGKO는 때때로 개혁의 씨앗을 뿌리기도 하지만, 나중에는 알려지지 않은 이유로 이를 공개하기도 한다.

시간이 흐르면서 NGKO 48조는 다른 사소한 문구 변경을 거쳤다.

1994년에는 '헌상'(offergawes)이 '감사'(dankoffers)로 바뀌었고, 2011년에는 회중의 공개 모임이 '공식적인'(amptelik) 모임이 되었다(NGKO, 1990:11; NGK, 1994:10; NGKO, 2011:9).

NGKO-2011은 제48조에 대한 실질적인 개정을 담고 있다. 새로운 인물이 예배자로 환영받고 있는데, 바로 교회 치리회와 노회로부터 설교 허가를 받은 장로이다. 화란개혁교회의 농촌 교회들은 목회자를 부양하기에는 규모가 너무 작아지고 있으며, 지역 목회자들을 주일 예배마다 설교자로 초청할 수 있는 형편은 아니다. 결과적으로 화란개혁교회에서는 목회 훈련 기간이 짧거나 빈약한 장로들이 이러한 필요를 충족하도록 훈련받은 후에 임무를 부여받는다(NGKO, 2011:14; Strauss, 2016).

교회 내에서 느껴지는 또 다른 문제는, NGKO-2011이 교회 전체 또는 총회가 주도권을 쥐지 못하도록 방치하고 있다는 것이다. 이 총회는 공식 성경 번역, 개혁파에서 때로는 에큐메니칼하게 기능하고 때로는 신앙고백처럼 들리는 예전 양식(De Klerk, 1982:100), 그리고 그 단어로 이단을 유포할 수 있는 찬송가에 관한 결정을 내리는 대신, NGKO-2011은 총회에 예배 지침에 대한 안내만 제공하는 데 만족한다. 그 결과, 교회질서로서 NGKO는 화란개혁교회들의 예배 방식을 결정하지 않고, 교회들이 독립적으로 자신의 길을 가는 과정을 묵인하고 만다. 예전 학자들은 모든 사람이 자신의 설교단에서 자신만의 편협한 양식을 따를 수 있다고 보고 우려한다. NGKO 2017은 NGKO-1962의 알아볼 수 있는 연장선이지만, 이제는 화란개혁교회가 다양한 예배를 받아들이고 있어서, 때로는 서로 알아볼 수 없을 정도이다(NGKO, 2011:14; Strauss, 2015:101-102).

NGKO 제48조, 교회질서의 관점에서 평가

NGKO 제48조 제1항의 핵심이 1962년 이래 유지되어 온 사실은 그 지속적인 관련성을 시사한다. 이 핵심은 '예배'가 주 하나님(그분의 언약적 이름)과 그의 회중 사이의 만남이라는 것이다. 교회 직분자들이 인도하는 예배(이것이 공식적인 예배가 됨)는 그 본질에 참여하는 모든 사람에게 열려 있으며, 따라서 NGKO-2017에서 언급하는 바와 같이 '하나님을 만나고' '성도의 공동체'(그리스도 안에서 거룩해진 신자들)로서 서로 만나는 '회중의 공식적 모임'을 형성한다. 하나님의 말씀과 성례전의 사역이 중심이 되고, 신자들이 기도, 찬송가, 감사 봉헌, 신앙고백을 통해 응답하는 예배이다. 주 하나님께서 말씀과 성례전을 통해 들리고 보이게 말씀하시고, 회중이 말씀과 성령님의 인도하심을 받아 적절하게 응답하는 모임이다. 하나님의 말씀과 믿는 사람들의 응답으로 리듬이 형성되는 모임이다. 교회 당회가 인정된 권위를 가지고 회중 예배를 조직하는 데 도움이 되는 원칙 또는 교회질서가 중요하다(NGKO, 2015:13).

예배는 주님과 그분의 만남이며, 그분의 말씀, 또는 선포되고 처리된 말씀, 또는 설교는 그분의 백성이 그분께 경의를 표하는 것을 결정한다. 주님의 백성은 성경과 성령님의 계시를 통해 그분을 하나님으로 점점 더 잘 알게 되고, 예배를 통해 그분께 영광을 돌린다. 예배에서 일어나는 모든 일이 오직 한 가지를 가리킨다. 주님만이 하나님이시며, 우리는 우리의 모든 것을 두고 그분께 감사해야 한다는 사실이다. 하나님의 거룩하심은 그분의 말씀의 메시지, 약속, 그리고 변함없는 말씀에 표현된 대로 자신의 은혜와 사랑과 신실함 안에 변함없이 거하시도록 보장한다. 변함없는 말씀이란 기록된 말씀과 선포된 말씀, 그리고 삶을 위한 율법이나 계명, 곧 그분의 말씀이 예배의 맨 앞에 있다는 것을 의미한다.

NGKO-1962가 예배의 핵심에 대한 정의에서 일관성을 유지하고 있다는 사실은 주님께서 창조 당시에 마련하셨고 광범위한 교회적 합의가 이루어진 상황에 직면하고 있음을 의미한다. NGKO는 이 핵심에 거룩한 보편 기독교회를 결합한다. NGKO 2011에서 공적 모임을 더 정확하게 정의하는 '공적'이라는 단어는 이러한 사실을 바꾸지 않는다. NGKO 1994의 '헌금'을 대체하는 '감사 봉헌'도 마찬가지이다.

NGKO 제48조에서 하나님과 그분의 자녀의 만남으로 정의하는 예배의 출발점은, 하나님의 영광을 위한 것이기에, 당시의 문화적 관용어법에 따라 이곳에 현존하시는 위대하신 하나님께 감사와 경의를 표하는 말과 기도, 찬송, 그리고 자세를 요구한다. 이러한 모임에서 주님을 진정으로 경외하려면 찬송의 가사와 곡조, 그리고 기도의 자세와 내용에 최선을 다해야 한다. 찬양집 159번 곡(NG Kerk-Uitgewers, 2001: Liedboek, 159)에서 아래와 같이 노래한다.

하나님께서 여기 계시니, 기도로 나아가자. 우리가 그분 앞에 모인 이곳에서. 하나님께서 여기 계시니, 주님은 거룩하시다. 경의를 표하며 그분께 침묵으로 경배하라. 그분을 찬양하는 이, 그분을 주님이라, 하늘에 계신 아버지라 부르는 이, 이제 모두 가까이 오라.

그리고 이어서 찬양한다.

하나님께서는 자신의 성전에 계시니, 하늘의 문들이 떨린다.

모두 살아 계신 그 분 앞에 경배하라! 천사들이 노래한다. 거룩하시다, 거룩하시다, 주님은 가장 높은 곳에 계신다! 땅에서 우리의 찬양이 울려 퍼진다. 평화의 주 하나님이시여, 우리의 기도도 들어주소서.

NGKO 제48조 1항에 명시된 특별한 직분자들(besondere ampte) 혹은 목사, 장로, 집사의 인도 아래 공적으로 모이는 것은 딱딱한 형식적인 분위기를 의미하지 않는다. 이는 단순히 직분자들이 하나님께서 주신 사명을 수행하고 예배가 교회 협의회(치리회)의 승인을 받아 거행된다는 것을 의미한다. 보냄을 받은 직분자들은 모든 일의 성경적 타당성을 감독해야 하며, 모든 일은 하나님의 영광을 위한 것이어야 한다. 직분자들은 주님의 뜻에 따라 주님을 대신하여 행동하며, 주님께서는 그 뜻을 공식적인 말씀 사역을 통해 회중에게 알려주신다. 따라서 예전을 담당하는 직분자들의 인도 아래, 회중은 예배의 내용에 관하여 여러 교회 모임에서 그리고 교회질서 안에서 맺은 권위 있고 구속력 있는 합의를 준수해야 한다. 이러한 합의는 개인보다 더 많은 신자가 더 잘 결정할 수 있는 규정이다. 신자들은 서로의 지혜를 모아 더 깊이 있게, 더 많은 자료와 논증을 통해 문제를 바라보도록 해야 한다. 에베소서 3:18을 들어보자. "모든 믿는 자들과 함께 그리스도의 사랑이 얼마나 넓고 멀리, 높고 깊은지를 깨닫게 하려 함이라."

이러한 점을 고려할 때, NGKO 2011이 겉보기에 최선을 다한 듯 보이지만, 예전의 근본 원리에 대한 모호한 이해는 차치하고, 훌륭한 공식 성경 번역, 근거 있는 예전 양식, 그리고 영향력 있는 찬송가집과 같은 것들을 회중 내 영향력 있는 한두 인물의 제한된 통찰력과 때로는 피상적인 자의성에 맡겨둔 것은 안타까운 일이다. 예배를 만남으로 폭넓게 정의하는 것이 찬송가의 양식과 규정보다 저항을 덜 불러일으킨다는 의구심이 든다. 찬송가의 양식과 규정은 성경적이지 않기 때문이 아니라, 반대자들의 검증되지 않은 사례들을 은폐하기 때문에 저항을 불러일으킨다. 예배와 관련하여 NGKO의 임무에 대한 새로운 비전이 아닌 이러한 불안정한 상황이 모호함과 도피의 원인일 것이다. 그러나 다른 측면에서, NGKO는 교회에 대한 개혁주의적 이해를 고수한다. 즉, 지역교회의 협의회가 총회 차원의 예전의 기본 원칙을 사용하여 예배 제도를 결정한다는 것이다. 이 조항은 NGKO 1962년 이후 중단 없이 유지되어 왔다(NGKO, 1962:10; NGKO, 2015:13).

예배 지도와 관련하여, NGKO 1986년 협약은 다른 교회의 설교자를 공인된 공식 자격과 개혁주의 신앙고백을 가진 이로 제한함으로써 그 주장을 강화한다. 이러한 방식으로 NGKO는 교회 당회가 말씀의 순수한 사역을 주님에게서 오는 것으로 보존할 수 있는 수단을 제공한다. 더 나아가, 예배에 관한 NGKO 제48조 제3항은 '가르칠 수 있는 이'라는 성경적 말씀을 고수하려 한다. 공인된 목회자에 관해서는, NGKO는 합법화에 대한 요건을 정하지 않으며, 아무것도 요구하지 않는다(NGKO, 2013:2-3).

결론

교회 예전의 교회질서적인 측면은 예배의 리듬이나 순서, 그리고 예배 형식과 행사에 대한 교회의 기준과 승인에 영향을 미친다. 화란개혁교회법(NGKO)은 예배를 주 하나님과 그의 믿는 자녀들 사이의 공식적인 만남으로 정의함으로써, 예전 또는 예배 순서를 인도하는 예배의 진리를 확립한다. 1962년 첫 번째 NGKO 이후 이 조항이 유지되어 온 것은 당연한 일이다. NGKO는 개혁된 신앙고백과 신념, 그리고 설교자의 가르침 능력 또는 공식적인 역량을 바탕으로 예배에서 순수한 말씀 선포를 위해 노력한다. NGKO는 예전을 당회에 위임했지만, 화란개혁교회 총회는 각 교회의 예배에 대한 예전의 기본 원칙을 정하고, 이를 통해 같은 신앙고백을 가진 교회들 간의 예전 문제에 대한 합의를 표명할 권리를 부여했다.

회중의 독립성, 즉 회중의 독립성이 커짐에 따라 NGKO는 예배의 여러 측면에 대해 이전보다 덜 규범적인 태도를 취하게 되었다. 그러나 이러한 교회질서 조항에 명시된 개혁주의 예배의 핵심 또는 교회의 신앙 정체성을 반영하는 상수와 이러한 상수 안에서 회중의 본질과 주도성을 나타내는 요소들 사이에서 균형을 유지해야 한다. 이 명칭과 연관된 전형적인 화란개혁교회의 핵심은 개혁파의 본질과 그 안에서 나타나는 고유의 스타일(네덜란드 현지 방식)과 주도성이다.

참고문헌

Algemene Diensgroep Gemeente-Ontwikkeling Ned Geref Kerk (gebruik as Handleiding 2007). *Vir die Erediens: 'N Handleiding.* Wellington: Bybelmedia, 2007.

_____. *Handleiding vir die Erediens.* Wellington: Bybelmedia, 2010.

Algemene Sinode Nederduitse Gereformeerde Kerk. *Die Erediens: 'N Handleiding by die Kerkboek.* Kaapstad: NG Kerk-Uitgewers, 1976.

_____. *Die Kerkboek van die Ned Geref Kerk.* Kaapstad: NG Kerk-Uitgewers, 1982.

Barnard, A. C. *Die Erediens.* Pretoria: NG Kerkboekhandel Transvaal, 1981.

Barth, K. *Church Dogmatics IV.* Edinburgh: T&T Clark, 1967.

De Jong, O. J. *Geschiedenis der Kerk.* Nijkerk: Callenbach, 1987.

De Klerk, B. J. "Basisteoretiese Grondslae van die Seën in die Erediens en Voortvloeiende Riglyne vir die Liturgie." *In die Skriflig* 41/3 (2007): 391-413.

De Klerk, J. J. *Liturgiese Grondlyne.* Kaapstad: NG Kerk-Uitgewers, 1982.

Engelhard, D. H. en Hofman, L. J. *Manual of Christian Reformed Church Government.* Grand Rapids: CRC Publications, 2001.

Heyns, J. A. *Die Nuwe Mens Onderweg.* Kaapstad: Tafelberg, 1970.

Jonker, H. *Liturgische Orientatie.* Wageningen: Zomer en Keunings, Nd.

Kleynhans, E. P. J. *Gereformeerde Kerkreg I.* Pretoria: NG Kerkoekhandel Transvaal, 1982.

Kleynhans, E. P. J. *Gereformeerde Kerkreg IV.* Pretoria: NG Kerkboekhandel, 1988.

Koffeman, L. J. *Het Goed Recht van de Kerk.* Kampen: Kok, 2009.

Kritzinger, M. S. B., Labuschagne, F. J. en Pienaar, P. de V. *Verklarende Afrikaanse Woordeboek.* Pretoria: Van Schaick, 1972.

Kruger, L. S., Du Plessis, H. L. M, Spoelstra, B. en Spoelstra, T. T. *Handleiding by die Kerkorde van die Gereformeerde Kerk in Suid-Afrika.* Potchefstroom: Pro Rege, 1966.

Nauta, D. *Verklaring van de Kerkorde van de Gereformeerde Kerken in Neder-land.* Kampen: Kok, 1971.

Nederduitse Gereformeerde Kerk (NGK). *A en H (die A en H gaan oor die Agenda en Handelinge): Handelinge van die Algemene Sinode.* 1982, 1994, 1998, 2002, 2007, 2011.

_____. *Kerkorde 1962.* Kaapstad: NG Kerk-Uitgewers, 1964.

_____. *Die Kerkorde.* Pretoria: NG Kerkboekhandel Transvaal, 1986.

_____. *Die Kerkorde.* Halfway House: NG Kerkboekhandel, 1990.

_____. *Die Kerkorde.* Wellington: Hugenote-Uitgewers, 1998.

_____. *Die Kerkorde.* Np, 2011.

_____. *Die Kerkorde.* Np, 2013.

_____. *Die Kerkorde.* Np, 2015.

NG Kerk-Uitgewers. *Ons glo⋯: Die Drie Formuliere van Eenheid en Ekume-niese Belydenisse.* Kaapstad: NG Kerk-Uitgewers, 1982.

_____. *Liedboek van die Kerk.* Kaapstad: NG Kerk-Uitgewers, 2001.

Plomp, J. "Kerk en Recht." Van 't Spijker, W. en Van Drimmelen L. C. *Inleid-ing tot de Studie van het Kerkrecht.* Kampen: Kok, 1992: 32-42.

Pont, A. D. *Die Historiese Agtergronde van Ons Kerklike Reg.* Pretoria: HAUM, 1981.

Sizoo, A. *Institutie Calvijn IV.* Delft: Meinema, Nd.

Strauss, P. J. *Kerk en Orde Vandag.* Bloemfontein: Sunmedia, 2010.

_____. *Gereformeerdes onder die Suiderkruis 1652-2011.* Bloemfontein: Sun-media, 2015.

Strauss, P. J. "Ouderlinge met Preekvergunning: 'N Herlewing van DKO Ar-tikel 8?" *In die Skriflig* 50/1 (2016): 1-7.

Trimp, C. *De Gemeente en Haar Liturgie.* Kampen: Van den Berg, 1983.

_____. *Woord, Water en Wyn.* Kampen: Kok, 1985.

Van Dellen, I. en Monsma, M. *The Revised Church Order Commentary.* Grand Rapids: Zondervan, 1967.

Van der Linde, G. P. L. *Die Kerkorde.* Pretoria: TG van Wyk, 1983.

Visser, J. *Die Kerkorde in Praktyk*. Orkney: EFJS Drukkers, 1999.

Vorster, J. D. "Die Kerkorde vir die Ned Geref Kerke: Besware Daarteen en Betekenis daarvan." *Ned Geref Teologiese Tydskrif* 16 (1960): 12-18.

Vrijland, M. A. *Liturgiek*. Zoetermeer: Meinema, 1989.

Wolf, E. *Ordnung der Kirche*. Frankfurt am Main: Vittorio Klostermann, 1961.

교회질서와 세례[171]

배경과 문제 진술

예수 그리스도께서는 교회의 머리이시다. 주님의 교회의 모든 측면은
이 사실과 연결된다. 교회정치 체제가 때때로 서로 크게 다른 여러 교회
는 이 진리를 핵심적이고 고백적인 진리라고 고백한다. 이는 그리스도를
고백하는 '거룩하고 보편적인 기독교회'가 타협하지 않는 진리이다(사도
신경 1982:118). 이 진리 없이는 그리스도의 영적인 몸(고전 1:1-2; 12:12-
31)으로서, 혹은 사회적 유대감(samelewingsverband)으로서 교회 안
에 구현된 하나님의 건축물, 성전, 밭(고전 3:9, 16)으로서의 신자들은 자
신의 존재 의미를 상실하게 된다(Jonker, 1965:6).

그리스도께서 자신의 말씀과 성령을 통해 교회를 모으시기 때문에
(하이델베르크 교리문답[이하 HK] 제54문답, NG Kerk-Uitgewers,
1982:53), 그리고 자신의 몸인 교회는 머리이신 분으로부터 말씀과 성

171　본 논문은 프리스테이트대학교 교회질서 교수 피터 스트라우스(Pieter J. Strauss)의
"Kerkorde en Doop: Toegespits op Twee Gereformeerde Kerkordes," *In die Skriflig*
53/1 (2019), 1-10을 번역한 것이다.

령님으로 세워지고 성장하고 다스려지므로(엡 4:12-16), 그리스도의 권위는 말씀의 권위이다(Strauss, nd:29). 교회 안에서 그리스도의 통치는 가장 깊은 차원에서 그분의 말씀과 성령님에 의한 통치이다. 그것은 성령님께서 믿는 이들을 준비시키거나 성취시키는 통치이다(출 31:3; 엡 4:17-6:20의 문맥 안에 위치한 엡 5:18; Strauss, 2010:16-20). 교회의 통치를 위해 사람들 안에서 말씀과 하나님의 영께서 직접 인도하는 것 이외에도, 성령님은 부름받은 직분자들과 말씀을 통해 교회를 다스리신다(Kleynhans, 1984:3-5).

이는 신앙공동체 또는 그리스도인들의 몸으로서 교회의 내용(사람, 구조, 일)이 하나님의 말씀과 성령님에 의해 결정되어야 함을 의미한다. 살아계신 하나님의 말씀이 교회에서 첫 번째이자 마지막 발언권을 가져야 한다.

HK는 다음과 같은 질문을 던진다. "우리는 오직 믿음을 통해서만 그리스도께 참여하고 그분의 모든 은혜를 받을 수 있는데, 그러한 믿음은 어디에서 오는가?"(HK 제65문답, NG Kerk-Uitgewers, 1982:56). 간략하게 답하자면, "성령님께서는 말씀을 통해 '우리'(교회 또는 신자들) 마음에 믿음을 일으키시고 성례를 통해 믿음을 강화하신다"(Trimp, 1983:7).

성령님께서는 말씀과 성례라는 은혜의 수단을 통해 교회와 교회의 통치에 능력을 주신다. 믿는 이들, 즉 '영생을 위해 택함받은 회중'은 성령님과 말씀과 성례로 부르심을 받고 세워진다(HK 제54문답, NG Kerk-Uitgewers 1982:53). 따라서 네덜란드 신앙고백(NGB) 제29조는 참된 교회란 말씀과 성례가 온전히 시행되고, 교회 권징(이 세 가지 모두 말씀에 대한 순종에서 비롯됨) 이 유지되는 곳이라고 고백한다(Bavinck,

1967:365, NG Kerk-Uitgewers, 1982:29).

성령께서는 성부 하나님의 말씀, 곧 그분의 생명의 메시지와 우리가 그 말씀을 믿음으로 받아들임으로써 우리를 주님과 연결시켜 주신다(Strauss, 2010:81-82). 성령님은 성례를 통해 이 메시지를 우리 마음에 확증하신다. 성례는 하나님께로부터 오는 은혜의 가시적인 수단이다(HK 제66문답, NG Kerk-Uitgewers, 1982:66; Sizoo, nd:314). 참된 교회는 하나님께서 주신 말씀과 성례, 그리고 권징이 기독교 신앙을 통해 신자들을 묶고 모으는 곳이다. 참된 교회는 말씀과 성례 위에 세워지며, 이는 구속받은 죄인에게 권징이 필요함을 의미한다.

마틴 루터는 그리스도를 위한 하나님의 은혜로 인한 죄 사함을 강조하고 우리가 이 시대에 완전하지 않다는 것을 깨달음으로써 신자들에게 동시적 존재의 지위를 부여했다. 'justus et peccator'(신자는 의로운 동시에 죄인임). 다시 말해, 신자는 의롭다함을 받은 죄인이다(De Jong, 1987:170).

이 과정에서 개혁교회들은 고린도전서 14:40의 모든 것을 '품위 있고 질서 있게' 행하라는 명령, 즉 고린도전서에서 교회 모임을 위해 사용된 명령이 모든 교회 활동에 적용된다고 믿게 되었다. 나우타는 칼빈이 고린도전서 14:40을 교회의 모든 '외적' 활동을 평가하는 '단일 규칙'으로 삼았다고 이해한다(Nauta, 1971:10-11).

칼빈에 따르면, 주님은 교회에 성경의 틀 안에서 교회정치와 예식을 고유한 방식으로 처리할 자유를 주셨다(Sizoo, nd:229). 칼빈을 따르는 개혁파 신자들에게 고린도전서 14:40은 교회질서의 성경적 근거(locus classicus)이다(Kruger et al., 1966:11; Nauta, 1971:11; NGKO,

1964:2; Van der Linde, 1983:7; Coertzen, 1991).[172]

그리스도의 교회 통치가 자신의 말씀과 성령님을 통해 이루어진다면 (칼빈의 주장, Sizoo, nd:8), 그리고 성례가 성경적 사역으로서 하나님에 대한 믿음을 인봉하고 강화한다면, 또한 참된 교회가 신자들이 신실하게 말씀과 성례와 권징 주위에 모이는 곳이라면,[173] 교회질서를 통한 교회의 통치는 섬기는 통치와 질서이다. 그것은 하나님의 말씀과 그분의 눈에 보이는 말씀인 성례를 통해 그리스도의 통치를 보장하는 도구이다. 그렇기 때문에 플롬프는 교회법을 '섬기는 법'(dienende reg)이라고 부르고 교회질서를 '섬기는 질서'(dienende ordes)라 칭한다(Plomp, 1992:38-40).[174]

교회질서는 교회 생활의 모든 측면에서 말씀이 방해받지 않고 흘러가는 통로가 되어야 한다. 교회질서는 교회 생활에서 말씀의 권위와 통치를 보장하는 질서여야 한다(Strauss, 2010:15). 교회는 신앙의 과업(geloofstaak)과 교회적 소명을 '가능한' 것뿐만 아니라 성취하도록 돕는 조직이어야 한다(Nauta, 1971:13).

---

172   고전 14:40은 남아공 화란개혁교회 교회질서(NGKO)와 1959년 네덜란드의 개혁교회 교회질서(GKN-KO)에 나타나는 유일한 성경 본문이다(NGK, 1962:2; Nauta, 1971:43).

173   칼빈은 성례를 믿음을 키우고 강화하는 '유용한 도구'라 부른다(Sizoo, nd:5). 그는 이를 확장하여 성례를 주님께서 우리 '양심'에게 선한 은혜의 약속을 인침으로써 우리 믿음의 연약함을 강화하고 하나님과 사람 앞에서 우리의 '경건'(순종)을 증명할 수 있게 하시는 외적인 표징과 인침이라고 본다(Sizoo, nd:314). 칼빈의 영향은 HK 제60문에서 성례를 "하나님께서 우리로 하여금 …복음의 약속을 더 잘 이해하고 그것을 인치시게 할 수 있도록 제정하신 가시적이고 거룩한 표징과 인침"이라고 정의하는 데서 분명하게 나타난다(NG Kerk-Uitgewers, 1982:56).

174   교회질서의 '섬김의 특성'(dienende karakter)을 강조하기 위해 스미트와 판 덜 발트는 성경적으로 책임 있는 교회질서를 '말씀을 전파하는 확실한 방식'이라고 부른다. 교회질서는 근본적으로 말씀에 봉사하거나, 교회를 위한 성경적 원칙이나 말씀의 결정적 특성에 구속된다(Smit & Van der Walt, 1989:60).

교회질서는 성례를 말씀에 충실한 은혜의 수단으로 인봉하고 신앙을 강화하는 능력을 제공하며, 세례와 성찬의 성경적 사역을 위한 통로를 제공한다. 교회질서는 말씀의 영향을 촉진하고 그것을 흐리게 하지 않는 지속적인 조항을 제공해야 한다. 그러나 결사체주의적(협력주의적, kollegialisties)이거나 인위적이거나 너무 무의미하고 빈약하다면, 교회 생활에 영향을 미치지 못하게 된다. 성례의 성경적 사역에 봉사하는 교회질서는 교회의 영적 복지에 이바지한다(Bouwman, 1985:325-26; Nauta, 1971:12). 따라서 교회질서는 세례와 세례받은 이들의 성경적 삶을 그리스도와 서로 교제하는 가운데 '교회적으로' 보호해야 한다(Nauta, 1971:9).

스미트와 판 덜 발트는 교회질서가 성경적 세례를 모조품(vervalsing)으로부터 보호해야 한다고 믿는다. 교회질서는 '하나님께서 당신의 말씀으로 정하신 대로' 세례가 집행될 수 있는 교회 공간을 확보해야 한다. 스미트와 판 덜 발트에게 '언약'과 '개종 세례'(bekeringsdoop)는 모두 교리적 근거를 가지고 있지만, 그 집행은 광범위하게 또는 일반적인 방향과 관련하여 교회질서에 의해 규제된다. 교회질서는 세례에 관한 모든 가능한 질문에 성경적, 교리적, 절차적으로 답을 제공하지 않는다 (Smit & Van der Walt, 1989:60-61).

이 글은 (원칙적으로 볼 때) 개혁파 교회질서와 세례 사역에 관한 문제에 초점을 맞추고 있다. 즉 언약적 세례의 질서 있는 사역 또는 개혁교회에게 주어진 교회적 교리(kerklik-dogmatiese)로서의 세례에 관한 것이다(Trimp, 1985:68). 이 글은 사례 연구로서, 남아공 개혁교회 질서 (GKSA-KO)와 남아공 화란개혁교회 질서(NGKO)를 이 관점에서 살펴볼 것이다. 요점은 교회질서가 성경적 세례의 본질과 내용을 결정하는 것이 아니라, 교회질서의 관점에서 성경적 본질과 내용이 세례의 순서와 집례를 결정하도록 노력한다는 것이다(Smit & Van der Walt, 1989:59).

언약적 세례: 하나의 성례

교회의 성례는 신자들에게 복음의 약속을 확보하거나 인봉하기 위한 주님의 표징과 인장이라는 주장이 이미 제기되었다. 성례는 하나님께서 자신의 은혜나 언약의 약속, 자신을 그들의 하나님으로 신자들에게 묶는다는 약속을 보장하는 표징과 인장이다(Kock, 1975:39-41, 143-44). 이는 개혁교회에서 인정하는 두 성례인 세례와 성만찬에 적용된다. 그렇게 함으로써 교회들은 두 가지 극단에 맞서 성례에 대한 칼빈의 관점을 채택했다. 하나는 신부의 제정 말씀에 따라 포도주(또는 물)와 빵을 그리스도의 참된 피와 몸으로 만들고자 하는 천주교의 화체설이고, 다른 하나는 주 예수님의 피와 몸의 단순한 표징이나 상징으로 언급하는 츠빙글리의 상징주의이다(Heick, 1965:215-30).

칼빈의 영향을 따라, 개혁파 기독교인들은 세례를 신자와 그들의 자녀를 은혜 언약 안으로 들어가도록 하는 하나님과의 연합(inlywing)의 성례로 보고,[175] 주님께서는 자신의 만찬을 통해 신자들이 같은 언약에 거하도록 보장하신다(Sizoo, nd:347). 이것이 세례는 일회성 사건인데, 재세례는 원칙적으로 세례로 봉인된 하나님의 언약 약속을 의심하고 의문시하는 것이다. 이것이 개혁자들이 재세례파의 관행에 강력히 반대했던

---

175   칼빈은 '개시'(inwyding)에 대해 말하지만(Sizoo, nd:347, 360), 스미트와 판 덜 발트는 이것을 '연합'과 번갈아 사용한다(Smit & Van der Walt, 1989:59, 65).

이유이다(De Jong, 1987:179-87; Trimp, 1985:68-72). 두 경우 모두 하나님께서 신자들에게 주시는 것은 그분의 약속에 대한 보증으로 주시는 표징과 인이며, 신자들의 증언이나 고백이 아니다. 성례는 인간에게 하나님에 대해 말하는 것이지, 인간이 하나님 또는 상황(omgewing)에 대해 말하는 것은 아니다. 그렇기 때문에 HK는 성례를 거룩한 표징과 인이라고 말한다. 이 거룩한 표징과 인은 그것을 주시는 주 하나님에 의해 거룩하게 된 것이다.

스미트와 판 덜 발트는 "세례는 오로지 하나님께서 인간을 위해 하시는 일에 관한 것이지 인간 자신이 하는 일에 관한 것이 아니다"라고 주장하며 이에 동의한다(Smit & Van der Walt, 1989:66). 트림프는 언약적 세례를 소위 개종의 세례에서 '인간의 종교적 권위와 의사 결정 능력'에 대한 존중과는 대조적으로, 죄 많은 인간에게 주 하나님의 '사로잡으심(beslag)'에 대한 존중과 연결한다. "성찬에서 행동하는 주체는 인간이 아니라 하나님이시다"(Trimp, 1985:70-71).

스미트와 판 덜 발트에게 세례는 '교회의 구성 요소 중 하나', 즉 '교회들을 근본적으로 통합하는 요소'이다(Smit & Van der Walt, 1989:59). 신앙의 일치로서 교회의 일치는 '하나이고 동일한 세례'(엡 4:5-6) 안에 일치를 포함한다. 따라서 세례 절차는 교회 일치의 표현으로서 교회적으로 공동으로 결정한 세례 예식문을 따라야 한다. 세례 집례 과정에서 개별 목사의 잘못된 악센트로 인해 이단이 발생할 수 있으며, 이는 교회의 분열, 심지어 해체로 이어질 수 있다(Smit & Van der Walt, 1989:69). 이러한 배경에서 화란 개혁파 전통을 따르는 교회들이 고백하는 세 일치 신조가 언약적 세례를 선호하면서 명시적으로 이런 위험 요소들을 제외하는 이유가 분명해진다. 언약적 세례는 언약의 부모에게서 태어난 자녀와 회심 후 새로운 언약 계통이 형성되는 세례받지 않은 성인에게 해당한다(NG Kerk-Uitgewers, 1982:32-34, 57-58). 게다가 교회에서 구성적이거나 근본적으로 구속력이 있는 문제는 신앙의 핵심 문제이므로, 그것은 고백적 수준에 놓여있다.[176] 이는 가볍게 다루어서는 안 되는 문제이며, 나우타의 말처럼 교회질서의 관점에서 '안전하게 확보'(beveilig)되어야 한다.

성례의 네 요소

개혁파 신자들은 눈에 보이는 표징이자 인침인 성례가 네 가지 구성요소로 이루어져 있으며, 각 요소는 성례 시행에 있어 적절한 위치를 차지하고, 이 네 가지 요소가 통합되어 성례를 통해 교회에 대한 하나님의 언약적 약속을 인봉한다고 믿는다(Strauss, 2010:98). 더 나아가, 이 요소들은 여기서 중요성 순서대로 나열된 것이 아니며, 각 요소가 중요하기 때문에 교회질서 안에서 '확보'되어야 한다.

첫째, 빵과 포도주(성찬) 또는 물(세례)의 가시적인 표징이다. 이러한 표징은 성례가 제정될 당시의 원래 표징과 가능한 한 유사해야 한다. 이는 그리스도께서 성례를 제정하실 때 그 내용과 의미에 대해 진지하게 받아들이셨음을 보장하며, 그 표징이 성경적 단순성과 명료함으로 전달되도록 한다(Trimp, 1983:157). 이는 일반적인 포도주(붉은 단 포도주),

---

176   드 클레르크는 이와 관련하여 세례가 사람들에게 나타나는 외적인 '표징 …하나님 나라의 구별되는 표징'이라는 주장을 덧붙인다. 세례와 함께 하나님의 법과 약속이 그들 위에 '선포'된다(De Klerk, 1982:90).

흰 빵(제빵용 빵), 그리고 어떤 출처에서든 깨끗한 물에 관한 것이다.[177]

둘째, 이는 예식문을 통해 표징을 새로운 맥락에 위치시키는 말씀에 관한 것이다. 말씀은 표징에 '이것은 내 몸'과 '내 피'라는 의미를 부여한다. 이는 사람들의 죄를 위해 찢기고 흘리신 그리스도의 몸과 피를 가리키는 의미이며, 표징의 목적을 설명하는 성경의 메시지를 통해 그들에게 주어진다.

셋째, 성례는 표징과 예식문, 그리고 표징이 담긴 물질을 믿음으로 받아들이는 자들에게 인봉된다. 말씀에 대한 믿음을 통해 그리스도의 피인 물의 내적 정화 효과에 연결된 이들에게, 그리고 믿음으로 떼어진 떡과 흘린 포도주의 메시지를 먹고 마시는 이들에게, 또한 세례와 때가되어 이 세례를 생활의 사실로 그들에게 전달하는 부모를 통해, 성도의 자녀들이 언약에 통합되는 것이 인봉되고 확인된다(Dingemans, 1987:176-77). 신자의 자녀들이 언약에 통합되는 것은 세례와 시간이 흐르면서 이 세례를 삶의 사실로 전수하려는 부모를 통해 확증된다. 그들에게 하나님께서 주신 안정적인 기반을 제공하는 인침으로써, 그들은 하나님의 자녀로서 하나님의 언약 요구에 순종적으로 응답해야 한다. '은혜 언약의 틀에서'(in die bedding van die genadeverbond), 그리고 주님의 말씀과 성령님께서 행하시는 거듭남과 믿음을 통해, 신자는 하나님의 화해 언약에 참여한다. 콕은 믿고 순종하도록 택함받은 이들을 주님께서 화해 언약을 맺으신 참으로 순종하는 이들이라고 간주한다(Kock, 1975:41; 벧전 1:1-2).

---

177 고대 이스라엘의 요단강물이나 남아공 자유주(Vrystaat)의 도시 베들레헴의 물은 다른 깨끗한 물보다 영적으로 더 나은 효과를 내지 못한다!

욘커는 성례가 인간을 '온전한 인간성'으로 하나님과 화해하도록 부른 다고 판단한다. 성례는 언약의 자녀인 인간의 마음속 깊은 믿음에 호소함으로써, 하나님과의 관계를 지성적으로 협소하게 만드는 것을 막는다. 이는 성례에 '전례가 없는 깊이'를 부여한다(Jonker, 132, 134). 성령님은 신자의 믿음이라는 통로를 통해 의미 있는 내용을 신자에게 인치신다.

헤인스(1973:1)는 성령님을 '하나님과 인간 사이의 다리'라고 부른다. 성령님은 성례의 네 번째이지만 위대한 능동적 '요소', 즉 거룩한 보증 또는 인치는 분이기 때문이다(엡 1:14).

트림프(1983:192)는 책임감 있고 의미 있는 세례 집례를 위한 여덟 가지 '근본적인 조건'을 제시한다. 이 조건들은 성찬의 구성 요소와 연결되어 있으며, 네 가지 요소 모두가 합당한 자리를 차지하도록 보장한다. 또한 세례 집례를 위한 교회의 질서 있는 절차인 예전 행위의 목적에 대한 질문에 답을 제공하는 조건들도 있다. 이 글의 향후 전개에 도움이 되도록 필자가 수정한 조건들이 있다. 트림프를 중심으로 다음 내용을 살펴보자.

세례의 집행을 통해 세례의 근거가 분명하게 드러나야 한다. 그리스도께서는 우리의 죄, 죄책감, 더러움을 위해 죽으셨고, 그분의 대속의 죽음을 통해 믿음을 통한 우리의 무죄 판결과 의롭게 하심, 그리고 그분의 부활을 통해 성령님을 통한 새 생명과 그것을 위한 준비를 중재하신다(Strydom, 2014:37).

세례에서 언약의 위치와 세례받은 사람이 구원의 약속과 하나님의 언약 요구에 믿음과 순종으로 응답해야 할 책임이 명시되어야 한다. 고백적 진리로서의 세례와 교회의 신앙적 일치 사이의 연관성이 확립되어야 한다. 말씀의 목사는 세례뿐만 아니라 삼위일체 하나님의 이름과 세례를 통해 행하시는 그리스도를 강조해야 한다. 하나님께서 세례에서 먼저 행하시므로 어떤 자기 세례도 불가능하다. 세례를 통해 하나님께서 은혜 언약에 참여하게 하신 것은 죄의 권세에 대한 비통함, 하나님과의 화해, 그리고 주님의 나라에로의 참여를 의미한다. 부모와 증인들은 이 점에 유의해야 한다. 세례를 받지 않았지만 이제 믿음을 갖게 된 성인들의 세례는 신앙고백과 함께 진행된다. 전체 회중은 세례에 적극적으로 참여한다. 언약의 메시지는 그들에게 확증되어 신앙을 강화하고, 관련된 사람들이 세례 질문에 실질적으로 답할 책임을 함께 진다.

두 개혁주의 교단 즉 GKSA-KO와 NGKO의 사례 연구에서는 이러한 측면을 다시 살펴볼 것이다. 세례 사역과 관련하여 때때로 질문들이 제기된다. 교회질서 측면에서 세례 사역 절차와 관련된 질문들이 있다. 예를 들어, 다음과 같은 질문들이 있다. 무엇으로 세례를 받는가?, 세례로 무엇이 인침을 받는가?, 누가 세례를 받으며 세례는 무엇을 전달하고자 하는가? 이러한 질문들 중 일부는 이미 답변되었다. 따라서 아래에서는 자세히 다루지 않을 것이다.

세례 사역에 관한 질문

누가 세례를 주는가?

세례는 하나님께서 인간에게 베푸시는 은혜의 행위이므로, 그리스도와의 연합, 옛사람으로부터의 죽음과 새 생명으로의 부활, 하나님 앞에서의 용서, 무죄 선고, 칭의, 구원, 그리고 정결함의 표징이다. 성령님으로 무장됨, 그리고 하나님께서 주신 거듭남과 새 생명, 즉 요한복음 3:5에서 말하는 물과 성령님으로 거듭남을 의미한다. 성령님은 아버지 하나님의 은혜로운 행위로서, 앞서 언급된 세례의 네 가지 통합된 요소들을 인치시는 성례 사역을 행하신다(Smit & Van der Walt, 1989:66). 이 표징의 목적을 위해 세례의 본질은 말씀의 구원 메시지와 통합된다.

결과적으로, 세례 사역은 예수 그리스도께서 자신의 존재와 사역을 목격하고 교회의 기초를 놓은 이들인 사도들에게 맡기셨다(엡 2:20; 계 21:14; 참고. 마 28:19; 행 2:8, 21-22; 요일 1:1-3). 이로써 세례 사역은 교회의 사명으로서 말씀 사역과 통합되었다. 가르치는 직분에 설교가 맡겨짐에 따라 성례를 집례할 권한도 '자동적으로' 부여되었다. 오직 교회에서 말씀을 선포하도록 부르심을 받은 사역자만 성례를 집례할 수 있었다.

1568년, 네덜란드 개혁파의 베젤 교회질서는 말씀 사역자의 '직무'가 (1) '공개적으로나 가정에서 가르침, 권면, 위로를 위해' 말씀을 바로 해석하고 적용하는 것, (2) 성례 집례, (3) '권징' 유지에 맞춰져야 한다고 결정했다(Biesterveld & Kuyper, 1905:9). 1568년 베젤 총회에서 말씀 사역자는 1561년 NGB 제29조에 명시된 참 교회의 세 가지 특징, 즉 말씀, 성례, 그리고 권징을 수행해야 했다(NG Kerk-Uitgewers 1982:29). 다시 말해, 베젤 총회는 말씀 사역, 성례, 권징 사역을 통합하여 이 세 가지를 서로 협력하는 삼중체로 만든다.

성례는 말씀의 가시적인 선포이므로 가르치는 직분이나 말씀의 목사에게만 국한된다.[178] 말씀이 때로는 단순한 '교화를 위한 말씀'(stigtelike woord)이나 '시험적인 설교'(proefpreek)에 불과한 것과는 달리, 성례

---

178 물론 교회에는 하나 이상의 가르치는 직분이 있을 수 있다(Du Toit, 1998:220).

는 결코 비공식적으로 집행될 수 없다. 세례와 성만찬은 임시적이거나 비공식적일 수 없다. 오직 공식적인 집행만이 성례적이거나 표징과 인침이 될 수 있다. 따라서 성례는 교회가 인정하는 예배에서 말씀 사역자의 직분에 의해 집행되어야 하며, 비록 그것이 외적인 예배이고 예외적인 경우라 할지라도 마찬가지이다. 그 외적인 예배는 목사의 감독을 받는 예배이다.[179]

세례는 어디에서 행해지는가?

트림프(Trimp)는 세례가 종교개혁 이전과 그 후 시기에 있어서, 세례를 집행하는 사제와 세례받는 아이의 부모 사이의 문제로 여겨졌다고 지적한다. 그 핵심은 세례를 통해 하나님의 은혜가 세례받는 자에게 '주입'(infusa)되는 것이며, 세례의 집행 자체(ex opere operato)를 통해 은혜가 저절로 역사하는, 일종의 개인적 사건으로 이해되었다는 점이다. 이러한 의식은 교회 건물의 한쪽 구석(terzijde gelegennis)에서 조용히 진행되었다. 그러나 개혁파 신학자들은 이에 대해 옳게도 세례를 교회의 공적 선포, 즉 하나님의 말씀이 눈에 보이는 형태로 교회 공동체 전체에게 주어진 하나님의 선물로 이해했다. 따라서 세례는 말씀 선포와 마찬가지로 예배 가운데 교회의 중심에서 집행되어야 한다고 본 것이다. 중심에서 집행되어야 하는 이유는 말씀과 성례가 교회와 하나님 나라의 중심이기 때문이며(NGK 1962:202), 교회의 응답 또한 그 중심을 향해 함께 모여야 하기 때문이다.

---

179   1998년 화란개혁교회 총회는 말씀의 사역자로 임직하지 않은 목사 후보생이 비공식적으로 말씀을 섬긴다고 확인했다(NGK, 1994:511).

세례를 통해 교회 공동체는 세례받는 이를 새로운 교인으로 맞이하게 된다(유아세례를 통한 언약적 교인이나 성인세례를 받은 이들 모두 포함). 그리고 그는 다른 새 교인들과 마찬가지로 교회의 한 지체로서, 곧 하나님의 통치 영역 안에 자리 잡게 된다(Trimp 1983:163). 따라서 1568년 베젤 총회는 아래와 같이 결정했다.

> 이제 세례는 교회 규정의 일반적인 방식에 따라 거행될 것이다. 그리고 이 세례는 교회 모임에서 설교와 교리문답 시간에 거행되는 것 외에는 다른 어떤 곳에서도, 다른 방식으로도 거행되지 않을 것이다(Biesterveld & Kuyper, 1905:24).

더욱이, 세례 때 물을 설명하는 말씀은 고백적 차원에서 핵심을 이루므로, 세례 예식문 또한 더 넓은 맥락에서 교회로부터 가능한 한 순수하게 나와야 한다. 교회에서는 한 사람보다 여러 사람이 모이는 것이 보통 더 낫다. 교회적 맥락에서 세례에 대한 공동의 이해, 또는 교회적 맥락에서 회중들에 대한 공동의 이해는 신앙의 핵심 진리, 즉 신자들을 자녀로 인도하는 하나님의 은혜를 표현한다.

이 예식문은 이 문제에 있어 교회의 고백적 일치를 표현한다(Trimp, 1983:162). 더 넓은 맥락에서 교회가 작성한 세례 예식문을 받아들임으로써, 성례 집례자와 회중은 거룩하고 보편적인 교회에 자신을 동참시킨다. 또한, 목회자들의 개별적인 노력은 간헐적인 '임의성'으로 이어지고, 그것은 종종 예식문의 훼손을 초래했다. 드 클레르크는 예식문이 신조의 본질과 교리를 드러내며, 회중을 위한 구원의 진리를 담고 있다고 받아들인다. 그에 따르면, 세례의 진리에 대한 동의는 다름 아니라 '공적 신앙고백'이다(De Klerk, 1982:93; Trimp, 1983:163).

예배 중에 세례를 거행하는가?

개혁파 신자들은 예배 중에 세례 집례가 성경과 신앙고백의 틀 안에서 이루어져야 한다고 믿는다. 이러한 사역에는 더 널리 받아들여지고 규정된 양식이 더욱 책임감 있게 기여한다. 더 넓은 맥락에서 교회의 신앙 일치의 결과물인 양식은 예전 집례자의 편협한 개인주의와 회중 중심의 독립주의를 지양하고 성례 집례를 풍요롭게 한다. 물론, 익숙함과 선택의 폭 부족은 양식의 형식적이고 외적인 사용으로 이어질 수 있다.[180] 그러나 형식적인 성격은 하나 이상의 예식문과, 그런 예식문에 기반한 통제된 해석을 통해 예식문의 모든 요점을 실제적으로 제시할 때 극복된다. 익숙한 성경 구절을 다시 읽는 것처럼, 예식문을 다시 읽을 때에도 집례자의 신앙의 진정성을 일관되게 입증해야 한다. 하나님과 인간관계의 핵심에 대한 진리는 결코 양립할 수 없다. 회중과 교회에서 예식문을 짧고 왜곡된 요약으로 축소하는 경향은 회중과 집례자의 종교적 관점과 경험이 편협해지고 성례가 평가절하될 것을 예고한다. 따라서 유효한 교회 질서는 이 문제에 대해 비판적 목소리를 내야 한다.

스미트와 판 덜 발트는 1574년 도르트 대회 이후로 네덜란드 개혁파

180　화란개혁교회의 제1차 총회(1962)는 예전 양식의 에큐메니칼 성격을 존중했다. 그러나 총회는 20세기 말경에 예전 양식의 변경과 길이를 대폭 단축함으로 예전 양식의 에큐메니칼 성격은 회피되었다(NGK, 1994:494, 511; 2002:58, 538-39; 2007:63). 이후 일부 후속 총회와는 달리, 1962년 총회는 남아공 개혁교회(GKSA)와 남아공 네덜란드개혁교회(Nederduitsch Hervormde Kerk van Afrika, NHKA)와 함께 예전 양식들을 검토하기로 결정했다(NGK, 1962:127-28). 2002년 화란개혁교회 총회는 성찬 예배를 집례하면서 양식문을 '항상' 읽어야 하는 것은 아니라고 명시했다(NGK, 2002:58). 그 결과 개혁교회에서 사역의 무질서는 점점 더 확산했다(Strauss, 2015:101).

전통에서 "세례는 예배에서만 거행될 수 있다"라고 결정되었음을 보여준다(Biesterveld & Kuyper, 1905:78-79). 예배는 언약공동체 또는 신자들이 모이는 곳으로, 회중이 공식적으로 또는 교회적인 방식으로 하나님을 만난다. 따라서 언약의 신적이며 교회적 인봉으로서의 세례는 예배에 속한다.

우리가 지적했듯이, 말씀의 가시적 사역인 성례는 말씀의 사역과 '분리될 수 없이' 연결되어 있다. 믿음과 세례를 낳는 말씀과 믿음을 강화하는 친교는 함께 속한다(HK 제65문, NG Kerk-Uitgewers, 1982:56).

스미트와 판 델 발트는 언약의 인침으로서의 세례가 세례받은 사람을 언약공동체에 '연합'시키는 것을 수반한다는 진술로 이 점에 대한 주장을 정확히 마무리한다. 따라서 세례가 언약공동체의 예배에서 거행되는 것은 필수적으로 중요하다(Smit & Van der Walt, 1989:65).

도르트 총회는 1618-1619년에 걸쳐 '중대한 필요'(groot nood)와 특별한 상황으로 인해 정규 예배 외에서 '긴급 세례'(nooddoop)가 이루어질 수 있다고 결정했다. 그러나 이러한 결정은 천주교에서 비롯되었는데, 로마 가톨릭교회는 세례받은 사람이 죽을 경우 구원받을 수 있는 주입된 은혜를 받도록 예배 밖에서 세례를 집행한다. 이는 그리스도를 대신하는 외적인 의식으로서의 세례가 사람을 구원하고 필수적이라는 미신과 관련이 있다.

세례의 본질을 충실히 지키기 위해 도르트 총회는 1619년에 긴급 세례를 공식적인 야외 예배에서 거행할 수 있다고 결정했다(Biesterveld & Kuyper, 1905:16). 또한 델프트 총회는 전투가 한창일 때인 1596년에 구원이 세례에 의존하지 않는다고 선언했다(Smit & Van der Walt, 1989:63).

누가 세례를 받는가?

개혁파 그리스도인들에게 세례는 예배에 참석한 회중과 함께, 믿는 이들의 자녀들에게 주님의 은혜 언약을 인치는 것이다(De Klerk, 1982:92). 따라서 1619년 도르트 총회는 교회질서 제56조에서 그리스도인의 자녀들에게 맺어진 언약이 '인봉되며, 하나님의 말씀이 공적 집회에서 전파될 때'라고 규정했다(Biesterveld & Kuyper, 1905:241).

구약에서 신자들의 남자 아기들은 은혜 언약을 인침으로 8일째 되는 날 할례를 받았다. 개혁파 신자들은 신약의 세례가 의식적으로 할례를 대체했다고 믿는다. 트림프(1985:60-61)는 그리스도의 할례 또는 '그리스도인의 할례'로서의 세례가 후자를 함축한다고 판단한다.

골로새서 2:11-12에서, 하나님께서는 사람들의 영적 또는 내적 세례를 영적 할례와 연관시킨다. 영적 할례는 '사람의 죄악된 본성을 제거하는 것' 즉 새로운 영적 탄생과 믿음을 의미한다(Strydom, 2014:40). 영적 세례를 통해 죄스러운 본성을 제거한다는 것(고전 12:13)은 '한 성령으로' 세례를 받아 한 몸으로 된다는 표현을 사용하여 성령님께서 예수님을 주님으로 고백하는 이들을 영적으로 세례를 베푸신다는 것을 보여준다. 세례를 통해 사람은 죄된 본성에 대해 죽고, 믿는 이들은 죽었다가 주님과 함께 살아난다.

트림프(1985:61)는 골로새서 2장이 세례의 영적 풍요로움에 대해 말하고, 할례의 의미를 세례에 통합하고, 할례를 '별도의 불필요한 의식으로' 만든다는 것을 의미한다고 본다. 주님은 믿는 자들과 그들의 자녀들과 언약을 맺으신다. 언약으로서 은혜의 언약은 약속과 요구의 두 측면을 가지고 있다. 그분은 그들에게 하나님이 되시겠다고 약속하지만, 그들이 그분을 믿고 순종하는 자녀가 되기를 요구하신다. 하나님께서 일방적으로 또는 단일적으로 세우시는 언약으로, 그들의 어떤 개입 없이도 그들의 영원한 구원으로 가는 길을 제시한다. 이 언약 안에서 그들은 이 세상에서 살고 있으며 저 세상에서도 살 것이다.

세례는 죄 가운데 잉태되고 태어나 본성상 그분의 약속과 요구에 대해 죽은 자로 태어난 사람들에게 하나님 안에서 은혜와 새 생명을 전달하는 언약이다(요 10:8-9; 엡 2:1 이하). 로마서 11:33-36은 하나님께서 용서를 선택하신 것과 그분의 은혜를 찬양하는 노래이다.

> 오, 하나님의 지혜와 지식의 깊음이여! 그분의 판단은 헤아릴 수 없고 그분의 길은 헤아릴 수 없도다! 누가 주님의 마음을 알았느냐? 누가 주님께 의논하였느냐? 누가 주님께 은혜를 입어 갚을 수 있겠느냐? 만물이 주님에게서 나오고 주님으로 말미암고 주님께로 돌아감이라. 그분에게 영광이 세세에 있을지어다! 아멘.

주님은 믿는 자들과 그들의 자녀들과 은혜 언약을 맺으신다. 따라서 세례받지 않은, 더 성숙한 자녀들이나 믿음과 회개에 이르는 성인들은 세례를 통해 새로운 언약의 계보와 외적으로 연결된다. 즉, 그들과 그들의 자녀들은 말씀과 고백을 통해 전달되는 언약의 요구에 긍정적으로 응답하도록 교육하기로 약속한다. 이 언약 계보는 주님께서 그들의 삶에 개입하심으로 실현되었다(De Klerk, 1982:94).

언제 언약 안에서 태어난 자녀들이 세례를 받아야 하는가? 기본 전제는 물론 세례 자체가 구원을 주는 것은 아니라는 것이다. 세례는 하나님의 은혜의 표징과 인침이다. 이 표징과 인침이야말로 세례의 시기를 결정해야 하며, 가족 전통이나 특정 '중요 인물들'이 참석할 수 있는 시기, 혹은 세속적인 잔치나 가족 식사와 함께할 수 있는 때가 세례의 기준이 되어서는 안 된다.

이에 대한 화란개혁교회 질서의 결론은 다음과 같다. '가능한 한 빨리'(Nauta, 1971:255; Smit & Van der Walt, 1989:61). 세례는 언약의 자녀가 은혜 언약 안에서 언약 부모의 자녀로 태어났다는 사실을 확증한다. 인간의 무관심이나 비종교적 요인으로 결정되거나 연기되어서는 안 되는 약속의 확증은 언약 자녀의 삶에서 가능한 한 빨리 이루어져야 한다(Kruger et al., 1966:340). 2002년 남아공 화란개혁교회 총회는 세례를 '가능한 한 빨리' 요청하고 집행할 것을 권고하는 결정을 내렸다(NGKO, 2002, 제49조 제1항).

반면에, 다음과 같은 질문을 할 수 있다. 기독교인으로 양육된 언약 부모의 자녀는 몇 살까지 세례를 받을 수 있는가? 이에 대해, 교회질서 전문가들은 자녀가 기독교 교육을 받아야 할 정도로 성장해야 한다고 생각한다. 자녀가 자신의 신앙생활에 대한 책임을 질 수 있을 정도로 성장하면 성인 세례를 받을 준비를 해야 한다(Smit & Van der Walt, 1989:64).

남아공 화란개혁교회에서는 언약의 자녀에게 7세까지 세례를 주는 관습이 발전했다. 자녀의 방치에 대해 부모와 논의한 후, 신앙고백(입교)을 하기 전에 간단한 신앙고백을 한 후 세례를 주는 관습이 나타났다(Kleynhans, 1988:56-62).

누가 세례를 받게 할 수 있는가?

신실한 부모의 자녀에게 시행되는 언약의 세례는 당회(교회 치리회)의 논의 테이블 위에 아래와 같은 질문을 올려놓는다. (1) 누가 세례를 받게 할 수 있는가? (2) 해당 자녀들의 합법적이고 책임 있는 부모 또는 보호자로서, 그들에게 세례를 받게 할 수 있는 사람은 누구인가? (3) 그들을 하나님께 순종하도록 양육하겠다고 약속할 수 있는 사람은 누구인가? (4) 누가 자기 자녀들에게 세례를 받게 할 수 있으며, 또한 그 자녀들을 기독교적으로 양육하고 그렇게 양육되도록 하겠다고 정당하게 주장할 수 있는가?

언약 부모의 약속을 신뢰할 수 있도록 하기 위해, 합법적인 부모나 보호자의 자격으로 서약할 수 있는 부부의 한 사람 또는 두 사람 모두는 자녀에게 세례를 받게 할 수 있다. 세례 서약을 실제로 이행하기 위해서는, 입양, 위탁, 양육 또는 후견 관계가 법적으로 인정되고 영구적인 성격을 가져야 한다(NGK 1986:343, 566, 671; 1990:350; 1994:587).

부모 중 한 사람만 개혁교회 교인 또는 공인된 개혁교회에 속한 교인이라 할지라도, 그 사람은 서약을 할 수 있다. 오직 교회적으로 신앙의 신뢰성이 인정되는 부모나 보호자만이 하나님과의 건전한 관계가 전제되는 서약을 하도록 허용될 수 있다. 이러한 자격에 해당하지 않는 다른 부모나 보호자는, 질문에 직접 답하지 않고 부부의 한 구성원으로서 보조적으로 동석할 수 있다.

신자가 불신자와 결혼한 경우에는, 신자인 그 사람이 단독으로 서약을 할 수 있다. 혼외 출생한 아이의 경우에도, 한쪽 또는 양쪽 부모가 그 출생 문제를 하나님 앞에서 그리고 교회를 감독자로 삼아 교회 앞에서 정리하고, 새로운 상황 속에서 서약을 신뢰성 있게 할 수 있다면 세례를 받을 수 있다.

회개하지 않은 채 부도덕하고 비난받을 만한 행위로 인해 교회의 권징 아래 있는 부모나 보호자는, 그들의 완고함 때문에 서약의 신뢰성을 스스로 위태롭게 한다. 출생, 입양, 위탁 양육, 후견 관계를 통해 법적으로 인정된 부모로서 세례 서약을 이행할 수 있는 사람들은, 교회적으로 신앙의 신뢰성이 인정된다면 그 서약을 할 수 있다(Smit & Van der Walt 1989:62-64).

세례는 어떻게 행해지는가?

드 클레르크는 기독교 교회의 세례 방식이 주로 침례, 물 붓기, 물뿌리기, 이렇게 세 가지라고 지적한다. 세 가지 모두 성경적 근거가 있다. 물이 무엇을 상징하는지 보여주는 것 외에는 이 글의 목적상 이 문제를 자세히 다루지는 않겠다. 스미트와 판 덜 발트는 세례에서 물이 사용되는 방식은 사도적 규정이 없는 평범한 문제라고 판단한다. 어쨌든 물은 그리스도의 피로 정결하게 되는 것을 상징한다(De Klerk, 1982:91; Smit & Van der Walt, 1989:66-67) .

세례는 세례받은 사람이 그 안에 통합되는 주님의 은혜 언약과 관련이 있다는 것이 이미 지적되었다. 은혜 언약은 주님께서 언약 구성원들과 자신을 묶으시는 언약이다. 세례를 통해 그들에게 인을 치는 언약이다. 약속의 측면과 요구의 측면, 즉 언약 구성원들의 응답을 결정하는 요구의 측면이 있는 언약이다.

개혁가들이 재세례에 반대했다는 점은 분명하다. 그렇다면 로마 가톨릭교회를 날카롭게 비판했던 종교개혁 당시의 개혁파는 어떤 세례를 인정하는가? 다른 교회와 단체의 어떤 세례를 유효한 것으로 간주할 수 있는가? 또한, 누군가가 다시 세례를 받는다면 재세례는 무엇을 의미하는가? 그 이후의 합의는 다음과 같다. 인정받는 세례는 성부, 성자, 성령, 삼위일체 하나님의 이름으로, 물로 행해져야 하며, 해당 교회나 신앙공동체의 목사가 집례해야 한다(Strydom, 2014:41).

도나투스파와 재세례파와 달리, 칼빈은 세례의 능력이나 효과는 그것을 집례하는 사람의 신앙적 존엄성이 아니라 그것을 베푸는 삼위일체 하나님께 달려 있다고 믿었다. 또한 재세례는 하나님의 약속과 신뢰성에 의문을 제기한다. 이는 또한 그분의 말씀을 훼손하는 현상이 아닐 수 없다(Sizoo, nd:360-61; Smit & Van der Walt, 1989:62). 2002년 화란개혁교회 총회는 언약적 세례나 유아세례를 거부하는 교회들조차도 '전 세계 거의 모든 교회'가 재세례를 거부한다고 판결했다. 이 총회에 따르면, 이는 '교회에서 결코 용납될 수 없는' 오류이다(DRC, 1994:594).

2007년, 화란개혁교회(NGK) 총회는 회원들의 삶 속에서 세례를 기념하는 것을 승인했다. 이 기념은 재세례를 받았다는 인상을 주어서는 안된다(DRC 2002:621). 무의미한 논의의 끝에, 2011년 총회는 세례 예식에 대한 지침서를 채택했는데, 이 지침서는 세례가 언약에 합체됨을 나타내는 표징이자 인침으로 간주하고, 이어서 성찬 예식이 언약 안에 거한다는 사실을 암시한다(DRC 2011:93). 세례는 하나님의 성례로서 마땅히 성찬 예식에서 거행되어야 한다. 이 의미에 있어 성례는 인간의 어떤 의식보다 훨씬 뛰어나다.

이제 남아공의 두 개혁 교단, 즉 GKSA-KO와 NGKO의 언약의 세례 절차에 관한 사례 연구를 살펴보자. 지금까지의 논의를 배경으로 삼아 건설적인 결론을 도출하고자 하는 연구와 평가를 진행했다. 세례 사역 절차의 출발점 또는 주요 목표로 밝혀진 내용은 아래와 같다.

세례는 하나님께서 주신 은혜의 수단으로서, 하나님의 은혜 언약에의 통합을 확증한다. 세례는 우리의 구원과 구속을 위해 주도적으로 행동하시는 삼위일체 하나님과 그분의 구원에 긍정적으로 응답해야 하는 인간을 다룬다. 세례는 눈에 보이는 공식적인 말씀 선포이며, 따라서 그것은 헌신적인 언약공동체인 교회에서 말씀 사역자의 임무에 포함된다.

　세례는 교회가 인정하는 예배에서 거행된다. 예배에서 말씀 선포는 이 은혜의 과정에서 삼위일체 하나님의 중심성을 목표로 한다. 즉, 은혜로운 뜻(bestemming)과 성품(beskikking)을 통해 성부, 중보자이자 구원자로서의 죽음과 부활을 통해 그리스도, 그리고 말씀으로 하나님과 인간 사이에 다리를 놓으시는 성령님을 중심에 둔다. 눈에 보이는 표징으로서 세례는 평범한 깨끗한 물을 사용하며, 적어도 소속된 교회에서 고백적인 성격의 산물로서 세례식과 연결된다. 하나님의 구원의 말씀처럼, 물을 하나님에 의한 영적 정결과 성화, 그리고 세례받은 이의 주님의 언약으로의 연합이라는 맥락 속에 위치시킨다고 믿는 예식문도 중요하다. 표징(물)을 상징하는 것(죄로부터의 정결)으로 만드는 예식문 또는 설명도 중요하며, 성령님에 의해 신자의 마음에 인쳐진 상징적인 것도 중요하다. 물론 교회법은 성령님을 위한 규정을 마련할 수 없으며, 인간의 신앙적 수용이 뜻하는 바를 '보장'할 수도 없다. 성령님만 성례의 인침을 보장한다. 그러나 교회질서가 말씀으로 순수한 세례 사역을 위한 절차를 정한다면, 그것은 성령님에 의해 주도되는 목적에 응답하는 것이며 성례의 메시지를 인칠 여지를 남겨둔다. 이에 대한 회중 간의 불확실성을 피하기 위해, 교회질서는 하나님의 은혜 언약의 인침이 가능한 한 빨리 이루어져야 한다고 결정할 수 있다. 일부 개혁교회에서는 이러한 '가능한 한 빨리'가 깊이 자리 잡은 교회 전통이다(Nauta, 1971:255; Pont, 1981:183; Visser, 1999:222).

남아공 개혁교회 질서(GKSA-KO)에 나타난 세례

GKSA-KO 제56-60조는 세례에 관한 핵심 조항을 다수 규정하고 있다(CJBF, 2015:30-31). 이와 대조적으로 NGKO 조항은 제49조 제1항 하나에만 나타난다(NGKO, 2017:14). 이러한 현상은 GKSA-KO가 조항 수와 내용 면에서 NGKO보다 도르트 교회질서(DKO)를 문자 그대로 더 따른다는 사실과 관련이 있다. DKO는 제56-60조까지 세례에 관한 규정을 두고 있다(Pont, 1981:183). GKSA-KO는 '가능한 한 빨리'라는 전통을 폐기한다.

제56조는 그리스도인 자녀들에게 '가능한 한 빨리' 하나님의 언약이 세례와 함께 '예배'에서 인봉된다고 규정한다. GKSA-KO는 DKO 제56조와 같은 단어를 사용한다. 이는 정해진 예식으로 거행되는 성례이다. 하나 이상의 정해진 예식문이 명시된 것은 GKSA가 총회 차원에서 변경이 가능한 양식(wisselformuliere)에 대해 갖고 있는 지배적인 태도를 반영한다.

GKSA-KO 제50조는 또한 '하나님의 언약'이 언급된 자녀들에게 '인봉'된다고 명시함으로써 문제의 핵심을 짚어낸다. '하나님의 언약'(ver-bond van God)이라는 표현은 1619년 DKO와 네덜란드어 'verzegeld worden'(인쳐진다)에서 유래한 예전의 아프리칸스어 'beseel'(인쳐진)와 연관된다. GKSA-KO는 이 글에서 설명한 대로 세례를 정의하는데, 바로 하나님의 은혜 언약의 인침이다.

GKSA-KO 제57조는 목사들에게(GKSA-KO는 이 직분에 대한 도르트 총회의 명칭을 고수함) 아버지, 어머니 또는 보호자로 하여금 '자녀의 세례'를 진중하게 여기도록 가르치라고 지시한다. 따라서 '가능한 한 빨리'라는 지시는 영적 관리(geestelike kontrole)를 위해 목사에게 할당된다. 이는 당회의 안건에 오를 수도 있는 지시이다.

제58조는 목사가 '어린아이뿐만 아니라 성인의 세례'를 위해 제정된 양식을 사용해야 한다고 규정한다. GKSA가 문제의 양식을 강력한 교회적 지위를 가진 문서로 첨부한 것도 이 점에서 분명하다.

GKSA-KO 제59조는 성인이 세례를 통해 교회의 구성원으로 '연합'된다고 규정한다. 이는 아마도 신앙고백에 따른 것일 것이다. 따라서 세례 때 약속한 대로 성찬을 베풀 의무가 있다. GKSA-KO 제60조는 세례자 명부의 관리를 규정한다.

GKSA-KO는 전체적으로 세례 시행에 관한 규정에서 도르트 방식이면서도 현대적이라고 볼 수 있다. 이러한 지향은 '가능한 한 빨리'라는 규정뿐 아니라, 말씀의 사역자가 예배에서 세례를 베푸는 방식, 총회에서 인정된 방식에 따른 세례, 그리고 교리적으로 정의된 하나님의 언약을 '인봉'하는 것으로 보는 관점 등에서도 분명하게 드러난다.

GKSA는 별도의 총회 결정에서 누가 세례를 베풀 수 있고, 누가 세례를 받을 수 있는지, 세례의 불필요한 지연, 그리고 세례 시행의 획일성에 대한 세부 사항을 제시한다(CJBF, 2015:30). GKSA-KO 제56-60조까지는 명시적으로 언급하지 않았지만, 용어 사용과 세례식에 대한 언급을 통해 떠오르는 세례의 구성 요소 중 하나는 삼위일체 하나님에 의한 은혜 언약에의 통합으로서의 세례에 대한 강조이다. 삼위일체의 각 위격이 자신의 역할을 수행하는 언약, 즉 몸 또는 교회에 편입되는 것을 말한다.

2018년 GKSA 총회에서 제정된 새로운 세례 및 성찬 예식문은 문자 그대로 삼위일체 하나님의 구속 사역을 교정되지 않은 교회 언어로 강조한다. 이것은 확고한 언약적 관점에서 지속적인 개혁을 시사하는 새로운 개념이 담긴 새로운 교회 언어이다. '자녀' 세례를 위한 새로운 양식은 세 가지 주요 부분으로 구성된다. 즉 하이델베르크 교리문답(HK)의 죄, 구속, 그리고 감사이다. 이 양식에 따르면 세례는 성부, 성자, 성령의 이름으로 거행된다.

삼위일체 하나님은 각각 은혜 언약을 인치시는 역할을 맡으신다. 성부는 은혜 언약을 인치시고, 성자는 그리스도의 몸과 연합하기 위해 자신의 피로 죄를 씻으시며, 성령님은 우리 안에 거하시고 그리스도의 지체로서 거룩하게 하시기를 원하심을 인치신다. HK가 성례를 '복음의 약속'의 표징이자 인침으로 고백하는 것은 이 예식문 전체에 반영되어 있다. 이로써 GKSA-KO는 GKSA 소속 교회나 회중에서 세례를 집행하는 절차에 있어 '맑은 포도주'를 쏟았다. GKSA-KO는 한편으로는 16-17세기 네덜란드의 개혁교회 전통의 교리적으로 정당화되고 일관된 세례관을 고수하는 동시에, 다른 한편으로는 21세기에 들어 언어적, 개념적으로 개혁을 추진하고 있다.

남아공 화란개혁교회 질서(NGKO)에 나타난 세례

1962년의 첫 번째 NGKO 제49조 제1항(NGKO 1962:10)과 대조적으로, NGKO 2017년 제49조 제1항(NGKO 2017:14)은 더 광범위하고 세례를 집례할 때 교회질서에 대한 명시된 조건에 더 초점을 맞추고 있다.

1962년 제49조 제1항은 세례는 '극도로 예외적인 상황을 제외하고는' 예배에서 말씀 사역자가 집례해야 한다고 간략하게 명시하고 있다. 따라서 이 조항은 세례 집례에 대해 두 가지 명시된 조건, 즉 (공인된) 말씀 사역자가 집례하는 것과 (공식적인) 예배에서 집례하는 것만을 적용한다.

그리고 2017년 제49조 제1항은 말씀 사역자가 물과 승인된 예식문을 사용하고, 이것이 '회중의 공식적인 공적 모임'에서 행해져야 한다고 규정한다. 따라서 승인된 예식문에는 의미 있는 내용(betekende saak)을 나타내는 말씀이라는 요소가 포함되며, 예배는 열린 문(oop deure)이 있는 언약공동체 또는 공적인 성격을 가진 회중의 공식적인 모임으로 정의된다.

2017년까지 NGK는 교회적 맥락에서 승인(총회에 의해)과 세례 사역을 공식적이고 가시적인 말씀 사역으로 인정하여 교환 가능한 형태를 갖추게 되었다. GKSA와 마찬가지로, 예전의 중심인물로서 성찬을 시작하고 베푸는 분으로서 삼위일체 하나님의 이름에 대한 강조와, 형태에서 상징적인 물질과 연결된 물의 의미가 주목받고 있는 것으로 보인다. 그러나 세례가 하나님으로부터 인간에게 은혜 언약을 인봉한다는 사실과 언약에 편입되는 것이 '가능한 한 빨리' 이루어져야 한다는 사실은 빠져 있다. 그러나 2002년 총회는 총회 결의안으로 NGK 제49조 제1항을 강화하기로 결정했다. 이러한 결의안은 NGK의 제49조 제1항에 따라 인쇄되었으며, 화란개혁교회에 문의하는 사람들은 쉽게 자료에 접근할 수 있다. 이러한 결의안은 어떤 회원이 자녀 또는 '언약 자녀'를 세례에 데려올 수 있는지 보여준다.

이 법은 언약 자녀의 세례를 '가능한 한 빨리' 행해야 한다고 규정하고, 7세 이상이지만 16세에 신앙을 고백하기 이전인 자녀의 세례 방식을 규정하며, 공적인 신앙고백 후 16세 이상의 세례 절차를 규정한다. 이 결정은 명시된 세 가지 요건을 충족하는 경우, 다른 교회 출신 신자의 세례를 인정하는 것으로 마무리된다(NGKO 2002:20). 그러나 세례에 관한 명시된 절차를 하나의 문서로 통합한 실질적인 관점에서 이러한 보충 결정은

2011년에 NGKO에서 다시 삭제되었다. 이로써 '가능한 한 빨리'라는 전통도 NGKO에서 사라졌다. 따라서 이 주장에 따르면 NGKO 제49조 제1항은 새로운 주의를 요구하는 것처럼 보인다.

결론

교회질서와 교회법의 특성상, 교회질서와 세례에 대한 질문은 하나 이상의 전제를 포함하는 물음이다. 교회질서와 세례는 세례의 시행을 위한 이 질서의 절차에 초점을 맞춘다. 이 질서는 성경에 충실하고, 교리적으로 확립된 세례가 그 본질에 맞게 시행될 수 있도록 그 성격을 보호하고 보존하는 절차를 다룬다. 이 절차는 성례가 그 성례적 메시지를 올바르게 전달하도록 돕고, 성례의 성례적 성격을 지키려는 것이다. 교회가 신앙공동체로서 교회질서를 신앙의 확신 속에서 운영하는 것과 같은 맥락이다.

개혁파 내에서의 세례는 이러한 보호 속에서 세례받는 이가 하나님의 언약 안으로 들어가는 것을 확인하고 인치는 질서 있는 틀을 가지고 있다. 교회질서의 절차는 세례의 시행을 삼위 하나님의 사역으로서 성경적으로 행해지도록 강조하고 보호하려는 목적을 가진다. 이를 위해 교회질서는 성경과 교의학으로부터 원리를 차용하지만, 동시에 교회의 절차와 교회법을 섬기는 법으로서 이해하고 유지한다.

참고문헌

Bavinck, H. *Gereformeerde Dogmatiek. 4.* Kampen: Kok, 1967.

Biesterveld, P. & Kuyper, H. H. *Kerkelijk Handboekje.* Kampen: Bos, 1905.

Bouwman, H. *Gereformeerd Kerkrecht, 2.* Kampen: De Groot Goudriaan, 1985. Calvyn Jubileum Boekeffonds. *Kerkordeboekie van die Gereformeerde Kerke in Suid-Afrika, CJBF en Adminstratiewe Buro.* Potchefstroom: Calvyn Jubileum Boekefonds, 2015.

Coertzen, P. *Gepas en Ordelik.* Pretoria: RGN-Uitgewery, 1991.

De Jong, O. *Geschiedenis der Kerk.* Nijkerk: Callenbach, 1987.

De Klerk, J. J. *Liturgiese Grondlyne.* Kaapstad: NG Kerk-Uitgewers, 1982.

Dingemans, G. D. H. *Een Hu om in te wonen.* Den Haag: Boekencentrum, 1987.

Du Toit, A. B. *Ondersoek na 'n Nuwe Testamentiese Basis vir die Heraanpassing van die Bedieningstruktuur in die Nederduitse Gereformeerde Kerk, Nederduitse Gereformeerde Kerk, Handelinge van die Algemene Sinode.* Np: 1998.

Heick, O. W. *A History of Christian Thought.* Philadelphia: Fortress, 1965.

Heyns, J. A. *Die Brug tussen God en Mens.* Kaapstad: NG Kerk-Uitgewers, 1973.

Jonker, H. *Liturgische Oriëntatie. 2e Dr.* Wageningen: Zomer & Keunings, Nd.

Jonker, W. D. *Om die Regering van Christus in Sy Kerk.* Pretoria: Unisa, 1965.

Kleynhans, E. P. J. *Gereformeerde Kerkreg, Dl 2.* Pretoria: NG Kerkboekhandel, 1984.

_____. *Gereformeerde Kerkreg, Dl. 4.* Pretoria: NG Kerkboekhandel, 1988.

Kock, P. de B. *Riglijies vir Belydeniskatkisante.* Bloemfontein: Sentrale Pers, Nd.

_____. *Christelike Wysbegeerte-Inleiding.* Bloemfontein: Sacum, 1975.

Kruger, L. S., Du Plessis, H. L. M., Spoelstra, B. & Spoelstra, T. T. *Handleiding by die Kerkorde.* Potchefstroom: Pro Rege, 1966.

Nauta, D. *Verklaring van de Kerkorde van de Gereformeerde Kerken in Nederland.* Kampen: Kok, 1971.

Nederduitse Gereformeerde Kerk. *Handelinge van die Algemene Sinode.* Np: 1962.

_____. *Handelinge van die Algemene Sinode.* Np: 1966.

_____. *Handelinge van die Algemene Sinode.* Np: 1974.

_____. *Handelinge van die Algemene Sinode.* Np: 1986.

_____. *Handelinge van die Algemene Sinode.* Np: 1990.

_____. *Handelinge van die Algemene Sinode.* Np: 1994.

_____. *Handelinge van die Algemene Sinode.* Np: 1998.

_____. *Handelinge van die Algemene Sinode.* Np: 2002.

_____. *Handelinge van die Algemene Sinode.* Np: 2004.

_____. *Handelinge van die Algemene Sinode.* Np: 2007.

_____. *Handelinge van die Algemene Sinode.* Np: 2011.

Nederduitse Gereformeerde Kerk. *Kerkorde van die Nederduitse Gereformeerde Kerk.* Kaapstad: NG Kerk-Uitgewers, 1962.

_____. *Kerkorde van die Nederduitse Gereformeerde Kerk.* Kaapstad: NG Kerk-Uitgewers, 1964.

_____. *Kerkorde van die Nederduitse Gereformeerde Kerk.* Kaapstad: NG Kerk-Uitgewers, 2002.

_____. *Kerkorde van die Nederduitse Gereformeerde Kerk.* Kaapstad: NG Kerk-Uitgewers, 2017.

NG Kerk-Uitgewers. *Ons glo ···.* Kappstad: NG Kerk-Uitgewers, 1982.

NGK. Kyk Nederduitse Gereformeerde Kerk.

NGKO. Kyk Nederduitse Gereformeerde Kerk Kerkorde.

Plomp, J. "Kerk en Recht." In W. van 't Spijker & L. C. van Drimmelen. *Inleiding tot de Studie van het Kerkrecht.* Kampen: Kok, 1992: 32-42.

Pont, A. D. *Die Historiese Agtergronde van Ons Kerklike Reg, 1.* Pretoria: HAUM, 1981.

Sizoo, A. *Johannes Calvijn Institutie IV.* Delft: Meinema, Nd.

Smit, C. J. & Van der Walt, J. J. "Die Doop in die Gereformeerde Kerkorde." *In die Skriflig* 23/2 (1989): 59-73.

Strauss, P. J. *Die Gees werk soos Hy wil* ⋯. Bloemfontein: VCHO, Nd.

_____. *Kerk en Orde Vandag*. Bloemfontein: SunMedia, 2010.

_____. *Gereformeerdes onder die Suiderkruis 1652-2011*. Bloemfontein: Sun-Media, 2015.

Strydom, M. "'N Narratiewe Benadering tot die Interpretasie van die Doop en Belydenisaflegging." Pretoria: UP M.Div.-Skripsie, 2014.

Trimp, C. *De Gemeente en Haar Liturgie*. Kampen: Van den Berg, 1983.

_____. *Woord, Water en Wyn*. Kampen: Kok, 1985.

Van der Linde, G. P. L. *Die Kerkorde*. Pretoria: Van Wyk, 1983.

Visser, J. *Die Kerkorde in Praktyk*. Orkney: EFJS, 1999.

6부

권징, 회복을 위한 질서

6부

권징, 회복을
위한 질서

성찬과 권징의 의미[181]

1. 서론

개혁주의 신앙고백서, 고전적인 성찬 예식문, 그리고 종교개혁에 기원을 둔 교회질서에는 성찬과 권징에 관한 교회의 가르침이 두드러지게 표현되어 있다. 개혁교회의 가르침 중 이러한 면들에 대한 신앙고백서는 그 이후로 의문시되고, 경시되고, 오해받고, 심지어 심각한 논쟁의 대상이 되어 왔기에, 이 신앙고백서를 새롭게 성찰하는 것은 오늘날 매우 중요하다. 이 글의 목적은 이 문제에 대한 우리의 고백을 설명하는 것이다. 따라서 아래 사항들을 차례로 살펴본다.

- 신앙고백문, 성찬 예식서 및 교회질서에서 가르치고 규정하는 내용
- 이 주제의 관심을 나타내기 위해 종교개혁 이후 현재까지의 흐름과 경향

---

[181] 이 논문은 노쓰-웨스트대학교(포첵스트룸) 교회질서 교수 안드리스 르 루 두 플로이 (Andries le Roux du Plooy, d. 2024)의 "Die Heilige Nagmaal en Kerklike Tug," *Koers* 55 (1990), 143-61을 번역한 것이다.

- 성찬은 성례이고 권징이 천국 열쇠들 중 하나라는 사실은 종교개혁 신학에서 중요한 위치를 차지함
- 고백적 공식문들을 낳고 그것들의 기초가 된 개혁주의 신학의 발전
- 성찬 예식문과 교회질서에 나타난 규정과 신앙고백의 이 측면에 대한 성경적 검증

2. 세 일치 신조, 고전적 성찬 예식문 그리고 도르트 교회질서

세 일치 신조(특히 하이델베르크 교리문답), 고전적 성찬 예식문, 도르트 교회질서가 성찬의 거룩함을 고백하고 보호하는 방식은 주목할 만하다.

이 문서들은 순수한 말씀 사역에 대한 강조 외에도, 참 교회의 표지인 성례와 권징의 순수한 사역을 특별히 강조한다(네덜란드 신앙고백 제29조). 이것들은 교회의 기원과 지속적 존재에 필수적인 요소들이다. 복음 선포와 권징은 천국으로 들어가는 열쇠들이며, 이를 통해 천국은 믿는 이들에게는 열리고 믿지 않는 자들에게는 닫힌다(하이델베르크 교리문답 제31주일).

개혁파 신앙고백(특히 하이델베르크 교리문답 제30주일)에 따르면, 주님의 만찬은 자신을 철저히 시험하고 신앙고백과 삶으로 진실한 신앙을 증거하는 이들에게 열려 있다. 그러나 주의 만찬은 비그리스도인과 같은 삶을 사는 자들에게는 닫혀 있다. 하이델베르크 교리문답 제82문은 다음과 같다. "고백과 삶으로 자신이 불신앙과 악함을 드러내는 사람들도 주의 만찬에 참여할 수 있습니까?" 답은 다음과 같다. "아닙니다. 이런 식으로 하나님의 언약이 더럽혀지고 그분의 진노가 온 회중에게 임하기 때문입니다. 그러므로 그리스도와 그분의 사도의 명령에 따라, 그러한 사

람들이 삶의 개선을 입증할 때까지 천국의 열쇠들로써 그런 사람들을 배제할 의무가 있습니다." 네덜란드 신앙고백(제35조)은 불신자가 자신의 저주를 위해 성찬을 받는다는 것을 강조한다. 믿지 않는 사람도 성찬을 받을 수는 있지만, 그렇다고 해서 예수 그리스도를 받는 것은 아니다. 그리스도는 오직 믿는 이들, 즉 거듭난 이들에게만 주어지기 때문이다. "주의 몸을 분별하지 못하고 먹고 마시는 자는 자기의 죄를 먹고 마시는 것이니라"(고전 11:29).

고전적인 성찬식 예식문은 신앙고백과 일치하며, 자기 성찰을 다루는 부분에서 완고한 죄인, 하나님과 그분의 말씀과 성례를 멸시하는 자는 성찬에 참여할 수 없으며 그리스도의 왕국에 참여할 수 없다는 것이 분명하다! 이에 따라 종교개혁 당시 교회들은 교회질서를 질서 있게 정립했다.

- 장로들은 가정 심방을 통해 회중의 가르침과 생활을 감독한다(도르트 교회질서 제23조).
- "지역교회의 관습에 따라 개혁된 종교를 고백하고 경건한 행실에 대한 좋은 증거를 가진 사람들만이 성찬에 참여할 수 있다"(GKSA 교회질서 제61조)
- "교회 당회의 권징을 완강히 거부하는 자들과 공개적으로 또는 다른 중대한 죄를 지은 자들은 주님의 성찬에 참여하지 못하게 해야 한다"(GKSA 교회질서 제76조)

16세기와 17세기 초의 종교개혁은 교회의 권징과 성찬을 매우 긴밀하게 연결했다. 1563년에는 이미 고백, 예전, 교회질서에 있어 질서가 명확해졌으며, 성찬에 대한 특별한 감독과 권징이 필요하다는 것이 원칙과 실천에 확립되었다. 성찬에 대한 개혁파의 비전은 1563년 팔츠 교회질서에서 원칙적으로 공식화되었다. 이것은 약 35년 전 바젤에서 시작된 시도의 마무리였다(Van 't Spijker, 1980:367). 1563년 이후 1618/19년 도르트 총회까지의 발전은 이미 공식화된 원칙들을 다듬고 완성한 것에 불과했다.

3. 16세기 종교개혁부터 20세기까지의 경향

17세기에서 20세기에 들어서면서 주님의 만찬을 기념하는 데 중점을 두는 방식이 주목할 만하다. 성찬은 대체로 교회 생활의 영적 분위기와 신학적 상황을 측정하는 척도로 여겨질 수 있다(Graafland, 1980:249). 종교개혁 이후, 소위 '추가 종교개혁'(Nadere Reformatie)의 시대가 도래했다. 제2의 추가 종교개혁 시기(17세기와 18세기)에는 하나님보다 인간에 더 중점을 두었다. 하지만 종교개혁에서는 '오직 은혜'(Sola Gratia)가 가장 중요했다. 주의 만찬은 하나님의 은혜에 대한 증거이다. 그리스도께서 성부 하나님의 믿는 자녀들이 그리스도를 영접할 수 있도록 주의 만찬을 제정하셨다(네덜란드 신앙고백 제35조). 추가 종교개혁은 인간을 전면에 배치한다. 주의 만찬 식탁에 앉을 자격과 합당한지의 여부가 주의 만찬에 대한 사고를 지배한다. 라바디즘(labadisme) 또한 이 시기를 경건주의와 경험의 정신으로 특징짓는 데 기여한다.[182] 반면에 합리주

---

182 프랑스의 라바디(Jean de Labadie, 1615-1691)가 형성한 라바디즘(Labadism)은 개혁주의 개신교의 맥락에서 발생했다. 이는 개인의 경건, 공동체 삶, 그리고 초대교회로의

의 또한 주의 만찬과 시행에 큰 영향을 미쳤다. 그 결과, 성찬 거행에 대한 강조점이 그리스도와 그분의 구원에서 그리스도인들과 그들의 상태로 옮겨갔다. 관심은 점점 더 인간과 성찬을 거행할 자격이 없는 인간에게 집중되었다. 성찬을 받기 전에 실질적으로 죄 없는 상태에 있어야 한다는 라바디즘의 영향으로 성찬을 받는 사람이 점점 줄어들었다(Graafland, 1980:248-79; Lekkerkerkerker, 1961:116).

성찬 거행에 대한 합리주의와 그에 따른 영적인 피상성은 무지하고 무관심한 사람들이 피상적으로 성찬에 접근하는 결과를 낳았다. 이는 경건주의적으로 수줍어하는 교인들이 점점 더 성찬을 기피하는 방향으로 나아가는 결과를 가져왔다(Graafland, 1980:323).

성찬 거행에 대한 이러한 의심과 불확실성은 19세기에도 계속되었다. 이 시기에 계몽주의와 근대주의는 도르트 총회의 율법주의와 경건주의에 대해 날카롭게 반발했다(Lekkerkerker, 1961:131; Graafland, 1980:323 이하). 그 결과 성찬은 가치가 하락하고 점점 더 관심을 덜 받게 되었다. 전반적으로 19세기는 성찬, 특히 누가 성찬에 참여할 수 있는지에 대한 문제에 대해 큰 혼란이 있었던 시기로 볼 수 있다. 이러한 측면에 대한 심도 있는 성찰은 매우 부족했다(Graafland, 1980:330).

성찬과 거행에 대한 새로운 관심은 특히 20세기에 시작되었다(Graafland, 1980:331). 구체적으로 제기되고 논의된 질문들은 누가 성찬에 참여할 수 있는지, 자기 성찰, 그리고 성찬에 참여할 수 있는 어린이의 나이 등과 같은 구체적인 문제들을 다루었다. 여러 측면에서 개혁교회 내

복귀를 강조했다. 라바디스트들은 사도행전에 묘사된 초대 기독교인들의 정신을 따라 모든 소유물을 공유하고 개인의 재산권을 포기하는 공동체적 생활 방식을 실천했다(역자 주)

에서는 인간과 그 자질에 지나치게 중점을 두는 경건주의적이고 합리주의적인 성찬 관점에 대한 반발이 있었다(Bavinck, 1930:560-63; Bouwman, 1934:386). 20세기 후반에는 성찬 예배에서의 상호 교제, 어린이 성찬, 교회의 일치와 성찬, 그리고 에큐메니즘과 같은 문제에 특별한 관심이 생겨났다(Aalbers, 1971; Hartveld, Nd: 88).

일반적인 견해는 성찬 거행이 기독교 모임의 중심이자 하이라이트라는 것이었다(Graafland, 1980:348; Boelens, 1979:7). 세계교회협의회의 지도 아래, 그리고 자체적인 주도 아래 남아공 화란개혁교회(NGK), 네덜란드의 개혁교회(Gereformeerde Kerken in Nederland), 그리고 천주교는 더욱 깊은 화해와 상호 친교를 위해 진지하게 노력했다. 그들은 개방적인 성찬 거행을 위해 더욱 광범위한 정책을 추구했고, 그 과정에서 개혁주의 신앙고백은 크게 훼손되었다. 세례가 모든 그리스도인을 하나로 묶는 것처럼, 일치 또한 주님의 만찬을 통해 구체적으로 경험되어야 한다는 주장이 제기되어 왔다(Boelens, 1979:20). 심지어 어린이(유아세례 교인)도 주님의 만찬을 받을 수 있어야 한다는 주장도 있다(물론 특정한 조건이 있음). 이유는 "누구든지 어린이 세례를 선택하는 사람이라면 어린이가 성찬을 받을 권리가 있다는 근거로 세례를 받을 것"이기 때문이다(Boelens, 1979:83; Aalbers, 1971; Hartveld, Nd:88).

개혁주의적 관점에 대한 심각한 비판이 제기되곤 했다. 왜냐하면 종교개혁이 고린도전서 11:29를 지나치게 강조하고, 성찬 참여자의 기독교 진리에 대한 지적인 이해와 지식을 지나치게 강조하기 때문이다. 더 나아가, 세 일치 신조가 '지식에 대한 주관적인 처리'(subjektiewe verwerking van die kennis)에 적은 관심을 보인다는 비판도 제기된다. 성찬 참여의 문제가 성찬에서 개인의 신앙 체험이라는 행위보다는 더 강조된다.

또한, 크든 작든 모두가 성찬에 동등하게 참여해야 한다는 사실도 간과 된다(Boelens, 1979:83-93; Graafland, 1980:333).

흐라프란드(1980:358-360)는 19세기와 20세기에 걸쳐 '주님의 만찬 실행에 나타난 격동적인 발전'에 대한 자신의 논평을 마무리하면서, 주님의 만찬이 가지는 거룩성이 오직 에큐메니칼 성격만 지닌다는 관점으로 대체되었다고 결론짓는다. 그는 더 나아가 개혁교회 내에서도 주님의 만찬에 대한 성경적 설교가 성경의 고등비평적 해석에 의해 희석되어 후자의 관점에 지배당하고 있다고 지적한다. 따라서 주님의 만찬, 특히 주님의 만찬 거행에 대한 개혁교회의 관점은 완전히 파괴되었다.

교회의 일치를 추구하고 오늘날 남아공 개혁교회에서도 에큐메니즘에 대한 관심이 높아지면서 열린 성찬을 거행하는 빈도가 증가하고 있으며, 개혁파 신앙을 고백하는 교회와 성공회 사이의 상호 교제가 현실이 되기 시작했다.

흐라프란드(1980:360)의 주장은 매우 시의적절하다. 그는 성찬, 성찬 거행, 그리고 성경과 개혁주의 신앙고백의 증거에 따른 성찬 감독에 대한 새로운 성찰을 촉구한다. 개혁주의 신앙고백(특히 성경의 권위, 성찬의 거룩함, 교회의 권징의 필요성을 인정하고 고백하는 신앙고백)을 가진 교회들과, 그에 따라 전통적인 개혁주의 예전 양식과 개혁교회 질서를 유지하고자 하는 교회들은 사실상 성찬과 권징, 그리고 소위 열린 성찬이나 닫힌 성찬과 같은 문제들에 대해 다시 한번 책임을 져야 하는 상황에 놓이게 된다. 이러한 문제들에 대한 신앙고백과 규정의 배경과 뿌리는 무엇인가? 성찬 감독과 시행과 관련하여 무엇이 옳은가? 주님의 만찬은 누구를 위해 제정되었으며, 하나님의 관점에서 누가 성찬에 참여할 권리와 소명을 가지고 있는가?

4. 성찬과 권징

개혁파 신학과 신앙고백에서 성례는 특별한 위치를 차지하는데, 특히 천주교의 성례 교리에 대한 반발에서 그러했다. 성례에 대한 관심은 교회의 권징이 매우 중요한 위치를 차지하게 된 주요 원인이기도 했다. 예를 들어, 칼빈은 천주교에서 성례가 변질된 이유를 권징의 부재에서 찾았다는 점은 주목할 만하다(Dankbaar, 1941:8). 칼빈에게 있어 교회의 부패, 성례의 변질, 그리고 권징의 부패는 서로 밀접하게 연관되어 있다. 말씀과 성례의 순수한 사역이 그에게는 바로 교회의 구성 요소이기 때문이다(기독교강요 4.1.10). 말씀과 성례가 없다면 참된 교회는 존재할 수 없다(Dankbaar, 1941:4).

칼빈은 교회의 거룩함을 진지하게 수호했다. 그는 교회가 진정으로 신자들의 어머니가 되기를 원한다면, 교회는 목회적 관심에서 교리와 삶을 수호할 의무가 있다고 판단했다. 따라서 교회질서, 특히 권징과 직분은 그에게 실제적 의미로 다가왔다(Dankbaar, 1941:6). 직분자의 지도에 따라 이루어지는 권징 사역은 바로 성례의 거룩함을 수호하는 역할을 한다(기독교강요 4.12.5). 이는 칼빈이 교회, 직분, 성례, 권징 사이에 특별한 관계를 유지하고자 했다는 것을 보여준다.

성례는 신자들, 곧 교회를 위해 제정되었다. 세례는 하나님께서 교회를 존재하게 하시는 영적인 행위를 표시하며, 교회가 영적으로 부활하는 것을 인봉한다. 세례는 교회를 옛 세상 안에 존재하는 새 세상으로 규정하고, 모든 신자, 심지어 그들의 세대를 아우른다. 하나님께서는 주님의 만찬을 통해 교회를 그 자체로 보존하고 강화하기를 원하신다. 주님의 만찬은 교회가 하나님과 그리고 서로 간에 참된 영적 연합을 이루도록 세우고 강화한다. 그러므로 주의 만찬은 이미 거듭나고 세례를 통해 그 인침을 받은 자들을 위한 것이다(Snyman, 1977:32). 권징 사역을 통해 성례의 거룩함에 대한 감독이 유지된다. 세례가 신자들의 보편 공동체인 교회와 더욱 긴밀하게 연관될 수 있는 곳에서는, 세례에 뒤따르는 성례로서 주의 만찬이 있다. 성찬은 지역교회의 소관이며, 신자들에 대한 감독이 유지될 수 있다.

성례에 대한 감독과 권징은 꼭 필요하다. 왜냐하면 주님의 만찬을 거행할 때 교회는 가장 깊은 교회성(diepste kerkwees), 곧 온전한 특유성과 거룩함, 그리고 구별됨을 실천하기 때문이다. 그곳에서 우리는 그리스도께 순종하고 의지하는 가운데 만찬을 베푸는 하나님의 나라를 발견한다. 주님의 만찬을 거행하는 것은 하나님 나라의 사건이다! 그 나라의 왕께서는 그리스도와 함께 성령님의 사역을 통해 우리에게 양식을 주신다(Van 't Spijker, 1980:369).

교회 권징을 포함한 여러 주제를 다룰 때, '권징'이라는 단어의 의미를 고려하는 것이 필수적이다. 성경에는 '권징'이라는 표현이 직접 등장하지는 않지만, 그 개념과 사상은 분명히 드러난다(Visser, 1982:1). 성경에서 이 용어를 가장 명확하게 나타내는 단어는 '파이데이아'(παιδεία)이다(히 12:5-11). 라틴어 불가타 성경에서는 이를 '디스시플리나'(disciplina)로 번역한다. 하이스텍(1987:13-17)에 따르면, 권징이라는 개념은 특히 두 가지 기본 요소를 가지고 있다. 하나는 하나님의 순종하는 자녀들을 교육하고 죄를 예방하는 사역이고, 다른 하나는 죄인들을 징계하고 책망하는 사역이다.

플롬프(1969:62)는 칼빈이 '권징'이라는 단어를 다른 의미들로 사용했음을 보여주었다.

- 잘 조직된 그리스도인의 삶을 위해
- 교회에서 적용되는 규정에 따라 교회의 질서 있는 업무를 위한 교회 질서의 표시로서
- 죄인에 대한 훈계와 처벌 조치를 취하기 위하여

칼빈은 이를 '모룸 디스치플리나'(morum disciplina, 행동에 대한 징계) 또는 '디스치플리나 엑스코무니카티오니스'(disciplina excommunicationis, 출교로 이어지는 징계)라고 부른다. 그는 이를 교회의 법적 권한(potestas in iurisdictione)으로 인해 교회가 판결을 내릴 수 있는 권한으로 여긴다(기독교강요 4.11.1).

우리는 '권징'이라는 단어를 후자의 의미와 하이스텍이 부여한 두 번째 의미로 사용한다. 즉, 천국 열쇠들을 관리하는 것으로 간주되어야 하는 '권징'(마 16장과 하이델베르크 교리문답 제31주일), 즉 교회가 징계를 통해 교회의 순수성을 보존하고 보호해야 한다는 의미로 사용한다. 칼빈은 1537년의 '교회질서'(Ordonnances Ecclesiastiques, 실제로 그의 성찬법으로 볼 수 있음)에서 권징에 대한 논의를 성찬 거행과 직접적으로 연관시켰다(Dankbaar, 1941:199).

교회의 권징이 개혁주의 신앙고백에서 매우 두드러지게 나타나고 성찬과 그것의 거행과 특별히 연관되어 있기 때문에, 우리에게 권징의 역사적 배경, 발전, 동기를 익히는 것이 필요하다.

5. 개혁파 안에서의 발전

16세기 종교개혁의 성찬과 권징에 대한 비전에 가장 큰 영향을 미친

사람은 칼빈이었다. 발케(1980:179)는 칼빈의 성찬 교리가 전적으로 독창적이었다고 믿는다. 그러나 성찬의 활용과 권징의 필요성과 관련하여, 칼빈은 루터와 부서를 비롯한 다른 개혁가들의 스승이었을 뿐만 아니라 그들의 제자이기도 했다는 점은 분명하다.

우리는 이러한 문제들과 관련하여 칼빈과 함께 어느 정도 심화되었고, 이후에 신앙고백과 예전 예식문, 그리고 교회질서에서 최종적인 형태를 갖추게 된 발전이 있었음을 간략하게 보여주고자 한다. 특히 성찬적 권징(Nagmaalstug)의 중요성에 집중하고자 한다.

1) 루터

루터의 성찬에 대한 관점(공재설)에 따르면, 그리스도께서 성찬 안에 실제로 현존하시기 때문에, 합당치 않은 사람은 바로 그 이유로 그리스도를 받을 수 없다(Plomp, 1969:26). 무관심하고 완고한 죄인들은 성찬에 참여하지 않도록 명령받아야 한다(Exalto, 1980:140). 마태복음 18:15 이하, 고린도전서 5:1 이하, 데살로니가후서 3:14, 에스겔 3:17 이하의 말씀에 근거한다. 그러한 사람들은 궁극적으로 출교를 통해 성찬에서 배제되어야 한다(Plomp, 1969:16-17). 합당치 않게 예수 그리스도를 받는 사람은 스스로 심판받고 해를 입게 된다(Exalto, 1980:137-38). 그러나 루터는 이 권징의 실제적 적용에 있어 주저했다. 왜냐하면 회중과 심지어 목사들조차 이 권징을 감당하기에 너무 미숙하다고 확신했고, 교황의 폭정이 부활할까 봐 두려워했기 때문이다. 더욱이, 루터 자신의 두 왕국 교리에 따라 이 책임을 권세가들의 임무로 여겼다(Plomp, 1969:18-19).

2) 츠빙글리, 불링거 그리고 외콜람파디우스

칼빈은 루터의 저작을 깊이 이해했다(Van 't Spijker, 1985). 칼빈은 루터에게서 외콜람파디우스(d. 1531)와 츠빙글리가 성찬을 완전히 비워 공허하고 헛된 형상만 남겼다는 내용을 읽었기에, 그는 이들의 저작물에서 멀어졌다(Nd:8).

츠빙글리와 불링거는 성찬에 관해 칼빈과는 거의 정반대 입장을 취했다. 그들은 완고한 죄인들은 성찬에 참여해야 하며, 거부하면 추방해야 한다고 믿었다. 성찬에서 제외되는 것은 츠빙글리와 불링거에게 용납할 수 없는 처벌이었다. 왜냐하면 성찬은 죄인을 향한 하나님의 은혜로운 행위가 되며, 누구도 이 행위에서 물러나거나 분리될 수 없기 때문이다. 불링거는 이에 대한 증거가 주님께서 가룟 유다에게 성찬에 참여하도록 허락하신 사실에서 찾을 수 있다고 믿었다(Plomp, 1969:26-30).

외콜람파디우스는 성찬적 권징의 필요성에 관해 중요한 공헌을 했다. 그는 1530년에 자신의 요청에 따라 바젤 총회에 제출한 교회 권징에 관한 연설에서 권징은 교회의 문제로 간주되어야 하며, 주님의 만찬의 순수성을 지켜야 하고, 이 목적을 위해 사도 시대처럼 장로회를 설립해야 한다고 주장했다. 그의 주장에서 특히 주님의 만찬과 관련된 권징에 대한 논의가 중요했다. 총회가 그의 모든 제안을 받아들이지는 않았지만, 그는 부서에게 큰 영향을 미쳤다(Van 't Spijker, 1970:205; 1980:367-68; Plomp, 1969:31-35).

3) 마틴 부서

외콜람파디우스의 사상은 부서가 활동했던 스트라스부르에 곧 알려지게 되었다. 이는 부서에게 영향을 미치고 영감을 주었으며, 재세례파도 스트라스부르에 대거 모여들어 교회의 권징 부족을 비난했을 때, 부서는 교회 권징의 필요성을 그 어느 때보다 더 분명하게 깨달았다(Van 't Spijker, 1970:205-210). 부서는 권징은 장로들이 집행해야 하며, 특히 소위 상처받고 망가진 양들을 회복시키는 데 목적을 두어야 한다고 생각했다. 그는 또한 일종의 참회 또는 회개를 옹호했는데, 참회 없이는 누구도 성찬에 참여할 수 없기 때문이다. 완고한 죄인들은 거짓 염소로 간주되어 권징을 통해 회중에서 배제되어야 한다(Plomp, 1969:36-39). 성찬에 참여하기 위한 필수 조건으로, 부서는 신앙고백(입교)을 도입했다(Van 't Spijker, 1980:368). 부서는 스트라스부르에서는 자신의 사상을 실현하지 못했지만, 헤센(Hessen)에서는 성공했다. 더 나아가, 그의 견해는 칼빈이 1538년부터 1541년까지 활동했던 스트라스부르의 프랑스어권 난민 공동체에서도 받아들여졌다(Plomp, 1969:41; Van 't Spijker, 1980:368).

4) 칼빈

칼빈은 스트라스부르에서 부서와 다른 사람들이 이미 이루어놓은 근본적인 업적의 계승자가 되었다. 그는 그 업적을 더욱 확장하고 발전시켜 개혁파 전체 세계에 영향을 미쳤다(Van 't Spijker, 1980:368). 칼빈은 권징이 교회에 맡겨졌으며, 특히 장로들이 권징을 집행하도록 부름받았다고 강조했다(기독교강요 4.11.1; 4.12.7).

1537년 초, 칼빈과 다른 목회자들은 제네바에서 여러 권징 조항을 작성했는데, 이 조항에는 주의 만찬이 오염되는 것을 막기 위한 조치가 요청되었다. 예수님을 주님으로 고백하지 않는 사람들은 주의 만찬에 참여할 수 없다. 오직 그리스도의 승인받은 지체들만이 참석할 수 있다

(Plomp, 1969:146).

칼빈은 신앙고백과 신앙의 해설이 권징에 선행한다는 점을 분명히 했다. 성찬에 참여하고자 하는 사람은 먼저 신앙과 세례를 통해 지체가 되어야 하며, 고백하는 지체라면 누구나 성찬에 참여해야 한다(Wielenga, 1913:42; Plomp, 1969:147).

칼빈에게 있어 세례받은 어린이들과 아직 세례를 받지 않은 성인들을 위한 교리 교육, 그리고 고백하는 신자들의 교리와 삶에 대한 감독은 성찬 활용을 위한 중요한 조건이었다(Balke, 1980:223; Plomp, 1969:194; Pont, 1981:32). 새 신자들은 교리의 주요 내용에 대한 감독을 받았다. 신자들은 가정의 상황, 모든 것이 질서 있고 평화로운지, 도덕적으로 올바른 삶을 살고 정기적으로 예배에 참석하는지에 대해 직접 질문을 받았다(Balke, 1980:223).

칼빈은 고린도전서 11:28에 따라 모든 성찬 참석자가 해야 할 자기 성찰 외에도 교회가 성찬에 참여하는 사람들의 가르침과 삶에 대한 공식적 감독을 실시해야 한다고 주장했다(Dankbaar, 1941:200). 그런 감독을 받고 가르침의 주요 내용을 이해했다는 증거를 제시할 수 있는 아이들은 10세에 성찬에 참여할 수 있었다(Dankbaar, 1941:201). 이는 그들의 교육이 거기서 끝난다는 것을 의미하지 않았다. 왜냐하면 그 이후로 그들은 15세 무렵까지 추가 교육을 받기 위해 목사에게 보고해야 했기 때문이다(Plomp, 1969:69).

바우만(1912:81)은 칼빈과 파렐이 1538년 제네바 회의에서 성찬에 대한 철저한 감독을 요구한 데서 문제에 직면하게 된 이유를 설명한다. 칼빈과 파렐은 예배 중에 성찬을 집례하기를 거부했는데, 그곳에는 성찬을 받을 자격이 있는 사람이 아무도 없었기 때문이다. 그 결과 두 사람은 도시에서 추방당했다. 그 후 칼빈은 부서의 요청에 따라 스트라스부르로 떠났다. 스트라스부르에서 칼빈은 시 당국의 간섭을 받지 않았기 때문에 더욱 목회적인 방식으로 교인들을 대했다. 관례상 모든 사람은 목사에게 직접 보고하여 감독을 받았다. 상황에 따라 어떤 사람은 지시를 받았고, 어떤 사람은 훈계나 격려를 받았는데, 이는 성례에 대한 존중에서 비롯된 것이었다(Dankbaar, 1941:200). 칼빈은 엄격했지만, 재세례파와 달리 지나치게 엄격한 견해와 주님의 만찬에 대한 고의로 불참하는 것에 대해 경고했다(Dankbaar, 1941:202). 그의 입장은 성찬을 드리는 것과 받는 것을 명확히 구분해야 한다는 것이었다. 성찬은 모든 신자에게 제공되지만 위선자도 거기에 있기 때문에 모두가 받는 것은 아니다. 합당하지 않게 받는 사람들에게는 독과 같다(참고. "독이 되다"는 아님). 그들은 그렇게 함으로써 스스로를 하나님의 징벌에 노출시킨다(기독교강요 4.17.34). 성찬에 합당하다는 것은 누군가가 회개, 사랑, 믿음으로 성찬을 활용해야 한다는 것을 의미한다. 그것은 우리 자신에게서 나오는 것이 아니라 하나님의 자비에 근거하여 받는 것이다(기독교강요 4.17.42). 제네바에서는 성찬 사용, 감독 및 참여 요건에 대한 광범위한 규정이 적용되었다(Pont, 1981:41; 교회질서 제141-66항). 또한 많은 교인이 그곳에서 성찬에 참여하지 못했다(참고. Plomp, 1969:218-19). 성찬을 거부한 몇 가지 이유는 다음과 같다. 로마 가톨릭으로의 회귀, 신성모독적이고 이단적인 신앙, 신앙에 대한 지식 부족, 말씀과 성찬 예배에 불규칙적으로 참석, 칼빈과 다른 목사들을 모욕, 프랑스 이민자들을 모욕, 부도덕, 춤과 외설적 노래, 도박, 의심스러운 저술 출판 등이다(Plomp, 1969:222-23).

　제네바에서는 교회(도시)가 처음으로 여러 구역(wyke)으로 나뉘었고, 그 후 목사와 장로가 교인들의 집을 방문했다. 누구도 소외되지 않도록 특별히 임명된 사람이 있었다. 이러한 방식은 천주교의 고해성사 제도를 대체했다(Plomp, 1969:353). 칼빈이 성찬 예전에서 "우리 주 예수 그리스도의 이름과 권위로 나는 모든 우상 숭배자와 신성모독자를 배제합니다"라고 날카롭고 개인적인 어조로 말하는 자리를 마련한 것은 주목할 만하다(Dankbaar, 1941:209). 런던에서 마르텐 미크론은 이에 동참했지만, 더 나아가 자신의 성찬 예전에 따르면 설교 후 발표가 허용되지 않은 사람들의 이름을 가지고 있었다(Vinke, 1835:29; Dankbaar, 1956:15).

5) 칼빈, 고전적 성찬 예식문, 그리고 교회질서 규정

칼빈의 견해와 다양한 개혁가들의 영향으로 영국과 유럽 전역에서 일어난 개혁교회들은 네덜란드 신앙고백, 하이델베르크 교리문답, 교회질서, 그리고 잘 알려진 고전적인 성찬식 예식문과 같은 체계적인 문서들을 정립하기에 적합한 시기를 맞이하게 되었다.

고전적인 성찬 예식서는 하이델베르크대학교의 올레비아누스에게서 유래되었으며, 원래 1563년 팔라티노 교회질서에 포함되었다. 이 예식서는 프리드리히 3세의 명령으로 작성되었고, 다테인은 이를 독일어에서 네덜란드어로 번역했다. 16세기와 17세기 교회 회의는 이 예식서를 교회에서 사용하도록 반복적으로 규정했다. 예를 들어, 베젤(1568), 제6장 제13항, 헤이그(1586), 제55항, 도르트(1618/19), 제62조이다(참고. Wielenga, 1913:15-22).

올레비아누스가 사용한 가장 중요한 자료는 다시 한번 그가 스트라스부르와 제네바에서 이미 편찬했던 칼빈의 성찬 예식문이었다(Dankbaar, 1941:207). 스트라스부르에서 칼빈은 이 문제에 대해 이미 그곳에서 유행하던 관습에 합류했다. 스트라스부르 성찬 예식문은 이미 성찬 권징의 측면을 표현했으며, 특히 프랑스 회중과 런던에서 따르는 예전이 기도 했다(Dankbaar, 1941:208). 제네바에서 칼빈은 스트라스부르 예전을 기초로 삼아 발전시켰고, 기욤 파렐과도 협력했다. 제네바에서 사람들이 성찬을 잘 이해할 수 있도록 모국어를 사용해야 한다고 주장한 것은 중요하다(Dankbaar, 1941:209). 칼빈이 스트라스부르와 제네바에서 활용할 수 있었던 정보에서 성찬 권징의 필요성과 출교와 같은 문제가 반복적으로 강조되었다. 합당하지 않은 사람들이 성찬에 참여할 수 없는 것이 흔한 일이었다. 교리교육, 회개, 그리고 성찬이 불가분의 관계를 이룬다는 데에 일반적으로 동의했다(스트라스부르, 제네바, 런던, 프랑스; 라스코와 미크론은 자체적인 양식서를 가지고 있었음; Wielenga, 1913:42). 올레비아누스는 미크론과 뷔르템베르크의 예식문, 그리고 특히 칼빈의 제네바 예식문을 사용했다(Dankbaar, 1941:211-12; 1956:1-30; Van 't Spijker, 1980:375).

16세기 성찬 예식문에는 소위 '신앙 조사'(ondersoeking van die geloof)라는 것이 선행되어 있었다는 사실은 잘 알려지지 않았지만, 이 부분에서는 회중이 성찬을 받기 전의 질문들을 제시했다. 이는 주로 신앙을 공식적으로 확인하고 고백하는 역할을 했으며, 회중이 교회 권징에 복종하도록 하는 것이었다(Vinke, 1835:1-14; Wielenga, 1913:40). 그러나 고전적인 성찬 예식문에서는 이 부분이 생략되었는데, 이는 신앙을 조사하는 일이 교회 당회에서 가정 심방과 권징을 통해 다루어졌기 때문이다. 당시 이미 이 부분에 대한 교회 규정이 제정되었다. 1563년까지는 성찬 참여 문제와 감독 및 권징에 대한 조치가 원칙적으로 해결되었다. 1563년 팔츠 예식문과 1563년에 작성된 하이델베르크 교리문답은 이 문제에 대해 동의한다.

1568년, 베젤 교회질서는 이러한 발전의 결과를 다음과 같이 표현했다. "누구든지 사전에 신앙고백을 하고 교회의 치리를 따르지 않으면 주님의 성만찬에 참여할 수 없다"(제87조; Pont, 1981:86). 1571년부터 1618/19년까지 주님의 만찬에 관한 모든 교회 규정에는 동일한 취지의 유사한 표현이 그대로 유지되었다(Pont, 1981; Bouwman, 1912:225). 이것은 주님의 만찬이 열린 성찬이 아니라 닫힌 성찬이라는 사실을 표현할 뿐이다. 더 잘 표현하자면, 주님의 만찬은 어떤 의미에서 복음 선포를 핵심 권능의 사역으로 받아들이는 사람들에게 열려있다. 그들에게는 천국과 그것과 함께 주님의 만찬도 잠금이 해제된다(주님의 만찬 축하는 결국 천국 사건임). 하나님의 말씀에 복종하지 않고 회개하지 않는 사람들에게는 주님의 만찬의 참여에서 제외된다는 사실을 알려야 한다. 또한 죄를 고집한다면 교회와 천국에서도 제외된다. 이것이 그리스도교 권징의 열쇠가 기능하는 방식이다(하이델베르크 교리문답 제31주일). 열린 성찬과 닫힌 성찬은 천국 열쇠들이라는 권세 있는 사역과 가장 밀접하게 연결되어 있다!(Kuyper, nd.:238). 누구든지 특별한 감독이나 조사 없이 공개적으로 주님의 만찬을 거행해야 한다고 주장한다면, 천국의 열쇠들에 대한 가르침을 거부하는 것이다.

이 원칙은 성찬에 관한 도르트 교회질서 제61조에 실질적으로 규정되어 있다. 이 조항에 따르면, 개혁 신앙과 경건한 삶에 대한 증거는 필수적이다. 이는 특정 교회의 신앙고백을 한 교인과 교회 내 다른 교회의 교인 모두에게 적용된다. 따라서 교인증명서(attestate)에 관한 제82항은 제62항과 직접적으로 연관된다.

안타깝게도 1964년 남아공 개혁교회 총회는 '다른 교회들'(ander

kerke)이라는 표현 뒤에 괄호 안에 '같은 교단'(van dieselfde kerkver-band)을 덧붙여 이 조항을 설명하려고 했다. 이는 이 조항의 원래 의도와 상충된다. 이 조항의 실제 의도는 누구든 출신지와 상관없이 교리와 삶에 대한 좋은 증언이 없이는 입교될 수 없다는 것이다. 따라서 이 조항은 다른 교회(교단 안)나 다른 교회 출신자는 먼저 증언을 통해 좋은 증언을 제시하거나 당회의 심사를 거쳐야 회원이 되고, 그런 다음 성찬에 참여할 수 있다고 규정한다. 이 조항은 방문자를 다루기 위한 것이 아니었다.

신자들이 다른 교회 공동체의 방문자로서 주님의 만찬에 참여할 수 있는지에 대한 질문에 답할 때, 신앙고백에 명시되어 있고 교회질서 제61조에 규정된 것과 동일한 원칙이 적용되어야 할 것이다. 남아공 개혁교회 총회 1961년 헌장(19)과 1967년 헌장(589)은 이 문제가 지역교회의 문제라고 결정했다. 칼빈은 루터교인이 주님의 만찬에 참여하는 것에 반대하지 않았고, 개혁파 교인이 루터교의 성찬에 참석할 수 있다는 것에도 반대하지 않았던 것으로 알려져 있다. 이런 상황에서 교회 당회는 그 사람이 교회의 가르침에 충분히 동의하는 신앙고백을 하는 교회의 회원인지, 그 사람이 교회에 받아들여질 수 있는지, 그 사람의 개인적인 가르침과 삶이 교회의 참된 가르침과 일치하는지 여부를 결정해야 한다 (Bouwman, 1934:391; Rutgers, 1922:156-66; Kuyper, Nd:239).

6. 성경으로 검증하기

1) 오직 신자들만 위하여

신앙고백서, 예식문, 그리고 교회질서는 주님의 만찬이 거듭난 신자들에게만 제정되었음을 분명히 밝힌다. 이와 관련하여 현재 제기되는 질문들은 다음과 같다. 네덜란드 신앙고백서 제35조에서 악한 자들도 성찬을 받을 수 있다고 언급하고, 성찬을 받은 가룟 유다와 마술사 시몬을 특별히 언급하는 이유는 무엇인가? 더 나아가, 신자들이 세례와 주님의 만찬, 이 두 성례를 모두 받는다면, 아직 신앙고백을 하지 않은 세례받은 자녀들은 왜 주님의 만찬을 받을 수 없는가?

이와 관련하여, 우리는 하나님의 말씀으로 이 점을 살피려고 한다. 물론 몇 가지 사실에 국한할 것이다. 사도행전 2:42에 대한 주석에서 헨첸(1971:191)은 예루살렘의 신자들이 실제로 자신들을 별개의 집단으로 구별했으며, 그들이 주님의 만찬을 공동 식사에서 행하여 비그리스도인들과 구별되어야 한다는 것을 정확히 보여주었다고 지적한다. 또한 사도행전 20:7과 11절에서도 주님의 만찬이 신자들의 식사라는 것은 분명하다(Bruce, 1977:408). 성경 어디에도 불신자들이 주님의 만찬을 기념했다는 기록은 없다. 네덜란드 신앙고백서 제35조에서 가룟 유다와 마술사 시몬을 언급하는 사실은 판 브루헌(1971:183)에 의해 불행한 사례로 간주된다. 실제로 성경 어디에도 마법사 시몬이 주님의 만찬에 참여했다는 내용을 읽을 수 없다. 마가복음, 마태복음, 누가복음, 요한복음의 기록에서도 가룟 유다가 실제로 주님의 만찬에 참여했는지 여부는 확실하지 않다. 칼빈(1846:198)은 누가복음 22:21에 대한 주석에서 우리가 이에 대해 정확히 알지 못하지만, 가능할 수 있었음을 인정한다고 말한다. 누가복음만이 그러한 가능성을 제기한다. 바빙크(1930:568)는 가룟 유다에 대한 언급이 교리적 의미가 거의 없다고 믿는다. 왜냐하면 그는 주님의 제자로서 그 자리에 있었고, 또한 자신을 제자로 제시했기 때문이다. 하이스텍(1987:130-48)은 유다에 대한 논의에서 이 문제를 다루지 않았지만, 그가 예수님의 경고와 징계에도 불구하고 개인적으로 죄를 고집했다는 것을 증명한다. 그러므로 그는 신앙고백에서 말하는 것처럼 주님의 만찬을 통해 참으로 그리스도를 영접하지 못했다.

세례가 이미 주님의 만찬에 참여할 수 있는 자격을 제공하는지에 대한 질문에 대해, 세례 지지자들은 대개 지시하는바 즉 그리스도를 소유한 사람은 누구나 그 표징 자체에 대한 권리도 가지고 있다고 대답한다 (Bavinck, 1930:560). 칼빈의 관점에서 볼 때, 우리가 이미 보여준 것처럼, 그는 훨씬 더 이른 시기 또는 더 어린 나이, 즉 10세에 아이들을 주의 만찬에 참여시켰지만, 그 후에는 그들이 교리의 주요 내용을 알고 있다는 증거를 제시해야 했고, 공식적으로 심사를 받은 후에 참여시켰다는 것이 분명하다. 바빙크(1930:560)는 세례만으로는 주의 만찬에 참여할 수 없는 이유를 여러 가지 제시한다. 그 중에서 가장 중요한 것은 고린도전서 11:26-30을 언급한 것이다. 아직 충분한 지식이 없고 미성숙한 아이들은 자기 성찰을 요구할 수 없다. 세례는 수동적인 아이들에게도 베풀 수 있지만, 주님의 만찬에는 적극적인 자기 성찰, 자기 훈련, 비참함, 구원, 감사에 대한 지식, 그리고 의식적인 신앙고백이 필요하다(Jansen, 1952:268).

2) 고린도전서 11장

개혁파 유산에 대한 앞의 논의를 통해, 모든 문서(신앙고백서, 예식문, 교회질서)에서 성찬과 교회 권징과 관련하여 고린도전서 11:27-32가 특히 중요하다는 사실은 분명해졌다. 문제는 이 구절을 통해 자기 절제와 교회의 권징이라는 것이 존재하며, 악하거나 완고한 죄인이 허용될 때 하나님의 진노가 전체 회중을 향해 치솟는다고 결론짓는 것이 과연 타당한가 하는 것이다.

고린도전서 11:20-21에서 바울은 δεῖπνον이라고 알려진 그리스인들의 일반적인 (주요) 식사와 κυριακὸν δεῖπνον으로 알려진 성찬을 명확히 구분한다(Grosheide, 1957:305). 11:23-26에서 바울은 빵과 잔이 그 존엄성을 지닌 것처럼 주님의 만찬의 존엄성에 중점을 둔다(Grosheide, 1957:312). 바울은 11:27에서 주님의 만찬이 합당치 않게 사용되어서는 안 된다는 결론(ὥστε)을 내린다. 하나님께서 자신의 권위로 성찬을 주셨으므로, 신자는 마땅히 그렇게 받아들여야 한다. 누구든지 합당치 않게 그것을 받는 사람은 성찬의 존엄성을 깨뜨리지 않고, 오히려 하나님 앞에서 그것에 대한 책임을 져야 한다(Calvyn, 1960:251). 히브리서 6:6과 10:29를 보면, 그리스도의 십자가를 멸시하는 자는 주님의 십자가 처형을 자신의 탓으로 돌리는 것으로 보인다! 그러므로 성찬을 받는 사람은 하나님 앞에서 의식적으로, 그리고 온전한 책임감을 가지고 성찬을 활용해야 한다. 11:28에서 바울은 성찬을 어떻게 사용해야 하는지 설명한다. "그러나 사람은 자신을 살피고 그 후에야 떡을 먹고 이 잔을 마실 것이니라." 동사 δοκιμάζω(검토하다, 시험하다)는 악을 정화하여 선한 결과가 나올 수 있도록 한다는 의미를 가진다. δοκιμάζω의 결과는 언제나 선하다(Grundmann, 1968:260). 이 명령은 특히 신자들에게 주어졌는데, 이러한 자기 성찰이나 자기 점검의 의도는 성찬을 사용할지 말지를 결정하는 것이 아니라, 어떻게 사용할 것인지를 결정해야 한다는 것을 의미한다(Delleman, Nd:141; Grosheide, 1957:313). 겸손의 모습으로 나아가고, 말씀과 성령님으로 정결해지고 거룩하게 되어 믿음 안에서 강건해지도록 스스로 훈련하라는 명령이다(빌 1:10; 엡 5:10). 이것이 바로 신자가 성찬을 거행하는 정당한 방식이다(참고. 고전 11:28의 καὶ οὕτως[그리고 이와같이]). 검증된 상태에서 주님을 만나라는 이 명령은 성경 전체의 가르침과 일치한다.

- 야곱이 여호와께 제단을 쌓기 위해 벧엘로 떠날 때, 그의 집에서 모든 외국 우상을 제거해야 했고, 그들은 자신을 정결하게 하고 다른 옷을 입어야 했다(창 35:1-4).
- 이스라엘이 유월절을 지키려면 집에서 모든 누룩을 제거해야 했고, 7일 동안 무교병을 먹어야 했다. 고린도전서 5:7-8을 보면, 누룩을 제거하는 것은 죄의 누룩을 제거하는 것을 상징한다(Delleman, Nd: 142-43; Grosheide, 1957:145).

고린도전서 11:29("주의 몸인 줄 분별하지 못하고 먹고 마시는 자는 심판을 자초하는 것이니라")에서 바울은 성찬 전에 자기를 성찰하는 것이 왜 그토록 중요한지 설명한다. 그는 하나님의 심판 앞에 자신을 내어놓기 때문이다!

11:30-32에 따르면, 회중이 이미 성찬을 잘못 사용했기 때문에 하나님의 심판이 그들 가운데 작용하고 있는 것으로 보인다. 즉, 그들 가운데는 약하고 병들고 죽은 사람들이 있다는 것이다. 하나님께서는 아직 그들을 정죄하지 않으셨지만, 이로써 회중을 징계하시어 그들이 구원받을 수 있도록 하신다(Grosheide, 1957:314).

바울이 11:29에서 3인칭 단수형 대명사를 사용하다가 30절에서 복수형 '너희'로 바꾼 것은 주목할 만하다. 이로써 개인이 회중과 분리되어 있지 않으며, 회중 또한 각 개인에 대한 책임이 있음이 분명해진다(Pop, 1965:261).

우리는 스스로의 권징(자기 절제)과 교회의 권징을 통해 믿지 않는 세상에 임할 하나님의 정죄를 예방한다. 주님 말씀의 훈련에 순종하는 사람은 주님의 만찬을 통해 그리스도의 몸과 피를 담대히 받아 모시게 될 것이며, 궁극적으로 마지막 심판 날에 하나님의 심판에서 보존될 것이다 (고전 11:32; Pop, 1965:262).

7. 결론

교회가 가장 깊은 교회적 존재(diepste kerk-wees)로서 주님의 성만찬을 집행하는 데 분주한 곳에서, 천국 열쇠들을 지닌 교회는 이 거룩한 행위를 지켜야 한다. 하나님의 크신 자비로, 그분은 또한 자기 자녀들에게 이 은혜의 방편을 주셨고, 이를 통해 그리스도께서 우리에게 주어진다. 하나님은 우리가 참된 믿음과 검증된 상태와 태도로 이 은혜를 받기를 요구하신다. 주님의 만찬과 권징에 관해 그분의 말씀에서 우리에게 계시하신 모든 것을, 교회는 성령님의 인도하심 아래 기도와 투쟁을 통해 마침내 고백적으로 확립했으며, 그 기초 위에 예식문과 교회 규정을 통해 질서 있게 정리했다. 이 유산은 성경의 테스트를 견딜 수 있으므로, 우리는 이 개혁파 유산을 귀한 금처럼 보존하여 하나님의 영광과 주님의 교회의 덕을 위하여 활용해야 한다.

참고문헌

Aalbers, B J. *Kinderen aan het Avondmaal?* Kampen: Kok, 1971.

Balke, W. "Het Avondmaal by Calvyn." In Van 't Spijker, W., Exalto, K. en Van Driel, L. (red). *By Brood en Beker*. Cíoudriaan: De Groot, 1980: 178-225.

Bavinck, H. *Gereformeerde Dogroatiek*. Vierde Deel. Kampen: Kok, 1930.

Boelens, W. *Tafel en Gastheer: Toenadering by Interkommunie en Ambt*. Baarn: Ten Have bv, 1979.

Bouman, H. *De Kerkelijke Tucht naar het Gereformeerde Kerkrecht*. Tweede Deel. Kampen: Kok, 1912.

_____. *Gcreformeerd Kerkrecht*. Tweede Deel. Kampen: Kok, 1934.

Bruce, F. F. *Commentary on the Book of Acts*. London: Marshall, Morgan & Scott, 1977.

Calvyn, J. *Institutie of de Onderwijzing in de Christelike Religie*. Amsterdam: Bottenburg, Nd.

_____. *Commentary on a Hrmony of the Eangelists, Matthew, Mark, and Luke*. Translator Pringle, W. Edinburgh: The Calvin Translation Society, 1846

_____. *The First Epistle of Paul the Apostle to the Corinthians*. Translator Torrance, J. W. Edinburgh: Oliver and Boyd, 1960.

Dankbaar, W. F. *De Sacramentsleer van Calvyn*. Amsterdam: H. J. Paris, 1941.

_____. *Marten Micron: De Christelicke Ordinancion der Nederlantscher Ghemeinten te London (1554)*. Gravenhage: Martinus Nijhoff, 1956.

Delleman, T. *Het Heilige Avondmaal*. Amsterdam: De Pauw, Nd.

Exalto, K. "Het Avondmaal by Luther." In Van 't Spijker, W., Balke, W., Exalto, K. en Van Driel, L. (red). *By Brood en Beker*. Goudriaan: De Groot, 1980: 106-148.

Feenstra, J. G. *Onze Geloofsbclijdenis*. Kampen: Kok, 1966.

Gereformeerde Kerke in Suid Afrika. *Handelinge van die Vier en Dertigste*

Sinodale Vergadering, 1961.

_____. *Handelinge van die Ses-en-Dertigste Sinodale Vergadering,* 1967.

Graafland, C. "Nadere Reformatie: G. Voetius/A. Brakel/J. Verschuir." In Van 't Spijker e.a. (reds). *By Brood en Beker.* Goudriaan: De Groot, 1980: 248-81.

_____. Het Avondmaal in de 19e en 20e Eeuw. In Van 't Spijker, W. e.a. (red). *By Brood en Beker.* Goudriaan: De Groot, 1980: 323-62.

Grosheid, F. W. *De Eerste Brief aan de Kerk te Korinthe.* In *Commentaar op het Nieuwe Testament.* Kampen: Kok, 1957.

Grundmann, W. "Dokimatsoo." In Kittel, G. (red). *Theological Dictionary of the New Testament* II: 255-60. Grand Rapids: Eerdmans, 1968.

Haenchen, E. *The Acts of the Apostles: A Commentary.* Oxford: Blackwell, 1971. Hartveld, G. P. "Tastbaar Evangelie." In *Nieuwe Commentaar Heidelbergse Catechismus, Deel III.* Aallen: De Graafschap, Nd.

Heystek, N. P. "Die Plek van die Tugbediening in die Pastoraat." Potchefstroom: PU vir CHO 1987. Proefskrif (Th.D.).

Jansen, J. *Korte Verklaring van de Kerkorde der Gereformeerde Kerken.* Kampen: Kok, 1952.

Kuyper, A. *E Voto Dordraceno: Toelichting op den Heidelbcrgschen Catechismus.* Derde Deel. Kampen: Kok, Nd.

Lekkerkerker, A. F. N. *De Tafel des Heren.* Baarn: Bosch & Keuning, 1961.

Plomp, J. *De Kerkelijke Tucht by Calvyn.* Kampen: Kok, 1969.

Pont, A. D. *Die Historiese Agtergronde van Ons Kerklike Reg.* Pretoria/Kaapslad: HAUM, 1981.

Pop, F. J. *De Eerste Brief van Paulus aan de Corinthiërs.* In *De Prediking van het Nieuwe Testament.* Nijkerk: Callenbach, 1965.

Rutgers, F. L. *Kerkelijke Adviezen.* Tweede Deel. Kampen: Kok, 1922.

Snyman, W. J. "Nuwe en Ou Dinge 'Uit die Skat van die Koninkryk.'" In Snyman, P. C. (red.). Potchefstroom: Pro Rege, 1977.

Van Bruggen, J. *Het Amen der Kerk: De Nederlandse Geloofsbelijdenis Toegelicht.* Goes: Oosterbaan & Le Cointre, 1971.

Van 't Spijker, W. De Ambten bij Martin Bucer. Kampen: Kok, 1970.

_____. "Het Klassieke Avondmaalsformulier." In Van 't Spijker, W. e.a. (reds). *Bij Brood en Beker*. Goudriaan: De Groot, 1980: 363-422.

_____. *Luther en Calvyn: De Invloed van Luther op Calvyn blijkens de Institutie*. Kampen: Kok, 1985.

Vinke, H. E. "Over den Oorsprong van het Voorhouden van Eenige Vragen aan de Gemeente bij de Voorbereiding tot het Heilige Avondmaal." In Kist, N. C. en Royards, H J. (reds). *Archief voor Kerkelijke Geschiedenis, Inzonderheid van Nederland*. Leiden: J. Luchtmans, 1835: 1-40.

Visser, J. "De Tug oor Ampsdraers: 'N Kerkregtelike en Kubernetiese Studie." Potchefstroom: PU vir CHO, 1982. Proefskrif (Th.D.).

Wielenga, B. *Ons Avondmaalsformulier.* Kampen: Kok, 1913.

권징과 영적 성장을 위한 새로운 기회[183]

서론

2004년에 남아공 화란개혁교회(NGK) 총회는 교회의 권징(勸懲)에 대한 더욱 적절한 적용과 이해에 관하여 새로운 성찰이 필요하다고 결정했다. 교단 총회의 이런 지침은 2007년과 2011년에도 반복되었다. 내용은 다음과 같다. "총회는 해당 소위원회(ATK, ATR)에 교회 내 공식 권징을 현대 방식으로 적용하는 연구를 지시한다"(NGK Handelinge, 2007:203).[184] 이 문제가 교회의 주요 의제 중 하나인 이유는 네덜란드 신앙고백서(1561)가 이를 참된 교회의 특징 중 하나로 설명하고 있기 때문이다. 따라서 권징에 대해 끊임없이 새롭게 사고하는 것이 과제이다.[185] 비

---

183 본 논문은 프레토리아대학교 교의학 및 교회사 교수 요한 판 덜 메르베(Johan M. van der Merwe)와 박사 과정 학생인 비안카 판 흐란(Bianca R. van Graan)의 "Kerklike Tug: Verleentheid of Nuwe Geleentheid?" *Verbum et Ecclesia* 45/1 (2023), 1-7을 번역한 것이다.

184 남아공 화란개혁교회 총회 구조와 약어(NG Kerk General Synod Structure and Acronyms)에 따르면, 'ATK'는 Algemene Taakspan Koordinering(총회 협력 테스크팀)을 가리키고, 'ATR'은 Alegemen Taakspan vir Regte(총회 법률 테스크팀)을 가리킨다(역자 주).

185 "우리가 참된 교회를 알아볼 수 있는 표지들은 다음과 같다. 교회가 복음을 순수하게

안카 판 흐란(B. R. van Graan)의 경험적 연구에 따르면, 교인들은 교회 권징을 부정적으로 경험하고 오해하는 것으로 나타났다.[186] 교인들은 권징을 신자들이 서로에게 보여야 할 사랑에 부합하지 않는 처벌과 정죄로 여긴다. 따라서 이는 교회에 참으로 난처한 상황이 되었다. 이 난처한 상황을 기회로 전환하려면 교회의 권징을 새롭게 접근해야 한다.

교회가 시행하는 권징에 관한 올바른 이해

교회의 권징은 항상 우리가 교회에 대해 이해하는 틀 안에서 이해되어야 한다. 이는 코프만(2009:17)이 "교회법은 교회론에 뿌리를 두고 있다"라고 쓴 글에서 강조한 바이다. 이는 교회법의 중요한 부분을 구성하는 교회의 권징 또한 교회론에 뿌리를 두고 있음을 의미한다. 개혁주의 전통에서 이는 소위 교회의 표지들(Notae Ecclesia), 즉 단일성, 거룩함, 보편성, 사도성으로 더욱 구체적으로 정의된다.[187] 교회질서의 어떤 측면을 고려할 때, 이 네 가지를 신중하게 고려해야 한다.

위의 내용을 염두에 두고, 교회의 권징을 새롭게 생각할 때, 권징의 목적을 제대로 이해하는 것이 중요하다. 이는 화란개혁교회 교회질서

전파하고, 그리스도께서 제정하신 대로 성례전을 순수하게 집행하며, 교회의 권징을 사용하여 죄를 처벌하는 것이다. 간단히 말하면, 모든 사람이 하나님의 순수한 말씀에 따라 행동하고, 말씀에 어긋나는 모든 것을 거부하며, 예수 그리스도를 유일한 머리로 인정하는 것이다"(네덜란드 신앙고백 제29조).

186 　비안카 판 흐란의 연구 결과물의 권한은 저자인 그녀가 가지고 있다. 그녀는 코비드-19 팬데믹으로 인한 갑작스러운 사망으로 박사학위 논문을 마무리할 수 없었다.

187 　본 논문의 두 저자는 교회법 실행에 있어 교회 표지들(Notae Ekklesiae)의 중요성을 인정하지만, 이에 대한 자세한 논의는 본 논문의 범위를 벗어난다. 이에 대한 자세한 논의는 코프만(2009:183-289)을 참조하라.

(2019) 제59조에 다음과 같이 설명된다. "교회 권징과 치리는 하나님의 영광을 위하여, 교회의 구원을 위하여, 죄인의 보존을 위하여, 하나님의 말씀, 신앙고백, 교회법 및 기타 교회의 규정과 사역 합의문(dien-sooreenkoms)에 따라 행사된다"(NGK 교회질서, 2019:80). 이는 교회의 권징이 첫째로 무엇보다도 하나님의 영광을 보호할 뿐만 아니라, 그 영광을 반영해야 함을 의미한다. 따라서 권징은 시민적 처벌과 같은 형벌이 아니라, 죄인을 향한 하나님의 사랑에 응답하여 그를 하나님의 뜻으로 다시 인도하는 존중의 표현이다(Kleynhans, 1988:147; Visser, 1980:50-51; Kleynhans, 1965:8; Smuts, 1962:23-24).

둘째, 교회의 권징은 회중의 거룩함을 보호해야 한다. 이는 회중이 세상 안에서 하나님과 같아야 하지만, 세상의 나머지와는 달라야 함을 의미한다(Kleynhans, 1988:147; Kamphuis, 1982:32-33; Jonker, 1965:58, 66-67). "교회는 그리스도 안에서 이미 존재하는 그 모습대로 되기 위해 끊임없이 노력해야 한다"(Jonker, 1965:55, 68). 그리스도께서 교회의 머리이시라는 사실은, "머리 안에 있는 동일한 생명이 몸에도 있어야 한다"라는 것을 의미한다(Jonker, 1965:24).

셋째, 신자들은 서로를 돌볼 책임이 있다. 이 명령의 중요성은 교인들이 공적인 신앙고백에서 답해야 하는 질문들 중 하나라는 사실에서 더욱 강조된다.[188] 욘커는 이에 동의하면서, 모든 신자가 몸의 일부이며, 서로를 돌보고, 서로의 짐을 지고, 회중의 거룩함을 보호할 책임이 있다는 사실을 강조한다(Jonker, 1965:24, 58, 60-61, 116-17). 신자들은 한 몸

---

188 질문은 다음과 같다. "당신은 동료 신자들이 당신이 올바른 길을 가도록 도울 책임이 있다는 것을 받아들입니까?"(예배지침서, 2010:122).

의 지체이기 때문에, 각 사람의 행동은 자신이 속한 회중과 교회와 분리되어서는 결코 안 된다(Kleynhans, 1988:147-48; Visser, 1980:52; Jonker, 1965:7; Smuts, 1962:24). 따라서 교회의 권징은 예수님의 몸의 본질적 부분이며, 따라서 신자들을 돌보는 데 초점을 맞춘다.

드 브레인(1997:218)은 아버지 하나님께서 예수 그리스도를 통해 사람들에게 형언할 수 없는 사랑을 보여주셨다고 설명하면서 이에 동의한다. 하나님은 인간에게 영원한 구원과 구속을 베푸시는 제안을 주셨다. 하나님께서 주시는 사랑의 제안에 응답하여 인간은 서로에 대한 책임을 질 수밖에 없다. 이는 신자들이 서로를 돌보고 바로잡아야 하며, 교회의 권징이 적절히 시행되어야 함을 의미한다.

교회의 권징에 대해 새롭게 숙고하는 것은 단순히 권징의 목적 자체를 새롭게 되물어 보는 것만을 의미하지 않는다. 교회 권징을 올바르게 이해하려면 교회 권징의 본질을 숙고하는 것이 필요하고 중요하다. 권징은 처벌이 아니며, 교인들에게 굴욕감을 주거나 상처를 주고 싶어 하지 않는다. 권징은 신자들의 마음을 완고하게 만들고 환영받지 못하는 기분을 느끼게 하려 하지 않는다. 또한 특정 교인이 다른 교인보다 더 낫고 죄가 없다는 인상을 주고 싶어 하지도 않는다. 교회의 권징은 하나님과 길을 잃은 사람 사이의 관계를 회복하고자 한다(Visser, 1986:165; 1980:57; Nauta, 1971:352; Smuts, 1962:27, 29). 교회의 권징의 본질이나 특징을 살펴보면 위의 내용이 명확해진다.

첫째, 권징은 사법적 성격을 지닌다. 이는 사람들을 강압할 수 있다는 것을 의미하는 것이 아니라, 준수하고 고수해야 할 규칙이 있다는 것을 가리킨다(Kleynhans 1988:142; Jonker 1965:102). 그러나 이는 권징을 처벌로 이해해야 한다는 것을 의미하지 않는다. 처벌은 강압과 신체적

해(害)를 통해 법과 규칙을 시행하려는 반면, 권징은 결코 사람을 강압하거나 해치려는 것이 아니라, 설득, 훈계, 경고를 통해 죄인을 회개와 사죄로 이끌고자 한다(Kleynhans, 1988:143; Visser, 1986:166; Jonker, 1965:102-103; Smuts, 1962:18-9).

둘째, 권징은 영적인 성격도 가지고 있다. 다시 말해, 권징은 정부 당국의 처벌과는 다르며 결코 벌금, 투옥 또는 신체적 처벌로 이어질 수 없다. 권징을 행사하는 사람들은 스스로를 시민 재판관처럼 행세해서는 안 된다(Kleynhans, 1988:142-43; Visser, 1986:157; 1980:63-64; Nauta, 1971:350, 358; Smuts, 1962:19). 권징의 영적인 본질은 권징이 복음 전파와 함께 행해져야 함을 요구한다(Visser, 1980:64-65).

셋째, 권징은 교육적인 성격을 가진다. 즉, 교회의 권징은 말씀을 통해 가르치고 준비되어야 한다. 교회는 권징을 통해 양떼를 다시 무리에게 인도하려고 노력한다. 따라서 권징은 죄인을 교육하고 인도한다(Jonker, 1965:105; Smuts, 1962:20). 죄인은 사랑과 연민으로 그리스도 안에서 자신이 무엇인지 깨닫도록 인도받아야 한다. 이를 위해 교회의 권징은 아버지가 가정에서 자녀를 교육하고 옳고 그름을 가르치는 것처럼 교육적인 성격을 가져야 한다(Jonker, 1965:105; Smuts, 1962:20).

넷째, 권징은 치유적인 성격도 띤다. 이는 권징이 죄인을 죄에서 구원하고자 한다는 것을 의미한다. 이러한 이유로 교회 권징은 결코 첫 단계가 아니라, 사람들이 구원받고 자신의 죄를 깨달아야 할 마지막 단계이다. 그래서 스무츠(1962:20)는 권징 과정에는 항상 고백, 회개, 그리고 화해의 여지가 있어야 한다고 강조한다.

이렇게 이해하면, 권징은 꼭 필요함이 분명하다. 교회의 권징은 신자들의 모임의 거룩함을 보호해야 하며, 그리스도의 몸으로서 교회의 정체성을 지켜야 한다(Visser, 1988:146; 1980:3-4). 레이(1978:332-33)는 "권징을 행사하지 않는 교회는 세상의 존경이나 구성원들의 신뢰를 기대할 수 없다"라고 강조한다. 교회는 신자들의 거룩한 모임이며, 이 거룩함을 지키기 위해서는 권징은 필수적이다. 교회가 권징을 소홀히 하거나 방치하면 교회의 쇠퇴와 회집의 더럽혀짐으로 이어진다. 그러므로 그리스도께서는 제자들에게 서로와 동료 신자들을 권징하라고 명하셨다(Visser, 1986:161; 1980:4; Vorster, 1985:18-19; Van 't Spijker, 1970:173, 235; Jonker, 1959:35; Vorster, 1950:2).

욘커(1965:2-3)와 스무츠(1962:45)는 예수님께서 인간의 죄성이 항상 인간에게 남아 있을 것임을 알고 계셨기에, 교회에 "교회 안의 형제자매들이 죄를 지었을 때 온전한 책임감을 가지고 행동해야 한다"라는 구체적인 지침을 주셨다고 강조한다.

이로부터 권징은 사랑의 구체적인 명령임이 분명해진다. 교회는 또한 하나님께서 그들에게 보여주신 사랑을 다른 사람들에게 보여야 한다. 그리고 교회는 사람들에 대한 사랑으로 교회 권징을 통해 그들을 인도하고 그들의 구원을 보호해야 한다. 이 사랑은 때때로 교인과 인기를 잃어버리고 불쾌함을 동반하지만, 교회는 누군가를 파멸에서 구원하고 구원받을 수 있다면 이러한 것들을 감수해야 한다(Jonker, 1965:97-98).

교회의 권징을 이러한 방식으로 이해한다면, 그것은 적용되는 개별 신자뿐만 아니라 전체 공동체에도 유익하다. 또한 다른 사람들이 자신이 잘못되었음을 깨닫고 이해하며 잘못된 행동을 고집하지 않도록 돕는다(Wray, 1978:333). 따라서 칼빈이 교회에 권징이 필요하다고 생각한 것은 타당하다. 교회는 힘줄과 같은 권징이 없이는 존속할 수 없기 때문이다(Kleynhans, 1988:146; Visser, 1980:4; Polman, nd:III:331). 그러나 욘커는 권징이 근본적으로 사랑의 행위이기 때문에, 위의 모든 것은 항상 사랑의 틀 안에서 이루어져야 한다고 강조한다. 그는 아래와 같이 설명한다(Jonker, 1959:133).

> 하나님의 사랑을 오해하는 교회는 더 이상 권징의 필요성을 이해하지 못하고, 권징의 필요성을 더 이상 볼 수 없는 교회는 더 이상 하나님의 사랑을 이해하지 못한다. 하나님의 사랑과 권징을 더 이상 조화시키지 못하는 교회는 더 이상 복음을 이해하지 못 한다. 그러나 교회가 하나님의 사랑이 거룩한 사랑임을 이해한 다면 권징을 실천할 것이다.

욘커가 설명하는 교회 권징에 대한 이해는 교회 구성원과 직분자들 사이에 존재하는 오해, 즉 교회 권징의 목적이 사람들을 정죄하고 회중이나 교회에서 쫓아내는 것이라는 생각과 매우 대조된다.[189]

권징은 인간에 대한 하나님의 사랑 표현이어야 한다. 죄를 드러내기 위해 권징을 사용하는 대신, 오히려 섬세하고 사랑 어린 방식으로 죄를 없애려고 해야지, 사람을 없애려고 해서는 안 된다. 권징이 사랑과 동정으로 느껴질 때, 그 사람을 회개와 회심으로 이끄는 데 도움이 될 것이다. 이렇게 이해될 때, 권징은 서로를 돌보는 것으로 설명될 수 있다(Kleynhans, 1988:148; Smuts, 1962:29).

판 로이언(1970:14-15)은 권징에 항상 관용이 수반되어야 한다고 강조

---

[189] 이는 비안카 판 흐란의 연구의 중요한 결과 중 하나이다.

함으로써, 이러한 권징 이해의 결과를 더욱 확실하게 만든다. 사람들에게 관용을 베푸는 것은 교회의 약함이나 원칙 없는 행동이 아니라, 오히려 사람들의 약함을 고려하고 개인의 자유를 존중한다는 사실을 보여준다. 그러나 캄파이스(1982:120-22)는 이런 관용에 조건이 있음을 분명히 밝힌다. 즉 그 사람은 스스로가 가르침을 받으려는 의지를 가져야 한다. 그리고 캄파이스는 권징에서 반드시 사랑이 늘 중요한 역할을 해야 하며, 어떤 개인에 대한 치우친 존중이 있어서는 안 되며, 항상 공정성을 유지해야 한다고 강조한다. 이러한 공정성은 정의와 의로움이 실현되고, 관련된 사람이 공정하게 판단받기 위해 필수적이다(Kamphuis, 1982:83-85). 이는 권력 남용이 있어서는 안 된다는 것을 의미한다. 권징은 위로부터 오는 것이 아니라, 항상 평등과 사랑으로 말해야 한다. 권징하는 사람은 자신의 죄와 불완전함을 인지하고 있기 때문에, 겸손한 마음으로 그렇게 해야 한다. 이러한 특징은 권징에서 결코 간과되어서는 안 된다(Visser, 1980:62; Grosheide, 1952:13).

권징은 가혹하고 혐오스러워서는 안 되며, 항상 가족 구성원처럼 서로를 돌보는 것이어야 한다(Visser, 1980:66; Bouma, 1942:169-70). 욘커(1965:159)는 이를 아래와 같이 정확하게 요약한다.

우리는 교회에서 권징을 행사하기에 적합한 영적 분위기에 대해 이야기하고 있다. 이 분위기는 무엇으로 구성되는가? 한 단어로 표현할 수 있다. 바로 공동체이다. 교회 안에 진실하고 따뜻한 공동체가 없다면, 모든 권징은 사실상 실패하고 만다. 하지만 공동체가 있다면 권징은 자발적이고 효과적이다.

이렇게 이해하면, 권징은 결코 위에서 아래로 행해지는 행위가 아니다. 또한 그것은 처벌도 아니다. 이것은 예수 그리스도께서 신자들에게 큰 관용을 가지고 사랑 안에서 서로를 돌보라고 명령하신 데서 비롯된 것이다. 문제는 "권징에 대한 이러한 이해가 화란개혁교회에 어떻게 새로운 방식으로 반영될 수 있는가?"이다.

남아공 화란개혁교회 안의 권징

이러한 징계에 대한 이해는 화란개혁교회에 새로운 것이 아니다. 이는 화란개혁교회 교회질서에 의해 확인되었다. 화란개혁교회 교회질서(2019:193) 제60조는 아래와 같이 명시하고 있다.

교회 감독과 권징은 영적인 성격을 지니며, 신앙과 사랑의 공동체인 교회에 적합하다. 따라서 감독과 권징은 교회적인 방식과 영적인 수단을 통해 행사된다. 공식적인 교회 감독과 권징은 목회적이고 법적 성격을 지니며, 성경적, 영적인 관점에서 공정하고 정당하게 적용되어야 한다.

화란개혁교회 교회질서(2019:110) 제22조는 아래와 같이 더욱 강조한다.

제22조는 교회의 감독과 권징의 본질을 무시하는 방식으로 해석되거나 사용되어서는 안 된다. 더 나아가, 제22조의 적용은 교인들이 신앙고백을 할 때, 그리고 직분자들이 임직할 때 신앙

을 고백하고 서약한 대로 교회의 감독과 권징에 복종해야 한다는 배경에서 이루어진다. 그렇게 함으로써 그들은 다른 회원들과 다른 직분자들과 함께 말씀, 신앙고백, 그리고 회원들과 직분자들에게 적합한 성경적 가치들을 준수할 것을 서약한다. 또한 신앙공동체가 이를 고수하고, 그들의 가르침과 삶이 그들의 증언, 신뢰성, 그리고 그리스도의 몸의 구원에 해가 될 정도로 충돌할 때 훈계하고 징계해 줄 것을 요청한다.

위의 내용은 권징이 실제로 두 가지 방식으로 실행되어야 함을 이해하는 것이 중요하다는 것을 보여준다. 첫째, 권징은 회중 내에서 비공식적인 방식으로 역할을 해야 하며, 둘째, 교회질서에 따라 공식적으로 적용될 수도 있다. 그러나 두 가지 모두 관용적 돌봄의 틀 안에서 이루어져야 한다.

비공식적 권징

권징을 좋은 기회로 삼으려면 권징에 대한 교인들의 관점이 바뀌어야 하며, 교회 안에 새로운 이해가 확립되어야 한다. 또한 교인들도 권징에 대한 자신의 책임을 새롭게 이해해야 한다. 교회 권징에 대한 새로운 이해는 교인들이 서로에 대한 관용적인 돌봄에 대한 책임을 받아들이는 것에서 시작된다. 권징이 교회 모임에서 행사되는 공식적인 행위일 뿐이라는 일반적인 관점은 바뀌어야 한다. 교회 감독과 권징이 신앙과 사랑의 공동체인 교회에 적합한 영적인 특성을 가질 때, 그것은 관계 중심적이며 하향식으로 기능하게 된다.

크리스티나 란드만(Christina Landman)은 관용적 돌봄이 실제로 어떻게 작용하는지 아래와 같이 설명한다(2023년 9월 27일, 네트워크 29).[190]

> 교회의 '하드 파워'는 끝났다. 하지만 교회에는 여전히 '소프트 파워'가 있다. 사실, 지금이 바로 소프트 파워의 시대이다. 힘은 강요하는 것이 아니라 설득하고 초대하는 것이다.

많은 교회는 이미 관계 중심적인 방식으로 기능하는 구조를 가지고 있다. 소그룹, 사역 그룹, 셀 그룹, 구역 등이 예들이다. 이러한 기회들은 교회 권징에 대한 새로운 이해를 도모하는 측면에서 의미 있게 활용될 수 있다. 이러한 그룹들을 서로에게 관용적인 돌봄을 베풀 수 있는 공간으로 변화시키기 위해서는 몇 가지 중요한 조정이 필요하다.

이는 영적 교육을 통해 교인들을 준비시키는 것에서 시작되어야 한다. 영적 교육은 설교와 교리 교육, 이 두 가지 방식으로 이루어진다. 설교는 교인들의 영적 교육에 중요한 역할을 한다. 따라서 교인들은 서로를 돌보는 데 관용적인 돌봄이 포함되어야 한다는 것을 이해함으로써 도움을 줄 수 있다. 이는 권징이 풀뿌리 차원에서 제대로 기능할 수 있음을 의미한다. 따라서 설교는 교인들이 신앙의 가족으로서 함께 권고받고 고백과 화해가 이루어질 수 있도록 하는 또 다른 중요한 방법이 된다.

---

190 이 자료의 온라인 출처는 다음과 같다. https://www.netwerk24.com/netwerk24/stemme/menings/christina-landman-die-tyd-is-verby-vir-die-kerk-se-harde-mag-20230923.

설교는 오랫동안 개혁교회 예배의 일부였지만, 어느새 약화되어 버렸다. 버나드(1981)는 이에 대해 아래와 같이 설명한다.

> 설교는 회중을 준비시키고, 서로에게 훈계하고 서로의 영적 안녕을 돌보아야 할 책임과 소명을 깨닫게 하는 좋은 수단이다. 목회자들이 죄에 대해 설교하는 것이 항상 쉬운 것은 아니다. 그리스도의 사랑에서 나오는 희생을 통한 용서의 메시지를 무효화하고 싶지 않기 때문이다. 또한 하나님의 은혜를 얻기 위해 선행을 믿는 신앙으로 되돌아가는 일이 없도록 해야 한다. 그러나 구원에 별로 관심을 기울이지 않아서, 교인들이 자기 죄를 고백하지 않고도 원하는 대로 죄를 지을 수 있다는 메시지를 받게 된다는 점에 유의해야 한다. 따라서 설교는 사람들이 자신의 죄를 고백하도록 돕는 것뿐만 아니라, 서로 훈계하도록 격려하는 데에도 사용되어야 한다. 설교는 자연스럽게 예배라는 더 넓은 맥락 안에 포함된다. 개혁파 예배는 회중 전체가 공개적으로 죄를 고백할 수 있는 공간을 마련한다. 온 회중의 이러한 공동 죄 고백은 모든 사람이 죄인이며, 모든 사람은 자신의 죄를 고백해야 하고, 그 누구도 고백 없이 계속해서 죄를 고집해서는 안 된다는 사실을 교인들에게 깨닫게 한다.

영적 교육에서 두 번째로 중요한 것은 교리 교육이다. 교리 교육을 통해 교회 권징에 대한 이해와 수용을 새롭게 가르쳐야 한다. 교리 교육의 목적은 세례받은 교인들에게 기독교에 대해, 그리스도인이 된다는 것이 무엇을 의미하는지, 그리스도인으로서 그들의 삶에 어떤 영향을 미치고 변화를 가져오는지, 그리고 세상에서 어떻게 살아야 하는지 가르치는 것이다.

교리 교육은 교인들의 권징에 대한 태도를 형성하는 데 중요한 역할을 한다. 아이들이 교리 교육을 받으며 배우는 내용은 나중에 신앙을 고백하는 교인으로서 자신의 죄성과 예수 그리스도의 구원을 어떻게 이해하고 다른 신자들에 대한 책임을 어떻게 이해하는지를 결정한다. 따라서 교리 교육은 세례받은 교인들이 신앙고백하는 교인으로서 자신의 책임을 이해하도록 준비시켜야 한다. 아이들 또한 자신의 죄성을 이해하도록 준비되어야 하며, 정죄받지 않을 것이라는 확신을 가지고 자신의 죄를 고백하도록 격려받아야 한다. 따라서 교리 교사들이 공개 신앙고백에서 동료 신자들이 자신이 올바른 길로 나아가도록 도울 책임이 있다는 것을 받아들이는지 질문받을 때, 그들은 진심으로 '예'라고 대답할 수 있을 것이다. 자신과 동료 신자들의 책임을 인지하고 있기 때문이다. 이러한 배려가 더욱 빛을 발할 수 있는 곳은 바로 셀 모임과 가정 모임이다. 성경 공부와 구역모임 또한 이러한 교회의 권징을 성공적으로 수행하는 데 의미 있게 활용될 수 있다.

회중 안에서 형성되는 이러한 소규모 모임에서는, 예를 들어, 신혼부부, 한부모 가정 등 모든 참여자가 비슷한 어려움을 경험하기 때문에 친밀한 관계가 형성된다. 이러한 관계는 매우 훌륭한 지원 네트워크의 토대를 마련한다. 따라서 교회 권징에 대해 새롭게 생각할 때, 이러한 모임들 또한 고려해야 한다. 권징을 성공적으로 실행하는 데 필요한 관계들은 이러한 소규모 모임에 이미 존재한다. 따라서 지도자들은 이러한 모임에서 정죄 없이 고백하고 훈계를 장려할 수 있는 기회를 마련할 수 있도록 준비해야 한다. 비공식적 권징 안에 서로에 대한 관용의 돌봄이 형성된다면, 그것은 공식적 권징이 이루어지는 틀이 된다.

공식적 권징

그러나 위의 내용은 공식적인 권징 조치를 배제하지 않는다. 화란개혁교회 교회질서 조항은 이를 구체적으로 언급한다. "제60조 제2항 교회회의 또는 그 대리인의 공식적인 권징 실행은 신자들의 상호 권징에 대한 소명을 대체하는 것이 아니라, 오히려 보완한다"(화란개혁교회 교회질서, 2019:18). 또한 제60조 제3항은 다음과 같이 명시한다. "공식적인 교회 감독과 권징은 본질적으로 목회적이고 법적 성격을 띠며, 성경적이고 영적인 관점에서 공정하고 정당하게 적용되어야 한다." 그리고 제60조 제4항은 회중의 모든 구성원(세례교인과 입교인)과 직분의 전체 생활 과정(가르침과 생활)이 권징에 포함된다고 명시한다.

이는 권징이 교인과 직분자에게 공식적으로 행사될 때, 관용적인 배려의 틀 안에서 이루어져야 함을 의미한다. 교회의 권징에 대한 이러한 이해는 권징의 공식적인 처리와 적용을 담당하는 교회의 여러 모임에 도전이 된다.[191] 이는 공식적 권징 절차가 있더라도 관계 중심적이어야 함을 의미한다. 이는 이미 화란개혁교회 교회질서(2019:110)에 반영된 출발점이며, 그 내용은 아래와 같다.

---

191 제62조 제1항: 모든 세례 교인과 신앙고백 교인은 당회의 감독과 권징을 따른다. 제62조 제2항: 모든 장로, 집사, 목사, 교목 및 신학교 교수, 은퇴 목사, 그리고 목사 후보생은 노회의 감독과 권징을 따르며, 당회의 직분자들에 대한 감독도 배제하지 않는다(DRC 교회질서, 2019:19).

권징 기관은 심판관의 역할을 하는 것이 아니라, 하나님의 영광과 그리스도의 몸의 안녕과 죄인의 보존을 위해 최선을 다해 행동하는 방법과 수단을 모색하는 그리스도의 몸의 관심 있는 구성원으로서 행동한다.

지역교회가 연합한 노회(ringsgebied)에게 권징 적용에 대한 책임이 부여되기에, 목사, 장로, 집사들이 소속된 노회 내에서 상호 관계에 주의를 기울여야 한다.[192] 목회자에게 징계가 집행될 때조차도 사랑의 행위여야 하며, 이는 일반 교인에 대한 권징과 마찬가지이다. 노회 안에 상호 교제가 없거나 관계가 좋지 않을 경우, 징계를 받는 목회자는 그 징계를 부정적이고, 사랑이 없고 가혹한 것으로 여길 것이다. 따라서 시찰(視察)에는 권징 조치로 인해 불화가 초래되는 상호 갈등이나 파벌이 없도록 해야 한다. 목회자에 대한 권징 또한 교인과 마찬가지로 서로에 대한 형제자매적 책임에서 시작되어야 한다.

노회 시찰회가 목사와 직분자들의 징계에 대한 주된 책임을 맡고 있지만, 형제적 훈계가 가장 기본적인 출발점으로 남아 있다. 이 형제적 훈계는 시찰회원, 당회원, 또는 노회 시찰회 밖의 목사가 수행할 수 있다. 노회 시찰회 내에서도 관계 형성은 마찬가지로 중요하며, 권징이 서로에

---

192 '실제적으로 교회 연합의 심장'(feitlik die hartaar van die kerkverband)이라 불리는 노회(ring)에 대한 논의는 P. J. Strauss, "Die Klassis en Kerkvisitasie in Drie Kerkordes," *In die Skriflig* 51/1 (2017), 1-7을 보라(역자 주). 도르트 교회질서 제39조의 한 지역 내에 있는 이웃 교회들의 회의를 '지역회'라고 번역하고, 지역교회를 시찰하는 모임을 '교회 방문 위원회'라고 번역할 수 있다. 남아공과 마찬가지로 화란과 캐나다 개혁교회는 교회 회의를 당회, 3개월마다 열리는 노회, 연 1회 열리는 지역대회(regional synod), 3년에 한 번 열리는 총회로 구분한다. 허순길,『개혁교회 질서 해설』, 314-32를 보라(역자 주).

대한 관용적인 돌봄으로 이해되도록 해야 한다. 그러나 시찰은 목사와 교회에 대한 책임이 있다는 점을 명심해야 한다. 시찰은 노회 소속 목사들의 복지뿐 아니라 노회 안에 있는 지역교회의 복지에도 책임을 진다. 목사의 징계는 그의 생계와 목사라는 지위에 영향을 미칠 수 있기 때문에 매우 민감한 문제이다. 교회 측에서는 사랑하는 목사를 잃거나, 원치 않는 목사를 계속 유지해야 할 가능성이 있다. 따라서 시찰은 목회자와 회중 모두에게 지원을 제공하고, 가능한 한 양측의 트라우마를 줄이고 관리해야 한다. 이러한 이유로 자문위원은 권징 절차에 관여하지 않아야 공정한 지원을 제공할 수 있다. 노회 목회자들 간의 관계는 서로를 신뢰할 수 있고, 서로에게 악감정을 품지 않을 것임을 알 수 있는 수준이어야 한다.

시찰은 목회자나 회중에 대해 공정하게 행동하기 어렵다고 생각될 경우, 인근 노회에 도움을 요청하도록 권장해야 한다. 직분자와 회중 모두에게 항상 충분한 지원이 제공되어야 한다. 노회는 징계 절차가 완료된 후에 필요한 경우 도움을 제공하거나 요청해야 한다.

노회 안의 관계를 강화하는 가장 중요한 방법 중 하나는 교회 심방 즉 시찰이다. 코프만(2014:227)은 이와 관련하여 다음과 같이 말한다. 시찰은 '교단과 지역교회의 공동 책임의 표현'이다. 시찰을 진지하게 받아들일 때, 시찰은 교회의 온전성을 증진하는 중요한 교회질서의 도구가 된다. 시찰자 임명 요건과 시찰 빈도, 내용, 절차에 관한 규정은 중요한데, 반드시 필요한 주의를 기울여야 한다. 화란개혁교회에서 교회 시찰은 노회의 중요한 책임 중 하나이다(화란개혁교회 교회질서 제31조).

교회 시찰을 통해 노회 내 교회들의 안녕에 대한 파악이 이루어진다. 안녕에 대한 조사의 일환으로, 목사와 당회에 대한 만족도를 파악하여 문제와 우려 사항을 조기에 처리하고 해결하는 것이 포함된다. 또한 당회가 지역교회 목사 이외의 다른 목사와 교회 사역에 대해 비밀리에 대화할 수 있는 기회이기도 하다. 교회 시찰에 더 많은 관심을 기울여야 한다. 시찰을 통해 회중, 특히 당회는 시찰자들을 알게 되고, 조언, 도움, 지도를 위해 시찰자들에게 더 쉽게 접근할 수 있는 관계가 형성된다. 회중이 시찰자들을 직접 만나지 못한다면, 도움이나 조언을 위해 그에게 다가갈 용기가 나지 않을 것이다. 시찰은 회중의 복지에 있어 징계적인 측면뿐 아니라 회중의 모든 영역, 특히 영적인 측면에서 초기 문제를 파악하는 데 도움이 된다.

시찰은 권징의 수단은 아니지만, 권징으로 이어질 수 있는 문제를 포함하여 문제를 조기에 인식하는 데 영향을 미친다. 교회 시찰은 또한 관계 구축에 도움이 될 수 있으며, 이는 성공적인 권징 활동의 기반이 된다. 또한 노회 시찰자들이 문제를 인지하게 되면 목사에게 접근하여 문제를 해결할 수 있도록 도울 수 있다. 또한 네덜란드 개신교회(PKN) 교회질서(2018) 제2-5조에 명시된 바와 같이, 시찰자들이 노회에 이의를 공식적으로 제기해야 할 상황이 되기 전에 지역교회 목사에게 형제애적으로 훈계할 수 있다는 점도 도움이 될 수 있다.

비공식적이고 공식적인 만남이 일어나는 새로운 공간

비공식적 교회의 권징과 공식적 교회의 권징이 관용적 돌봄의 틀 안에서 기능할 때, 비공식적 교회 권징과 공식적 교회 권징이 서로 만나는 새로운 공간이 창출될 가능성이 있다. 이는 고백, 용서, 그리고 화해를 위한 공간이다. 이는 교회 안, 회중, 그리고 더 넓은 교회적 맥락에서 교인과 직분자들이 자신의 이야기를 나누고, 용서받는다는 것을 듣고 경험할 수 있는 안전한 공간이 마련되어야 함을 의미한다. 또한, 공식적 권징이 적용되지 않고도 당사자 간의 화해가 이루어질 수 있어야 한다. 즉, 권징에 대한 성경적 요구가 풀뿌리 차원에서 배려하는 관용을 통해 제대로 실현되는 것이다. 이러한 발전이 공식적 권징이 뒤따를 수 없거나 따르지 않을 것을 의미하지는 않는다. 그러나 이러한 발전은 필요한 경우 공식적 권징을 적용할 수 있는 올바른 신학적 틀을 마련해 준다.

요약

욘거(1959:157)는 권징의 기능에 대해 아래와 같은 중요한 점에 주목한다.

> 우리는 여기서 성공적이고 효과적인 권징 실행과 관련된 문제들이 있으며, 이러한 문제들은 눈 깜짝할 사이에 해결될 수 없다는 사실을 깨닫게 하는 겸손한 진실에 직면한다.

욘커(1959:9)는 이어서 이렇게 말한다.

> 권징이 없다면 교회는 마치 경작되지 않은 정원과 같을 것이다. 잡초와 꽃이 뒤섞인 채 모든 것이 무성하게 자라는 정원은 정원의 진정한 본질을 가리고 더 이상 정원으로 인식될 수 없게 된다. 교회에 권징이 없고, 교인들끼리 서로 돌보지 않으며, 죄를 지은 자들에게 끊임없이 훈계하지 않는다면 교회의 거룩한 본질은

사라지게 될 것이다.

위의 내용은 권징의 중요성을 강조한다. 교회에서 권징을 실현하려면 교인들 사이에 권징에 대한 새로운 이해가 형성되어야 하며, 비공식적 및 공식적인 교회 권징은 관용적인 돌봄의 틀 안에서 이루어져야 한다. 비안카 판 흐란은 자신의 연구 전반에 걸쳐 이 중요한 진리를 간파하여 강조했다.

참고문헌

Barnard, A. C. *Die Erediens*. Pretoria: N.G. Kerkboekhandel, 1981.

Bouwma, C. "De Brieven van den Apostel Paulus aan Timotheus en Titus." In *Kommentaar op het Nieuwe Testament*. Amsterdam: Van Bottenburg, 1942.

De Bres, G. *Nederlandse Geloofsblydenis, 1561*. Besigtig 10 Oktober 2023, vanaf https://kerkargief.co.za/doks/bely/GB_NGB.pdf.

De Bruyn, P. J. *Jou Enigste Troos: Die Heidelbergse Kategismus vir die Hedendaagse Mens*. Potchefstroom: Departement Sentrale Publikasies, Universiteit vir CHO, 1997.

Grosheide, F. W. "Wat Leert het Nieuwe Testament Inzake de Tucht?" In *Exegetica I: Derde Deel*. Keulen: Delft, 1952.

Jonker, W. D. *En as Jou Broeder Sondig* ⋯ Kaapstad: N.G. Kerk-Uitgewers, 1959.

_____. *Om die Regering van Christus in Sy Kerk*. Pretoria: N.G. Kerk-Uitgewers, 1965.

Kamphuis, J. *Om de Heiligheid van de Gemeente: De Kerkelijke Tucht*. Kampen: Van den Berg, 1982.

_____. "De Tucht over 'Doopleden' en de Structuur van het Genad everbond." In Smit, C. J. (samest.). *In Gehoorsaamheid: Opstelbundel Aangebied aan Prof. G. P. L van der Linde by Sy Emeritering as Hoogleraar*. Potchefstroom: Potchefstroomse Teologiese Publikasies, 1986: 50-61.

Kleynhans, E. P. J. *Christendom en Sy Kerke Ontmasker*. Roodepoort, 1965.

_____. *Gereformeerde Kerkreg: Deel IV: Die Arbeid en Betrekkinge van die Kerk*. Pretoria: Kerkboekhandel Transvaal, 1988.

Koffeman, L. C. *Het Goed Recht van de Kerk: Een Theologische Inleiding op het Kerkrecht*. Kampen: Kok, 2009.

_____. *In Order to Serve: An Ecumenical Introduction to Church Polity*. Münster: Lit Verlag, 2014.

Landman, C. "Die Tyd is Verby vir die Kerk se Harde Mag." Besigtig 27 September, 2023, Vanaf. https://www.netwerk24.com/netwerk24/ stemme/menings/christina-landman-die-tyd-is-verby-vir-die-kerk-se-harde-mag-20230923.

Nederduitse Gereformeerde Kerk. *Handelinge van die Algemene Sinode.* Wellington: Bybel Media, 2027.

_____. *Handleiding vir die Erediens.* Wellington: Bybel Media, 2010.

_____. *Kerkorde van die Nederduitse Gereformeerde Kerk met Reglemente, Kerkordelike Riglyne en Funksionele Besluite soos Vasgestel deur die Algemene Sinode.* Wellington: Bybel Media, 2019.

Nauta, D. *Verklaring van de Kerkorde van de Gereformeerde Kerken in Nederland.* Kampen: Kok, 1971.

Polman, A. D. R. *Onze Nederlandsche Geloofsbelijdenis.* Derde en Vierde Dele. Franeker: Wever, Nd.

Protestantse Kerk in Nederland. *Kerkorde en Ordinanties van de Protestantse Kerk in Nederland.* 2018.

Smuts, A. J. *Die Kerklike Tug in Wese en Praktyk.* Randfontein, 1962.

_____. *Die Tweede Sleutel: Riglyne vir Kerklike Tug.* Pretoria: N.G. Kerkboekhandel, 1968.

Van Rooyen, J. H. P. *Kerklike Tug: 'N Heilige Saak.* Johannesburg: Prompt Drukpers, 1970.

Van 't Spijker, W. *De Ambten bij Martin Bucer.* Kampen: Kok, 1970.

Visser, J. *Kerklike Tug: Wat sê die Nuwe Testament?* Pretoria: Van Wyk Drukkers, 1980.

_____. "Kerklike Tugoefening: Geen afbraak, maar opbou." In C. J. Smit (sam-est.). *In Gehoorsaamheid: Opstelbundel Aangebied aan Prof. Dr. G. P. L. van der Linde by Sy Emeritering as Hoogleraar.* Potchefstroom: Potchefstroomse Teologiese Publikasies, 1986: 155-68.

Vorster, J. D. *Die Kerkregtelike Ontwikkeling van die Kaapse Kerk onder die Kompanjie 1652-1792.* Potchefstroom: Pro Rege, 1956.

Wray, D. E. *Biblical Church Discipline.* Pennsylvania: Banner of Truth, 1978.

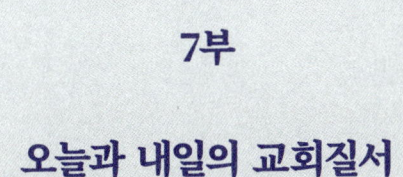

7부

오늘과 내일의 교회질서

7부

오늘과 내일의
교회질서

교회질서는 오늘날에도 유효한가?[193]

1. 서론: 문제 제기

교회질서는 여전히 유효한가? 교회질서의 현재 형태는 여전히 훌륭하고 유용한가? 변화하는 세상에서 새로운 요구가 대두되는 이 시대에, 개혁파는 교회질서에서 벗어나 미련 없이, 그리고 슬퍼하지 않고 장례를 치러야 하지 않는가? 아니면 교회질서에 새 재킷, 현대적인 오픈넥 셔츠, 그리고 빠르게 변화하는 시대에 걸맞은 세련된 신발을 신겨야 하는가?

주제와 서론 질문의 '가벼운 접근'을 오해해서는 안 된다. 바로 이러한 대조를 통해 이 질문의 타당성이 강조된다. 교회질서는 21세기 초의 교회에 어떤 의미를 갖는가? 교회질서에 대해 글을 쓰고 연구하는 것은 과연 중요한가?

우리 시대의 몇 가지 고찰은 아래와 같이 표현될 수 있다(Muller, 2002:36-37; Smit, 1984a:79).

---

193   본 논문은 노쓰-웨스트대학교(포첩스트룸) 교회질서 교수 니엘스 스미트(Cornelis Johannes Smit, d. 2011)의 "Is die Idee van 'n Kerkorde Nog Kerklik Byderwets?" *In die Skriflig* 42/2 (2008), 225-38을 번역한 것이다.

• '새로운 종교개혁'(nuwe reformasie)을 논하는 포스트모더니즘 상황에서 보면,[194] 교회질서라는 개념이 과연 적절한가에 대한 의문이 제기된다. 교회질서는 시대에 뒤떨어지고 교회의 자유로운 발전을 방해하는 것이 아니라, 교회 안의 사람들을 칼빈주의 전통에 가두어 두는 편리한 도구가 아닌가?

• 오순절주의와 은사주의 진영에서 공식적인 교회질서라는 개념이 과연 지속 가능할 수 있을지 묻는다. 고정된 질서 체계가 교회 안에서 성령님의 자유로운 역사를 둔화시키고, 심지어 방해하며, 교회 안에 성령님의 불을 꺼뜨리지 않는가?

• 점점 더 유동적인 교인('교회를 옮겨 다니는 사람들')은 교회질서라는 개념에 대해 공식적으로 의문을 제기하지 않는다. 왜냐하면 이런 사람들은 교회질서가 영적인 절정(spirituele spitspunte)과 영적 열정을 추구하는 신앙생활과 무관하다고 생각하기 때문이다.

• 회의적이지만 여전히 신실한 교인들은 때때로 이렇게 묻는다. 교회법은 교회 회의에서 안건의 수용과 처리와 결정을 미리 정해진 방향으로 몰아가기 위해, '두들기는 망치'에 불과하지 않은가? 규정, 규칙, 교회법, 심지어 신앙고백서들조차도 부차적인 기능만을 갖게 된다. 이러

---

194   남아공에서 '새로운 종교개혁'(die Nuwe Hervorming)이란 목회자 후보생 양성과 직접 관련이 없는 신학 기관의 교수들을 중심으로(예. UNISA의 I. Spangenberg, P. F. Craffert 등), 19세기 자유주의 신학, 불트만의 비신화화, 그리고 '예수 세미나'(Jesus Seminar)처럼 복음서를 역사비평에 따라 합리주의적으로 해석하려다 많은 내용을 신화로 치부하고, 포스트모던 이념을 추종한 운동이다. 새로운 종교개혁의 본격적 논쟁은 2002년 1월 25일 일간지 'Beeld'에 실린 피트 뮬러(Piet Muller)의 기사가 촉발했다. 이에 대해 개혁파 신학교들의 교수들이 비판을 가했다. Piet Muller (red), *Die Nuwe Hervorming* (Pretoria: Protea, 2002)에 상세한 주장이 나타난다. 참고. J. H. van Wyk, "Die Nuwe Hervorming: Verwagting of Verydeling?" *In die Skriflig* 37/3 (2003), 345-69(역자 주).

한 역사적 문서들은 더 이상 어떤 사안의 본질을 규정할 수는 없고, 다만 현재의 발전 과정을 비춰볼 수 있는 어휘만 제공할 뿐이다(Muller, 2002:36).

2. 간략한 역사적 개요 그리고 추가 질문

과장된 표현처럼 들릴지 모르지만, 교회질서라는 개념은 신약시대 교회 자체만큼이나 오래되었다. 구약 시대에도 공식적 교회질서(formele kerkordening)에 대한 언급이 있었다.

구약 시대의 정치 형태는 신정(하나님의 정부)이었다. 교회와 국가는 하나의 정치 체제로 조직된 단일체였다. 고대 이스라엘의 모세 율법은 종교 생활(교회로서의 '카할')과 국가 체제의 질서를 위한 수단이었다(Koehler-Baumgartner, 1958:829). 오순절 이후 교회와 국가는 분리되었다. 교회(에클레시아)는 더 이상 신정체제를 가진 구약 시대의 유일한 하나님 백성의 경계 안에만 머물지 않고, 모든 민족의 경계를 넘어 확장되기 시작했다(Ridderbos, 1971:365-68). 따라서 신약교회는 이교 정치 체제 아래에서도 독특하고 질서 있는 삶의 방식을 갖춰야 했다. 세상 속에서 독특하고 고유한 기관인 교회의 존재와 통치는 처음부터 성경의 틀 안에서 새로운 삶의 질서로 정비되어야 했다(Smit, 1984a:83).

놀랍게도 신정체제의 쇠퇴 속에서도 그리스도의 교회 통치가 유지될 수 있었던 교회질서라는 개념이 발견된다. 신약성경의 초기 교회질서의 예로 고린도전서 5-14장과 디모데전서 2:1-3:13을 제시하려는 신학자들이 있다(Smit, 1984a:88). 그럼에도 불구하고, 디다케(*Didaché*)는 우리가 알고 있는 교회질서로서 사도 시대로부터 가장 오래된 교회 문서 중 하나인데, 아마도 AD 1세기 후반 신약성경의 일부 기록보다 앞서 기록되었을 수 있다.[195] 디다스칼리아(Didaskalia) 또는 사도들의 규정은 AD 3세기 시리아에서 유래했다. 히폴리투스의 사도전승(Traditio Apostolica)은 AD 3세기 초에, 사도헌장(Constitutiones Apostolorum)은 AD 4세기 후반에 유래했다(Smit, 1984a:88).

서방 전통에 따르면, AD 4세기부터 교황제도 안에서 발전해 온 교회 정치 조항들은 성경에 종속되지는 않았지만 성경과 동등한 것으로 인정되었고, AD 1140년 이후로 『교회법대전』(Corpus Iuris Canonici)』에 요약되어 있다. 『그라티아누스 교령집』(Decretum Gratiani)으로도 알려져 있으며, 『불일치하는 교회법의 조화』(Concordia Discordantium Canonum)라는 제목으로 출판된 이 문서는 여러 법전, 교회법, 규정으로 구성되어 있다. 1918년, 『교회법대전』은 『교회법전』(Codex Iuris Canonici)이라는 새로운 제목으로 정리되어 체계화되었다. 이 문서는 1983년에 개정 및 보완되었다. 이러한 목적을 위해, 교황 베네딕토 6세 즉 요제프 라칭거(Joseph Ratzinger)의 기여가 컸다(Smit, 1985:18).

16세기 초, 종교개혁 전통에서 다양한 교회법이 등장했는데 로마교회의 정치 제도를 수정한 것이었다. 그중에서도 가장 중요한 것은 도르트 교회질서이다. 이러한 교회정치는 오랜 세월에 걸쳐 집중적으로 발전해 온 결과이며, 그 과정에서 교회정치에 대한 성경적 원리들이 원칙과 실제 문제들을 바탕으로 놀라운 방식으로 구체화되었다. 칼빈의 교회정치관은 도르트 교회질서의 형성에 지대한 영향을 미쳤다.

---

195   본 글의 저자는 일부 신약성경의 기록 연대를 다소 늦게 잡는 듯하다(역자 주).

칼빈이 1541년 제네바에서 시행한『교회질서』(Ordonnances Ecclé-siastiques), 1554년 라스코와 미크론이 작성한 런던 교회질서, 1559년 72개의 프랑스 교회가 작성한『교회 규율』(Discipline Ecclésiastique), 1563년부터 1566년까지 여러 총회에서 작성된『왈롱 교회질서』(Waalse Kerkorde)는 1568년 베젤 총회에서 작성된 교회질서의 역사적 전주곡이었다. 교회질서의 발전 방향은 베젤에서 시작하여 엠덴(1571), 도르트(1574, 1578), 미델부르흐(1581), 헤이그(1586) 총회를 거쳐 도르트 총회(1618-1619)까지 이어졌고, 이때 도르트 교회질서가 최종형태를 갖추게 되었다. 이 교회질서는 문화적, 시대적 상황에 따라 변형된 형태로 전 세계의 다양한 개혁교회에서 여전히 사용되고 있다(Smit, 1984a:116).

종교개혁 이래로 개혁파 교회는 교회질서가 교회의 좋은 질서에 필수적이라고 꾸준히 생각해 왔다(Calvyn, 1956:4.1.5; 4.8.1; 4.10.1, 27, 32; Bouwman, 1970:65-74, 327; Jansen, 1923:2; Monsma, 1967:19, 20; Hovius, 1962:37; Plomp, 1967:681; Van der Linde, 1991:175). 호피우스(1962:37)는 교회질서의 필요성을 매우 강력하게 언급하면서 그것이 교회의 전체 본질에 영향을 미친다고 말한다. "교회론적 가현설주의가 한때 교회질서에 대한 경멸로 이어졌던 곳에서는 교회 생활이 위협을 받았다!" 그러나 개혁파 전통에서는 때때로 교회질서의 정당성, 기능 및 위치에 대한 의문이 제기되었다(Van den Berg, 1969:11, 13, 51, 56, 68, 69; Brouwer, 1937:7-9, 90). 교회질서의 필요성, 심지어 정당성 자체에 대한 반대 주장은 교회질서가 교회를 마치 '감금'하는 규정의 집합체이며, 따라서 어떠한 가치도 부여해서는 안 되는 역사적 골칫거리라는 관점으로 표현된다(Van den Berg, 1969:56).

특히 남아공 개혁교회들은 개혁파 교회질서를 고수함으로써 자신들을 구별해왔다. 그러나 이 모든 교회가 여전히 교회질서의 규정을 일관되게 고수하고 있는가? 예를 들어, 남아공 개혁교회(GKSA) 질서는 총회의 결정에 대해 다음과 같이 규정한다. "교회 회의에서 다수의 투표로 결정된 사항은 그것이 하나님의 말씀이나 교회질서의 조항과 상반되는 것으로 증명되지 않는 한 확고하고 구속력이 있는 것으로 간주되어야 한다."(KO, 1980, 제31조). 그러나 2003년 남아공 개혁교회(GKSA) 총회 이후, 일부 교회들은 총회 결정에 심각한 반대를 표명해 왔다. 이러한 교회들 중 일부는 개혁교회 질서 제31조의 규정에도 불구하고, 그리고 관련 결정들이 여러 차례의 회의에서 "하나님의 말씀이나 교회질서 조항에 위배된다"라는 것이 입증되지 않았음에도 불구하고, 자신들은 이러한 결정에 구속되지 않는다고 공개적으로 선언했다(Du Plooy, 2005:18-20).

교회질서에 대한 문제는 이보다 더 광범위하다. 기관의 권위에 대한 의문이 점점 더 커지는 포스트모던 시대에, 점점 더 많은 교인이 궁극적으로 교회질서의 '권위'와 교회가 현대 신자들을 역사적 교회 문서에 종속시킬 권리에 관하여 질문을 제기한다(Vorster, 1999:107, 111; Smit & Vorster, 2000:519).

앞서 언급한 질문들에 대한 답을 도출하기 위해, 이 글에서는 먼저 무엇이 교회질서가 되면 안 되는지, 그리고 무엇이 교회질서가 되어야 하는지를 각각 살핀다.

3. 교회질서가 되어서는 안 되는 것

교회질서는 성경에 버금가는 교회의 법이 되어서는 안 된다. 성경은 그 자체에서 권위를 도출하기 때문이다. 교회질서는 국가법처럼 처벌 조치를 통해 준수를 강제하지 않는다. 하지만 교회법은 단순히 교회 회의의 규칙과 규정처럼, 교회에 대한 법적·행정적·계약적 이익만을 목적으로 하는 것도 되어서는 안 된다(Smit, 1985:371).

교회질서의 적용은 '권위'에 의해 결정된 법을 엄격하게 집행하는 것이 아니라, 성경에 제시된 교회정치의 원칙을 체계적으로 재현하는 질서 체계여야 한다. 따라서 교회질서 규정을 위반하는 것은 교회 규례를 위반하는 것이 아니라, 성경의 규정을 위반한 것으로 간주되어야 한다(Smit, 1985:374).

여기서 언급한 것은 교회질서가 그 자체의 권위를 위해 강제되어야 하는 법적 도구가 아니라는 사실이다. 사실, 교회질서는 전적으로 성경에 의존한다. 교회질서의 본질은 '교회 법률'(케논법)과의 차이점을 규정하며, 성경이 교회 조직 안에서 말씀하는 바를 실행하도록 도와야 한다. 이렇게 함으로써 예수 그리스도께서 교회정치의 모든 측면에서 인식될 수 있게 된다. 실제로 교회질서는 다름 아닌 교회가 성경으로 나아가는 길이며, 그 안에서 그리스도께서는 지상에서 당신의 교회질서를 위한 원칙을 제시하신다(Smit, 1985:376). 교회질서가 어떤 모습이어서는 안 되는지 요약하면 아래와 같다(Smit, 1987:24).

• 교회질서는 교회 봉사('직분')를 만드는 것이 아니라, 그것들을 재확인하고 드러낸다.
• 교회질서는 교회 회의를 구성하는 것이 아니라, 그 회의가 질서 있게 진행되는 틀을 부여한다.

· 교회질서는 말씀의 설교와 성례전 사역을 확립하기보다, 그것들을 보호하고 유지한다.

· 교회질서는 교회의 권징을 명령하기보다, 이 성경적 명령을 품위 있게 규정한다.

· 교회질서는 교회 제도를 만드는 것이 아니라, 교회 제도를 위한 성경적 원칙들을 유지하고 그것들을 드러낸다(다양한 사역자들의 소명과 임직, 교회 회의, 교리, 성례 및 기타 예식, 그리고 권징을 위한 규정을 포함).

· 교회질서는 그리스도의 교회의 일치가 가시화되는 교회의 연합체를 보호하는 데 특히 중요하며, 따라서 교회들이 독립적으로 만화경에 빠져 개별화되는 것을 방지한다.

4. 교회질서는 어떠해야 하는가?

위에서 언급했듯이, 천주교의 관점과는 달리 교회질서는 성경 외에 어떠한 '교회법적 권리'도 제시하지 않으며, 오히려 교회의 유기적 머리이자 유일한 통치자로서 그리스도께서 자신의 말씀에 따라 교회를 다스리시고자 하는 방식을 요약하고 체계화하는 도구가 되어야 한다(Coertzen, 1991:176). 따라서 교회질서는 직분, (교회적 연합 차원에서) 교회 회의, 교리, 성례 및 기타 예식의 보호 및 유지, 그리고 교회 권징의 유지를 위한 성경적 규정을 주로 다룬다.

교회질서에는 실질적인 규정과 절차적 규정은 가능한 한 최소한으로 포함해야 하며, 성경에 어긋나지 않고 반드시 필요한 경우에만 포함해야 한다. 이런 식으로 교회질서는 그리스도께서 그분의 말씀과 성령님을 통해 교회를 통치하시는 도구 역할을 해야 한다(Calvyn, 1956:4.10.30; Bouwman, 1970:327; Jansen, 1923:2; Monsma, 1967:19, 20; Van der Linde, 1981:183). 실제로 교회질서는 교회정치에 대한 성경적 규범이어야 한다.

교회질서에 반영된 성경적 원칙들은 교회질서의 구성적 요소를 형성한다. 질서, 절차 등의 실질적인 규정은 상대성의 측면에 속하며 교회질서의 제도적 요소를 형성한다. 교회질서의 제도적 요소는 외부 상황이 교회를 세우기 위해 요구할 경우 변경될 수 있으며, 반드시 변경되어야 한다. "교회를 건설하는 것이 최고의 법이다"(aedificatio ecclesiae suprema lex; Rutgers, 1890:39, 40; Van der Walt, 1976:161; De Jong, 1967:18).

교회질서는 성경을 따르는 지침이 되어야 하며, 그렇게 함으로써 교회가 '자체적인 법률주의'에 빠지지 않도록 막아야 한다. 즉, 실제로 가장 높은 권위는 궁극적으로 사람들의 다수결에 달려있지 않다(Jonker, 1965:11-14; Van der Walt, 1976:6; Sadler, 1979:564).

교회질서는 법(wet)이 아니기 때문에, 교회질서는 성경적 사랑의 원칙에 대한 자유로운 순종을 요구한다. 즉, 인간적 권위나 교회 문제를 어떻게 조직하고 처리해야 하는지에 대한 일반 신자의 관점에 따른 순종이 아니라, 성경에 대한 순종을 요구한다. 동시에 교회질서의 규범인 교회의 신앙고백은 교회질서의 구성과 적용 모두에게 적용되어야 한다.

교회질서를 결정하는 교회법적 원칙 또한 교회 건설을 위해 주어진 각 상황에서 연구되어야 한다. 이러한 맥락에서 교회질서의 역사 전반과 특히 관련 조항의 역사를 적절히 고려하여 적용해야 한다. 교회질서가 어떠해야 하는지는 아래와 같이 요약할 수 있다(Smit, 1984b:44).

> 교회질서는 성경에 근거하며, 따라서 신앙고백에 의해 규범화
> 된다. 교회질서는 교회법적 원리에 의해 형성되고 계획되며, 그런
> 역사를 통해 자리가 결정된다

5. 교회질서의 권위?

교회질서의 권위에 대한 문제는 동시에 교회의 권위에 대한 물음이기
도 하다. 교회를 하나님의 계시인 성경이 아닌 인간을 출발점으로 생각
할 때, 교회는 다른 모든 인간적 연합의 법과 규칙에 따라 존재하는 제
도, 즉 자연적 공동체에 불과하다(Brunner, 1939:194, 318). 그렇다면
교회는 다른 모든 권위 구조와 마찬가지로, 자연적인 권위 형성의 규칙
에 따라 다른 모든 사회적 관계가 부여받은 권위를 스스로 차지할 수 있
을 것이다. 그러나 교회를 예수 그리스도 안에서, 그리고 예수님에 의하
여 재창조된 산물로 본다면(Kuyper, 1909:227), 교회는 '그분께서 친
히 규정하신 통치 체계의 질서와 형태'에서 이해되어야 한다(Calvyn,
1956:4.6.9). 그러므로 교회의 권위는 교회 자체에서 구해서는 안 되며,
교회가 존재하는 명령과 은혜를 베푸는 통치자에게서 구해야 한다.

교회의 존재에 대한 이런 성경적 근거에 근거할 때, 교회는 독특하고
구별되는 몸이라는 점에 주목해야 한다. 교회는 이 땅에 있는 그리스도
의 몸이지만, 사실상 세상에서 끊임없이 배척당하는 이질적인 기관이다.
교회는 예수님의 몸으로서 낡아지고 멸망해 가는 세상에서 하나님의 새
질서를 구현하고 전달하는 존재이다(Milner, 1970:4).

이러한 관점에서 볼 때, 교회가 살아가고 발전하는 질서는 다른 어떤
사회적 단체, 제도, 또는 구조의 질서와도 본질적으로 다르다. 이는 하

나님의 새 질서가 세상에 구현되는 이 독특한 공동체의 통치 원칙이 하나님 자신에 의해 그분의 말씀 안에서 정해졌음을 의미한다. 따라서 이 공동체, 즉 교회의 권위는 주로 하나님의 말씀에 놓여있다. 하나님 자신이 통치자이시며, 그분의 권위를 어느 누구에게도 양도하지 않으셨다 (Smit, 1985:349-52). 따라서 이 새로운 질서의 조직과 통치 방식을 제도적으로 구체화하는 교회질서는 하나님의 말씀 외에는 그 자체로 권위를 갖지 않는다. 말씀의 권위는 결코 교회질서의 권위가 되지 않는다. 여기서는 권위의 이전이 일어나지 않는다. 말씀 안에서 하나님은 특별한 상황에서 성령님을 통해 부르신 신자들의 입을 통해 말씀하신다. 교회질서 안에서 신자들은 교회 통치와 관련하여 말씀을 순종하며 따른다.

이것은 그리스도께서 교회 안에서 직분자로 부르시고, 교회를 다스리는 사명(교회질서의 적용도 포함)을 받은 이들이 이 직무를 수행하기 위해 스스로 별도의 권위를 부여받은 것이 아님을 의미한다. 마찬가지로 그리스도께서는 자신의 권위를 직분자들에게 이전하지 않으시고, 그들을 통해 행사하신다. "그리스도께서 명령하시는 것은 절대적인 권위를 가지고 있지만, 교회의 감독들은 자기들 스스로 말할 수 있는 권한이 없고 오직 말씀의 종으로서만 말할 수 있다."(Bouwman, 1970:2)

여기서 강조점은 '직무를 수행하는 이'로서의 직분자가 아니다. 권위는 '직분' 자체에 달린 것은 아니다. 강조점은 '말씀의 사역자'이다. 권위는 하나님의 말씀에 있다. 따라서 교회질서의 올바른 적용은 성령님의 인도하심 아래 하나님의 말씀으로부터 하나님의 권위를 섬기는 것이다.

종교개혁자들에게도 교회질서의 권위 문제는 교회의 권위 문제였다. 마틴 부서에게 이는 교회질서의 권위, 그리고 따라서 교회 권위는 오직 성경의 권위를 섬기는 것을 의미했다. 성경의 원리를 명확하게 언급하지 않으면 교회질서는 부서에게 아무런 권위도 갖지 못한다. 따라서 부서에게 있어서, 교회 통치는 순전히 그리스도의 통치, 즉 그리스도께서 성경에서 교회에 주신 명령과 규정을 통해 이루어졌다(Van 't Spijker, 1972:27-28).

칼빈(1956:4.2.4; 4.3.1, 2, 7-8, 14; 4.7.23; 4.8.1-4, 7-8)에게 교회정치는 전적으로 말씀과 성령님으로 다스리시는 그리스도에 관한 것이다. 이 목적을 위해 그분은 목자와 감독자, 즉 장로들을 사용하신다. 교회는 말씀 사역, 성례 사역, 그리고 교회 권징의 적용이 유지되는 곳이다. 칼빈이 주장하는 세 가지 형태의 교회 권위, 즉 질서를 유지하는 권위(potestas regiminis), 가르치는 권위(potestas docenda), 통치하는 권위(potestas gubernatio)는 모두 성경에 근거한다. 따라서 칼빈에게 '교회의 권위'는 교회 안에 있는 독립적인 권위가 아니라, 성경에 완전히 종속되고 성경에 의해 제한되는 권위이다. 교회가 실제적이고 조직적인 교회질서를 확립할 권한 또한 성경의 권위에 근거한다(고전 14:40; 네덜란드 신앙고백 제32항). 그럼에도 불구하고, 칼빈(1956:4.10.30)에 따르면, 이러한 교회질서 규정은 가장 필요한 부분에만 국한되어야 하며, 성경의 목적과 정신에 조금이라도 어긋나서는 안 된다.

6. 성경적 교회질서의 필요성: 소 결론

성경적 교회질서의 필요성은 교회의 본질에 달려있다. 교회는 무엇보다 그리스도의 통치 영역이며, 성경적 교회질서는 교회 통치에 대한 그리스도의 가르침을 체계적으로 요약한 것에 불과하다. 따라서 교회질서는 예수 그리스도께서 교회에 대한 통치를 가시화하는 영적 도구이다. 이런 방식으로 교회정치는 실제로 말씀으로 된 통치가 될 수 있다. 이렇게 하여 교회에서 무질서와 왜곡을 방지하고, 직분자들은 성경적 방식으로 소명을 받아 임직할 수 있으며, 말씀 사역과 성례 시행에 대한 감독이 진리 안에서 행해질 수 있고, 교인들은 하나님께 순종하면서 주님을 섬기는 품위와 질서가 있는 길로 인도받을 수 있다.

회의적인 포스트모던의 신앙공동체가 제기할 수 있는 질문에 대한 대답으로, 성경에 근거한 교회질서의 필요성은 세 가지 'B', 즉 보존(Bewaring), 보호(Beskerming), 그리고 안전 보장(Beveiliging)으로 요약될 수 있다.

• 하나님 말씀의 규칙이 더 이상 적용되지 않는 자기 방식의 교회 통치 방식으로부터 '보존'. 이런 보존이 없다면 교회 공동체, 나아가 교회 자체의 해체로 이어질 수밖에 없다.

• 주님의 백성이 더 이상 선한 목자의 음성을 인식하지 못하고 마치 자신의 규칙이 주님의 규칙이고 자신의 통치가 주님의 통치인 것처럼, 자신의 법칙에 빠져드는 것, 즉 주님의 교회가 자신의 교회가 되지 못하는 것으로부터 '보호'.

• 말씀 사역을 '안전하게 보호'하여 자녀들이 하늘 아버지의 음성을 듣고, 실제로는 인간이 만들어낸 교회에서 주님으로부터 멀어지지 않도록 하는 것.

교회질서의 필요성은 구원의 조건이라는 사실에 있는 것이 아니라, 구원으로 가는 길을 안전하게 지켜준다는 사실에 있다. 즉 교회를 왜곡과 분산으로부터 보호하는 교회의 '신경망'을 담고 있다는 사실에 있다. 교회 안에서 예수 그리스도의 통치를 실현하고, 그 자체로 교회의 질서 있는 지속의 기초를 형성한다. 그리고 교회질서가 제공하는 진리를 부정하는 것은 교회의 희석(kerkverwatering)으로 이어지고, 궁극적으로 교회는 인간이 만든 법을 가진 단순한 조직으로 전락하게 될 것이다.

교회질서라는 개념이 부적절하고 시대에 뒤떨어졌으며 교회의 영적 발전을 방해하고 교회 모임에서 편리한 조종 도구로만 사용될 것이라는 주장을 필자는 성경적 교회질서로써 반대한다. 이러한 주장들에 대한 반박으로, 성경에 근거한 교회질서가 제대로 적용되면 교회의 희석과 심지어 교회 해체까지 막을 수 있으며, 교회 건설에 필수적인 도구로 기능한다고 주장한다. 성경에 근거한 교회질서라는 개념은 사도 바울 당시에 아주 어린 교회에게 그랬던 것처럼 오늘날에도 여전히 유효하다!

7. 결론

교회질서는 역사적으로 교회가 세상과 어떻게 구분되는지를 보여줄 뿐만 아니라, 세상에 대한 교회의 종말론적 승리를 제시한다. 이는 성경적 교회질서를 적용함으로써 사람이 하나님 아버지의 집 안에서 어떻게 행동해야 할지 알 수 있도록, 교회 위에 놓인 성부의 손길, 곧 견고하고 안전하게 인도하시는 주님의 손을 기억해야 한다는 통찰로 이어진다.

참고문헌

Barth, K. *Church Dogmatics. Vol. 4, Part 2.* Translated by G. W. Bromiley. Edinburgh: T&T Clark, 1958.

Bouman, H. *Gereformeerde Kerkrecht. Deel 1.* Kampen: Kok, 1970.

Brouwer, A. M. *De Kerkorganisatie der Eerste Eeuw en Wij.* Baarn: Bosch & Keuning, 1937.

Brunner, E. *Das Gebot und die Ordnungen: Entwurf Einer Protestantisch -Theologischen Ethik.* Zürich: Zwingli, 1939.

Calvyn, J. *Institutie of Onderwijzing in de Christelijke Godsdienst.* Uit Latyn Vertaal deur A. Sizoo. Delft: Meinema, 1956.

Coertzen, P. *Gepas en Ordelik: 'N Teologiese Verantwoording van die Orde vir en in die Kerk.* Pretoria: RGN-Uitgewers, 1991.

De Jong, P. Y. *The Genius of Reformed Church Polity.* Glenside: Reformed Ecumenical Synod, 1967.

Du Plooy, A. le R. "Kerkeenheid, Kerkverband en Kerkskeuring." *Die Kerk-blad* 18-20, Maart, 2005.

Gereformeerde Kerke in Suid-Afrika. *Kerkorde van die Gereformeerde Kerke in Suid-Afrika, soos Gewysig deur Verskillende Sinodes.* Potchefstroom: Calvijn Jubileumboekefonds, 1980.

Hovius, J. *Het Verband tussen Onze Belijdenis en Onze Kerkorde.* Sneek: Weissenbach, 1962.

Jansen, J. *Korte Verklaring van de Kerkenordening.* Kampen: Kok, 1923.

Jonker, W. D. *Om die Regering van Christus in Sy Kerk.* Pretoria: UNISA, 1965.

Koehler, L. & Baumgartner, W. *Lexicon in Veteris Testamenti Libros.* Leiden: Brill, 1958.

Kuyper, A. *Encyclopaedie der Heilige Godgeleerdheid.* Deel 3. 2e Dr. Kampen: Kok, 1909.

Milner, B. C. *Calvin's Doctrine of the Church.* Leiden: Brill, 1970.

Monsma, M. *The New Revised Church Order Commentary: A Brief Explanation of the Church Order of the Christian Reformed Church*. Grand Rapids: Zondervan, 1967.

Muller, P. "Die Postmoderne Gelowige." In Muller, P. (red). *Die Nuwe Hervorming*. Pretoria: Protea Boekhuis, 2002: 19-37.

Nauta, D. *Verklaring van de Kerkorde van de Gereformeerde Kerken in Nederland*. Kampen: Kok, 1971.

Nederlandse Geloofsbelydenis. In *Die Psalmboek*. Wellington: NG Kerk-Uitgewers, 1976.

Plomp, J. *Beginselen van Reformatorish Kerkrecht*. Kampen: Kok, 1967.

Ridderbos, H. *Paulus: Ontwerp van Zijn Theologie*. 2e Dr. Kampen: Kok, 1971. Rutgers, F. L. *De Geldigheid van de Oude Kerkordening der Nederlandsche Gereformeerde Kerken*. Amsterdam: Wormser, 1890

Sadler, T. H. N. "'N Pleit teen Reglementering van die Kerkreg." *Die Kerkbode* 131/18 (1979): 564-65.

Smit, C. J. *God se Orde vir Sy Kerk: 'N Beskouing oor Kerkorde*. Pretoria: NG-Kerkboekhandel, 1984a.

_____. "Tot Lof van die Kerkorde ⋯ in Sy Dienskneggewaad (1)." *In die Skriflig* 18/71 (1984b): 37-44.

_____. "Kerkreg en Kerkorde in die Lig van God se Orde vir Sy Kerk." Potchefstroom: PU vir CHO, 1985. (Th.D.-Proefskrif.)

Smit, "Kerkreg en Kerkorde in Diens van Kerkregering: Oorsig oor 'n Beskouing." *In die Skriflig* 21/82 (1987): 17-27.

Smit, C. J. & Vorster, J. M. "Die GKSA en Sy Gereformeerde Identiteit: Kan dit Behou word in 'n Postmoderne Gemeenskap?" *In die Skriflig* 34/4 (2000): 515-33.

Van den Berg, M. R. *De Gekerkerde Kerk*. Amsterdam: Buijten & Schipperheijn, 1969.

Van der Linde, G. P. L. *Kerkreg: Deel 1*. Potchefstroom: PU vir CHO, 1981.

_____. *Die Kerkorde: 'N Verklaring van die Gereformeerde Kerkorde*. Pretoria: T. G. van Wyk, 1983.

Van der Walt, J. J. *Christus as Hoof van die Kerk en die Presbiteriale Ker-*

kregering. Potchefstroom: Pro Rege, 1976.

Van 't Spijker, W. *Goddelijk Recht en Kerkelijke Orde bij Martin Bucer*. Kampen: Kok, 1972. (Apeldoornse Studies, Nr. 3.)

Vorster, J. M. "'N Waarskynlike Bedieningsmilieu vir die GKSA in die Dekades na 2000." *In die Skriflig* 33/1 (1999): 99-119.

Wehrhahn, H. *Kirchenrecht und Kirchengewalt: Studien zur Theorie des Kirchenrechts der Protestanten auf Lutherischer Lehrgrundlage.* Tübingen: Mohr Siebeck, 1956.

에큐메니칼 교회질서는 대안이 될 수 있는가?[196]

서론

하나님의 진리의 말씀을 따라 "개혁된 교회는 항상 개혁되어야 한다"(Ecclesia reformata semper reformanda est). 개혁주의 신학자들은 일찍이 이 규범을 신학 강의에서 가르쳤다. 암스테르담 출신인 레오 코프만(Leo J. Koffeman, b. 1948)은 전통적 개혁주의 진영에서 '에큐메니칼 교회법의 지지자'로 부상했다. 그에 따르면, 교회 일치 운동(에큐메니즘)과 교회질서를 연결하는 것은 교회법의 지속적인 개혁에 필수적이며, 그것은 위의 규범을 실천하는 것이다. 그는 에큐메니칼 운동이 교회법과 연결될 때 끊임없이 변화하고, 과정적 성격을 띠며, 역동적 운동임을 보이는 것과 같은 특정한 결과가 나타날 것으로 예측했다. 코프만(2009:35-36)은 이를 아래와 같이 강력히 주장한다.

---

196 본 논문은 프리스테이트대학교 교회질서 교수 피터 스트라우스(Pieter J. Strauss)의 "Ekumeniese Kerkreg: Die Aangewese Weg?" *In die Skriflig* 47/1 (2013), 1-7을 번역한 것이다.

개혁파 교회들 역시 한때 자신들이 발견했던 교회 형태를 합법화하고 절대화하는 위험에서 벗어나지 못했으며, 이로 인해 어느 정도 성령님의 움직임에서 벗어나게 되었다.

코프만(2009:45)에 따르면, 교회질서는 고백적(교파적)이라기보다는 심오하게 에큐메니칼적이어야 한다. 물론 "자신의 고백에서 벗어날 수 없고, 또 벗어나서도 안 된다"라고 하더라도 말이다. 다양한 교회와 신앙 전통의 다양한 대화자들을 포함하는 에큐메니칼 교회법은 그 자체로 비판적이며, 따라서 더 정당화 될만하다.

이 글은 코프만이 주장하는 에큐메니칼 교회질서의 틀 또는 주요 흐름에 초점을 맞춘다(Koffeman, 2009:9-97). 이 논증은 두 가지 쟁점을 염두에 둔다. 첫째, 코프만은 에큐메니칼 교회법의 저명한 주창자인 한스 돔부아(Hans A. Dombois, d. 1997)의 입장에 기본적으로 동의한다(Koffeman, 2009:101).[197] 둘째, 이 글은 코프만이 제시한 에큐메니칼 교회법의 기본 원리 혹은 틀에 집중하기에, 그 세부 사항이나 실행 방식은 깊이 살피지 않는다.

또한 코프만이 자신의 에큐메니칼 교회법을 통해 "개혁된 교회는 항상 개혁되어야 한다(ecclesia reformata semper reformanda)"라는 개혁주의 규범을 구체화했는지, 그리고 그의 에큐메니칼 교회법이 개혁파 교회질서의 연장선인지, 아니면 논리적 귀결인지에 관한 질문도 연구

---

197 '은혜의 법'(Das Recht der Gnade, 1969; 1974)에 관한 위그노 후손이자 독일 교회법 학자인 돔부아의 3부작을 비교해 보라. 이 표현을 뒷받침하려면 Wolf(1961:9)도 참고하라.

될 것이다. 그가 이 규범을 명백히 따르고 있기 때문이다. 코프만의 에큐메니칼 교회질서의 기본 원칙들을 살펴보면, 그의 교회법이 어떤 방향으로 나아가고 있는지를 가늠할 수 있다.

배타주의는 신학적으로 타당하지 않음

첫 번째 출발점으로, 코프만은 고백적(교파적), 교회적, 심지어 '에큐메니칼 배타주의'가 교회적으로나 신학적으로 타당하지 않다고 본다. 그의 견해에 따르면, 이러한 주장은 역사적 교회와 전통뿐 아니라 세계교회협의회의 공식 에큐메니칼 운동에서도 유효할 수 있다. 에큐메니칼 교회법에서는 에큐메니칼 운동이 하나의 과정으로서 근본적으로 미래를 향해 열려 있다는 점을 인정한다. 즉 교회는 하나님 나라의 도래를 향해 나아가야 한다(Koffeman, 2009:33). 자신의 전통 속에서 특정 요소들의 배타적 타당성에 호소하는 교회질서는 모든 신학적 담론 혹은 논쟁에서 스스로를 배제하게 되며, 따라서 신학적 적실성을 상실한다(Koffeman, 2009:42).

장로, 직분, 그리고 지역 회중의 독립성에 대한 관점에서 성령님의 인도하심에 호소하는 칼빈주의는 교회론 절대주의에 빠질 수 있다.[198] 이러한 관점을 신적 권위(goddelike reg)에 귀속시키는 것은(Van 't Spijker, 1982; Kleynhans, 1982:24-25) 교회법의 에큐메니칼 범위를 너무 좁게 만든다(Koffeman, 2009:32). 복음주의 또는 오순절 교회나 아프리카

---

198 모든 교회 회중은 네덜란드의 지방 회중과 마찬가지로 당연히 지역적이다.

제도 교회들(African Instituted Churches)은 최근 에큐메니칼 접근을 통해 더 중요성을 가지게 되었다(Koffeman, 2009:33).

코프만에 따르면, 교회법은 원칙적으로 주님의 선교에서 하나님 나라의 실현에 이르기까지 끊임없이 움직여야 한다. 에큐메니칼 교회법의 뿌리는 교회 일치 과정으로서의 에큐메니즘과 법적 과정을 의미하는 교회법의 연결에 있다. 성령의 운동으로서 에큐메니칼 운동에서, 교회 구조와 관계는 그리스도의 교회가 가지는 규정된 일치가 더욱 분명하게 드러나도록 형성되어야 한다. 이것을 통해 에큐메니칼 운동의 교회법적 차원이 형성된다(Koffeman, 2009:36).

이 지점에서 코프만의 확신이 다른 개혁가들의 확신과 근본적으로 어떻게 다른 지에 대한 의문이 제기된다. 코프만은 성령 운동의 일부인 에큐메니칼 교회법이 교회의 규정된 일치에 형태를 부여해야 한다고 생각한다. 그는 일부 개혁가들이 교회법적 측면을 절대화하여 성령님의 인도와 신적 법에 귀속시킨다고 비판한다. 그러면 에큐메니즘이 바라는 교회법적 결실을 어떤 성경적 근거로 성령님께 돌릴 수 있는가? 교회법을 가진 에큐메니칼 운동에 대해 코프만처럼 말하는 것이야말로 절대주의적이고 배타적인 것이 아닌가? 이러한 태도야말로 이런 관점과 미래에 대한 개방성에 관하여 비판을 가로막고, 변증의 여지를 축소하는 것이 아닌가? 개혁된 교회는 항상 개혁되어야 한다는 원칙은 코프만의 비판에 따르면, 어떻게 평가될 수 있는가? 이 규범은 미래에 대한 개방성이라는 출발점과 어떤 점에서 다른가?

코프만은 교회법의 과정적 특성이 종교개혁 당시의 교회관에서 중요한 역할을 했음을 인정한다. 이러한 특성은 개혁된 교회는 항상 개혁되어야 한다는 규범에도 반영된다. 그러나 이 규범은 종교개혁 당시의 교회들이 '한때 확립된 교회 형태를 정당화하고 절대화'하는 것 즉 기존 교회 관행을 정당화하고 절대화하는 것을 막지 못했으며, 그로 인해 스스로를 성령 운동에서 벗어나게 만들었다(Koffeman, 2009:35-36). 코프만에 따르면, 교회의 정체성은 불변성에 달려있지 않고, 교회의 소명과 스스로를 변화시키거나 회개하는 능력에 있다. 교회법적 측면과 교회의 정체성은 불변하는 현상이 아니라 진행되는 과정이다(Koffeman, 2009:36).

교회질서에서 볼 때 완벽한 교회는 없음

코프만에 따르면, 에큐메니칼 교회법의 두 번째 출발점은 어떤 교회도 교회질서의 관점에서 완벽하지 않다는 사실이다. 교회법은 본질적으로 에큐메니칼하기 때문에, 에큐메니칼 운동에 속한 교회들은 서로 의존하게 된다. 각 교회는 근본적으로 법적 구조에 있어 불완전하다. 그에 따르면, 개신교는 교회의 일치를 희생하면서 회중의 권리를 재발견했고, 천주교는 회중의 권리를 희생하면서 교회의 일치를 유지했다.

이러한 상황을 에큐메니즘에서는 '상보성(相補性)의 범주'라고 부른다. 코프만은 신학적 학문으로서 교회질서에 대한 에큐메니칼 해석은 불가피하다. 그에 따르면, 에큐메니칼 논의는 상호 보완성을 보이며, 이를 통해 각 교회의 교회법적 단점이 명백하게 드러나고, 따라서 서로 근본적으로 의존한다는 인식이 드러난다. 서로 다른 교회 전통이 서로 보완적이라는 진술은 그것을 당연한 것으로 받아들이라는 권유가 아니라, 각자의 단점을 파악하고 해결하라는 동기를 부여하는 것이다(Koffeman, 2009:43).

어떤 교회도 다른 교회를 필요로 하지 않는 교회는 없다. 개신교와 천주교를 포함한 다양한 교회 전통조차도 단점이 있다(Koffeman, 2009:44). 어떤 교회법 체계도 교회론적으로 요구되는 바를 완전히 준수할 수 없다(Koffeman, 2009:79). 교회법은 원칙적으로 인간법(ius humanum)이며 신법(ius divinum)이 아니다(Koffeman, 2009:90; 교회법의 인간적 구성에 대해서는 Coertzen, 1998:42-43을 참고). 코프만(2009:103)에 따르면, 성령님은 다양한 교회정치 체계가 서로 공유하는 것에서 상당 부분 인식될 수 있다. 여기서 코프만은 다시 성령님을 에큐메니칼 교회질서와 연결한다. 이런 차이점 외에도 예전에 나타나는 근본적인 유사점도 있다. 거의 모든 교회에서 설교와 신앙고백이 이루어지고, 세례와 성찬이 거행되며, 혼인식과 장례식이 거행된다. 자신의 초월적 관점에서 정당화되는 신학적 자기 정당화를 폐기한다면, 다양한 기독교 전통 사이에는 교회법적 연결점이 존재한다.

변화 속의 불변성?

코프만에게 신학 분야로서 교회법의 출발점은 사람들 안에서 역사하시는 성령님의 일하심이다. 이 일하심은 예배, 말씀의 사역, 성례, 그리고 예전에서 가시적으로 나타난다. 천주교 체계에서 '성례'(성찬)라는 용어가 '만찬'이나 '친교'로 좁혀지는 반면(Koffeman, 2009:103), 에큐메니칼 신학에서는 이 단어가 말씀과 성례를 중심으로 한 온전한 축하, 그리고 말씀의 선포를 의미하기도 한다.

하나님께서는 성경이 펼쳐지고 사람들이 세례를 통해 새로운 공동체에 통합될 때, 그리고 빵과 포도주를 나누어줌으로써 공동체 안에 거한다는 표징을 받을 때 성령님을 통해 당신의 회중을 만나신다(Koffeman, 2009:104; Heyns, 1992:380, 389). 코프만에게 말씀과 성례는 교회 생활에서 크고 중요한 상수이다. 이는 성령님의 사역이 주일 예배에만 국한된다는 것을 의미하지 않는다. 사람들 안에서 역사하시는 성령님은 훨씬 더 많은 열매를 맺고 회중의 모든 활동에 반영된다. 교회질서는 회중의 부르심으로서 이러한 활동을 부분적으로만 포괄할 수 있다. 그러나 예배는 교회의 모든 사역의 핵심과 같다. 예배에서 회중은 태어나고 말씀과 성례를 중심으로 모인다. 예배의 다양한 예전 형식, 말씀, 그리고 예식에서 예수님의 교회의 본질을 발견한다. 이것의 본질은 교회가 하나님의 말씀 위에 세워졌다는 것이다. 이 과정에서 교회법의 기본 원칙 또한 드러나게 된다. 교회질서에 대한 다른 모든 출발점은 일종의 '연합법이나 행정법'(verenigings of bestuursreg)으로 이어진다. 이러한 유사성 때문에 '예전적 교회법'(liturgiese kerkreg)이라는 용어가 생겨났고, 바르트와 돔부아는 이 용어에 대해 유의미한 관점을 발전시켰다(Dombois, 1969:280-438, 866-68). 예전과 교회법의 연관성은 교회질서라는 개념이 예전, 영성, 윤리에도 사용된다는 것을 의미한다(Koffeman, 2009:104-105; Dombois, 1969:296-438).

코프만은 교회의 네 가지 필수적 형태를 '교회법의 주요 제도'(grote instituties van het kerkrecht)라고 부른다. 이 네 가지 형태는 (ㄱ) 교구의 회중이나 지역교회, (ㄴ) 천주교나 세례를 통해 그리스도와 연결되어 연합을 이루는 세례받은 사람들의 온 세계 공동체와 같은 보편교회(Dombois, 1969:296-362), (ㄷ) 네덜란드 개신교회(PKN)와 같이 특정 교회나 환경에서 발생하는 특수 교회, 그리고 (ㄹ) 수도회(orde) 혹은 종교 공동체의 형태. 이 네 가지 형태는 각각 다른 형태를 전제하고 서로를 필요로 한다. 이들은 함께 그리스도의 교회를 형성하는 모습을 보여준다.

이 네 가지 형태는 두 쌍, 즉 (ㄱ) 지역교회와 보편교회, 그리고 (ㄴ) 특수교회와 수도회로 구성된다. 이 네 가지 형태 중에서 다른 것을 덜 중요하게 여기면서, 어느 하나를 절대화해서는 안 된다(Koffeman, 2009:50-51).

코프만은 교회가 이 네 가지 모습을 동시에 드러내는 것이 이상적이라고 생각한다. 그러나 실제로는 그렇지 않다. 보편교회와 지역교회는 교회법에서 필수적인 지향점이지만 서로 대립하기 때문에, 돔부아는 '생산적인 역설'이라 부른다. 교회법은 지역교회의 삶을 규율하지만, 그것은 보편교회를 지향하게 한다. 돔부아에게 이것은 '공의회성(conciliariteit)의 도전'이다(Koffeman, 2009:53). 특수 교회는 국가 교회 또는 자유교회에서 가시적으로 나타나며, 지역교회와 보편교회, 회중과 에큐메니칼 기관 사이에서 중재 역할을 한다. 특수 교회는 지역교회가 에큐메니칼 관계와 활동을 할 수 있는 길을 열어준다. 반대로, 특수 교회와 수도회 사이에는 생산적인 역설이 존재한다. 이는 "세상 안에 있지만 세상에 속하지 않는다"라는 성경적 표현, 즉 주변 문화 속의 교회와 직접적으로 관련된다. 특수 교회와 수도회는 이 문제에서 각자의 역할을 수행하지만, 서로에게 필요한 존재이기도 한다(Koffeman, 2009:54-55). 특수 교회가 사회에 대한 책임을 진다면, 수도회는 금욕적이다. 이는 특수 교회가 문화와 비판적으로 연대하며 문화에 구조적 형태를 부여할 수 있음을 의미한다(Koffeman, 2009:58-59). 이 네 형식은 교회의 본질적인 기본 형식이며, 에큐메니칼 교회법에 도전 과제를 제시한다(Koffeman, 2009:61).

코프만(2009:78-79)은 감독제, 장로회제, 회중제, 노회-총회제와 같은 기존의 교회정치 제도를 다루면서, 자신의 에큐메니칼 교회법의 출발점에서 도출된 세 가지 명제를 언급한다. (ㄱ) 모든 교회정치 제도는 다른 제도와 자연스럽게 단절되어 있기 때문에 일방적이다. 따라서 (ㄴ) 모든 제도는 에큐메니칼 대화를 통해 타인의 비판에 개방되어야 하며, 이를 통해 에큐메니칼 학습 과정에 참여하는 선택을 해야 한다. (ㄷ) 모든 제도는 원칙적으로 잠정적이다. 교회법은 실정법을 변화하는 통찰에 적극적으로 노출시키고, 교회가 그 사명에 응답할 수 있도록 특정 맥락에서 무엇이 부족하고 무엇이 필요한지 판단해야 한다.

교회법 역사의 세 단계

코프만의 교회법의 원칙은 역사 속에서 교회법의 여러 단계에 관한 그의 관점을 통해 더욱 명확해진다. 돔부아(1974:103)의 주장에 동의하면서, 코프만(2009:37)은 교회법 역사를 세 단계로 구분한다. 이 세 단계는 대체로 예수 그리스도 이후의 천년기와 일치한다. 첫 번째 천년기의 교회법은 성령청원적(epikletiese) 교회법으로 기능하고, 두 번째 천년기의 교회법은 초월적 성격을, 세 번째 천년기의 교회법은 에큐메니칼적 성격을 지닌다. 코프만은 세 번째 단계, 즉 우리가 현재 살고 있는 단계를 필연적으로 존재해야 할 것으로 본다. 아래와 같이 그는 이 세 단계를 분석하고 평가한다.

첫 번째 단계: 성령청원적 교회법

첫 번째 단계에서는 교회의 법적 형성이 체계적인 교회론에서 출발하지 않는다. 교회론은 두 번째 단계에서야 발전한다. 교회는 예전, 삼위일체론(AD 4세기 공의회; Schulze, 1978:33-73), 기독론(AD 4세기와 5세기 공의회), 그리고 주교의 직분을 통해 표현되는 성령님 안에서의 일치이다(Schulze, 1978:74-115). 예전, 교의, 그리고 주교직은 교회의 법적 형태를 결정하는 역사적 하부 구조를 형성하며, 그 안에서 각각의 정체성은 분명해지고 서로를 전제한다. 이러한 맥락에서 '성령청원적 교회법'(epikletiese kerkreg)에[199] 대한 논의가 있다(Koffeman, 2009:38).

제2천년기에 접어들면서, 특히 서방교회에서는 근본적인 영적 구조를 갖춘 교회법이 점차 발전했다. 1054년의 동서 로마교회의 대분열은 또한 교회가 제1천년기에서 제2천년기로 전환하는 지점을 형성한다(De Jong, 1987:102). 이는 특히 1215년 제4차 (서방교회) 라테란 공의회의 결과에서 분명하게 드러난다. 이 시기를 '초월적 교회법'(transendentale kerkreg)이라 부른다.

두 번째 단계: 초월적 교회법

중세 초기에 교회는 여러 가지 부정행위로 인해 정통성과 정체성의 위기를 겪었다. 이러한 위기를 극복하기 위해 교회법에 대한 체계적인 신학적 성찰과 개념화가 시작되었는데, 여기에는 초월적 형태의 교회법이 포함되었다. 이 시기 교회법은 교회론적 원칙 위에 세워졌고, 초월적 기준

---

199   돔부아(Dombois)에 따르면, 고대교회는 교회법을 제정할 때 정교한 조직신학적 관점에서 출발하지 못했다(역자 주).

(신적이며 근원적 원리)이 출발점이었다(Koffeman, 2009:38).

이러한 발전은 종교개혁과 결별하기 전, 주로 서방교회에서 일어났다. 고해와 속죄는 교회의 중심적 역할을 차지한다. 제4차 라테란 공의회는 의무적인 고해를 도입했다(De Jong, 1987:140). 고해를 받는 사람과 고해하는 사람, 그리고 사제와 평신도의 구분이 더욱 명확해졌다. 교회에게 주어진 은총의 수단은 고해와 속죄에 의존하게 되었고, 은총의 수단으로서 성사를 집행하는 성직자의 역할은 더욱 정교해지고 법적으로 확립되었다. 사람들에게 구원을 중재하고, 더 복잡한 죄를 다루거나 하급 판결에 대한 상소를 처리하는 기관을 만드는 것과 같이 더욱 강한 위계적 성직자 구조가 발전했다. 이 모든 것은 신학적으로 깊이 있게 고찰되고 정립되었으며, 종교개혁 기간에 이미 상당히 발전되었다. 이러한 주장은 1869-1870년의 제1차 바티칸 공의회에서 정점에 도달했다. 이 공의회는 교리와 윤리 문제에 있어 교황의 무오류를 공식적으로 확립하고, 교황을 교회 안팎에서 최고 권위자로서 인정했다. 모든 것은 결국 교황의 승인에 달려 있었다(Koffeman, 2009:39; De Jong, 1987:290). 그러나 코프만은 고해와 속죄를 통한 이러한 체계적 발전이 종교개혁을 초래한 심각한 요인이라고 생각한다.

종교개혁자 마틴 루터는 믿음으로만 의롭게 된다는 주장을 고해와 속죄와 대조시키고 당시 로마교회의 면벌부 관행을 맹렬히 비난하면서 교회의 핵심 병폐를 찔렀다.[200] 루터가 말씀의 선포와 이를 위해 필요

---

200 욘커(1994:25)는 구원에 대한 성례적 개념, 천주교가 주장한 고백과 고해 제도, 그리고 공로 교리가 중세 교회 신자들에게 복음을 흐리게 만들었다고 주장한다. 루터는 이를 말씀 선포에 대한 자신의 강조와 대조시켰다.

한 직분을 강조한 것은 당시 천주교 교회론의 심장을 꿰뚫는 비수였다. 안타깝게도 루터는 교회 통치를 국가 당국에 맡겨버린 한계를 보였다(Kleynhans, 1982:10-11). 코프만이 분석하듯이, 칼빈은 루터가 인간의 구원을 인간의 복음 선포에 의존하게 만들었다고 판단한다. 따라서 칼빈은 사람들이 거룩한 삶을 살 수 있도록 만든 하나님의 영원한 예정과 은혜의 이론을 발전시켰다. 교회는 사람들에게 이를 일깨워줄 의무가 있다. 결과적으로 칼빈주의는 말씀과 성례의 순수한 시행 외에도 교회의 표징이자 특징으로 교회 권징을 발전시킨다. 루터와 달리 칼빈은 교회 구조를 중요하게 여겼다. 따라서 칼빈은 장로들에게 회중을 거룩하게 유지할 책임을 부여했다(Koffeman, 2009:39-40; Strauss, 2010:64).

코프만은 천주교, 루터교, 그리고 칼빈주의라는 세 가지 교회법적 접근 방식이 본질적으로 초월적이라는 데 동의한다.[201] 이 세 가지 모두에서 교회는 하나의 중심 원리를 기준으로 삼는데, 이는 폐쇄적인 교회법 체계를 낳는다(Koffeman, 2009:40). 이러한 체계는 코프만 자신의 개방적이고 비판적이며 끊임없이 변화하는 에큐메니칼 교회법과 상충된다. 그는 이러한 체계를 성령님의 움직임을 벗어난 '교회론적 절대화'라고 부른다. 그러나 코프만은 그러한 사상 체계로써 스스로를 고립시킴으로써, 그가 '절대화'라고 부르는 초월적 교회법 실천에 대한 암묵적인 문제 제기를 스스로에게 적용할 수 있을 듯하다. 코프만이 루터교와 개혁교회의 접근 방식을 공정하게 평가하는지, 아니면 견강부회 방식으로 다루는

---

201   칼빈 자신은 자신의 이름을 그러한 체계와 연관 짓고 싶어 하지 않았으며, 그의 사상은 '개혁주의'라는 명칭을 선호했던 것으로 알려져 있다. 그는 또한 '개혁 교회법의 아버지'로 불린다(Kleynhans, 1982:79).

가는 추후 논의될 문제이다.

코프만에 따르면, 초월적 교회법의 종말은 신학적으로 불가피한데, 그이유는 초월적 교회법이 신학적 정당성과 설득력을 상실했기 때문이다. 그는 두 가지 근거로 이 주장을 뒷받침한다. 첫째, 적용 범위가 제한되어 있어 설득하기 어려운 주장이다. 이에 따르면, 지난 세기 1960년대 제2차 바티칸 공의회는 천주교 밖에 있는 누군가를 저주하고 싶지 않았기 때문에 천주교 체계는 종말을 맞이할 것이라고 주장한다. 그러나 이것이 천주교가 자체적인 교회법 원칙을 포기한다는 것을 의미하는 것은 아니다.

코프만은 계속 주장한다. 불트만은 루터교 내에서 성경에 대한 다양한 해석이 존재하며, 따라서 루터가 주장하는 성경의 전통적인 중심성 또한 사라지고 있음을 보여주었다. 그러나 문제는 이러한 해석상의 차이점들이 처음부터 존재했는가의 여부이다. 칼빈주의를 뒤흔든 바르트의 보편적 화해 교리에도 동일한 의문이 제기된다. 일부 개혁주의자들은 바르트를 비판한다.

코프만(2009:42)은 교회가 교회법에 대한 에큐메니칼 해석을 피할 수 없다고 믿는다. 최근 수십 년간 복음주의와 오순절주의 운동이 일반 교회법이나 에큐메니칼 교회법에 대해 제기하는 도전은 에큐메니칼 교회법을 약화시키지 않는다.

세 번째 단계: 에큐메니칼 교회법

코프만은 에큐메니칼 시대에 어떤 교회도 스스로 완전한 교회가 될 수 없으며, 다른 교회를 필요로 하지 않는다고 선언할 수 없다고 판단한다. 그리스도의 몸 안에 있는 눈과 손에 대한 바울의 말씀이 여기서 기준이 될 수 있다(고전 12; Koffeman, 2009:42).[202]

그에 따르면, 에큐메니칼 교회법은 무엇보다도 교회가 에큐메니칼 관계를 염두에 두고 제정하는 교회법의 한 유형으로 볼 수 있다. 이러한 교회법은 교회 자체의 교회론적 전제 위에 구축된다. 이것은 에큐메니칼 조직과 공동체의 활동에 대한 참여를 포함하며, 교회 간의 연합이 가능할 경우 적용될 규칙들을 담고 있다.

둘째, 에큐메니칼 교회법은 교회들이 상호 합의와 공동 선언 등을 통해 제정하는 공동 교회법에 관한 것이다. 여기에 제시된 규칙들은 관련 교회들이 공동으로 제정하는 실정 교회법을 형성한다. 예전과 목회 활동에 있어 원활한 협력을 위해 각 교회가 규칙을 제정할 때 서로 일관성을 유지하도록 하는 것이 목표이다. 각 교회의 권한은 최대한 명확하게 정의되지만, 권한을 다른 교회에 이양하는 것은 허용되지 않는다.

셋째, 에큐메니칼 교회법은 교회들이 중재를 위해 특정 권한을 에큐메니칼 단체나 위원회에 이양하는 공동 교회법에 관한 것이다. 좋은 예로, 네덜란드 개신교회(PKN)의 설립에 참여한 세 교회 간의 통합 과정에 적용되었던 소위 '중간 질서'(Tussenorde)가 있다(2003년 네덜란드 개신교회 총회).[203] 이 질서는 '함께 길을 걷다'(Samen-op-weg) 과정이 지속되는 동안 그 범위가 확대되었다. 공동 행동 규칙에 대한 상호 수용

---

202   이 논평은 아마도 고전 12장에 언급된 그리스도의 몸으로서의 교회 이미지를 언급하는 것일 것이다. 그 맥락은 오늘날 에큐메니칼 그림에서처럼 수많은 교회가 아니라, 고대 고린도의 한 교회에서 드리는 예배이다.

203   2003년 네덜란드 개신교회(PKN)의 교회질서는 공식적으로 '과도기 조항을 포함한 네덜란드 개신교회의 교회질서 및 조례'라 불린다(네덜란드 개신교회 총회, 2003).

이 필요했고, 어떤 경우에는 공동 위원회가 기존의 세 교단(네덜란드 개혁교회[NHK], 네덜란드 개혁교회[GKN], 네덜란드 복음주의-루터교회)의 권한을 인수하여, 반대와 분쟁을 처리함으로써 한 걸음 더 나아갔다(네덜란드 개신교회, 2003:10; Koffeman, 2009:46-47).

코프만이 자신의 에큐메니칼 교회법에서 언급한 이러한 실정 교회법의 사례들은 두 가지 의문점을 남긴다. 첫째, 코프만이 루터와 칼빈을 전형적인 초월적 교회법의 주창자로 규정한 것은 과연 이 두 종교개혁자에게 정당한가? 둘째, 그의 에큐메니칼 교회법은 앞서 언급한 종교개혁의 규범을 따르는 지속적인 개혁의 산물이 맞는가?

에큐메니칼 교회질서: 올바른 길인가?

칼빈은 루터가 사람을 통한 복음 선포와 거룩하고 의로운 삶을 살도록 사람들을 예정하신 하나님의 선택을 대조한다고 본다. 칼빈의 이런 주장은 은혜로우신 하나님의 동일한 결정의 연장선상에 있는 두 가지 문제를 대조한다. 개혁파 전통은 예정과 목양과 권징에 강조점을 둠으로써, 인간적 방식으로 말씀을 선포한 루터에게 어떤 교정을 가하려 했는가?

잘 알려진 세 일치 신조는 1619년 4-5월 도르트 총회에서 채택된 네덜란드 신앙고백, 하이델베르크 교리문답, 그리고 도르트 신조를 가리킨다(Donner & Van der Hoorn, nd:307, 320, 325). 개혁파 전통과 칼빈의 자취를 따른 신앙고백서인 세 일치 신조는 하나님의 인간 구원에 대한 접근 방식에서 예정-선포-믿음의 관계를 확증한다(Sizoo, nd:226).

하나님의 말씀이 영감받은 사람들에 의해 기록되고 전파되었다는 사실은 하나님의 선택이 한 사람의 삶에서 실현되는 과정이 하나님의 구원 메시지를 전달하는 인간이 없이는 일어나지 않음을 의미한다. 믿음으로 의롭게 되는 데 있어서 예정-선포-믿음이 핵심 요소들이다. 칼빈이 말씀과 성례의 순수한 집행을 말할 때 권징도 내포한다. 그의 후임자인 제네바의 데오도르 베자는 권징을 참된 교회의 특징으로 설명했다(네덜란드 신앙고백 제29조; Polman, nd:333). 코프만이 예전과 목회와 관련하여 성경적으로 올바른 수행을 주장하더라도, 그에 따르면 에큐메니칼 교회법을 따라 처리해야 하는 교회의 요소들은 감독과 권징이다. 또 다른 가능성은 코프만이 구원받은 죄인들의 삶에서 예전과 목회적 돌봄에 대한 성경적 규범(biblische Weisungen)의 규범적 본질을 부정한다는 것이다(Plomp, 1992:38-40; Barth, 1967:679; Wolf, 1961:8, 24, 73; Strauss, 2010:8). 혹은 코프만은 특정 신앙 전통에서 구원받은 죄인들의 규범에 얽매인 삶을 다른 신자들과 비교했을 때 독특하다고 판단하고, 따라서 그것은 규범적이고 초월적인 교회법처럼 무의미하며 에큐메니칼의 주류와 관련이 없다고 본다.

코프만은 루터와 칼빈을 그들의 사고의 더 큰 그림에서 벗어난 방식으로 다룬다. 그래서 코프만은 출발점으로서의 확고한 원칙에서 시작하는 초월적 교회법이라는 개념을 두 종교개혁자의 교회법 사상에 강요하고 있다는 인상을 준다.

16세기 종교개혁이 잘 알려진 네 가지 '오직'(sola)과 특정한 교회법적 출발점을 기초로 개혁을 추구했다면(Jonker, 1976:124), 코프만은 교회법적 규범으로서 공유된 에큐메니칼 교회법적 형태만으로 만족했다. 이 형태는 규범적이지만, 코프만에 따르면 실천적 또는 상정된 자료로서 끊임없이 변화해야 한다. 결국 그는 교회의 특징은 동일하게 유지되는 것이 아니라 끊임없이 변화하는 것이라고 주장한다. 그는 이러한 조건을 위해 성경적 의미를 함축하는 '개혁'이라는 단어를 사용하지만, 그 안에 성경적으로 타당한 내용으로 채우려 하지 않는다.

코프만이 스스로 의무감을 느끼는 격언인 "개혁된 교회는 하나님의 말씀으로 항상 개혁되어야 한다"라는 명언은 동일한 방향 또는 규범을 기반으로 지속적인 개혁을 의미한다. 개혁의 토대가 되는 규범은 올바르게 이해되는 한 불변의 것이지만, 그것의 표현 방식은 현대화된다.

따라서 개혁은 기존과의 완전한 단절을 의미하지 않는다. 만약 그렇다면 그것은 혁명일 것이다. 이는 관련 규범이나 목표를 더 잘 그리고 더 현대적으로 구현하려는 시도에서 개혁으로서의 변화를 의미한다. 개혁은 변화 자체를 목적으로 하는 변화나 개선이 아니라, 관련 규범에 기반한 개선을 의미한다. 코프만은 공동 교회법이나 에큐메니칼 교회법을 여러 교회의 공동 소유로 규정함으로써, 개혁파 교회법에서 중요한 원칙에서 이탈한다.

코프만은 종교개혁의 교회론적 출발점을 자신의 교회론적 출발점으로 대체한다. 즉 말씀과 성례와 같은 불변의 진리를 기반으로 불특정 다수의 교회가 수용해 온 에큐메니칼 교회 형태라는 규범이다. 교회법은 예전과 목회에 봉사해야 한다는 그의 주장도 여기에 통합된다. 자신의 에큐메니칼 교회법(ekumenies-geldende kerkreg)에서는, 교회법적 형태가 계속 변화함에도 불구하고, 여러 교회 간의 상호 작용 속에서 출발점(apriori)으로 작용하여 결국 초월적 교회법의 고정 원칙으로 기울어지는 경향을 보인다.

마지막으로, 코프만이 에큐메니칼 교회법이라는 출발점은 그의 교회법의 범위를 제한한다. 이는 그가 강조한 에큐메니칼 교회법 주제의 사례에서 분명하게 드러난다. 에큐메니칼 교회법이 지속적으로 확장되려면 더 많은 교회가 먼저 이를 수용해야 하기 때문에 제한적이다. 이러한 긴장과 암묵적인 제한은 교회의 권한이 명확하게 정의되어 있지만, 협정 체결이나 공동 선언 발표 시 에큐메니칼 기관으로 이양되지 않는다는 코프만의 민감한 언급 안에서 드러난다.

따라서 교회법의 범위를 확장하려면 더 많은 교회의 설득과 채택이 선행되어야 한다. 도르트 전통의 교회질서에서 일반적으로 나타나는 주제들의 범위와 비교했을 때, 코프만이 그의 에큐메니칼 교회법에서 제시하는 주제들은 제한적이다.

요약하면, 에큐메니칼 교회법은 다음과 같다. 이는 교회와의 에큐메니칼 관계 및 교회 연합, 협정 및 공동 선언, 그리고 특정 교회의 권한을 에큐메니칼 기관으로 이양하는 것에 대한 규칙이다. 이러한 교회법에서는 대부분의 교회 활동이 에큐메니칼 협력에 집중된다. 그러나 책임감 있고 기초적인 교회론은 교회들 간의 에큐메니칼 관계와 그로부터 파생될 수 있는 것들보다 훨씬 더 광범위하다.

참된 교회의 세 가지 특징 또는 표지, 즉 순수한 말씀 선포, 성례의 올바른 집행, 그리고 고백적 진리로서의 교회의 권징이 교회법에 의해 여전히 봉사하는 법으로 간주되는지 의문이다(네덜란드 신앙고백 제29조; Strauss, 2010:1-6). 코프만은 개혁파 교회법을 초월적인 교회법으로 비판적으로 평가하지만, 동시에 그는 "자신의 고백에서 벗어나서는 안 된다"라고 주장한다. 그렇다면 에큐메니칼 교회법이 올바른 길인가? 답은 '아니요'이다. 모든 참여자, 특히 개혁파 측에서도 결정적인 기여가 이루어지기 전까지는 이 길을 적합하다고 볼 수 없다.

참고문헌

Barth, K. *Church Dogmatics. Vol. 4*. Edinburgh: T&T Clark, 1967.

Coertzen, P. *Church and Order*. Leuven: Peeters, 1998.

De Jong, O. *Geschiedenis der Kerk*. Nijkerk: Callenbach, 1987.

Dombois, H. *Das Recht der Gnade. Teil 1*. Wittenberg: Luther-Verlag, 1969.

_____. Das Recht der Gnade. *Teil 2*. Wittenberg: Luther-Verlag, 1974.

Donner, J. H. & Van den Hoorn, S. A. *Acta Nationale Synode te Dordrecht*. Leiden: Donner, Nd.

Generale Synode van de Protestantse Kerk in Nederland. *Kerkorde en Ordinanties van de Protestantse Kerk in Nederland Inclusief de Overgangsbepalingen*. Zoetermeer: Boekencentrum, 2003.

Heyns, J. A. *Inleiding tot die Dogmatiek*. Halfway: NG Kerkboekhandel, 1992.

Jonker, W. D. *Die Woord as Opdrag*. Pretoria: NG Kerkboekhandel, 1976.

_____. *Bevrydende Waarheid*. Wellington: Hugenote Uitgewers, 1994.

Kleynhans, E. P. J. *Gereformeerde Kerkreg. Deel 1*. Pretoria: NG Kerkboekhandel, 1982.

Koffeman, L. J. *Het Goed Recht van de Kerk*. Kampen: Kok, 2009.

Plomp, J. "Kerk en Recht." In W. van 't Spijker & L. C. van Drimmelen (eds.). *Inleiding tot de Studie van het Kerkrecht*. Kampen: Kok, 1992.

Polman, A. D. R. *Onze Nederlandsche Geloofsbelijdenis. Deel 3*. Franeker: Wever, Nd.

Schulze, L. F. *Geloof deur die Eeue*. Pretoria: NG Kerkboekhandel, 1978.

Sizoo, A. *Johannes Calvijn Institutie*. Delft: Meinema, Nd.

Strauss, P. J. *Kerk en Orde Vandag*. Bloemfontein: Sun Media, 2010.

Van 't Spijker, W. *Goddelijk Recht en Kerklijke Orde: Martin Bucer*. Kampen: Kok, 1982.

Wolf, E. *Ordnung der Kirche*. Frankfurt am Main: Klosterman, 1961.

부록

칼빈의 제네바 학교질서(1559)와 기독교 학교질서[204]

서론

개혁파 교회를 생각할 때 개혁주의 교육을 직접적으로 떠올리지 않을 수 없다. 이 두 가지는 서로 밀접하게 연결된다. 우리 주 예수님께서는 말씀에서 부모에게 언약의 자녀를 하나님을 경외하는 가운데 양육하라고 요구하신다.[205] 자녀 교육에는 여러 측면이 있다. 가정에서는 자녀가 성인으로 성장하도록 필요한 관심을 기울여야 한다. 교회에는 교리문답 교육과 기타 교육이 있다. 학교에서는 아이들이 장차 성인이 되어 살아가는 준비를 할 수 있도록, 교육 과정에 따라 교육을 받는다. 이런 교육은 부모가 유아 세례식에서 한 서약에서 비롯된다.[206]

남아공의 학교 교육은 유아 세례식에서 한 서약과 정반대되는 많은

---

204 프리스테이트대학교 '조나단 에드워즈센터'의 헤라드 메이어(Gerard J. Meijer)의 "Die Skoolorde van Genève 1559: 'N Basis vir 'n Gereformeerde Skoolorde," *Koers* 79/4 (2014), 1-8를 번역한 것이다.

205 다음 구절을 비교해 보라(신 6:4; 시 78:3-8; 잠 22:6; 엡 6:4; 골 3:21).

206 시편가 부록(GKSA, 2009:115)에 수록된 고전적인 세례식의 세 번째 질문은 다음과 같다. "당신은 아버지이자 어머니로서 이 아이가 이해할 수 있게 되면, 앞서 언급한 교리를 가르치겠다고 서약합니까?"

영향을 미친다. 교육을 위한 교재의 내용뿐만 아니라[207] 출발점과 교육 방식 또한 우리 안에서 역사하셔야 하는 성령님과는 다른 영을 증거한다.[208] 현재 남아공에 존재하는 개혁주의 학교마다 정관(konstitusie)과 규정은 가지고 있지만, 칼빈이 작성한 '학교질서'(skoolorde)와 같은 것은 없다. 논리적으로 말하면, 정관과 학교 규정은 학교질서에서 비롯된다. 사실, 개혁주의 학교의 모든 정책과 결정은 정교하게 만들어진 학교질서에서 비롯되어야 한다. 학교질서는 학교가 고유한 사회적 실체로서 살아가고 기능하는 기초를 제공한다(Buys, 2010:24).[209]

1. 역사적 배경

1559년 6월 5일, 칼빈의 쉰 번째 생일 5주 전, 제네바 아카데미가 공식적으로 개교했다(CO 10a 65; Nauta, 1959:7, 21). 바로 그날, 칼빈이 오랫동안 간절히 소망하던 이상이 현실이 되었다(Coetzee, 1959:45; Nauta, 1959:8). 같은 해, 그의 기독교강요의 최종 개정판도 출간되었다. 이 둘은 서로 분리될 수 없다. 칼빈의 짧지만 충만한 일생 동안 일어난 다양한 활동과 저작들은 마치 하나의 전체처럼 얽혀 있다. 따라서 기독교강요에 기록된 칼빈의 가르침과 제네바 아카데미에서의 교육은 서로 분리될 수 없다.

제네바 아카데미는 하룻밤 사이에 생겨난 학교가 아니다(Maag,

---

207 남아공 정부의 교과 과정 내용을 조사해 보면, 기저에 어떤 이념과 교리가 전파되고 있는지 분명해진다(남아공, 2014).

208 남아공 정부의 교육부 로고에 모든 학생은 '국가 자산'(nasionale bate)이라고 밝힌다.

209 베이스(2010:151)는 학교질서가 언약의 틀 안에 있음을 강조한다. 즉, "창조의 머리로서 그리스도께서 만유, 특히 인간 교육에 대한 권위를 가지고 계시다는 고백이다. 그 권위가 학교에서 어떻게 실현되는지는 언약적 학교질서에서 더욱 구체화 되어야 한다."

2000:11). 칼빈은 1536년, 제네바에 처음 체류하는 동안 동료 기욤 파렐 (Guillaume Farel)과 함께 이 아카데미의 초석을 다지기 시작했다. 그 당시 칼빈은 제네바의 공식 목사가 아니었다(Nauta, 1959:9). 그는 당시 제네바에 이미 존재하던 학교의 성경 교수로 연결되어 있었다(Nauta, 1959:9). 그의 특별한 임무는 파렐과 함께 성경 강의를 진행하는 것이었다. 칼빈은 제네바에서 목사가 된 후에도 이 일을 계속 담당했다.

1538년 초, 제네바 아카데미는 재편되었다. 성경 강의가 별도의 부분으로 구성된 개정된 학습 프로그램이 수립되었다(Nauta, 1959:10). 여기에 기독교 신앙에 대한 공개 토론이 추가되었다(Nauta, 1959:10). 이러한 공개 토론은 다른 학술 기관에서 열린 토론과는 성격상 매우 달랐다. 거기에는 고성(高聲), 경쟁적 논쟁, 궤변을 허용하지 않았다. 이런 토론은 신학 수련생들에게만 국한되지 않았고, 교사 양성도 더불어 고려되었다 (Nauta, 1959:10).

1541년에 제네바로 돌아온 칼빈은 철저한 학교질서에 기반하여 학교 설립에 새로운 열정을 불어넣기 시작했다. 이는 1541년에 교회질서에 명시된 '박사 직분'(doktoreamp)에 대한 그의 언급에서 분명하게 드러난다(Nauta, 1959:10). 당연히 박사는 교육을 담당해야 한다. 신학에 대한 철저한 교육을 위해서는 언어와 문학 교육이 필수적이었다. 이러한 교육은 이 목적을 위해 특별히 설립된 대학(College)에서 제공되어야 했다. 칼빈은 처음부터 대학에서의 교육이 신학 교육을 위한 기회를 제공할 뿐만 아니라,[210] 국가와 도시에서 봉사하도록 준비하는 과정이라는 점도

---

210   신학 교육은 제네바에 제한되지 않고, 국제적인 관심을 끌게 되었다(Doumergue, 1907:287; Van Veen, 2006:71-72).

분명히 했다(Nauta, 1959:11). 또한 초등학교 교사와 교장 임명에 관한 규정도 있었다. 교장을 임명하려면 교회의 승인이 필요했으며, 교회의 감독과 규정에 따라 교수와 교사들이 임명되었다(Nauta, 1959:11).

1541년 이후, 칼빈은 교회질서에 명시된 조항을 실제 학교 설립에 실현하기까지 18년간 투쟁과 노력을 쏟았다(Nauta, 1959:12; Van 't Veer, 1942:99). 그러나 이러한 투쟁이 적절하게 결실한 것은 1555년이 되어서였다.[211] 칼빈은 적절한 건물과 부지를 확보하기 위해 애썼다(Strohm, 2009:93). 그리고 무엇보다 가장 중요한 것은 강의를 담당할 유능한 교사를 확보하는 것이었다. 그 무렵 칼빈은 중병에 걸려 있었다. 그는 병상에서도 편지를 쓰고, 건축 현장을 시찰하며, 학교 설립에 필요한 모든 것을 챙겼다(Nauta, 1959:13). 1558년 9월, 테오도르 베자가 학교의 초대 강사로 임명되었다. 몇 달 후, 대학(College)과 아카데미(Akademy)의 개교에 맞추어 더 많은 강사가 임명되었다.

1559년 5월 22일, 칼빈은 제네바 시의회에 참석하여 대학과 아카데미의 개교에 대해 최종적으로 계획을 발표했다(Nauta, 1959:6). 그는 발표한 문서를 통해, 제네바시에 이미 존재하는 김나지움(기초교육 기관)의 재편 및 확장에 관해 설명했다. 칼빈은 학교 운영의 근거를 제시하는 학교질서와 운영 지침도 발표했다(Nauta, 1959:127). 1주일 후에 시의회는 이 규정을 승인했고,[212] 다시 1주일 후인 1559년 6월 5일에 그 규정이 공개적으로 선언되어 6월 6일부터 강의를 시작할 수 있었다.

---

211 이 점에 있어서 코르디에의 기여를 과소평가해서는 안 된다. 그러나 칼빈이 코르디에를 학교와 연결하려고 시도한 것은 아무런 긍정적 결과를 가져오지 못했다(Bakhuizen van den Brink & Dankbaar, 1980:161; Nauta, 1959:12).

212 학교질서는 처음에는 라틴어로, 나중에는 프랑스어로 출판되었다.

칼빈은 이 규정과 함께 여러 사람을 교사로 추천했다. 시의회는 이 제 안도 승인했다. 베자는 초대 학장으로 임명을 받았다. 공식 개교식에서 제네바시 의장이었던 미셸 로제(Michel Roset)가 학교질서와 세부 규정 을 낭독했고, 입학생들은 신앙고백서에 서명해야 했다. 또한 학장과 강사 들이 서명해야 하는 선서문도 있었다(Nauta, 1959:8). 이 문서들은 칼빈 이 작성한 학교질서의 한 부분이었다(칼빈 전집, 10a, 65-90).

학교질서의 실행을 이해하기 위해서, 대학(College) 내에서 사립학교 (재조직된 기초교육, Gimnasium)와 공립 또는 상급학교(실제 아카데 미, Akademie) 사이에 명확한 구분이 있었다는 점에 주목하는 것이 중 요하다. 기초학교(Gimnasium)와 달리, 아카데미에는 여러 학급이 존 재하지 않았다. 약 16세의 학생들은 기초학교의 7학급을 성공적으로 마 친 후 아카데미에서 수업을 시작했다(Raynal III, 1990:129]).[213] 여기서 아카데미는 '독립성'을 가지고 있었다는 점이 강조되어야 한다. 아카데미 는 교회와 국가로부터 완전히 분리되지 않았지만, 그렇다고 해서 이 둘에 게 종속되지도 않았다(Nauta, 1959:17, 21).

2. 제네바 학교질서 개요

1559년 제네바 학교질서는 간략한 서론을 담고 있는데, 아래 사항들 을 논의한다.[214]

---

213 15세에서 19세 학생들은 4년제 대학(College)에 입학했다(역자 주).

214 이는 칼빈 전집(10a)에 재구축된 전체 텍스트의 압축 버전이다. 또한 쿠찌에 (1959:47)와 레이날 3세(1990:128-29)도 참고하라.

대학(김나지움)의 교사(Regens 또는 Praeceptori; 칼빈 전집, 10a, 69)

교사는 선하고 순수한 양심으로 성경을 가르치는 사역자이다. 교사는 의회(raad)에서 선출되며, 그 선출에 동의해야 한다. 교사는 정해진 시간에 강의에 출석해야 하며, 배정된 수업에서 면제되지 않는다. 교사가 수업을 참관할 수 없는 경우, 대체 조치를 취할 수 있도록 미리 학장에게 알려야 한다. 수업은 소란스럽지 않게 진행되어야 한다. 논의되는 성경 구절은 성경 저자를 직접 공격하지 않아야 하고 간명하게 설명해야 한다. 그리고 성경 저자의 의도는 명확하게 밝혀야 한다. 수업이 진행되는 동안 아이들은 조용하고 차분해야 한다. 반항적이고 순종하지 않는 아이들은 잘못에 따라 징계해야 한다. 무엇보다 교사는 아이들에게 하나님을 사랑하는 마음을 가르치고 그들의 약점을 바로잡아야 한다. 필요한 경우, 교장의 도움을 받아 불화를 해소해야 한다. 아이들이 불순종한다는 이유로 단순히 수업에서 퇴실 조치를 해서는 안 되었다.

교장(Principal 또는 Ludimagistro; 칼빈 전집, 10a, 71)

교장(hoof)은 평판이 좋고, 하나님을 경외하며, 교리와 생활이 순수하고, 인격이 온화하며, 엄격하지 않고 친절해야 하며, 삶으로 학생들에게 좋은 본보기가 되고, 열정적으로 업무를 수행하는 사람이어야 한다. 교장의 임무는 교사와 마찬가지로 자신의 학급을 가르치는 것이다. 또한, 그는 교직원을 감독해야 한다. 그는 학교의 모든 것이 원활하게 운영되고, 수업 시간에 정시에 종이 울려야 하며, 학교의 질서가 유지되도록 해야 한다. 교장은 교직원과 학생 모두의 문제를 처리한다.

학교의 학생(escholiers 또는 scholastics; 칼빈 전집, 10a, 71)

모든 학생은 정해진 시간에 교사들과 함께 교회당에 간다. 거기서 학생들은 종교 교육과 교리문답 교육을 받는다(Calvyn, 1981). 교사는 학생들의 행동과 참여를 감독한다. 또한 아이들이 설교를 잘 따라가는지 확인해야 한다. 필요한 경우, 학생의 불복종과 잘못된 행동은 징계받아야 한다. 결석은 정확히 기록해 두어야 한다. 월요일, 화요일, 목요일, 금요일에는 수업이 두 시간으로 나뉘며, 각 시간은 점심시간 한 시간을 포함하여 여러 교시로 나뉜다. 수요일에는 교회 교리를 가르치는 데 더 많은 시간을 할애한다.

수업은 기도와 성경 공부로 시작한다. 출석과 시간 준수는 엄격히 지켜져야 한다. 지각은 변명의 여지가 없다. 오전에는 성경 자습과 묵상 시간을 따로 정해둔다. 오후에는 시편을 배우고, 프랑스어와 신경, 그리고 주기도문을 배운다. 필요한 경우에 합반 수업이 있다. 이 수업에서 고학년 학생들에게는 강의를 발표할 기회가 주어진다. 저학년 학생들은 배운 내용을 필기해야 한다. 교사가 과제를 점검한다. 토요일에는 복습 학습이 진행된다. 토요일 오후에는 한 시간 동안 토론이 진행된다. 오후 3시에 수업이 종료된다. 주일에 예배와 교리문답 참석은 학생의 의무이다.

커리큘럼

제7반:[215] 학생들은 알파벳, 단어, 음절을 배운다. 프랑스어와 라틴어를 배우고 라틴어-프랑스어 교리문답을 가르친다.

제6반: 라틴어와 프랑스어 심화 학습에 중점을 둔다. 학생들은 라틴어

215　제7반(sewende klas)은 1학년이다.

말하기를 배운다.

제5반: 말하기와 웅변 기술, 그리고 구문론 교육에 중점을 둔다. 학생들은 자신의 글을 쓰는 법을 배운다.

제4반: 학생들은 구문론을 완벽하게 숙달해야 한다. 키케로의 간단한 작품을 읽고 그리스어 학습을 시작한다.

제3반: 그리스어, 특히 문법에 대한 추가 학습이 진행된다. 그리스어와 라틴어의 연관성에 중점을 둔다.

제2반: 라틴 역사 교육과 그리스어 및 라틴어 시 교육이 진행된다. 토요일에는 그리스어 신약성경(복음서)을 공부한다.

제1반: 웅변 교육에 중점을 둔다. 학생들이 처음으로 변증법과 수사학을 접한다. 키케로, 호메로스, 베르길리우스 등의 고전 작품을 학습하여 토론 방식을 숙달한다. 토요일 오후 3시부터 4시까지 신약 사도의 서신들을 낭독한다.

학장

학장(rektor)은 목사 및 교수로 구성된 위원회에서 선출된다. 모든 구성원이 그의 임명에 동의해야 한다. 학장은 하나님에 대한 경외심과 봉사 정신을 가진 사람이어야 한다. 학장의 임무는 교사들 간에 해결되지 못한 문제를 조정하고, 성경에 근거하여 권위를 유지하는 것이다. 이 모든 일에서 학장은 말씀의 사역자이다. 그는 특정 행정 업무를 담당하며, 임기는 2년이다.

방학

포도를 수확하는 기간 동안 학생들에게 3주간 방학이 허용된다.

진급

학년 간 진급은 철저한 시험을 통해 이루어진다. 학생들은 누구의 도움 없이 라틴어와 프랑스어로 문제에 답할 수 있어야 한다. 필기시험 답안은 학장에게 제출되어 학생의 목표 달성 여부를 결정한다. 시험 결과는 공개된다.

교수[216]

히브리어, 그리스어, 그리고 인문학 분야의 교수 3명이 임명된다. 그들은 월요일, 화요일, 목요일에 각각 2시간씩 강의한다. 그리고 수요일과 금요일에는 1시간씩 강의해야 한다. 오전 예배 후, 히브리어 교수는 히브리어 본문과 문법을 설명하고 성경의 특정 부분에 대해 해설한다. 점심 식사 후에는 히브리어 문법을 교수한다. 그리스어 교수는 히브리어 교수와 동일한 방식으로 가르친다. 또한 그리스 철학(아리스토텔레스, 플라톤, 플루타르코스 또는 기독교 철학자)을 다룬다. 점심 식사 후, 그리스 시와 역사를 다룬다. 인문학 교수는 키케로 또는 아리스토텔레스에 기반한 웅변술과 수사학을 강의한다.

신학생(공적 학자)

신학생은 학장의 허가를 받아 공부할 수 있다. 신학생은 이 과정을 위해 아카데미에 등록해야 한다(Coetzee, 1959:47). 신학생들은 서명으로 신앙고백에 동의해야 하고, 그들의 이름은 학적부에 기록된다. 토요일에

---

216 공적 교수(Publici professores)는 공립학교에서 평생교육에 참여하는 강사이다.

는 공개적으로 성경 구절을 낭독하여 연설 능력을 향상할 기회가 주어진
다. 신학생들은 목사의 감독을 받는다. 학생들은 순수한 교리를 배우지
만, 거짓 교리의 악과 위험도 알아야 한다. 학생들은 거짓 교리를 반박하
는 능력(수사학)을 길러야 한다.[217] 학생과 강사 사이에 의견의 차이가 발
생하면, 신학 교수가 주도하는 공개 토론이 열린다.[218] 해당 교수는 논쟁
에서 최종 결정권을 갖는다.[219] 학생들은 신학, 히브리어, 그리스 윤리, 그
리스 수사학, 물리학 또는 수학, 그리고 변증학 혹은 수사학을 학습한다.
신학생은 금요일에는 교회 회의와 교회 위원회(kerklike rade)에 참석
해야 한다(Coetzee, 1959:47).

학장 선서

학장은 선서를 통해 하나님의 말씀에 순종하고 학교의 유익을 추구할
의무를 진다. 그는 하나님을 경외하는 마음으로 자신의 사역을 수행하
고, 자신 위에 있는 사람들의 권위에 복종할 것을 서약한다.

교사 선서

교사(박사)의 선서는 대체로 학장의 선서와 같다. 교사는 깨끗한 양심

---

217 이런 작업 방법은 지도자로서의 대결로 특징지어질 수 있다.

218 스트롬(2009:93)은 이와 관련하여 다음과 같이 지적한다. "스트라스부르 아카데미는
또한 경건한 웅변(pia eloquentia)이라는 관념을 공유한다. 스콜라주의의 사변적이고 비현
실적인 논리적 변명에 맞서, 고대 수사학으로 연마된 자료는 설득력 있게 전달되고 삶을 형
성하는 데 유익하도록 구성되어야 했다."

219 쿠찌에(1959:47)는 예비 목회자들의 행동에 대해 다음과 같이 기술한다. "모든 허세,
잘난 체하는 태도, 불경스러운 교만, 잘못된 흠 잡기는 토론에서 사라져야 한다. 모든 주제
는 포괄적이면서도 존중심과 겸손함을 가지고 논의되어야 한다. 신학 교수가 주도권을 잡
고 최종 판단을 내려야 한다."

으로 학교와 지역 사회의 번영을 위해, 그리고 하나님의 영광을 위해 자신의 강의를 진행할 것이다.

3. 1559년 제네바 학교가 성장한 뿌리

칼빈의 학문적 형성

칼빈은 출생지인 노용과 그 주변에서 학문적 훈련을 받았다. 14세에 칼빈의 아버지는 그를 파리로 보내 인문주의 교육의 선구자 중 한 명인 마르튀랭 코르디에(Marthurin Cordier)에게서 라틴어를 비롯한 여러 학문을 연마하게 했다(Raynal III, 1990:121). 칼빈은 여러 분야에서 오랜 기간에 걸쳐 당시 인문주의를 내면적으로 체득했다. 인문주의 여러 교사로부터 훈련을 받은 칼빈은 인문주의 사고의 기법을 완벽하게 터득했다. 그는 그 기법을 완전히 버리지 않았고, 오히려 성경을 연구하는 자신의 습관에 녹였다. 이를 반영하여 제네바 학교질서는 문헌학, 문법, 수사학, 논리학 연구에 중점을 두었다(Raynal III, 1990:123).

베르소넥스대학(College de Versonnex, 1428)과 리브대학(College de Rive)과의 연계

이미 언급했듯이 칼빈은 제네바에 완전히 새로운 학교를 설립하지는 않았다. 그 도시에는 천주교 교육의 원리에 기반한 학교가 있었다(Maag, 2000:12). 이 학교는 복합 건물의 건축 자금을 지원한 부유한 사업가의 이름을 따서 '베르소넥스대학'으로 알려졌다. 이 학교의 주된 목표는 라틴어 문법을 가르치는 것이었기에, 고등교육에 대한 과정은 없었다. 행정관들이 교사들의 봉급을 지급함으로써 학교의 조직과 운영에 공식적으로 발언권을 얻었다. 행정관들은 심지어 교육 과정에도 특별한 발언권을 가졌다. 이후 리브대학이 설립되었다. 리브대학은 베르소넥스 대학의 교육 과정을 상당히 확대했다(Maag, 2000:14-15; Raynal III, 1990:121).

칼빈은 제네바에 도착하면서 기존 시스템의 장점을 완전히 거부하지 않으면서도 근본적인 변화를 이루었다. 시 당국이 학교에 미치는 영향력은 극히 제한적이었다. 그러나 제한이 시 당국의 역할을 무시하는 것을 의미하지는 않았다. 시 당국은 여전히 건물과 강사에 대한 재정 지원을 담당했다. 옛 시스템에서 남은 것은 라틴어 학습에 대한 강조였다. 학생들은 어린 나이부터 모국어인 프랑스어 외에도 학술 언어인 라틴어를 구사할 수 있도록 교육을 받아야 했다.

스트라스부르 슈투름학교와의 연계

칼빈은 1538년부터 1541년까지 3년간 스트라스부르에 머물면서 요한 슈투름(Johann Sturm)학교와 긴밀히 교류했다(Nauta, 1959:11). 그는 그곳에서 신학 수업을 하고 성경 주해 강의도 했다. 슈투름학교는 공동생활 형제회 학교와 뚜렷한 유사성을 지녔을 뿐만 아니라, 데시데리우스 에라스무스(Desiderius Erasmus)의 영향을 포함한 독특한 인본주의적 특징을 보였다. 슈투름학교가 칼빈에게 준 영향은 학교의 정신보다는 운영 구조에 크게 나타났다(Van 't Veer, 1942:120). 이 학교의 특징은 체계적인 학년별 수업, 소규모 그룹으로의 학급 편성, 매년 거행되는 진급식, 그리고 아카데미에서의 활동을 위한 대학(College) 교육의 준비 과정 등이다(Coetzee, 1959:46). 그런데 칼빈이 슈투름학교와는 완전히 다른 길을 택했다. 그는 종교 교육에 특별한 관심을 기울였는데, 이는 인문주의 학교에서는 실행되지 않았다(Strohm, 2009:93; Van 't Veer,

1942:121).

교회질서: 1561년 제네바 교회질서(제43-47조)

그러나 개혁주의 아카데미 설립의 가장 중요한 근거는 외부의 영향에서 찾아서는 안 된다. 성경에 기초한 교회질서의 틀 안에서, 그리고 제네바 교회의 성장을 염두에 두고, 칼빈은 독립적인 아카데미 설립을 열렬히 추진했다. 1541년의 교회질서를 확장한 1561년 제네바 교회질서 제43-47조는 학교 교사 또는 박사의 직무와 소명을 아래와 같이 명시한다.

제43조. 박사의 정당한 임무는 신자들에게 거룩한 교리를 가르쳐 복음의 순수성이 무지나 잘못된 믿음으로 인해 손상되지 않도록 하는 것이다. 그럼에도 불구하고, 오늘날의 상황을 볼 때, 우리는 이 말을 다음과 같이 이해한다. 목회자와 사역자들의 오류로 인해 교회가 쇠퇴하지 않도록 하며, 미래를 위한 씨앗을 보존하도록 돕는다. 이해하기 쉬운 용어로, 이를 '학교 질서'(Skoolorde)라 부른다.

제44조. 신학 교육은 말씀의 사역자의 직분에 가장 가깝고, 교회의 통치와 긴밀히 연결된 봉사이다. 구약성경과 신약성경에 대한 강의는 바람직하다.

제45조. 그러나 이러한 강의는 언어와 인문학 학습을 선행한 사람에게만 유익할 수 있으며, 미래의 씨앗을 이러한 방식으로 돌보는 것이 필요하다. 우리 자녀들에게 텅 빈 교회를 남겨주지 않기 위해, 신학생들이 목회자 직분은 물론 시민적 통치를 위해서도 교육을 받아 준비될 수 있도록 김나지움을 설립해야 한다.

제46조. 이런 일의 진행 방식은 학교질서에서 찾을 수 있다.

제47조. 도시에 어린이들을 위한 다른 학교가 없어야 하며, 여자아이

들은 이전처럼 별도의 학교를 갖게 될 것이다(Pont, 1981:28-29)

제네바 학교질서에 나타난 고유한 사항

칼빈의 1559년 학교질서는 당시 존재했던 다른 학교 조직들과 구별하는 몇 가지 사항이 있다(Van 't Veer, 1942:94).[220] 이러한 사항들은 아래와 같이 요약될 수 있다.

• 교사와 학생 모두 교육에 참여하면서 행실로 하나님을 경외해야 한다(Van Veen, 2006:70).

• 학교 교육과 교회 교육은 직접적으로 연결된다.

• 학부모가 주도하여 학교를 설립해야 한다.[221]

• 교회는 학부모가 개혁파 학교를 설립하고 유지하도록 장려할 의무가 있다(Bouwman, 1970:521).

• 교회는 학교를 감독하지만, 교육(교육과정 및 학교 운영) 자체를 감독하지는 않는다. 교회의 감독은 기독교적 성격과 세례식에서 부모가 했던 약속을 준수하는 것에 관한 내용이다.[222] 따라서 학교에 참여하는 모든 사람은 지역교회의 감독과 권면을 따른다.

• 아카데미의 교사와 학생은 신조에 서명함으로써 신앙을 공개적으로

---

220 판 엇 피어(1942:94)는 칼빈의 학교 운영 방식을 '하나의 새로운 시작'(een nieuw begin)이라 불렀다. 라틴어 외에도 그리스어와 히브리어로도 교육이 이루어졌고, 아마도 처음으로 프랑스어도 수업 일정에 별도로 포함되었다는 점은 중요한 사실이었다. 이러한 독특한 특징은 성경 교리 교육에서 가장 두드러지게 나타났다.

221 이를 위해 바우만(1970:521)은 신 4:9-10, 6:7, 20, 엡 6:4 그리고 골 3:20-21을 활용한다.

222 감독이 행사되는 방식은 상호 합의를 따른다(Bouwman 1970:521).

준수한다.[223]

• 학교의 질서를 유지하기 위해 수업을 진행하는 교사, 교사들을 감독하는 교장(hoof), 그리고 학교를 전반적으로 감독하는 학장(rektor)이 있다.

• 수업에서 성경 교육, 시편 및 신앙고백의 암송에 특별한 주의를 기울인다.[224] 이런 교육은 기도를 통해 이루어진다.

• 학생들은 어린 시절부터 더 깊이 있는 학습을 위해 다양한 언어에 익숙해지도록 교육받아야 한다. 물론 모국어 교육에도 중점을 둔다.[225]

• 학생들은 수사학과 화술을 교육받아 언제나 진리를 옹호하고 오류를 극복할 수 있도록 한다.

• 학생들은 교회와 시민사회에서 자신의 소명을 실천할 수 있도록 준비된다.[226]

• 학생들은 지적으로 성장해야 하는데, 교육은 자녀의 전인적 성장을 목표로 삼아야 한다(Van 't Veer, 1942:114).

• 엄격하면서도 합리적인 훈육이 적용된다. 수업 시간은 최적으로 활용되어야 하며, 수업 결석은 용납되지 않는다.

---

223 신앙고백에 대한 지지는 교직원과 학생들의 교육과 삶에 반영된다. 모든 교육은 성경에 기반한 신앙고백에서 비롯된 종교적 성격을 지닌다(Van 't Veer 1942:112).

224 앤톤 브리엔(2009)은 그의 소책자 '칼빈 학교: 교육을 위한 신앙고백의 의미'에서 세 일치 신조가 어떻게 구체적으로 선포되어야 하는지를 보여준다.

225 메이어(1994:37)의 "기독교 학교는 모국어로 교육을 제공해야 한다"라는 말도 참고하라.

226 "모든 교육은 하나님을 더 잘 알고, 하나님의 말씀에 따라 삶을 더 잘 인도하는 데 도움이 되어야 한다"(Van 't Veer 1942:113)

4. 개혁파 학교질서의 구성 요소

칼빈이 학교질서에서 제시한 모든 것을 21세기의 삶에 적용하는 것은 가능하지 않다. 마치 그 질서의 복제본이 오늘날 학교 공동체의 복지에도 적용될 수 있는 것처럼 여길 수 없다. 16세기 중반의 삶과 오늘날의 삶은 완전히 다르기 때문이다(Raynal III, 1990:131). 그러나 칼빈의 학교질서에는 합리적인 규정이 많이 담겨 있어서, 오늘날에도 적용할 사항이 적지 않다. 학교질서의 규정은 역사나 사람들의 활동이 아니라 하나님의 말씀에서 찾아야 한다. 그러나 그렇다고 해서 제네바 학교질서에 21세기 개혁파 교육에 있어 큰 가치를 지닌 많은 내용이 담겨 있다는 사실을 부정하는 것은 아니다. 이제 개혁파 학교질서의 구성 요소로 사용할 수 있는 몇 가지 원칙을 살펴보자.

출발점: 그리스도의 통치

교육을 포함한 삶의 모든 것에 대한 그리스도의 통치는 교육이 실질적인 형태를 갖추어야 하는 틀이다.[227] 따라서 학교는 신앙고백에 기초해야 한다.[228] 그리스도를 최고의 예언자이자 교사, 유일한 대제사장이자 영원

227 　칼빈은 "학문은 경계선을 지키며, 여주인처럼 행동하지 않고 종처럼 행동해야 한다. 이는 학문이 하나님의 말씀과 성령에 온전히 복종할 때 가능하다. 경건과 믿음이 학문의 기초로 인식되어야 한다"(Nauta, 1959:19).

228 　레이널 3세(1990:132)는 다음과 같이 올바르게 지적한다. "많은 교회 대학(church colleges)에서 명확한 신앙고백적 기반이 상실됨에 따라, 예배를 위해 학생과 교수진을 모으고, 캠퍼스 안팎에서 개인적 및 사회적 가치에 대한 공감대를 형성하고, 크리스천 교수진을 채용하고, 교회 사역과 평신도 사역에 대한 헌신적 의식을 형성하고, 일상생활 속에서 하나님의 부르심인 소명을 함양하는 능력이 약화된다. 만약 교회의 대학들이 완전히 세속화되어 일반적인 교육을 조직의 주요 기준으로 삼는다면, 교회는 고등교육에서 기독교적 헌신을 확고히 하는 새로운 수단을 재정립해야 할 것이다."

한 왕으로 고백하는 '세 일치 신조'(네덜란드 신앙고백, 하이델베르크 교리문답, 도르트신경)는 개혁파 학교의 교육 질서에 필수적이다.

교사

학교의 교사는 하나님에 대한 경외심,[229] 헌신, 성실함, 전문성, 그리고 지속적인 자기 연구로 좋은 소문이 나야 한다(Arso, 2002:17).[230] 교사는 가르치고 행실을 지킴으로써 학생들에게 모범이 되어야 한다. 교사는 가르치는 사역에서 그리스도의 통치에 복종해야 하므로, '세 일치 신조'를 지지하고 서명해야 한다.

학부모

학부모는 학교에 깊이 참여해야 한다. 세례식에서 하나님을 경외하는 마음으로 "자녀를 교육하겠다"라는 약속은 결코 다른 사람에게 양도될 수 없다. 부모는 '교육을 받게 하는 책임'을 먼저 져야 한다(Arso, 2002:16). 따라서 부모는 자녀가 무엇을 배우는지, 그리고 교육이 어떻게 이루어지는가에 대해 적극 참여해야 한다. 부모는 세 일치 신조에 서명하고, 이를 통해 그리스도의 통치에 공개적으로 복종해야 한다.

학생

---

229 "기독교 학교의 경영진은 교사들이 학교에서의 행동과 업무에서 성경과 교회의 신앙고백에 복종하도록 보장해야 한다"(Meijer, 1994:44).

230 훌륭한 교사는 평생 학생으로 남는다. 교사들의 지속적인 교육 프로그램은 필수적이며, 특히 남아공의 개혁주의 교육은 아직 초기 단계에 있기 때문에 더욱 그렇다. 메이어(1994:46)는 이와 관련하여 다음과 같이 설명한다. "기독교 학교 운영은 교사들에게 하나님의 자녀들을 교육하고 가르치는 데 더욱 잘 준비될 수 있는 기회를 제공해야 한다."

믿는 부모의 자녀는 하나님의 자녀이다(Arso, 2002:19-22). 학교의 학생들로서 열정, 학습 의지, 순종, 그리고 성실함에 있어 성장하도록 지도받아야 한다. 학생들은 배운 내용을 삶 속에서 실천해야 한다.

교육과정

학교 교육과정은 다양한 측면에서 청소년들이 하나님 나라를 섬길 수 있도록 준비시키는 것을 목표로 해야 한다(Aros, 2013:44-50).[231] 성경과 신앙고백, 과목 선택 및 교과 목표, 그리고 방과 후 교외 활동은 한 가지 목표를 염두에 두어야 한다.[232] 즉, 자녀가 주님을 무엇보다도 사랑하고 이웃을 자기 자신처럼 사랑하도록 하는 것이다. "하나님의 말씀은 기독교 학교의 교과 교육에 스며들어 있어야 한다"(Meijer, 1994:41).

학업이 지향하는 바

청소년들은 다른 교과목을 존중하고, 자신들의 능력을 발휘하여 지역사회에 봉사하고, 역사적 인식을 가지고 미래 지향적으로 살며, 철학적이고 도덕적으로 고상하게 사고하도록 교육받는다(Raynal III, 1990:132).

징계

---

231 메이어(1994:25)는 이와 관련하여 다음과 같이 언급한다. "기독교 학교의 교육 목적은, 기독교 가정과 기독교 교회의 교육과 관련하여, 하나님의 자녀들이 하나님과의 언약 안에서 삶에 필요한 지식, 통찰력, 기술을 습득하도록 인도하는 것이어야 한다."

232 판 엇 피어(1942:117)는 이렇게 말한다. "모든 것은 하나님을 알고 고백하는 사람들을 양성하는 데 목적을 두었다. 그들은 온 생애 동안 주님의 뜻에 따라 살며 이 뜻을 실천할 사람들이다. 이 학교는 하나님 나라와 주님의 교회를 확장하는 도구가 되기를 원했다."

어린이들은 학교에서 명확한 한계 안에서 훈육되어야 한다.[233] 이를 염두에 두고, 학생이 한계를 넘을 경우 적절한 징계 조치를 취해야 한다. 그러나 징계는 사랑으로 유지되어야 한다(Aros, 2013:56-65). "기독교 학교는 기독교 질서를 유지하고 모든 사람을 그 규칙에 묶기 위해 성경에 기초한 규칙을 제정해야 한다"(Meijer, 1994:52).

학교의 조직, 운영 및 행정

학교(및 고등교육)의 독립성은 매우 중요하다.[234] 학부모는 학교 설립과 유지에 대한 책임을 진다. 교회 당회는 교육이 주님을 경외하는 가운데 이루어지도록 감독한다.[235] 교장, 교사, 그리고 행정 담당자들의 다양한 임무는 각자가 그리스도 앞에서 책임 있게 소명을 다할 수 있도록 구체적으로 명시되어야 한다(Meijer, 1994:55-62).

학교와 교육 기관 간의 공동체

성도의 교제 아래, 여러 개혁주의 학교 간의 인력 지원, 교육 과정 개

---

233   엡 6:1-4와 골 3:20-22를 비교해 보라.

234   당시 기독교 고등교육을 위한 포쳅스트룸대학교(PUCHE) 총장이었던 쿠찌에(J. Chris Coetzee, 1959:49)는 학술지 *Koers*에 다음과 같이 주장했다. "칼빈주의 교육의 성공 비결은 주님의 복된 손길 아래 연마되는 양심, 종교적 신념, 자기희생에 있다. 죄 많은 사람들이 이 모든 일을 하는 것은 오직 주님의 영광을 위해서이다. Soli Deo Gloria! …그렇다면 우리 대학의 미래는 무엇인가? 우리 대학은 설립자, 이사, 후원자, 강사, 학생, 그리고 졸업생들이 그 정체성을 유지하도록 돕는 한에만 기독교적, 역사적 성격을 유지할 것이다. 개혁 교회와 개혁파 공동체가 없다면, 우리 대학은 칼빈의 제네바 아카데미와 같은 길을 가게 될 것이다. 제네바 아카데미는 시간이 흐르면서 개혁교회와 공동체의 지원을 잃고 말았다. 그리고 오늘날 그 대학은 여전히 제네바대학교(Université de Genève)로 존재한다."

235   남아공 개혁교회(GKSA)의 교회질서(1998) 제21조는 "교회 당회(堂會)는 부모가 주님을 경외하는 마음으로 자녀에게 학교교육을 제공하도록 보장해야 한다"라고 밝힌다.

발, 그리고 학교 간의 교육 시찰에 있어 서로 도울 의무가 있다(Buys, 2010:24-25).

회의와 모임

학교질서는 다음과 같은 모임이나 회의에 대한 권한을 부여해야 한다.

- 학생과 교사 간(예. 교실에서)
- 학생과 교사 간(학교 전체가 모이는 경우)
- 학부모 간
- 학부모와 교사 간
- 이사회 구성원 간 및 이사회와 교사 간
- 동일한 신앙을 가진 학교 간
- 학습 모임에 참여한 어린이들 사이(Buys, 2010:24).

결론

학교질서의 구성 요소는 아직 전체를 이루지 못하고 있다. 즉 전체의 일부일 뿐이다. 그러나 이러한 구성 요소를 통해 교육 전문가와 기타 이해관계자들은 학교에 시급히 필요한 학교 질서를 확립하는 데 기여할 수 있다. 전 세계 개혁주의 학교들은 협력하도록 서로에게 공통적이고 견고한 기반을 가지고 있어야 한다. 이 견고한 기반은 예수 그리스도를 최고의 교사로 인정하고 존중하는 학교질서에 반영되어야 한다. 각 학교의 정관과 규칙에 고려된 지역의 상황은 성경적 정신이 담긴 질서에 의해 지도되고 결정되어야 한다.

참고문헌

Akademie Reformatoriese Opleiding en Studie (Aros). *Boustene vir Christelike Normatiewe Onderwys*. Pretoria: Aros Uitgewery, 2013.

Aksie Reformatoriese Skoolonderwys (Arso). *Dit is Gereformeerde Onderwys: Gereformeerde Vakbenaderings*. Pretoria: Arso, 2002.

Bakhuizen van den Brink, J. N. & Dankbaar, W. F. *Handboek der Kerkgeschiedenis. Deel 3*. Leeuwarden: De Tille, 1980.

Bouwman, H. *Gereformeerd Kerkrecht. Eerste Deel*. Kampen: Kok, 1970.

Breen, A. *De School van Calvijn: De Betekenis van de Belijdenis voor Onderwijs*. Bedum: Uitgeverij Woord & Wereld, 2009.

Buys, A. L. A. *Eerstelinge van God: Onderwys vanuit die Verbond*. Pretoria: Aros Uitgewery, 2010.

Calvyn, J. *Kategismus*. Vert. H. W. Simpson. Potchefstroom: Potchefstroomse Teologiese Publikasies, 1981.

_____. *Calvini Opera Database 1.0*. Edited by Instituut voor Reformatieonderzoek. Apeldoorn: Instituut voor Reformatieonderzoek, Nd.

Coetzee, J. C. "Die Geneefse Akademie van Calvyn." *Koers* 37/3 (1959): 3.

Doumergue, E. *Calvijn en Genève*. Vertaald door W. F. A. Winckel. Amsterdam: Kirchener, 1907.

Gereformeerde Kerke in Suid-Afrika (GKSA). *Kerkordeboekie van die Gereformeerde Kerke in Suid-Afrika soos Gewysig deur Verskillende Sinodes*. Pretoria: V&R Drukkers, 1998.

Maag, K. "Calvin's Academic and Educational Legacy." In *The Legacy of John Calvin*. Papers presented at the 12th Colloquium of the Calvin Studies Society. April 22-24, 1999. Grand Rapids: CRC Product Services, 2000.

Meijer, J. G. *Watter Skool?* Pretoria: Printburo, 1994.

Nauta, D. "Calvijn en Zijn Academie te Genève." In *Redevoeringen in Een Publieke Zitting van den Senaat der Vrije Universiteit gehouden op 22 Mei*

1959. Kampen: Kok, 1959.

Pont, A. D. *Die Historiese Agtergronde van Ons Kerklike Reg. Deel* 1. Pretoria: Kital, 1981.

Raynal III, C. E. *The Place of the Academy in Calvin's Polity.* Louisville: Westminster John Knox Press, 1990.

Strohm, C. *Johannes Calvin: Leben und Werk des Reformators.* München: Verlag Beck, 2009.

Suid-Afrika. "Curriculum and Assessment Policy Statements (CAPS)." Besigtig 03 September 2014, by http://www.education.gov.za/Curriculum.

Van Veen, M. *Calvijn.* Kampen: Kok, 2006.

Van 't Veer, M. B. *Catechese en Catechetische Stof by Calvijn.* Kampen: Kok, 1942.

교회의 품위와 질서: 개혁파 교회질서

The Decency and Order of the Church: Reformed Church Order

초판 1쇄 인쇄 2026년 1월 9일

초판 1쇄 발행 2026년 1월 19일

편 역	송영목
발행인	최정기
기 획	박진필
디자인	문지연
발행처	고신언론사
	137-803 서울특별시 서초구 고무래로 10-5(반포동)
	전화 (02)592-0981 팩스 (02)595-0985

가 격 28,000원

I S B N 979-11-94316-08-4